KB070434

아동을 위한

경험기반 놀이치료

EMPIRICALLY BASED PLAY
INTERVENTIONS FOR CHILDREN (Second Edition)

LINDA A. REDDY · TARA M. FILES-HALL · CHARLES E. SCHAEFER 편저
이유니 · 이소영 공역

학지사

▓ 역자 서문

아동기에는 다양한 양상의 문제가 나타날 수 있다. 아동이 보이는 문제에 대해서 '크면 다 괜찮아.'라는 말이 때로는 위로를 줄 수도 있지만, 시기적절한 개입을 놓치고 결국에는 더 큰 대가를 지불하는 경우를 종종 보게 된다. 아동기에 나타난 문제를 방치하지 않고 다루면, 아동과 그 가족은 필요 이상의 고통에서 벗어날 수 있고, 문제를 좀 더 쉽게 해결할 수 있다. 지난 10여 년 동안 부모-아동 상호작용치료(Parent-Child Interaction Therapy: PCIT)를 통해서 경험적으로 입증된(empirically supported) 개입의 효과를 직접 보고 느낄 수 있었다. 많은 부모가 PCIT를 통해서 아동에게 따뜻한 양육과 일관된 훈육을 제공할 수 있었고, 부모의 긍정적인 관심과 반응을 통해 눈에 띄게 달라지는 아동들을 만났다. PCIT 훈련을 받은 다른 임상가들도 이와 동일하거나 유사한 경험을 보고하고 있다. 이러한 경험들은 경험적으로 입증된 혹은 증거기반(evidence-based) 치료의 효과에 대해 매우 긍정적인 관점을 갖게 해 주었다. 이 책을 처음 접했을 때, 아동을 대상으로 하는 경험적으로 입증된 치료 개입을 더 많이 소개할 수 있다는 반가움과 기대감에 선뜻 번역을 하게 되었다.

『아동을 위한 경험기반 놀이치료』라는 제목에서처럼 이 책은 아동기에 나타나는 다양한 문제에 대해 놀이에 기반을 둔 치료를 소개한다. 놀이는 전 세계 아동의 공통 언어로서 이미 그 중요성과 임상적 타당성을 널리 인정받고 있다. 이 책이 놀이를 통해서 아동의 문제를 어떻게 도울 수 있는지 구체적으로 설명해 주고 있기 때문에 놀이를 주요 치료 도구(medium)로 활용하고 있는 임상가뿐만 아니라 다양한 영역의 임상가에게도 큰 도움이 될 것이라고 믿는다. 이 책은 예방적인 접근의 개입과 내재화 및 외현화 장애, 그리고 발달장애에 대한 개입을 포함하여 이미 효과가 검증된 12개의 치료 프로그램을 소개한다. 여기서 소개하는 치료 프로그램은 임상 실제에서 다양하게 사용될 수 있을 것이다. 임상가들은 임상 현장에서 만나는 아동에게 개입의 원리 또는 기술을 직접 적용해 볼 수 있을 것이다. 또한 국내 임상가/연구자들이 아동에게 적절한 예방 또는 치료 프로그램을 만드는 데에도 도움을 줄 수 있을 것이다. 적절한 예방 또는 치료 프로그램이 반복적인 검증을 통해 경험적으로 입증된다면, 더 많은 임상가가 동일한 프로그램을 사용할 수 있고, 결과적으로 더 많은 아동의 문제를 효과적으로 도와줄 수 있을 것이다. PCIT 프로그램이 처음 국내에 소개되었을 때처럼 임상가 중에서는 치료 프로그램이 요구하는 훈련 과정에 참여함으로써 경험적으로 입증된 프로그램을 국내 아동에게 직접적으로 제공할 수도 있을 것이다. 아동의 다양한 문제에 대한 지속적인 치료 개입으로 효과성이 검증된 많은 프로그램이 만들어지고 활용되는 데 이 책이 사용될 수 있기를 바란다.

최선의 번역이 되도록 했음에도 미흡한 부분이 있을 것에 대해 독자의 양해를 구한다. 이 책이 나오기까지 도움을 주신 많은 분에게 감사한 마음을 전한다. 이 책을 함께 번역해 준 이소영 선생님과 더 좋은 번역이 되도록 작업해 준 햇불트리니티상담센터의 PCIT 선생님들에게 감사한다. 그리고 다양한 이유로 PCIT 프로그램에 참여한 많은 아동과 부모님에게도 감사한다. 이분들을 통해서 증거기반 프로그램의 강점을 직접 경험할 수 있었다. 함께여서 든든한 PCIT 선생님들, 책의 출간을 지원해 주신 학지사 김진환 사장님과 편집부 유은정님 및 관계자 여러분께 감사한다. 그리고 함께 성장해 나가는 가족과 변함없으신 하나님께 감사한다.

2019년 1월
역자 대표 이유니

▥ 서문

전 세계의 모든 아이는 놀이를 한다. 6세 무렵의 아이는 약 15,000시간 정도의 놀이를 경험하는 것으로 알려져 있다(Schaefer & Drewes, 2014). 수십 년에 걸친 연구 결과를 통해 우리는 놀이가 아동의 건강한 인지발달(Lyytinen, Poikkeus, & Laakso, 1997; McCune, 1995; Tamis-LeMonda & Bornstein, 1994), 언어발달(Lyytinen, Poikkeus, & Laakso, 1997; McCune, 1995; Tamis-LeMonda & Bornstein, 1994), 사회적 유능감 향상(Howes & Matheson, 1992; Parten, 1932), 신체발달(Pellegrini & Smith, 1998)에 도움을 준다는 사실을 알게 되었다. 이 책이 제시하는 것처럼, 긍정적인 놀이 경험은 정서적인 어려움을 완화시키고 행동 문제를 경감시키는 데 도움을 줄 수 있다.

지난 70여 년 동안 놀이치료는 임상현장에서 가장 오래되고 대중적인 아동 치료의 형태로 인정받고 있다(놀이치료협회, 2014; Parten, 1932). 통상적으로 국내 대부분의 석사 및 박사 과정 훈련 프로그램에서는 놀이기반 평가와 개입을 가르치고 있다. 놀이치료협회(Association for Play Therapy, 2014)에서는 놀이치료를 "대인관계의 과정을 수립하기 위해 이론적 모델을 체계적으로 사용하는 것으로, 훈련받은 놀이치료사가 놀이의 치료적 힘을 사용하여 내담자의 심리사회적 어려움을 예방하거나 해결하고, 내담자가 최상의 성장과 발달을 이룰 수 있도록 돕는 것"으로 정의한다(p. 20). 놀이치료(또는 놀이 개입)는 아동이 그들의 느낌, 생각, 경험을 또래나 치료사와 소통할 수 있도록 하는 효과적인 도구이다. 또한 아동이 지닌 현재의 기술을 개선하거나 새로운 기술을 가르쳐 줌으로써 아동의 미래 사회학습 기회에 효과적으로 대비할 수 있다(Reddy, 2012).

　　수년에 걸쳐 임상가와 연구자들은 놀이 행동의 어떤 요소들이 변화를 유발하는 치료 요인으로 작용하는지 가설을 세우고 연구했다. 연구를 통해 밝혀진 주요 치료 요인으로는 의사소통의 힘(내담자는 말보다는 놀이를 할 때 자연스럽게 자신의 의식 및 무의식의 생각이나 느낌을 더 잘 표현한다), 교육의 힘(내담자는 놀이를 통해 배울 때 더 잘 집중하고 학습한다), 정화작용의 힘(내담자는 안전한 환경인 놀이 세계 안에서 과거의 스트레스 사건을 재경험하고 그와 관련된 부정적인 것들을 발산한다) 그리고 라포 형성의 힘(내담자는 재미있게 잘 노는 치료사를 좋아하는 경향이 있다.)이 있다(Schaefer & Drewes, 2014 참조).

　　우리에게 친숙한 놀이치료 학파(내담자중심, 인지행동, 가족, 정신역동)에 대해 알게 되면 놀이치료가 지닌 치료적 힘을 좀 더 잘 알 수 있다. 처방–절충적(prescriptive-eclectic) 놀이치료 학파는 놀이치료사가 다음과 같은 요건을 가지고 있어야 한다고 주장한다. 놀이치료사는 다양한 치료 방법을 익혀 숙련된 기술을 지니고 있어야 하며, 개별 내담자의 필요에 맞게 차등적으로 그 기술을 사용해야 한다(Schaefer, 2011). 처방적–놀이치료사는 절충적인 접근을 사용하는 경향이 있는데, 이들은 각각의 아동에게 가장 적합한 것이 무엇인가를 기준으로 다양한 이론의 기법을 결합해서 사용한다. 따라서 처방적 접근법을 활용하는 치료사는 다른 이론과 기법을 접목하여 맞춤화된 적극적 개입을 하는 경우가 많다.

　　놀이치료가 풍성한 이론적 토대를 기반으로 하고 있음에도 불구하고, 일부 학자들은 놀이치료를 다른 증거기반 치료와 비교하며 놀이치료의 유용성과 전반적인 효과에 대해 의문을 제기하기도 한다(Lebo, 1953; Reade, Hunter, & McMillan, 1999). 놀이치료 개입을 향한 주된 비평은 전반적으로 이 분야가 제대로 된 연구설계 및 자료 분석방법을 갖고 있지 않다는 것이다(Phillips, 1985). 학자들은 놀이치료 연구가 주로 일화(anecdotal) 보고나 사례 연구에 치중되어 있으며, 일반 심리치료 결과 연구 문헌에서 자주 지적되는 제한점(통제집단이나 대안 치료집단의 부재, 작은 표본의 크기, 일상 환경에 제한적으로 적용되거나 일반화되지 않는 점)을 지니고 있다고 말한다(LeBlanc & Ritchie, 1999). 그러나 지난 20년

동안 놀이치료 개입 분야에는 주목할 만한 혁신이 일어났고, 놀이치료 개입의
효과를 확인하기 위한 노력들이 가시화되었다. 청소년의 놀이치료 효과를 검
증하기 위해 3개의 메타분석 연구가 시행된 바 있다. 각 연구는 매우 잘 설계ㆍ
통제된 놀이치료 개입에 대한 연구들을 대상으로 놀이치료 효과를 분석하였다
(Bratton, Ray, Rhine, & Jones, 2005; LeBlanc & Ritchie, 1999; Ray, Bratton, Rhine, &
Jones, 2001). 예를 들면, LeBlanc과 Ritchie(1999)는 1947년부터 1997년까지 진
행된 42개의 실험설계 연구를 메타분석으로 조사했다. 이들은 학술지, 학위논
문, 미출간 연구물과 같은 다양한 출처에서 연구자료를 수집하였다. 이들은 통
제/비교집단 설계가 잘 되어 있고, 충분한 자료와 통계정보를 포함하고 있는
자료를 연구자료로 선정하였다. 연구에 참여한 아동의 평균 연령은 7.9세로,
12세 이상의 아동은 포함되어 있지 않았다. 놀이치료의 전체 긍정적 효과크기
는 .66으로 산출되었는데, 이 수치는 놀이치료가 중간 정도의 치료 효과가 있
음을 의미한다. LeBlanc과 Richie는 놀이치료의 효과크기 외에도 놀이치료의
성공적인 결과와 관련 있는 치료적 특성도 함께 조사하였다. 이들에 따르면,
치료 결과와 관련이 있는 중요한 두 가지 요인은 부모의 치료 참여와 치료 기
간이었다. 부모를 참여시키지 않은 연구의 효과크기는 .56(중간 정도의 긍정적
치료 결과)이었으나 부모를 치료자로 참여시킨 연구(치료 기법을 부모가 사용하
도록 훈련시킴)는 .83(큰 긍정적 치료 결과)의 효과를 보였다. 또한 부모의 참여와
더불어, 지속적으로 개입이 이루어질 때 치료 효과가 향상되는 것으로 나타났
다. 연구자들은 문제 유형, 치료 맥락(집단 대 개별), 참여자의 나이 및 성별 등
이 치료 결과와 큰 관련이 없는 요인들이라는 사실도 알아냈다.

　　2001년에 Ray 등(2001)은 1940년부터 2000년까지 진행된 94개의 실험설계
연구를 메타분석으로 연구하였다. 이들은 학술지, 학위논문, 미출간 연구물에
서 연구자료를 수집하였고, 통제/비교집단 설계와 사전-사후 측정을 포함하
고 있는 연구를 대상으로 하였다. 연구에 참여한 아동의 나이는 3~16세였고,
이들의 평균 연령은 7.1세였다. 메타분석 결과, 전반적인 놀이치료의 전체 효
과크기는 .80(큰 긍정적 치료 결과)으로 나타났다. 이들은 놀이치료의 이론적 모

델에 따른 결과를 따로 살펴보았는데, 조사 결과는 다음과 같이 나타났다. 전체 연구자료 중 인본주의적/비지시적 놀이치료가 74개, 행동주의적/지시적 놀이치료가 12개, 정보가 충분하지 않아 분류할 수 없는 연구가 8개였다. 인본주의적/비지시적 놀이치료(.93)는 행동주의적/지시적 놀이치료(.73)보다 효과 면에서 좀 더 높은 점수를 보였다. 그러나 연구자들은 이 효과를 단순히 수치로 비교하기보다는 효과의 차이가 두 연구물의 수적 불균형으로 인해 발생했을 가능성을 염두에 두고 해석해야 한다는 설명을 덧붙였다. 이들은 또한 일반적인 놀이치료와 부모-자녀 놀이치료(filial play therapy), 두 치료 간의 효과를 비교하면서 부모-자녀 놀이치료(1.06)가 일반적인 놀이치료(.73)보다 효과가 더 크다는 사실을 발견했다. LeBlanc과 Ritchie(1999)의 결과와 유사하게, Ray 등의 연구에서도 부모의 규칙적인 치료 참여는 성공적인 결과를 예측할 수 있는 중요 변수로 작용하였다($p=.008$). 또한 이 연구는 치료 맥락(개별 대 집단), 임상군 대 비임상군(analog) 참여자, 참여자의 나이 또는 성별은 치료 결과와 관련이 없다는 사실을 밝혀냈다.

Bratton 등(2005)은 놀이치료의 효과를 평가하기 위해 1953년부터 2000년까지 출간된 연구 및 미출간 연구(사전-사후 측정이 있는 통제/비교집단 설계)자료를 대상으로 메타분석을 실시하였다. 이들은 41개의 학술지 논문, 2개의 교육자료정보센터(Education Resources Information Center) 문서, 50개의 미출간 학위논문을 포함, 93개의 연구 결과를 검토하였다. 놀이치료를 받은 아동의 평균 나이는 7세로, 이들 중 3분의 2는 남자 아동이었다. 연구 결과에 따르면, 놀이치료는 나이, 성별과 무관하게 대상 아동에게 효과가 있는 것으로 나타났다. 93개의 연구 전체에서 전반적인 놀이치료의 평균 효과크기는 .80이었다. 치료적 특성에 따른 효과 연구도 함께 시행하였는데, 인본주의적 개입은 큰 효과를 나타내는 반면, 비인본주의적 개입은 중간 정도의 효과를 나타내는 것으로 드러났다. 또한 정신건강 전문가가 놀이치료를 진행했을 때의 결과는 .72(중간-큰 효과)였으나 준전문가(부모, 교사, 또래 멘토)가 놀이치료를 진행했을 때의 결과는 1.05(큰 효과)였다. 더 나아가, 개별치료와 집단 놀이치료 형식에 따른 효과는 각각 .79와 .82로 나타나 두 가지 모두 효과가 있음이 입증되었다. 연구자들은 목표로 삼은 문제 행동을 연구했지만, 놀이치료가 전반적으로 다양한 호소 문제에 효과를 발휘하고 있음을 알 수 있었다. 저자들은 놀이치료가 어떤 요인으로 인해 효과를 발휘하는지를 분명하게 설명하지는 못했지만, 전체적인 결과를 통해 놀이치료가 아동에게 효과적인 개입 방법이라는 사실을 밝혀 냈다.

앞서 언급한 메타분석 연구를 종합해 보면, 놀이치료는 중간 혹은 그 이상의 큰 긍정적 치료효과(.66~1.05)를 지니고 있다는 사실을 알 수 있다. 놀이치료는 치료 양식(집단, 개별), 나이(3~16세), 성별, 의뢰 여부, 호소 문제, 치료 오리엔테이션(인본주의적/비지시적, 행동주의적/지시적)에 상관없이 아동에게 전반적인 치료 효과가 있는 것으로 나타났다. 이렇듯, 앞에서 검토한 연구들은 놀이치료가 아동과 가족에게 유용하고 효과적인 개입 방안이라는 사실을 입증해 주고 있다.

2005년 판『아동을 위한 경험기반 놀이치료(Empirically Based Play Interventions for Children』(Reddy, Files-Hall & Schaefer, 2005) 이후 아동과 청소년을 위한 놀이치료 연구는 더욱더 활발해졌다. 다양한 아동 문제와 연구 대상(예: 어둠 공포증, 위기에 처한 고등학생, 노숙 문제, 성학대, 인도네시아의 정치적 폭력, 지진 및 다른 자연재해의 결과), 치료 모델(예: 아동-부모 심리치료, 아동 부모 관계치료, 킨더 트레이닝), 치료자(예: 동료, 교사, 간호사)에 대한 연구가 진행되었다. 이렇듯 연구 기반이 확장됨에 따라 Reddy, Files-Hall과 Schaefer는『아동을 위한 경험기반 놀이치료』의 제2판을 출간하게 되었다. 지면의 제한으로 인해 저자들은 이 분야에서 이루어지고 있는 모든 연구와 사용 중인 치료 모델[예: 부모-자녀 놀이치료(filial therapy), 제12장 참조]을 상세히 기술하지는 못했다.

이 책의 목적

건강 및 정신건강에 대한 새로운 정책이 수립되었고, 아동과 가족이 필요로 하는 사회적 요구 역시 증가하고 있다. 이에 따라 임상가는 잘 확립된 이론적 기반을 근거로 탄력적으로 적용 가능한 개입을 해야 한다는 시대적 요구에 직면하고 있다. 놀이 개입은 중요한 국가적 정책의 변화를 초래하기도 한다(Reddy, 2012). 일례로, 2013년에 Barack Obama 대통령은 수준 높은 학령기 이전의 교육을 지원하기 위해 10년 동안 750억 달러(약 81조 원)를 투자하는 조기 학습 제안을 시행했다(National Women's Law Center, 2013). 이 제안은 양질의 조기 교육 경험이 이후 학령기 아동의 학업 참여와 사회정서적 발달을 향상시킨다는 신념에 근거한 것이었다(Smith, 2013). 이 획기적인 보조금은, 특히 저소득층 가족의 아동이 수준 높은 교육을 받을 수 있도록 기회의 문을 넓히는 데 유용하게 사용될 것이다(Smith, 2013). 이 제안에는 미취학 아동의 교육기관이 높은 수준(예: 충분한 자격을 갖춘 교직원, 소규모 학급, 사회정서적 학습 기회)의 교육환경을 갖추도록 주정부가 교육기관의 기준을 설정해야 한다는 내용이 포함되어 있다.

「환자보호 및 부담적정보험법(Patient Protection and Affordable Care Act」[1]에는 모, 영유아 가정방문 프로그램(maternal, infant and early childhood home visiting program)이 포함되어 있다. 이는 5세 이하의 영유아가 있는 가정을 지원하기 위한 프로그램으로, 증거기반 가정방문 프로그램을 시행하게끔 되어 있다(Smith, 2013). 이 계획의 궁극적인 목적은 아동의 전반적인 건강 개선, 아동 학대 및 방임 방지, 긍정적인 자녀양육 고취, 아동 발달 및 학업 준비 독려에 있다. 준전문가와 부모가 효과적으로 아동 놀이 개입을 시행할 수 있다는 기존의 연구 결과를 고려해 보면, 이러한 개입이 성공적으로 이루어질 수 있도록 돕는 정부의 지원은 매우 중요하다.

---

1. 역자 주: 버락 오바마 대통령이 주도하는 미국의 의료보험 시스템 개혁 법안으로 정식 명칭은 「환자보호 및 부담적정보험법(Patient Protection and Affordable Care Act)」이며, 오바마 케어로 알려져 있다. 흔히 ACA라는 약칭으로 쓰인다. 민영보험에만 의존하는 의료보험 시스템을 바꾸고, 미국 전 국민에게 2014년까지 건강보험 가입을 의무화하는 것이 핵심으로 오바마 대통령이 8년 재임 기간 중 최대 업적으로 꼽고 있는 것이다. 2014년 1월 1일부로 건강보험 혜택을 제공하기 시작했다. (한경 경제용어사전에서 발췌)

이 책의 목적은 임상가와 연구자에게 다양한 대상의 아동과 상황에 적용할 수 있는 증거에 기반하면서도 최대한 유용한 놀이치료 개입 임상 참고자료를 제공하는 것이다. 이 책은 지시적 접근과 비지시적 접근의 유용성을 설명하고 있으며, 인지행동 기법의 통합에 대해서도 논의하고 있다. 임상가(예: 심리학자, 사회복지사, 상담사)와 연구자 모두의 필요를 충족시킬 수 있도록 장마다 임상적 이론과 관찰, 사례 예시, 연구자료를 기술하였다. 저자들은 12개의 원칙을 기준으로 치료 프로그램을 선택하였다. 저자들이 선택한 프로그램들은 다음과 같은 기준 하에 선정하였다.

- 명확한 치료의 구성 요소와 과정을 포함한다.
- 혁신적인 개입 요소를 제공한다.
- 발달 이론에 근거를 둔다.
- 임상적 효과가 입증되었다.
- 다양한 상황에 적용이 가능하다.
- 예방 및 개입에 적절하다.
- 지속적인 결과에 대한 종합 평가를 포함한다.
- 구조화되어 있거나 시간 제한이 있다.
- 아동의 발달 수준에 맞춤화되어 있다.
- 아동 또는 부모의 문제 행동 혹은 유능감을 개입 목표로 한다.
- 수량화가 가능한 행동 목표를 설정하고, 평가한다.
- 심리학자, 정신과 의사, 간호사, 상담사, 물리치료사, 작업치료사, 사회복지사, 준전문가, 교사, 부모와 같이 개입에 참여할 수 있는 다양한 치료자를 포함한다.

이 책에 포함된 많은 치료 프로그램은 미국심리학회(American Psychological Association)의 심리적 절차의 홍보 및 보급 태스크포스팀(Task Force on Promotion and Dissemination of Psychological Procedures)이 세운 가이드라인

(Chambless, 1995)에 부합한다. 또한 아동 장애에 효과가 있는 것으로(probably efficacious) 입증된 심리사회적 개입은 다음의 기준을 포함하고 있다.

> ① 개입이 비치료 통제집단(또는 비교집단)보다 더 효과적이라는 것을 입증하는 2개의 연구자료, 또는 ② 잘 확립된 치료 기준(I, III, IV)을 충족하는 연구 2개, 두 연구는 동일한 연구자에 의해서 진행되었음. 아니면 동일한 기준 아래서 효과를 입증할 수 있는 훌륭한 연구 하나, 또는 ③ 최소 2개의 훌륭한 연구가 효과성을 입증하지만 내담자 표본의 이질성(heterogeneity)으로 결함이 있는 경우, 또는 ④ 잘 확립된 치료 기준(II, III, IV)을 충족하는 적은 수의 일련의 단일사례 연구(예: 3 미만)(Chambless, 1995, p. 22)

Weisz와 Kazdin(2010)은 또한 증거기반 아동 치료 시 고려해야 하는 추가 기준을 제시하였다. 우선 치료 절차가 구체적으로 명시되고 문서화되어 있어야 한다. 그리고 통제된 치료 요인 외에 다른 요소가 치료 효과를 설명할 수 없도록 잘 통제된 연구를 통해 치료 효과를 입증할 수 있어야 한다. 또한 프로그램 개발자 외에도 다른 사람이 치료 효과를 재현(replication)할 수 있어야 한다. 우리가 어떤 프로그램을 선택했다고 해서 그 프로그램이 특별한 위치에 있다거나 순위적인 의미를 지니고 있는 것은 아니다. 우리는 다양한 치료 방식을 모두 실을 수는 없었다. 이 책에는 실리지 않았지만 우리의 기준에 부합하는 다른 훌륭한 프로그램들이 있음을 밝혀 두는 바이다.

본 편저자들은 저명한 집필자들을 초대하여 혁신적인 치료 개입과 잘 알려진 모델을 설명해 달라고 요청했다. 이에 대한 간략한 설명은 다음과 같다.

우리는 이 책을 5개 부분으로 구성, 개념화하였다. 제1부 경험기반 예방적 놀이치료, 제2부 내재화 장애를 위한 경험기반 놀이치료, 제3부 외현화 장애를 위한 경험기반 놀이치료, 제4부 발달장애를 위한 경험기반 놀이치료 및 기타 모델, 제5부 최종 논평(final comments)으로 구성되어 있다. 각 장에는 이론적 근거와 놀이치료 개입의 목표, 핵심 치료 구성 요소 및 과정, 간략한 구술자료를 포함한 개입 회기에 대한 상세 설명, 결과 연구의 간략한 요약, 재현연구 권고 및 다른 상황과 대상에 대한 치료의 적용 가능성(transportability)이 기술되어 있다.

　제1부에서는 3개의 경험기반 놀이 예방 프로그램을 소개한다. 예방 프로그램은 아동이 직면하는 사회, 정서, 행동, 발달적 어려움을 감소시키는 한편, 좀 더 심각하고 많은 비용을 지불해야 하는 장애의 조기 발병을 방지하는 효과가 있다. 제1장에서 Johnson과 Peabody는 잘 연구된 학교기반 예방적 놀이치료 프로그램인 프라이머리 프로젝트(Primary Project: 이전에는 프라이머리 정신건강 프로젝트로 알려짐)를 소개한다. 1957년에 확립된 프라이머리 프로젝트는 적응 문제가 있는 초등학생을 대상으로 전 세계의 2,000개 이상의 학교에서 시행되고 있다. 슈퍼비전을 통해 준전문가(보육 도우미)는 개별 놀이 회기를 진행할 수 있도록 아동중심 놀이치료(Child-Centered Play Therapy: CCPT) 원칙과 기술 훈련을 받는다. 프라이머리 프로젝트를 시행한 결과, 아동의 적응력이 단기 및 장기적 측면에서 향상된 것으로 나타났다. 제2장에서 Pedro-Carroll과 Velderman은 미국과 네덜란드의 이혼 가정 아동을 대상으로 그들의 필요에 초점을 둔 학교기반 예방 프로그램을 소개한다. 특별한 훈련과 슈퍼비전을 받은 정신건강 전문가와 준전문가가 이혼 가정 아동을 위한 개입 프로그램을 시행한다. 부모의 이혼을 경험할 때 아동이 겪게 되는 스트레스에 대처할 수 있도록 집단 환경에서 아동의 발달 단계를 염두에 둔 놀이기반 활동을 시행하여 아동을 돕는다. 이 장은 이혼으로 인해 겪는 아동의 스트레스를 감소시키고 이들의 장·단기적인 사회, 정서, 학교 적응 향상을 위해 이혼 가정 아동 놀이치료 프로그램(Children of Divorce Intervention Program: CODIP)의 증거를 결합하여 제시하고 있다. 또한 네덜란드 아동에게 CODIP를 적용하기 위해 시행한 예비 작업을 담고 있다. 제3장에서 Ray와 Bratton은 CCPT를 소개한다. CCPT는 다양한 인종, 문화, 사회에 적용되고 있는 가장 오래된 정신건강 치료 중 하나이다. CCPT는 Rogers(1951)의 인간중심 이론과 Axline(1947)의 비지시적 놀이치료 모델에 기반을 두고 있는데, 70년 이상의 연구 결과들이 CCPT의 효과를 지지해 주고 있다. CCPT는 아

동이 자기조절, 자기통제, 창의성, 자기주도의 내적 자원을 개발함으로써 최상의 성장과 정신건강을 이룰 수 있도록 돕는 것을 목표로 삼고 있다.

제2부에서는 내재화 장애 아동을 위한 경험기반 놀이치료 개입을 3개의 장에 걸쳐 소개한다. 제4장에서 Knell과 Dasari는 불안과 우울 증상을 보이는 아동을 위한 인지행동 놀이치료의 유용성과 근거를 설명한다. 이들은 수반성 관리(contingency management), 조성(shaping), 노출(exposure), 체계적 둔감법(systematic desensitization)과 같은 인지행동 기법을 놀이치료에 어떻게 적용하고 통합하는지를 알려 준다. 제5장에서 Gil은 학대와 외상을 경험한 아동의 특수한 필요에 대응할 수 있도록 지시적/비지시적 놀이치료를 결합하여 사용하는 트라우마중심 통합 놀이치료(Trauma-Focused Integrated Play Therapy: TF-IPT)를 소개한다. TF-IPT는 처방적인(prescriptive) 접근으로 외상 유형, 외상 강도, 발달, 문화적 요인에 맞춤화된 방식으로 외상을 경험한 청소년을 효과적으로 치료하고자 한다. 제6장에서는 Rae, Sullivan, Askins가 내재화 장애로 입원한 아동을 위한 단기 놀이 프로그램을 소개한다. 입원한 청소년을 위한 놀이치료 결과에 대한 문헌 고찰 결과를 포괄적으로 제시한다. 내담자중심, 인본주의적 원리에 근거한 이 접근 방식은 아동의 질병 및 입원과 관련된 심리적 고통을 감소시킨다.

제3부에서는 외현화 장애 아동을 위한 경험기반 놀이치료 개입을 소개한다. 제3부에서 소개되는 개입들은 독특한데, 놀이치료 개입 시 전문가, 교사, 부모, 준전문가와 같은 다양한 치료자를 이용한다. 제7장에서 Webster-Stratton은 어린 아동의 사회정서적 유능감과 문제 행동 향상을 위한 다중 놀이 개입, 인크레더블 이어스(Incredible Years)를 소개한다. 어린 아동의 사회적 유능감을 촉진하고 품행 문제를 예방·개선할 수 있는, 각기 독립적이지만 상호연관성이 있는 3개의 증거기반 프로그램(부모, 교사, 아동)에 대해 상세히 설명한다. 이 장은 놀이와 코칭 방법(평가, 지도, 목표에 대한 피드백 제공의 상호 협력 과정)이 어떻게 건강한 관계 형성을 도울 수 있는지, 어떻게 아동의 자기조절 기술과 전략을 향상시킬 수 있는지 그리고 결과적으로 이를 통해 어떻게 문제를

해결하고 학습적으로 준비가 되도록 하는지를 자세히 알려 준다. 제8장에서 Scudder, Herschell, Mcneil은 외현화 행동 문제를 보이는 아동을 치료하기 위해 개발된 프로그램이자 연구가 잘 이루어진 부모-아동 상호작용치료(Parent-Child Interaction Therapy: PCIT)를 소개한다. PCIT는 발달이론, 사회학습이론, 행동적 원리, 전통적인 놀이치료 절차에 근거하고 있는데, 부모를 치료자로 훈련시켜 변화를 야기시키는 데 중점을 두는 구조화된 단기 모델이다. 훈련을 받은 치료사는 자녀의 문제 행동 관리 능력을 향상시킬 수 있도록 현장(in vivo)에서 부모 코칭을 시행한다. 제9장에서 Reddy는 ADHD(attention-deficit/hyperactivity disorder) 진단을 받은 어린 아동이 사회, 행동적인 영역에서 도움이 필요한 부분을 치료하는 데 효과가 입증된 아동 ADHD 다중양식 프로그램(Child ADHD Multimodal Program: CAMP)의 주요 요소와 시행 과정을 소개한다(Reddy, 2012). ADHD 다중양식 프로그램은 사회학습이론과 행동 원리에 기반을 두고 있으며, 발달 단계와 기술배양에 중점을 두고 10주간에 걸쳐 구조화된 집단 형식(Reddy, 2010, 2012)을 통해 사회기술, 자기통제, 분노/스트레스 관리를 개선하기 위해 인지행동 방법과 발달적으로 적절한 게임을 통합하여 사용한다. 동시에 부모는 가정, 학교, 지역사회에서 사용할 수 있는 행동관리 기법에 중점을 둔 집단 훈련에 참여한다. 또한 가정과 학교에서 부모와 교사에게 개별 행동 컨설팅 서비스를 제공한다.

　제4부에서는 발달장애를 위한 경험기반 놀이치료 개입과 기타 모델을 소개한다. 이 부분에서 소개하는 치료 프로그램은 특별히 자폐스펙트럼장애 아동을 위한 놀이 개입의 중요성에 중점을 두었다는 특징이 있다. 제10장에서 Davlantis와 Rogers는 자폐스펙트럼장애가 있는 어린 아동의 발달과 성장을 촉진하기 위한 학교기반의 매일 놀이치료 프로그램이자 많은 연구가 이루어진 조기 시작 덴버 모델(early start Denver model)을 소개한다. 덴버 모델은 발달이론에 기반하여 자폐 아동의 발달에 놀이의 상징, 대인관계, 인지적 측면이 중요함을 강조한다. 덴버 모델로 치료를 받은 아동은 부모와의 놀이에서 상징적 놀이와 호혜적 교류가 개선되었다. 제11장에서 Wolfberg는 통합 놀이 집단

(Integrated Play Groups: IPG) 모델을 소개한다. IPG 모델은 자폐스펙트럼장애로 진단을 받은 3~11세의 아동을 위해 개발된 경험적으로 지지된 놀이치료이다. IPG 모델은 놀이를 하는 동안 아동의 기술 증가, 즐거움 향상, 어른 및 일반적인 발달을 보이는 또래와의 지속적인 상호작용 개선에 중점을 둔다. IPG 모델의 일차적인 목적은 사회문화 이론(Vygotsky, 1933/1967, 1978)과 참여 유도(guided participation)에 관한 비교 문화 연구(Rogoff, 1990)의 틀 안에서 자폐 아동이 당면한 핵심 과제를 해결하도록 하는 것이다. 이차적인 목적은 일반적인 또래들의 자폐 아동에 대한 이해와 수용을 향상시키는 것이다. 통합 놀이치료 모델 안에는 소그룹 훈련이 있는데, 정상적인 발달을 보이는 또래 그룹(능숙한 참여자), 자폐 아동 그룹(초보 참여자), 훈련된 성인 촉진자 그룹 훈련이 있다. 제12장에서 Lindo, Bratton, Landreth는 아동-부모 관계치료(Child Parent Relationship Therapy: CPRT)를 통해 어떻게 건강한 아동의 발달 촉진이 가능한지를 논의한다. CPRT의 중요한 이론과 이를 지지하는 연구의 개요를 제공하고 성공적인 치료를 시행하기 위한 임상적 고려 사항과 과정에 대해 상세히 기술하고 있다. 이와 더불어 간략하게 부모-자녀 놀이치료(filial therapy)에 대한 논의도 곁들여 놓았다.

제5부에서 Bratton과 Ray는 놀이치료 개입의 현황과 앞으로의 방향을 제시한다. 이들은 간략하게 현재의 놀이치료에 대한 결과 연구를 개괄한 후 연구, 임상, 훈련, 정책적인 부분을 위한 권고 사항들을 이야기한다.

우리는 이 책을 통해 임상가, 연구자, 제3의 지불인(예: 보험회사)들이 혁신적이고 잘 설계된 경험기반의 놀이치료를 접함으로써 아동과 청소년을 위한 폭넓은 놀이치료 개입과 프로그램의 진가를 알아볼 수 있기를 바란다. 시기적절하게 전문적·종합적으로 개입 프로그램에 대해 설명을 해 준 집필자들에게 감사를 전한다. 이들의 작업은 이 중요한 영역에서 경험적 기반 발전에 기여할 것이다. 우리의 목표는 이 책이 앞으로 놀이치료 개입의 개발과 검증에 발판 역할을 하고, 전 세계 아동이 건강하게 발달하도록 새로운 임상 실제와 정책에 대한 정보를 제공하는 것이다.

▋▋ 참고문헌

Association for Play Therapy. (2014). *Why play therapy?* Retrieved from http://www. a4pt.org/?page=WhyPlayTherapy.

Axline, V. M. (1947). *Play therapy: The inner dynamics of childhood.* Boston, MA: Houghton Mifflin.

Bornstein, M. H., & O'Reilly, A. (Eds.). (1993). *New directions for child development: The role of play in the development of thought* (Vol. 59). San Francisco, CA: Jossey-Bass.

Bratton, S. C., Ray, D., Rhine, T., & Jones, L. (2005). The efficacy of play therapy with children: A meta-analytic review of treatment outcomes. *Professional Psychology: Research and Practice, 36,* 376-390. http://dx.doi.org/10.1037/0735-7028.36.4.376

Chambless, D. L. (1995). Training in and dissemination of empirically-validated psychological treatments: Report and recommendations. *Clinical Psychologist, 48*(1), 3-24.

Howes, C., & Matheson, C. C. (1992). Sequences in the development of competent play with peers: Social and social pretend play. *Developmental Psychology, 28,* 961-974. http://dx.doi.org/10.1037/0012-1649.28.5.961

LeBlanc, M., & Ritchie, M. (1999). Predictors of play therapy outcomes. *International Journal of Play Therapy, 8*(2), 19-34. http://dx.doi.org/10.1037/h0089429

Lebo, D. (1953). The present status of research on nondirective play therapy. *Journal of Consulting Psychology, 17,* 177-183. http://dx.doi.org/10.1037/h0063570

Lyytinen, P., Poikkeus, A. -M., & Laakso, M. -L. (1997). Language and symbolic play in toddlers. *International Journal of Behavioral Development, 21,* 289-302. http://dx.doi.org/10.1080/016502597384875

McCune, L. (1995). A normative study of representational play in the transition to language. *Developmental Psychology, 31,* 196-206. http://dx.doi.org/10.1037/0012-1649.31.2.198

National Women's Law Center. (2013, April). *President Obama's early learning proposal* [Fact sheet]. Retrieved from http://www.nwlc.org/sites/default/files/pdfs/presidentsproposalfactsheet.pdf

Parten, M. B. (1932). Social participation among preschool children. *Journal of Abnormal and Social Psychology, 27*, 243-269. http://dx.doi.org/10.1037/h0074524

Pellegrini, A. D., & Smith, P. K. (1998). Physical activity play: The nature and function of a neglected aspect of playing. *Child Development, 69*, 577-598. http://dx.doi.org/10.1111/j.1467-8624.1998.tb06226.x

Phillips, R. D. (1985). Whistling in the dark? A review of play therapy research. *Psychotherapy: Theory, Research, Practice, Training, 22*, 752-760. http://dx.doi.org/10.1037/h0085565

Piaget, J. (1962). *Play, dreams, and imitation in childhood.* New York, NY: Norton.

Ray, D., Bratton, S., Rhine, T., & Jones, L. (2001). The effectiveness of play therapy: Responding to the critics. *International Journal of Play Therapy, 10*(1), 85-108. http://dx.doi.org/10.1037/h0089444

Reade, S., Hunter, H., & McMillan, I. R. (1999). Just playing… is it time wasted? *British Journal of Occupational Therapy, 62*, 157-162.

Reddy, L. A. (2010). Group play interventions for children with attention deficit/hyperactivity disorder. In A. A. Drewes & C. E. Schaefer (Eds.), *School-based play therapy* (2nd ed., pp. 307-329). Hoboken, NJ: Wiley. http://dx.doi.org/10.1002/9781118269701.ch15

Reddy, L. A. (2012). *Group play interventions for children: Strategies for teaching prosocial skills.* Washington, DC: American Psychological Association. http://dx.doi.org/10.1037/13093-000

Reddy, L. A., Files-Hall, T. M., & Schaefer, C. E. (Eds.). (2005). *Empirically based play interventions for children.* Washington, DC: American Psychological Association. http://dx.doi.org/10.1037/11086-000

Rogers, C. (1951). *Client-centered therapy: Its current practice, implications, and theory.* Oxford, England: Houghton Mifflin.

Rogoff, B. (1990). *Apprenticeship in thinking: Cognitive development in social context.* New York, NY: Oxford University Press.

Schaefer, C. E. (Ed.). (2011). *Foundations of play therapy* (2nd ed.). Hoboken, NJ: Wiley.

Schaefer, C. E., & Drewes, A. A. (Eds.). (2014). *The therapeutic powers of play* (2nd ed.). Hoboken, NJ: Wiley.

Smith, L. (2013, February). *President Obama's plan for early education for all Americans.* Retrieved from http://www.acf.hhs.gov/blog/2013/02/president-obamas-plan-for-early-education-for-all-americans

Tamis-LeMonda, C. S., & Bornstein, M. H. (1994). Specificity in mother-toddler language play relations across the second year. *Developmental Psychology, 30,* 283-292. http://dx.doi.org/10.1037/0012-1649.30.2.283

Vygotsky, L. S. (1967). Play and its role in the mental development of the child. [Original work published 1933]. *Soviet Psychology, 5*(3), 6-18.

Vygotsky, L. S. (1978). *Mind in society: The development of higher psychological processes.* Cambridge, MA: Harvard University Press.

Weisz, J. R., & Kazdin, A. E. (2010). Preface. In J. R. Weisz & A. E. Kazdin (Eds.), *Evidence-based psychotherapies for children and adolescents* (2nd ed., pp. xiii-xv). New York, NY: Guilford Press.

■ 차례

제**1**부
- - - - - - - -

경험기반 예방적 놀이치료

제**1**장
프라이머리 프로젝트: 유아기를 위한 놀이치료

제**2**장
별거와 이혼 가정의 아동을 위한 놀이치료의 세계적 확대

제**3**장
문제 예방을 위한 학교 환경에서의 아동중심 놀이치료

프라이머리 프로젝트: 유아기를 위한 놀이치료

Deborah B. Johnson, Mary Anne Peabody

프라이머리 프로젝트(Primary Porject)는 1957년에 프라이머리 정신건강 프로젝트(Primary Mental Health Project)라는 이름으로 처음 시작되었다. 아동중심 놀이를 이론적 기반으로 하는 이 프로젝트는 시작된 이후 수십 년이 지난 지금까지도 지속되고 있다. 이는 어린 아동이 학교 환경의 스트레스에 적응할 수 있도록 돕기 위한 예방 프로그램으로 오늘날 2,000개 이상의 초등학교 현장에서 운영되고 있으며, 국내는 물론 전 세계적으로 확산되고 있다. 학업 요구량이 많아지고 놀이 시간이 줄어들면서 대부분의 교실에서 아동들이 충분히 놀 시간을 누리지 못하고 있다(Miller & Almon, 2009). 이와 더불어, 정신적 · 정

http://dx.doi.org/10.1037/14730-002

Empirically Based Play Interventions for Children, Second Edition, L.A. Reddy, T. M. Files-Hall, and C. E. Schaefer (Editors)

서적·행동적 건강에 문제를 보이는 아동의 수는 걱정스러울 정도로 빠른 속
도로 증가하고 있다. 미국 국립연구회와 의학연구소(National Research Council
and Institute of Medicine; 2009)에 의하면, 아동이 정서, 행동, 또는 정신건강의
문제로 인해 진단을 받는 것은 팔다리가 부러지는 부상을 입는 것처럼 흔한 일
이다. 불가피한 것은 아니지만, 그렇다고 드문 것도 아니다.

미국의 아동 다섯 명 중 한 명은 정신건강 치료가 필요한, 진단이 가능한
장애를 가지고 있을 것으로 추정된다. 그러나 그중 절반에도 채 미치는 못하
는 수의 아동만이 치료를 받고 있다[미국 공중보건서비스청(U.S. Public Health
Service, 2000)]. 미국 국립보건통계센터(National Center for Health Statistics)에서
는 4~17세 아동의 4.6%가 심각한 행동 및 정서의 어려움을 겪고 있고, 16.2%
는 경미한 수준의 어려움을 겪고 있다고 보고한 바 있다(Simpson, Bloom,
Cohen, & Blumberg, 2005). 이와 같은 수치는 아동의 상태가 진단을 받고 정신
건강 치료가 필요한 수준으로 악화되기 이전에 문제를 조기에 발견하고, 개입
하여, 사전에 예방하는 노력이 얼마나 중요한지를 분명하게 보여 준다(Koller &
Bertel, 2006).

학업을 중도 포기할 가능성에 대한 연구를 살펴보면, 학업을 포기하는 아동
들은 초기에 이와 관련된 특성들이 나타난다고 보고된다. 비행과 관련된 위
험 요인 역시 학령기 초기에 분명하게 드러난다(Wasserman et al., 2003). 아동
기의 외상적 경험이 뇌 발달에 미치는 영향에 대한 오늘날의 연구들은 계속해
서 아동의 양육 환경과 상호작용이 매우 중요하다는 사실을 밝혀 내고 있다
(Edwards et al., 2005; Shonkoff & Levitt, 2010). 아동기 초기에 지지적인 환경에
서 좋은 공급과 돌봄이 있는 관계를 경험하게 되면, 성장하면서 부정적인 경험
을 하게 될 때, 이를 조정하고 대처할 수 있는 유능감과 자원을 갖게 된다는 것
이다.

사례 예시

사라(Sarah)는 천천히 자신의 1학년 교실 구석으로 몸을 감춘다. 그녀는 천성적으로 조용한 편이지만 적절한 시간과 지지가 있다면, 대개는 새로운 경험에 잘 적응하는 편이다. 그러나 1학년이 되면서 그녀에게 요구되는 새로운 경험은 이전과 달랐다. 그녀는 복통과 두통을 호소하면서 보건실에 가면 교실에서 받는 스트레스를 피해 빠져나갈 수 있다는 것을 알게 되었다. 쉬는 시간이 되면, 사라는 대개 혼자서 놀거나 어른들 근처에서 놀았다. 사라의 담임교사인 스미스(Smith) 선생님은 학기 초부터 그런 사라의 모습을 지켜보고 있었고, 노력을 기울여 사라를 격려해 주었다. 그녀는 대개의 아동들이 적응을 마치는 시기가 지났음에도 사라가 점점 더 위축되어 가는 것을 걱정하고 있다.

스미스 선생님은 사라가 학교 적응을 어려워하는 근본적인 원인이 사회정서적 문제로 인한 것이 아닌가라는 생각을 하게 되었다. 시간이 지날수록 학업에 대한 부담이 커질 것이므로, 사라가 이후에도 지속적으로 학업적으로 우수한 성과를 거두지 못하게 되지는 않을지 염려가 되었다. 10월 초에 스미스 선생님은 자신이 맡고 있는 학생들의 행동, 사회정서적 문제에 관해 논의하기 위해 학교에 근무하는 심리학자를 만났다. 그 회의에서 학교 적응에 어려움을 겪는 아동들이 사회정서적 건강을 고취할 수 있도록 학교기반 프로그램으로 설계된 프라이머리 프로젝트를 통해 사라가 도움을 얻을 수 있다는 결론을 내리게 되었다. 사라의 이야기와 프로파일을 고려해 본다면, 그녀는 프라이머리 프로젝트를 통해 도움을 받을 수 있는 수천 명의 학생 중 한 명에 해당한다.

놀이의 치료적 요소

아동은 놀이를 통해 자연스럽게 자신의 의사를 표현하고 의사소통을 한다. 따라서 아동과의 작업에서 놀이를 기반으로 하는 접근법은 다양한 이점을 지니고 있다. 놀이가 가진 가장 큰 장점은 놀이가 아동의 세계를 자연스럽고도 안전하게 탐색할 수 있는 보편적이고 고유한 방식이라는 점이다. 아동이 유창하게 언어를 사용하지 못하거나, 말을 하지 못할 때, 아동이 하는 말을 이해할 수 없을 때, 놀이는 아동과 소통할 수 있는 도구가 된다. 따라서 성인은 놀이를 통해 아동의 속도에 맞추어 그들의 내면세계를 공유할 수 있는 기회를 얻게 된다. 이것이 프라이머리 프로젝트의 핵심이다. 아동은 신뢰할 만한 치료적 관계 속에서 놀이를 하면서 자신의 감정을 표현하고 탐색하는 것을 안전하게 느끼고, 스트레스 경험을 다루고, 문제 해결을 시도하고, 어려움을 극복한다.

Axline(1969)은 Rogers(1951)의 내담자중심 치료 이론의 이론적 틀 안에서 비지시적 혹은 자기주도적이라고 불리는 놀이치료를 고안했다. Axline의 모델은 각 개인은 끊임없이 성장을 위해 애쓰고, 자신의 필요를 채우기 위해 노력하며, 자기 실현을 추구한다는 Rogers의 개념을 중심에 두고 있다. 아동은 자신의 경험과 환경에 대한 인식을 바탕으로 현실을 지각하기 때문에 환경이 아동의 필요를 충족시킬 수 있는가의 여부는 그들이 환경에 적응할 수 있는가를 가늠할 수 있는 직접적이고도 중요한 요소이다. 자신의 필요를 채워 줄 수 없는 환경 아래 놓여 있을 때, 아동은 내적 갈등을 경험하고 파괴적 행동을 보일 수 있다. Axline에 따르면, 놀이실, 공감 경험, 구조화된 제한 설정, 치료사의 수용과 같은 최상의 환경은 아동이 환경에서 겪는 갈등을 감소시키고, 감정 표현 능력을 향상시키며 자기 실현과 성장을 촉진한다. 프라이머리 프로젝트의 독특한 점은 적응 문제를 겪고 있는 아동이 놀이 회기를 인도하는 경험을 하게 되면, 사회정서적으로 더욱 큰 자신감을 갖게 된다는 것이다(Cowen, Hightower, Pedro-Carroll, Work, & Wyman, 1996).

Axline(1969)은 아동중심 놀이치료를 촉진시키는 8가지 기본 원리를 제안하였다. 그것은 ① 아동과 따뜻한 라포 형성하기, ② 무조건적으로 아동을 수용하기, ③ 허용감 수립하기, ④ 아동의 감정을 반영하기, ⑤ 아동을 존중하기, ⑥ 아동이 주도하도록 허용하기, ⑦ 아동을 재촉하지 않기, ⑧ 꼭 필요한 제한만 설정하기(pp. 73-74)이다. Axline의 아동중심 놀이치료와 유사하게 프라이머리 프로젝트의 개입은 따뜻함, 수용, 공감, 비지시성 그리고 필요시에만 제한 설정하기 원리를 주축으로 한다. 좀 더 구체적으로 살펴보자면, 프라이머리 프로 젝트의 성공적인 훈련과 개입에는 7가지 주요 실천 요소가 있다. ① 돌봄의 관계 만들기, ② 안전한 환경 제공하기, ③ 공감, 진정성, 무조건적인 긍정적 존중(Rogers, 1957)이 있는 환경 수립하기, ④ 아동중심 놀이에 아동을 참여시키기, ⑤ 놀이 한계 설정하기, ⑥ 아동의 정서적 성장 촉진을 위해 적극적으로 경청하기, ⑦ 학교 정신건강 전문가와 슈퍼비전 회기를 통해서 아동의 조력자(놀이기반 개입을 시행하는 개인)를 지지해 주기가 그것이다. 프라이머리 프로젝트에서 아동이 학교에 더 잘 적응하도록 돕는 중요한 실제는 따뜻한 돌봄의 관계를 형성하고 신체적·정서적으로 안전한 환경을 제공하는 아동 조력자의 역량에 달려 있다. 아동 조력자는 아동에게 치료를 제공하지 않는다. 그보다는 Cowen 등(1996)이 말하는 것처럼 아동이 학교 문화에 더 잘 적응하도록 돕기 위해 따뜻한 신뢰 관계의 자연치료적 요소를 가지고 작업한다.

프라이머리 프로젝트

프라이머리 프로젝트는 유치원(preschool)생부터 3학년에 이르는 아동을 대상으로, 아동의 학교 적응 능력 및 이와 관련된 능력을 향상시키고 극대화시키는 데 그 목적이 있다. 또한 이들의 사회정서적 어려움 및 학교 적응 문제를 감소시키려고 노력한다. 프라이머리 프로젝트는 경-중도 수준의 학교 적응 문제를 드러내는 아동을 대상으로 하며, 이미 굳어진 심각한 문제를 지니고 있는 아동을 위한 프로그램은 아니다. 신중하게 선발되어 훈련을 받은 준전문가(아동 조력자)는 놀이라는 매개체를 통해서 문제를 겪고 있는 아동들에게 시의 적절하고 효과적인 도움을 제공한다. 겉으로 단순해 보일지 몰라도 이는 55년 이상 다듬고 발전시켜 온 것이다.

학교는 여러 이유로 예방적 개입을 시행하기에 중요한 장소이다. 사회정서적인 문제를 지니고 매일 학교로 등교하는 아이들의 수는 지속적인 증가세를 보이고 있다. 그리고 이들이 지니고 있는 문제는 학습능력에 영향을 미친다(Adelman & Taylor, 2006). 아동이 받는 정신건강 서비스의 70~80%는 학교에서 제공되는 것으로 추정된다(Farmer, Burns, Phillips, Angold, & Costello, 2003). 아동에게 효과적인 개입이 이루어지지 않으면, 학업, 사회적 유능감, 평생의 건강에 영향을 미치는 심각한 결과가 지속적으로 나타날 가능성이 있다(National Scientific Council on the Developing Child, 2008). 학교 부적응(예: 교실 행동, 또래 관계)을 호소하는 아동들이 정신건강 서비스에 의뢰되는 경우가 자주 있다. 일부 예방 프로그램은 아동의 개별 행동의 변화를 일차 목표로 삼고 있지만, 환경의 변화를 목표(예: 지시 전략, 교실 관리 계획, 학교 분위기)로 삼고 있는 프로그램들도 존재한다. 성공적인 학교기반 예방 프로그램의 주요 특징은 학교 및 가정에서 동시에 아동의 유능감을 향상시키고 효과적인 상호 행동작용을 촉진함으로써 다양한 체계를 목표 대상으로 삼는다(Greenberg, Domitrovich, & Bumbarger, 2001).

프라이머리 프로젝트는 주로 어린 아동을 대상으로 하며 학교 관계자들을 치료에 참여하도록 한다. 프로그램을 감독하는 학교 정신건강 전문가 또한 학교에 속해 있어서 교사 및 학교 관계자들과 자연스럽게 자문 관계를 맺게 된다. 그러므로 교사와 학교 관리자를 포함한 학교 관계자는 예방 프로그램을 적극적으로 지원하고 프로그램에 대한 '주인의식'을 갖는 경향이 있다. 이는 학교 적응 문제를 드러내는 아동의 가족에게 프라이머리 프로젝트를 성공적으로 소개하고 높은 참여 수준을 유도해 내는 원동력이 된다.

핵심 치료 요소

프라이머리 프로젝트는 6개의 구조적 요소로 개발되었고, 각 요소는 프로그램의 성공에 기여한다. 6개의 구조 요소는 다음과 같다.

1. 어린 아동 중심

2. 조기 선별 및 선발

3. 아동에게 직접 서비스를 제공하는 준전문가 활용

4. 학교기반 정신건강 전문가의 역할 변화

5. 지속적인 프로그램 평가

6. 학교와의 통합

어린 아동 중심

프라이머리 프로젝트는 학교 적응 문제 예방을 목표로 하기 때문에 유치원생부터 3학년에 이르는 아동을 대상으로 서비스를 제공한다. 뇌신경학, 애착, 유아기 교육, 영유아 정신건강 분야에 걸쳐 폭발적인 연구가 이루어지면서 아동과 가족에게 긍정적인 정신 및 신체 건강을 위한 지원이 조기에 이루어질수록 더 좋은 결과를 기대할 수 있다는 사실이 분명해졌다. 따라서 프라이머리 프로젝트는 유치원생부터 만 8세 정도에 이르는 3학년 아동에 초점을 맞추고 있다.

조기 선별 및 선발

프라이머리 프로젝트는 모든 아동이 프로젝트 참여 대상이 될 수 있다는 사실을 염두에 두고, 해당 연령의 모든 아동을 체계적인 방식으로 선별한다. 이러한 방식은 특별히 예방적 개입을 통해 혜택을 볼 수 있는 아동과 좀 더 집중적인 치료가 필요한 아동을 구별하는 데 유용하다. 프라이머리 프로젝트의 전방위적인 선별은 개입중재대응(Response-To-Intervention: RtI) 선별의 필요를 동시에 충족시킨다. 학교 팀은 자료기반(data-driven) 정보를 활용하여 행동 및 사회정서적 어려움을 보이는 아동들을 발견하여 어떠한 개입 및 서비스를 실시할 것인가를 결정하게 된다.

프라이머리 프로젝트는 초기 적응 문제의 증상을 보이는 아동을 목표 대상으로 한다([그림 1-1] 참조). [그림 1-1]은 마치 4개의 적응 수준이 구분되어 나타나는 것처럼 보이지만 실제 적응 수준은 연장선상에 있다. 그림에서 대개의 아동(삼각형의 아랫부분)은 학교생활에 잘 적응한다. 그다음 단계는 경-중도 수준의 학교 적응 문제가 분명하게 드러나는 아동 집단을 나타낸다. 이들은 앞에서 언급한 사라의 경우처럼, 학업 및 사회활동 참여에 영향을 미치는 증상을 드러내고 있는 아동들이다. 프라이머리 프로젝트는 이 그룹의 아동에게 가장 적절하다. 세 번째 그룹은 더 심각한 문제를 지니고 있는 아동이며, 대개 이들은 학교 정신건강 전문가의 도움을 받게 된다. 제일 위에 있는 그룹은 가장 소수이며, 이미 특정 진단을 받고 학교의 특수교육 시스템 또는 임상 정신건강 전문가의 도움을 받고 있거나 받아야 하는 아동을 나타낸다.

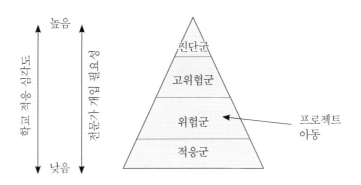

[그림 1-1] 프라이머리 프로젝트의 목표 대상

아동에게 직접 서비스를 제공하는 준전문가 활용

프라이머리 프로젝트는 신중하게 선별·훈련된 준전문가(아동 조력자)를 활용하여 대상(identified) 아동에게 직접 서비스를 제공한다. 준전문가들은 공인된 학교 정신건강 전문가의 직접적인 감독 하에서 작업을 수행한다. 유사한 사회, 문화, 인종 배경과 가치 및 목표를 공유하고 있는 성인이 아동에게 최적의 서비스를 제공할 수 있기 때문에 학교는 대개 지역사회 내에서 자격을 갖춘 성인을 식별하려고 노력한다. 그러나 아동 조력자 선발에 있어서는 그들이 어린 아동과 아동중심적인 관계에 들어가고자 하는 마음을 지니고 있는지, 아동에게 영향을 미치는 사회, 정서, 행동 및 학교 환경에서의 필요를 얼마만큼 이해하고 있는지가 더 중요한 요인으로 작용한다.

프라이머리 프로젝트가 효율적으로 기능할 수 있도록 해 주는 핵심은 아동 조력자이다. 조력자들이 아동과 의미 있는 관계를 맺는 능력을 배양할 수 있도록 전문적 훈련을 받은 정신건강 전문가를 통해 지속적인 훈련과 감독을 받도록 한다. 슈퍼바이저는 아동 조력자가 전문성을 갖출 수 있도록 지속적으로 지원하고 촉진하는 역할을 한다. 초기 훈련과 이후에 지속적으로 제공되는 훈련을 통해 조력자는 아동에게 발달적으로 적절하고 효과적인 서비스를 제공하기 위해 노력한다. 아동중심 놀이와 놀이를 통해 아동-조력자 관계를 연결하는 방식이 훈련의 핵심 내용이다. 훈련 프로그램에서는 프로그램의 핵심 구성 요소와 더불어 놀이, 아동, 의사소통 기술, 효과적인 제한 설정 전략, 문화 및 인종/민족의 다양성과 같은 주제를 다룬다.

아동 조력자가 만나는 아동의 수는 그들이 몇 시간을 일하냐에 따라 달라진다. 파트타임(주당 15~20시간)으로 일하는 조력자는 한 주에 10~15명의 아동을 만날 수 있다. 그리고 남는 시간 동안 훈련 및 슈퍼비전에 참여하고 프로그램 실시와 관련된 필요한 서류를 작성한다. 가능한 경우, 학교는 1년 동안 약 50~60명의 아동을 만날 수 있는 2명의 전임 조력자를 고용한다.

일반적인 경우, 학교는 1년의 수업시간 동안 12~15회기의 프로그램을 두 번 제공한다. 프로그램에 한 차례만 참여가 필요한 아동을 대상으로 하지만, 가끔 아동에 따라 더 많은 회기가 필요한 경우도 있다. 아동이 어떤 서비스를 받을지는 각 아동의 상태를 기준으로 정해지므로 어떤 아동이 학교 및 지역사회 정신건강 시스템 내에서 보다 집중적인 서비스가 필요하다면 그에 응당한 서비스를 받을 수 있도록 이동 조취를 취해야 한다.

학교기반 정신건강 전문가의 역할 변화

정신건강 전문가가 슈퍼바이저로서의 역할을 수행해야 하는 역할 변화는 프로그램의 또 다른 중요 구성 요소이다. 상담사, 사회복지사, 학교 심리학자들이 이에 해당하는 전문가 그룹이다. 프라이머리 프로젝트를 통해 전문가들은 예방 차원의 서비스에 집중하여 아동 조력자와 직접적으로 일하면서 임상 슈퍼비전, 훈련, 프라이머리 프로젝트 감독의 역할을 더 많이 하게 된다. 결과적으로 그들은 보다 집중적인 치료가 필요한 아동들과의 작업을 위해 임상적 기술을 활용하게 된다. 이러한 방식으로 그들의 작업 효과는 기하학적으로 확장되어 더 많은 수의 아동을 돌볼 수 있다.

지속적인 프로그램 평가

프라이머리 프로젝트는 지속적인 프로그램 평가 체계를 갖추고 있다. 프로젝트 안에는 선별, 사전−사후 검사, 아동, 학급, 학교 수준의 보고, 평가, 데이터에 근거한 신뢰성 확보가 포함되어 있다. 학교들이 데이터와 증거기반 개입을 신뢰하는 추세에 있기 때문에 이러한 구성 요소들은 매우 중요하다. 온라인을 통해 모든 측정치와 평가보고서에 손쉽게 접근할 수 있고, 학교가 데이터를 수집하고 이해하여 지속적으로 향상된 서비스를 아동들에게 제공할 수 있도록 기술적인 지원이 이루어지고 있다.

학교와의 통합

프라이머리 프로젝트는 독립형 프로그램이 아니다. 프라이머리 프로젝트를 아동에게 제공되는 서비스의 연속선상에 통합하기 위해 꾸준한 노력이 있어 왔다. 학교 적응이라는 개념을 정상화하기, 신체 건강과 마찬가지로 힘들지 않게 건강한 사회정서적 안녕 고취하기는 아동 서비스의 연속선상에서 프라이머리 프로젝트를 통합하고자 하는 노력의 일환이다. 학교는 학부형 오픈 하우스 참여, 웹사이트, 학교 뉴스레터 칼럼 그리고 학교 내 RtI 모델의 부분적 개입을 통해 프라이머리 프로젝트를 다양한 방법으로 통합하고 있다.

프라이머리 프로젝트 개입 설명

프로그램 서비스 선별 및 선발

아동을 선발하는 과정은 프라이머리 프로젝트의 혜택을 받을 수 있는 아동 선별을 위해 유치원생부터 3학년에 해당하는 아동을 스크리닝하는 것에서 출발한다. 일반적으로 적응 문제나 대인관계 문제, 즉 행동화, 가벼운 공격성, 수줍음, 불안 또는 철수, 학교 교육의 진전을 방해하는 학습 행동 등을 경험하고 있는 아동이 프라이머리 프로젝트에 적합하다. 아동은 공식 혹은 비공식적 과정을 통해 선발하고 프라이머리 프로젝트에 의뢰된다. 예를 들어, 행동평가척도상에 문제가 발견되었거나, 아동의 문제 행동이 관찰되는 경우 그리고/또는 의뢰가 들어오는 경우 등이 있다.

새학기가 시작되면 아동들이 새로운 환경에 적응할 수 있도록 4~6주의 시간을 주고, 정보수집을 시작으로 선별을 실시한다. 유치원생의 경우, 첫 사회기관 경험이 안정화될 수 있도록 몇 달 후에 실시하는 경우도 종종 있다. 교사나 교직원은 염려가 되는 특정 아동을 발견하게 되면, 언제든지 프라이머리팀과 정보를 공유한다. 비공식적인 정보를 통해서 아동의 필요를 더 잘 이해할 수 있다. 또한 담임교사는 표준화된 선별 척도, 대개는 교사-아동 평가척도(Teacher-Child Rating Scale 2.1: T-CRS; Perkins & Hightower, 2002)를 작성한다. T-CRS는 교사가 아동의 학교 행동을 평가하도록 특별히 고안된 행동평가척도로, 아동의 사회정서 적응과 관련한 4가지 주요 영역을 평가하는 32문항으로 구성되어 있다.

1. **작업 오리엔테이션(Task orientation)**: 학교 관련 과제에 집중할 수 있는 아동의 능력
2. **행동 통제**: 아동 자신의 한계 또는 학교 환경에 의해 부여된 제한에 적응하고 견딜 수 있는 아동의 기술
3. **자기 주장**: 또래관계에서 보이는 아동의 대인관계 기능과 자신감
4. **또래관계에서의 사회기술**: 또래 사이에서의 호감도와 인기도, 또래와 상호작용할 수 있는 아동의 능력

T-CRS는 선별을 위한 척도, 개입 과정을 평가하기 위한 사전 및 사후 척도로 사용된다. T-CRS를 사용하여 프라이머리 프로젝트에 참여했을 때 가장 큰 혜택을 받을 수 있는 아동을 선발하고, 필요한 정보를 확인할 수 있다.

식별 및 배정 회의

배정 회의에서 관련 선별 자료(T-CRS, 관찰, 교사 보고)를 검토한다. 배정 회의는 보통 10월 중순에 시작하며, 학교 운영 절차에 가장 적절한 방법으로 운영된다. 프라이머리 프로젝트 스태프, 참여 교사, 기타 관련 교직원들이 모여 수집된 정보를 검토하고, 아동의 학교 적응에 대한 통합적 밑그림을 그린 후 프라이머리 프로젝트 서비스에 가장 적합한 아동을 선발한다. 본질적으로 배정 회의팀은 선별 과정을 통해 학교에서 어려움을 겪고 있는 아동의 적응 프로파일을 검토한다. 배정 회의팀은 아동의 현재 기능 수준(역량과 문제)을 기초로 아동의 필요를 다루기 위해 프라이머리 프로젝트를 포함한 권장사항을 제시한다. 아동이 프라이머리 프로젝트에 참여할 필요가 있다고 판단되고, 프라이머리 프로젝트팀이 이에 동의하면, 부모로부터 참여 동의서를 받는다. 예를 들면, 사라는 스크리닝 과정에서 프라이머리 프로젝트가 필요한 아동으로 식별되었다. 부모는 사라가 학교에서 어려움을 겪고 있다는 것을 알고 있었다. 이에 부모는 학기가 시작된 후 몇 주간 스미스 선생님과 연락을 취하면서 가정에서 사라를 지원

하였다. 스미스 선생님이 전화를 통해 사라가 프라이머리 프로젝트에 참여하는 것이 좋겠다는 제안을 했을 때, 그들은 놀라지 않았다.

일단 부모의 동의를 구했다면, 교사, 정신건강 전문가, 그리고 많은 학교의 경우, 아동의 부모와 협력하여 적응프로파일을 기반으로 목표를 설정한다. 프로그램의 목표는 역량 강화와 문제 해결 두 가지에 중점을 둔다. 예를 들면, 한 아동의 목표는 또래 사회 기술 향상시키기, 친사회적 방법으로 분노를 표현(분노 알아차리기, 감정 표현을 위한 언어 개발)하여 공격성 감소시키기, 좌절을 견디는 능력 향상시키기 등이 될 수 있다.

표현 놀이를 통해 아동과 작업하기

프라이머리 프로젝트의 기본은 놀이라는 매개를 통해 아동 조력자와 아동 사이에 긍정적이고, 따뜻하며, 신뢰가 있는 치료적 관계를 형성하는 것이다. 프라이머리 프로젝트를 위한 초기 훈련과 아동 선발이 끝나면, 아동 조력자는 정기적으로 아동을 만나기 시작한다. 아동은 일반적으로 12~15주(보통 한 학기) 동안 매주 30분간 개별 회기에 참여한다. 아동의 필요와 프로그램 목표에 따라 일부 아동은 두 번째 주기(학기) 회기에 참여할 수도 있다. 아동 조력자는 나이와 문화적으로 적절한 장난감이나 표현 놀이 매체가 제공되는 특별한 장비가 구비된 놀이실에서 아동을 만난다. 놀이실의 장난감과 재료로는 크레파스, 매직펜, 종이, 페인트와 같은 다양한 미술 용품과 가족 인형, 인형 집, 액션 피규어, 모래놀이상자, 빌딩 블록, 레고 블록을 사용할 수 있다. 창의적이고 상상력을 발휘할 수 있는 놀이가 가능한 재료를 사용해야 하며, 그러한 재료들은 일반적으로 아동의 감정과 생각의 표현을 촉진한다. 놀이실은 안전하고, 환영받는 느낌이 들고, 지지적인 환경이어야 한다. 이곳에서 아동과 어른이 상호작용을 할 수 있다.

프라이머리 프로젝트 회기에서 아동은 일반적으로 자기 주도적 표현 놀이에 참여한다. 아동 조력자와의 상호작용의 속도를 결정하는 것은 아동이다. 아동 조력자의 역할은 아동의 활동을 지지하는 것이다. 이를 위해 기본적인 경청 기술을 사용하고, 아동의 활동, 생각, 감정을 반영하며, 수용과 공감을 보여 주고, 아동중심 놀이에 참여해야 한다. 아동 조력자는 적극적으로 관계에 참여하지만, 아동의 놀이에 얼마나 조력자를 참여시킬지는 아동이 결정한다. 아동 조력자는 놀이실 내에서 단순한 놀이 친구가 아닌 조력자로 들어갈 수 있는 유연성을 갖추고 있어야 한다. 수용할 만한 범위 내에서 아동이 조력자에게 원하는 역할을 요구하는 것은 적절하다. 그러나 아동 조력자는 아동에게 필요한 특정 영역의 기술을 향상시키기 위해 가끔씩 특정 순간을 기회로 삼아 활용하고자 한다. 각 아동이 자신의 고유한 방식으로 자기 주도적 표현 놀이 활동을 하기 때문에 정확한 대본이 있는 회기를 구성하는 것은 불가능하다.

아동이 프라이머리 프로젝트에 한 주기 동안 참여하고 난 후에는 목표 달성 정도를 평가하는 회의를 개최한다. 이때 학부모를 초대하여 함께 회의를 진행할 수도 있다. 목표를 얼마나 달성했는지, 목표 변경이 필요하다면 어느 정도로 목표를 수정해야 하는지에 대해 결정한다. 목표가 달성되었다면 졸업을 계획한다.

사례 예시

사라는 프라이머리 프로젝트에 참여하는 아동의 전형적인 패턴을 따랐다. 그녀는 매주 아동 조력자와 함께 시간을 보냈다. 사라는 매주 30분 동안 어른의 전적인 관심을 받았다. 그녀를 가르치는 교사들은 프로그램 시행 4~5주 후 사라가 대화를 시작하였고, 질문에 대답을 하기 위해 수업시간에 손을 들었으며, 자신의 필요를 적절하게 주장하는 등 작은 위험을 감수하기 시작했다고 보고했다. 수업 시간 동안 보건실을 방문하고 싶다는 요청도 크게 줄어들었다. 프라이머리 프로젝트는 사라에게 또 하나의 긍정적인 학교기반 관계를 형성하고, 그녀가 필요로 하는 개인적인 관심을 받을 수 있는 기회를 제공했다. 사라는 프라이머리 프로젝트에 참여하고 몇 주 지나지 않아 다시 학교에 대한 기대를 갖게 되었고, 점점 학습 활동과 또래와의 상호작용에 긍정적으로 참여하기 시작했다.

아동 조력자 슈퍼비전 및 훈련

프라이머리 프로젝트는 아동에게 효과적인 도움을 줄 수 있는 서비스 제공이 가능한 기술과 특성을 지닌 조력자를 고용하는 데 많은 공을 들인다. 그러므로 아동 조력자 훈련은 이러한 긍정적인 자질을 바탕으로 이루어진다. 오리엔테이션 및 초기 훈련 활동은 제한된 시간 동안 집중적으로 진행된다. 훈련의 세부 사항은 부분적으로 아동 조력자의 경험 배경과 필요에 따라 결정된다. 훈련을 통해 조력자들은 학교 환경에서 아동과 원활한 작업을 촉진시킬 수 있는 정보와 기술을 배우고, 명확한 기본 절차와 치료 전략을 알게 된다. 정신건강 전문가의 슈퍼비전을 통해 아동 조력자를 지원하는 것은 프라이머리 프로젝트의 필수 요소이다. 이 과정은 아동 조력자가 프로그램을 시작하고 프로젝트를 마칠 때까지 계속된다.

프라이머리 프로젝트에서는 아동 조력자와 작업할 때 두 가지 주요 영역의 반영적 슈퍼비전을 중요하게 여긴다. 하나는 아동중심 슈퍼비전이고, 다른 하나는 아동 조력자중심 슈퍼비전이다. **아동중심 슈퍼비전**은 아동 조력자가 만나는 개별 아동에게 적용된다. 프라이머리 프로젝트 슈퍼바이저는 아동 조력자가 아동에게 행한 작업을 검토하여 조력자가 아동의 말, 행동, 감정을 이해할 수 있도록 도와준다. 그리고 아동 조력자가 매주 아동을 만나 시행하는 작업의 구체적인 방향을 제시한다. **아동 조력자중심 슈퍼비전**은 각 아동 조력자에게 초점을 둔다. 프라이머리 프로젝트 슈퍼바이저는 아동의 적응 및 정신건강 이슈에 대한 아동 조력자의 이해 정도와 이로 인한 어려움이 아동에게 미치는 영향을 탐색한다. 프라이머리 프로젝트 슈퍼바이저는 조력자가 정서인지적으로 자신의 역할에 잘 적응하고 발전해 가는 수준에 맞추어 조언과 안내를 한다. 모든 프라이머리 프로젝트 슈퍼바이저들에게는 2일간의 프라이머리 프로젝트의 준전문가 슈퍼비전이 제공된다.

프라이머리 프로젝트 졸업

대부분의 아동은 자연스럽게 프라이머리 프로젝트를 마친다. 경우에 따라 일부 아동은 보다 집중적인 도움을 받을 수 있는 서비스에 의뢰되기도 한다. 어떤 경우이든 명확한 전환이 이루어지는 것은 중요하다. 대략 종결 전 3주 정도가 남으면 작별 과정을 시작한다.

사례 예시

아동 조력자는 처음부터 사라에게 12~15회기를 함께 보낼 것이라고 설명했다. 여덟 번째 회기 즈음, 아동 조력자는 사라에게 놀이실에서의 시간이 곧 끝날 것이라고 상기시켜 주었다. 그 회기 이후 아동 조력자는 사라의 전환 과정을 돕기 위해 앞으로 몇 번의 만남이 남았는지 알려 주었다. 사라의 개선된 모습을 부모에게 알려 주기 위해 아동 조력자, 교사, 학부모가 함께하는 최종 면담이 진행되었다. 모든 사람은 프라이머리 프로젝트 덕분에 사라가 보건실을 방문하는 횟수가 줄었으며, 프라이머리 프로젝트가 사라의 행동 변화에 긍정적인 영향을 미쳤다는 사실에 동의했다. 사라의 부모는 사라가 이전보다 학교에 가는 것을 더 신나 한다고 말했다.

학생의 발전 평가

프라이머리 프로젝트에서 아동의 발전 정도는 공식 및 비공식적인 방식으로 측정된다. 지속적인 개별 슈퍼비전과 담임교사와의 만남을 통해 아동의 발전에 대해 논의한다. 일부 프로그램에서는 교사가 발전 보고서를 쓰도록 되어 있다. T-CRS를 사용하여 사전 및 사후 평가를 시행하고, 행동 변화의 여부를 살펴봄으로써 좀 더 공식적인 발전 정도를 측정할 수 있다.

사례 예시

사라가 프라이머리 프로젝트를 마칠 때, 스미스 선생님은 T-CRS를 시행했고, 아동 조력자의 슈퍼바이저였던 학교 심리학자는 전문 요약 보고서를 작성하였다. 사라가 목표했던 교실 내 참여 수준 높이기는 무난히 달성되었고, 사라는 학교에서 더 적극적으로 참여하게 되었다. 최종 교사 평가척도에서 자기 주장 및 또래 사회 기술 영역에서 긍정적인 변화가 나타났다.

성과 연구

전문가들은 프라이머리 프로젝트가 수십 년 동안의 평가와 연구에 기반한 모범적인 임상 프로그램이라는 사실에 동의한다. 이 프로그램은 여러 주와 전국 기관 수준에서 인정받았다(Children's Institute, Inc., 2015). 1984년 전국정신건강협회는 프라이머리 프로젝트에 Lela Rowland 예방상을 수여했다. 4년 후 프라이머리 프로젝트는 뉴욕 주가 운영하는 성공 프로그램 공유(Sharing Successful Programs) 프로젝트에서 효과가 있는 프로그램 중 하나로 지정되었다. 1993년 미국심리학회의 임상 및 아동 심리 영역(임상심리분과의 제1영역)과 아동, 청소년, 가족 분과는 프라이머리 프로젝트를 아동과 가족 정신건강 서비스 전달의 모델 프로그램으로 시상했다.

프라이머리 프로젝트는 성공적인 1차 예방(Primary Prevention Works: Albee & Gullotta, 1997), 아동과 청소년을 위한 성공적 예방 프로그램(Successful Prevention Programs for Children and Adolescents; Durlak, 1997), 예방적 서비스 수립하기 (Establishing Preventive Services; Weissberg, Gullotta, Hampton, Ryan & Adams,

1997) 영역에서 모범적인 실천안으로 주목을 받았다. 미국 연방 정부 의무감(Surgeon General)의 정신건강 보고서(U. S. Public Health Service, 2000)는 프라이머리 프로젝트를 아동의 정신건강 증진을 위한 전국의 5개 모범적 연구기반 예방 프로그램 중 하나로 인정했다. 미국 교육부의 안전과 약물 없는 학교 부서(Office of Safe and Drug-Free Schools)는 2000년에 프라이머리 프로젝트를 전도유망한 프로그램으로 인정했다. 또한 프라이머리 프로젝트는 전국 증거기반 프로그램 및 실천 등록처[물질 남용 및 정신건강서비스 부서(Substance Abuse and Mental Health Services Administration), 2012]에 증거기반 프로그램으로 등록되었다. 증거기반 프로그램은 프로그램 보급, 훈련, 연구에 대한 정보를 가지고 있어야 한다. 증거기반 프로그램이 증가함에 따라 프로그램의 충실도가 주요 관심사가 되고 있다.

프라이머리 프로젝트는 수량화가 가능한 기준을 사용하여 전국적인 자격인증 절차를 실시하고 있다. 자격인증은 3년간의 프로그램 실행을 기준으로 한다. 심사팀은 학교가 체계적인 아동 선별 및 리뷰, 아동의 프로그램 참여 기간, 아동 조력자 선발 및 훈련, 일관된 슈퍼비전, 프로그램을 위한 적절한 공간, 행정, 교사, 지원 스태프, 공동체의 적극적 지원, 프로그램과 아동 평가에 대한 강한 헌신도를 가지고 있는지 평가한다. 또한 슈퍼비전과 개입에 관한 매뉴얼과 DVD 자료, 프로그램 개발 매뉴얼(재현과 적용 가능성 참조)을 제공한다.

1975년 프라이머리 프로젝트의 탄생과 더불어 시작된 프로젝트 연구는 현재까지 지속되고 있으며, 이는 프로그램을 구성하는 필수 요소이다. 프라이머리 프로젝트가 예방 프로그램으로서 효과가 있는지 몇 가지 평가 방법을 사용하여 검증해 보았다. 각 방법은 7년 연속의 코호트 집단의 통합 평가(Weissberg, Cowen, Lotyczewski, & Gesten, 1983)와 같이 프로그램의 효과성에 대한 보완적 증거를 제공하는 강점(방법론적 또는 생태학적)을 지니고 있다. 프라이머리 프로젝트는 프로젝트의 결과뿐만 아니라 긍정적·부정적 학교 적응과 관련된 아동 요인, 프로그램의 세부 요소, 조력자-아동, 조력자-슈퍼바이저의 관계와 같은 요소를 연구하는 데 노력을 기울이고 있다(Cowen &

Hightower, 1989; Cowen et al., 1996).

프라이머리 프로젝트는 새로운 관심을 받고 있다. 주 정부의 프라이머리 프로젝트 채택과 지원에 대한 후향적(retrospective) 검토, 교육구와 협력하는 행동건강기관의 프라이머리 프로젝트 실행, 정신건강 주 슈퍼바이저와 조력자의 프라이머리 프로젝트에 대한 관점, 치료에 대한 무작위 통제 연구를 포함하는 다양한 수준의 연구가 이루어지고 있다.

평가 방법

통제 연구

Duerr(1993)는 18개 학교의 아동들을 즉각적인 치료가 이루어지는 그룹과 치료가 지연되는 그룹에 무작위로 배정하였다. 표준 비교 기술을 사용한 이 연구는 프라이머리 프로젝트 서비스를 받은 아동이 서비스를 받기 위해 대기하는 아동에 비해 공격성이 감소하고, 학습 문제가 줄어드는 등 아동의 적응 문제가 유의미하게 감소하고, 사회정서적 역량(예: 좌절감을 견디는 힘, 또래 관계)이 강화되었다고 보고하였다. 대기자 통제 설계를 사용한 또 다른 프라이머리 프로젝트 평가에서 즉각적인 치료 집단과 대기자 통제 집단 아동 간에 통계적으로 유의미한 차이가 나타났다(Nafpaktitis & Perlmutter, 1998). 교사의 척도에 따르면 이러한 변화는 3개월 후에 이루어진 추적조사에서도 유지되었다.

비교 방법

Winer Elkin, Weissberg와 Cowen(1988)은 프라이머리 프로젝트 서비스를 받는 아동과 비슷한 위험수준에 있지만 서비스를 받지 않고 있는 아동의 적응 수준을 평가하고 시간 경과에 따른 추이를 살펴보았다. 그들은 5~6개월 동안 평균 40분간 25회의 서비스를 받은 프라이머리 프로젝트 아동과 비슷한 초기

적응 수준에 있는 프라이머리 프로젝트를 실시하지 않는 학교의 아동을 비교하였다. 그 결과 한 학년이 지난 후 프라이머리 프로젝트 서비스를 받은 아동은 비교 집단 아동에 비해 적응 문제가 감소하고, 적응 역량이 강화되는 것으로 나타났다. 연구 결과는 통계적으로 유의미했다.

프라이머리 프로젝트 아동의 장기 추적조사

Chandler, Weissberg, Cowen과 Guare(1984)는 2~5년 전에 프라이머리 프로젝트 모델도 참여했던 도시 아동 61명과 이들과 동일한 성별, 학년, 담임교사로 구성된 표본 61명을 짝지어 평가했다. 담임교사가 작성한 적응평가에 따르면, 프라이머리 프로젝트에 참여한 아동은 2~5년 후에도 초기의 적응 변화(gains)를 유지하는 것으로 나타났다.

프라이머리 프로젝트는 뉴욕시의 동부 할렘 지역의 지역학교 4교육구의 여러 초등학교에 소개되었다. 유치원생부터 3학년 아동을 대상으로 프라이머리 프로젝트를 실시했고, 4년간 이를 평가하였다. 프라이머리 프로젝트에 참여한 아동은 1년 프로그램을 마친 후 더 긍정적으로 학교에 적응(더 적은 적응 문제, 더 높은 역량)했다(Meller, Laboy, Rothwax, Fritton, & Mangual, 1994). 게다가 아동 스스로 통계적으로 유의미한 수준의 규칙 준수, 학교에 대한 관심 증가, 또래 수용의 증가와 불안의 감소가 있었음을 자기 평정(self-rating)을 통해 보고했다.

지속적인 기관기반 평가

뉴욕과 캘리포니아의 프라이머리 프로젝트 프로그램 기관은 프로그램에 의뢰된 시점과 졸업 시점에서 아동의 교실 적응 문제와 역량을 비교 평가했다. 이 방법은 많은 학교 기관에서 아동의 적응 상태를 생태학적으로 타당하게 평가할 수 있는 길을 열어 주었다. 1997~1998년 동안 뉴욕 주에서는 50개 학교의

1,500명 이상의 아동이 프라이머리 프로젝트 평가를 받았다. 프라이머리 프로젝트 기관들은 아동들에게 예방에 초점을 맞춘 15,000개 이상의 프로그램을 제공했다. 의뢰되는 아동의 82%는 전체적으로 '높은' 또는 '약간 높은' 수준에 달하는 적응 문제를 나타내고 있었다. 정신건강 종사자들은 프라이머리 프로젝트에 참여한 아동의 60%가 공격적인 행동의 감소와 사회 기술의 향상을 보였고, 50%는 학업 수행 능력이 개선되었다고 보고했다(Hightower, 1998).

재현(replication)과 적용 가능성(transportability)

프라이머리 프로젝트 모델에 관한 설명은『피어리뷰』학술지와 책을 포함한 수많은 간행물에 실려 있다. 프라이머리 프로젝트의 개발 및 평가는『위험에 처한 아동을 위한 학교기반 예방: 프라이머리 정신건강 프로젝트』(Cowen et al., 1996)에 요약되어 있다. 프라이머리 프로젝트 모델에 대한 정보와 실시 및 평가에 대한 종합적인 정보를 제공하는 두 번째 자료는『프라이머리 정신건강 프로젝트: 프로그램 개발 매뉴얼』(Johnson, Peabody, & Demanchick, 2013)이다. 프라이머리 프로젝트의 핵심 구성 요소는 프라이머리 프로젝트가 고유한 개별적 환경을 충족시킬 수 있는 유연성을 유지하면서 지역 교육구/기관에 적용되도록 하는 것이다. 이러한 요소들은 많은 아동과 넓은 지역사회에 프라이머리 프로젝트를 적용할 수 있게 한다.

프라이머리 프로젝트 모델 프로그램은 뉴욕 주 전역의 130개 교육구에 성공적으로 자리 잡았다. 전국적으로는 캘리포니아(프라이머리 개입 프로그램), 코네티컷(프라이머리 정신건강 프로젝트), 하와이(프라이머리 학교 적응 프로그램), 워싱턴(프라이머리 개입 프로그램), 아칸소, 플로리다, 켄터키, 메인, 매사추세츠, 미시간, 미네소타, 미주리, 워싱턴 DC의 1,000개 이상의 교육구에서 중앙집중식 프로그램 네트워크가 형성되었다[아동협회(Children's Institute, Inc., 2012]. 캘리포니아는 정신건강 부서의 조기정신건강사업(Early Mental Health Initiatives)을 통해서 코네티컷, 하와이, 뉴욕은 교육부를 통해서 프라이머리 프로젝트를 조직화했다. 국제적으로는 캐나다와 나이지리아에서 프로그램이 운영된다. 프라이머리 프로젝트는 최근 유치원(preschools), 헤드스타트(Head Start), 아동발달센터로 확장되어 가며 발전하고 있다.

　프라이머리 프로젝트 실행에 관심이 있는 지역구(district) 및 기관에 대해서는 자문, 훈련, 프로그램 자료, 인턴십 기회와 같은 다방면의 지원을 제공한다. 프로그램 자료로는『위험에 처한 아동을 위한 학교기반 예방: 프라이머리 정신건강 프로젝트』(Cowen et al., 1996),『프라이머리 정신건강 프로젝트: 프로그램 개발 매뉴얼』(Johnson et al., 2013),『연결점 만들기: 프라이머리 프로젝트』(Children's Institute, Inc., 2012),『선별과 평가 가이드라인』(Children's Institute, Inc., 2002),『프라이머리 프로젝트: 개입-기본 기술』(Children's Institute, Inc. 2006a),『프라이머리 프로젝트: 슈퍼비전 매뉴얼』(Children's Institute, 2006b),『T-CRS 2.1 교사-아동 평가 척도 평가자 매뉴얼』(Perkins & Hightower, 2002)이 있다. 현장 자문 및 지원은 아동 연구소(Children's Institute, Inc)와 프로그램 자문위원을 통해서 가능하며, 주별 및 전국 프로그램 훈련 워크숍 목록은 http://www.childreninstitute.net에서 제공된다.

결론
· · · · ·

　프라이머리 프로젝트는 오랜 세월에 걸쳐 효과가 입증된 조기 개입 프로그램으로 아동의 초기 학교 적응을 돕는 데 그 목적이 있다. 그리고 지난 55년 동안 다양한 배경과 지역사회의 기관 및 아동에게 사용할 수 있는 모델로 다듬어졌다. 도시, 교외, 농촌의 모든 지역에서 성공적인 결과를 거두고 있는 프라이머리 프로젝트는 어린 시절에 가벼운 적응적 어려움을 보이는 아동을 선발하고 서비스를 제공하여 그들의 사회정서적 역량을 강화하고자 하는 노력을 지속하고 있다.

　가장 뚜렷한 효과를 나타내는 프로그램은 6가지 핵심 요소를 철저히 준수한

다. 특히, 체계적인 훈련과 정신건강 전문가의 지원을 받는 높은 수준의 아동
조력자는 매우 중요하다. 아동 조력자의 지속적인 훈련은 아동중심 놀이의 필
수 요소이다. 지난 수년 동안 아동이 경험하는 환경적 요구와 압력은 계속해서
변화되어 왔다. 그러나 함께하는 시간, 관심, 표현적 놀이를 원하는 아동의 요
구에는 변함이 없다.

▚▎ 참고문헌

Adelman, H. S., & Taylor, L. (2006). *The school leader's guide to student learning supports: New directions for addressing barriers to learning.* Thousand Oaks, CA: Corwin Press.

Albee, G. W., & Gullotta, T. P. (1997). *Primary prevention works.* Thousand Oaks, CA: Sage.

Axline, V. M. (1969). *Play therapy* (Rev. ed.). New York, NY: Ballantine Books.

Chandler, C. L., Weissberg, R. P., Cowen, E. L., & Guare, J. (1984). Long-term effects of a school-based secondary prevention program for young maladapting children. *Journal of Consulting and Clinical Psychology, 52,* 165-170. http://dx.doi.org/10.1037/0022-006X.52.2.165

Children's Institute, Inc. (2002). *Screening and evaluation guidelines.* Rochester, NY: Author.

Children's Institute, Inc. (2006a). *Primary Project: The intervention: Basic skills.* Rochester, NY: Author.

Children's Institute, Inc. (2006b). *Primary Project: Supervision manual.* Rochester, NY: Author.

Children's Institute, Inc. (2012). *Creating connections: Primary Project* [DVD]. Rochester, NY: Author.

Children's Institute, Inc. (2015). *Primary Project.* Retrieved from https://www.childrensinstitute.net/programs/primary-project

Cowen, E. L., & Hightower, A. D. (1989). The Primary Mental Health Project:

Alternatives in school based prevention interventions. In T. B. Gutkin & C. R. Reynolds (Eds.), *Handbook of school psychology* (2nd ed., pp. 775-795). New York, NY: Wiley.

Cowen, E. L., Hightower, A. D., Pedro-Carroll, J. L., Work, W. C., & Wyman, P. A. (1996). *School-based prevention for children at risk: The Primary Mental Health Project.* Washington, DC: American Psychological Association. http://dx.doi.org/10.1037/10209-000

Duerr, M. (1993). *Early mental health initiative: Year-end evaluation report.* Chico, CA: Duerr Evaluation Resources.

Durlak, J. A. (1997). *Successful prevention programs for children and adolescents.* New York, NY: Plenum Press. http://dx.doi.org/10.1007/978-1-4899-0065-4

Edwards, V. J., Anda, R. F., Dube, S. R., Dong, M., Chapman, D. F., & Felitti, V. J. (2005). The wide-ranging health consequences of adverse childhood experiences. In K. Kendall-Tackett & S. Giacomoni (Eds.), *Child victimization: Maltreatment, bullying, and dating violence prevention and intervention* (pp. 8.1-8.12). Kingston, NJ: Civic Research Institute.

Farmer, E. M. Z., Burns, B. J., Phillips, S. D., Angold, A., & Costello, E. J. (2003). Pathways into and through mental health services for children and adolescents. *Psychiatric Services, 54,* 60-66. http://dx.doi.org/10.1176/appi.ps.54.1.60

Greenberg, M. T., Domitrovich, C., & Bumbarger, D. (2001). The prevention of mental disorders in school-aged children: Current state of the field. *Prevention & Treatment, 4,* 1-59. http://dx.doi.org/10.1037/1522-3736.4.1.41a

Hightower, A. D. (1998). *Primary Project annual report to the New York State Education Department.* Rochester, NY: Children's Institute, Inc.

Johnson, D. B., Peabody, M. A., & Demanchick, S. (2013). *The Primary Mental Health Project: Program development manual.* Rochester, NY: Children's Institute, Inc.

Koller, J. R., & Bertel, J. M. (2006). Responding to today's mental health needs of children, families and schools: Revisiting the preservice training and preparation of school-based personnel. *Education & Treatment of Children, 29,* 197-217.

Meller, P. J., Laboy, W., Rothwax, Y., Fritton, J., & Mangual, J. (1994). *Community school district four: Primary Mental Health Project, 1990-1994.* New York, NY: Community School District #4.

Miller, E., & Almon, J. (2009). *Crisis in the kindergarten: Why children need to play in school.* College Park, MD: Alliance for Childhood.

Nafpaktitis, M., & Perlmutter, B. F. (1998). School-based early mental health intervention with at-risk students. *School Psychology Review, 27,* 420-432.

National Research Council and Institute of Medicine. (2009). *Preventing mental, emotional, and behavioral disorders among young people: Progress and possibilities* (Report Brief). Washington, DC: National Academies Press.

National Scientific Council on the Developing Child. (2008). *Mental health problems in early childhood can impair learning and behavior for life* (Working Paper No. 6). Retrieved from http://www.developingchild.net

Perkins, P. E., & Hightower, A. D. (2002). *T-CRS 2.1 teacher-child rating scale examiner's manual.* Rochester, NY: Children's Institute, Inc.

Rogers, C. R. (1951). *Client-centered therapy: Its current practice, implications, and theory.* Boston, MA: Houghton Mifflin.

Rogers, C. R. (1957). The necessary and sufficient conditions of therapeutic personality change. *Journal of Consulting Psychology, 21,* 95-103. http://dx.doi.org/10.1037/h0045357

Shonkoff, J. P., & Levitt, P. (2010). Neuroscience and the future of early childhood policy: Moving from why to what and how. *Neuron, 67,* 689-691.

Simpson, G. A., Bloom, B., Cohen, R. A., & Blumberg, S. (2005, June 23). U.S. children with emotional and behavioral difficulties: Data from the 2001, 2002, and 2003 National Health Interview surveys. In *Advance data from vital and health statistics* (No. 360). Hyattsville, MD: National Center for Health Statistics.

Substance Abuse and Mental Health Services Administration. (2012). *National Registry of Evidence-Based Programs and Practices.* Retrieved from http://www.nrepp.samhsa.gov/ViewIntervention.aspx?id=39

U.S. Public Health Service. (2000). *Report of the Surgeon General's conference on children's mental health: A national action agenda.* Washington, DC: U.S.

Department of Health and Human Services.

Wasserman, G. A., Keenan, K., Tremblay, R. E., Cole, J. D., Herrenkohl, T. I., Loeber, R., & Petechuk, D. (2003, April). Risk and protective factors of child delinquency. In *Child Delinquency Bulletin Series* (No. NCJ 193409). Washington, DC: U.S. Department of Justice, Office of Juvenile Justice and Delinquency Prevention.

Weissberg, R. P., Cowen, E. L., Lotyczewski, B. S., & Gesten, E. L. (1983). The primary mental health project: Seven consecutive years of program outcome research. *Journal of Consulting and Clinical Psychology, 51*, 100-107. http://dx.doi.org/10.1037/0022-006X.51.1.100

Weissberg, R. P., Gullotta, T. P., Hampton, R. L., Ryan, B. A., & Adams, G. R. (1997). *Establishing preventive services* (Vol. 9). Thousand Oaks, CA: Sage.

Winer Elkin, J. I., Weissberg, R. P., & Cowen, E. L. (1988). Evaluation of a planned short-term intervention for school children with focal adjustment problems. *Journal of Clinical Child Psychology, 17*, 106-115. http://dx.doi.org/10.1207/s15374424jccp1702_1

제**2**장

별거와 이혼 가정의 아동을 위한
놀이치료의 세계적 확대

Joanne Pedro-Carroll, Mariska Klein Velderman

　이 장에서는 미국에서 개발된 놀이기반 예방 프로그램인 이혼 가정 아동을
위한 치료 프로그램(Children of Divorce Intervention Program: CODIP)을 부모의
별거와 이혼을 경험하고 있는 네덜란드 아동의 필요에 맞추어 번역하고, 적용
하고, 보급하는 과정을 설명한다. 그리고 치료의 목적, 목표, 주요 요소를 설명
하고, 네덜란드 어린 아동의 문화적 · 발달적 특성에 맞춘 놀이 활동과 접근의
예시를 자세하게 제시한다. 네덜란드 시험 프로젝트의 결과는 미국의 CODIP
통제연구에서 도출된 결과와 같았다. 이 프로그램이 다른 국제적인 환경에서
도 적용 가능한지 알아보고, 재현성(replication)과 적용 가능성(transportability)

http://dx.doi.org/10.1037/14730-003
Empirically Based Play Interventions for Children, Second Edition, L.A. Reddy, T. M. Files-Hall, and
C. E. Schaefer (Editors)

에 대해 논의한다.

왜 놀이기반 접근을 사용하는가?

놀이는 아동의 건강을 도모하기 위한 예방 프로그램의 본질적인 기반이 된다. 프라이머리 프로젝트[Primary Project: 이전의 프라이머리 정신건강 프로젝트 (Primary Mental Health Project)]는 아동의 사회정서적 건강을 증진하고, 학교적응 문제를 감소시키기 위한 학교기반 프로그램으로서 1957년에 시작된 이래로 아동-성인 간 신뢰 관계를 형성하는 데 놀이기반 접근을 효과적으로 사용해 왔다. 여러 연구는 프라이머리 프로젝트가 아동의 사회정서적 적응과 학교 참여에 지속적인 효과가 있음을 입증했다(Cowen, Hightower, Pedro-Carroll, Work, & Wyman, 1996; Johnson, Pedro-Carroll, & Demanchik, 2005).

놀이기반 접근을 활용하는 예방 프로그램들은 부모의 결혼 붕괴로 인한 아동의 스트레스를 줄이고 회복력을 기르는 데 효과적인 방식이다(Pedro-Carroll, 2010). CODIP는 아동이 가족의 변화에 대해 효과적인 대처 능력을 키우는 데 필요한 기술과 집단의 지지를 공유하는 것에 기초한다. 아이들이 '목소리'를 낼 수 있도록 하기 위해 집단 안에서 그림 그리기, 퍼펫 인형놀이, 치료적 게임과 같은 다양한 상호작용을 하는 놀이 활동을 하면서 안정감과 지지가 형성된다. 다른 국제적인 프로그램들도 놀이기반 활동들을 활용하여 아동이 가족의 변화에 대한 경험과 느낌을 집단 상황에서 나눌 수 있도록 한다(Arifoglu, 2006; Cloutier, Filion, & Timmermans, 2012; Klein Velderman, et al., 2011; Marzotto & Bonadonna, 2011). CODIP에서 퍼펫 인형은 아동이 이혼과 관련된 이야기와 해결할 문제를 투사하는 안전하고 위협적이지 않은 캐릭터 역할을 한다. 또 프로그램의 주요 목적을 촉진하고 회복 기술과 정서 지능을 고취하기 위해 특별히 고안된 게임을 사용한다.

놀이기반 치료들은 아동이 일상의 스트레스 경험을 다루도록 돕는 데 이상적이다. 잘 알려진 어린 아동을 위한 프로그램인 세서미 스트리트(Sesame Street)의 제조사인 세서미 워크숍(Sesame Workshop)에서는 아동이 왕따, 부모의 교도소 수감, 군 파병, 이혼이나 별거와 같은 삶의 주요 스트레스 경험들을 다루는 데 도움이 되는 회복력(resiliency) 프로그램을 시작하였다(http://www.sesamestreet.org/parents/topicsandactivities/toolkits/divorce 참조). 아동이 부모의 이혼을 이해하도록 돕는 DVD에서 머펫 캐릭터들은 어린 아동이 가족의 변화에 대해 가질 수 있는 걱정이나 느낌을 연기하면서 효과적인 대처 방법과 회복 기술을 보여 준다. 애비 캐다비(Abby Cadabby)는 아동들에게 섬세하고 호감이 가는 방식으로 그녀가 살고 있는 두 개의 집 그림을 그렸다. 머펫 친구인 엘모(Elmo)는 이것을 보고 혼란스러워 하는데, 애비는 왜 자신이 두 집에 살고 있는지, 이혼이 어떤 의미인지를 아동들에게 적절한 용어로 설명해 준다. 이런 친근한 머펫들을 통해 아동들은 별거와 이혼이 어떤 의미인지(예: 부모도 자신들이 해결하지 못하는 어른들만의 문제를 가지고 있다.) 그리고 어떤 의미가 아닌지(예: 아동 자신이 그 문제의 원인이 아니다.)를 이해하고 배운다.

부모의 별거나 이혼과 같은 가족의 변화는 모든 연령대의 아동에게 스트레스가 된다. 놀이기반 접근은 잠재적으로 고통스러운 주제를 좀 더 감당할 수 있도록 도와주고, 아동이 세상이 흔들리고 불확실해지는 느낌을 가질 때 안정감, 자신감, 통제감을 가질 수 있도록 돕는다.

부모의 이혼이 아동에게 미치는 영향

이혼의 위험에 국경은 없다. 미국인을 대상으로 방대한 양의 연구가 이루어지고 있지만 캐나다, 호주, 뉴질랜드와 유럽에서의 다른 연구들도 비슷한 결과를 보여 주고 있다. 전반적으로 이러한 연구들은 부모의 이혼과 관련하여 아동의 스트레스가 나라와 문화를 넘어서, 그리고 모든 경제 계층의 가정에 확장되고 있음을 나타낸다. 이는 가족 구조와 심리적 적응 사이에 관련이 있음을 보여 준다.

미국의 연구에서는 이혼이 아동에게 사회적, 정서적, 학업적으로 특정한 위험 요인이 된다는 것을 확인했다(Amato, 2000). 대규모 연구들을 통해 비(非)이혼 가정 자녀들의 10%가 심각한 심리적 · 사회적 문제를 가지고 있음이 밝혀졌으며, 이혼 가정의 아동은 그 비율이 두 배 이상인 20~25%로 증가했다(Hetherington & Kelly, 2002). 행동문제만큼 흔하지는 않을지라도 불안과 우울은 이혼 가정 아동에게서 유의미하게 높은 비율로 나타났다(Pedro-Carroll, 2010). 아무리 세심한 부모라 하더라도 많은 경쟁적인 요구 속에서 아동의 내재화된 어려움들을 종종 간과하고 지나치게 된다. 아동은 매우 자주 소외감, 고립감을 느끼며, 비(非)이혼 가정의 또래 친구들과 '다르다'고 느낀다. 그들은 그들의 경험, 감정, 어려움들을 다른 사람들도 경험하고 있다는 것을 앎으로써 느낄 수 있는 안정감이 부족하다. CODIP는 가족의 변화에서 오는 어려움을 다루는 데 지지와 기술이 필요하다는 인식에서부터 개발되었다.

CODIP의 이론적 기초와 목표

CODIP의 주요 치료 요소

CODIP는 이혼 가정 아동을 위한 시기적절한 개입이 장 · 단기적으로 중요한 효과를 낼 수 있다는 전제 위에 만들어진 선별적 예방 프로그램이다.[1] CODIP는 놀이치료 이론, 발달심리학, 스트레스와 대처 방안, 회복력 촉진 그리고 예방 이론에 근거하고 있는데, 이와 같은 것들은 아동에게 영향을 미치

---

1. CODIP의 교육과정을 구매하기 위해서는 Children's Institute, Inc., 274N. Goodman Street, D103, Rochester, NY 14620으로 연락하거나 http://www.childreninstitute.net을 방문하시오. 아동과 이혼에 대한 훈련과 자문을 위한 CODIP 연구의 추가 정보는 JoAnne Pedro-Carroll, jpcarroll4peace@gmail.com으로 연락하시오.

는 체계(system) 전반에 걸쳐 있는 위험을 줄이기 위해 시기적절하고 지지적인 지원이 중요하다는 것을 강조한다. CODIP는 아동이 자유롭게 경험을 나누고, 유대감을 형성하며, 오해가 무엇인지를 명확히 하고, 부모의 이혼으로 인한 힘든 변화를 다룰 수 있는 능력을 향상하는 기술을 습득할 수 있도록 지지적인 집단 환경을 만드는 것을 목적으로 한다(Pedro-Carroll, 2005).

CODIP는 부모의 별거, 이혼, 재혼에 아동이 적응할 수 있도록 만들어 주는 보호 요소와 위험 요소에 대한 연구에 근거하여 만들어졌다. 이혼에서의 위험 요소와 회복력에 대한 연구들은 장기간 적응의 문제로 씨름하는 아동이 있는 반면, 어떤 아동은 짧은 적응 시기를 경험한 후 바로 정상으로 되돌아오는 것에 대한 중요한 이해를 제공해 왔다. 이혼 후 아동의 위험도와 회복력에 영향을 미치는 가족 요인은 부모의 갈등, 부모의 심리적 안녕, 훈육의 질, 사회적 지지 그리고 가족의 안정성을 포함한다(Pedro-Carroll, 2011). 시간이 지나면서 적응에 영향을 미치는 아동 개인의 요인으로는 효과적인 대처 방법, 감정 조절, 연령에 따른 가족의 변화에 대한 이해, 통제에 대한 현실감, 긍정적인 세계관 그리고 미래에 대한 희망이 있다(Pedro-Carroll, 2010). 1982년에 시작된 이래로 20,000명이 넘는 아동을 돕고 있는 CODIP에는 이런 요소가 다수 포함되었다. 많은 연구는 이 프로그램에서 가르치는 기술과 개념이 아동의 가정과 학교 적응, 가족과 또래 관계, 자신과 가족에 대한 감정, 미래에 대한 소망을 유의미하게 향상시키는 것을 보여 주었다(Pedro-Carroll, 2005). 이 프로그램은 아동의 필요를 다루기 위해 집단의 지지와 회복 기술을 조합하여 활용한다. 이 장에서 서술하는 회복 기술은 아동의 사회적·정서적·학업적인 건강한 발달과도 연결되어 있다. 이 프로그램의 구조, 포함 기준, 프로그램의 목적에 대한 더 자세한 정보는 Pedro-Carroll과 Jones(2005)의 연구를 참고할 수 있다.

프로그램의 구조

집단은 훈련된 두 명의 리더가 공동으로 진행한다. CODIP의 성공 여부는 그들의 헌신과 임상 기술에 달려 있다. 신뢰할 수 있는 환경을 만들고, 아동들을 집단 활동에 참여하도록 격려하는 리더들의 기술과 감수성은 집단 응집력을 형성한다. 두 명의 집단 리더가 진행하면 예민한 주제나 비언어적 단서, 그리고 행동 조절 문제에 대응하는 데 용이해진다.

CODIP는 아동중심 프로그램이기는 하지만, 부모들도 프로그램의 모든 단계에 참여한다. CODIP 집단 회기를 시작하기 전에 부모들은 CODIP의 내용과 아동들이 경험하는 공통적인 반응에 대해 집단 리더와 개별 면담을 갖는다. 프로그램이 진행되는 동안, 부모들은 이혼으로 인한 아동의 스트레스를 줄이고 집에서 프로그램의 목표를 강화하는 방법에 대한 정보와 제안이 적힌 안내장을 받는다. 1회기, 5회기, 마지막 회기를 마친 후에 세 부의 뉴스레터가 부모에게 발송된다. 세 부의 뉴스레터에는 가정에서 부모가 프로그램의 목표를 강화할 수 있는 방법이 자세히 설명되어 있다. 프로그램의 종결 시점에서 부모는 집단 리더와 일대일 면담을 갖는데, 이때 아동이 진전을 보인 부분과 가족을 지원할 수 있는 추가적인 개입 위탁에 대해 논의한다.

발달 요소

CODIP의 내용은 각 연령대의 아동이 이혼에 보이는 다양한 반응에 초점을 맞추고 있다. 예를 들어, 슬픔, 혼란, 죄책감, 유기에 대한 두려움은 6~8세의 아동에게서 두드러지게 나타나는 반응인 반면, 충성심, 갈등의 문제, 분노, 수치심과 고립의 감정은 9~12세의 아동에게서 좀 더 두드러진 반응이다. 이런 상이한 임상적 특징들은 특정 연령 집단의 특별한 속성에 맞게 개입할 수 있도록 중심이 되는 주제와 핵심 문제들을 알 필요가 있음을 보여 준다.

CODIP의 연령 특화 버전은 ① 유치원생과 1학년, ② 2, 3학년, ③ 4~6학년, ④ 7, 8학년 네 가지로 개발되었다. CODIP 모듈의 목표와 대상이 비교적 변함없이 유지되지만 이 버전들은 네 연령 집단의 발달적 특징에 맞는 다양한 주제와 기법을 담고 있다.

프로그램의 목표

CODIP에는 부모의 이혼이나 별거가 아동에게 미치는 부정적인 결과를 직접적으로 다루기 위한 다섯 가지의 기본적인 목표가 있다.

1. 지지적인 집단 환경 조성하기

CODIP 집단의 근본적인 토대는 아동에게 안전하고 지지적인 환경을 제공하는 것이다. 비슷한 경험을 겪어 온 또래들을 만나는 것은 그들의 고립감을 줄이고, 지지 받고, 신뢰 받는 느낌을 갖는 데 도움이 된다. 아동이 그들의 속도에 맞춰 경험을 나누고, 그들이 하는 말이 존중받으며, 비밀보장이 되는 편안한 분위기를 형성하는 것은 첫 회기부터 마지막 회기까지의 주요 목표이다.

연령 범위에 따라 집단 내에서 지지적인 상호작용과 소속감을 형성하기 위해 다른 기법들이 사용된다. 예를 들어, 어린 아동의 경우 첫 회기에는 수줍은 거북 퍼펫이 등딱지에서 머뭇거리며 나오면서 집단에서 어떤 일이 있을지 걱정하고 불안해 한다. 우리의 경험으로 보아 어린 아동은 기꺼이 도움을 주려하기 때문에 집단 리더는 아동들에게 (아동과 같은 연령대이며, 최근에 부모가 별거한 경험이 있는) 거북 퍼펫이 집단 안에서 좀 더 편안하고 수용 받는 느낌이 들도록 도와주는 보조 역할을 요청한다. 그들은 일반적으로 제안("우리 이름을 소개하고, 집단에서 무엇을 할지 말해 주자." "거북에게 이름을 지어 주자.")을 하고, 안심을 시켜 준다("나는 집단이 어떨지 잘 몰랐어. 거북도 그럴 것 같아."). 집단에서 토론이 진행되고 집단원들이 공통적으로 좋아하는 것과 싫어하는 것, 좋아하는 음식, TV프로그램에 대해 이야기를 나눌 때 종종 '테리(Terri) 거북'이라는 이름의 퍼펫도 이 같은 관심거리를 공유하며 집단의 마스코트 역할을 맡게 된다. 또 비밀 유지나 대처 기술과 같은 중요한 주제가 나올 때, 이 퍼펫은 감정과 문제, 생각, 해결 방법 등을 나누는 데 적극적인 역할을 맡게 된다.

2. 감정의 인식과 적절한 표현 촉진하기

부모의 이혼과 관련된 힘든 변화들은 아동이 인식하거나 이해하기 어려운 복잡한 감정을 초래한다. 어린 아동은 인지적 이해력과 언어 기술, 대처 전략에 한계가 있기 때문에 압도되는 것에 특히 더 취약하다. CODIP는 참여자들이 이혼과 관련된 감정을 인식하고 적절하게 표현하는 능력을 향상시키기 위해 노력한다. 따라서 집단 리더들은 모든 정서가 수용되는 안전한 환경을 유지한다. 그들은 감정이 적절하게 실릴 수 있는 자료들과 좀 더 중립적인 주제와 경험들에 대해 아동이 감정을 표현할 수 있도록 조심스럽게 균형을 잡는다.

아동이 감정을 인식하도록 돕기 위해 책의 상호작용적 활용, 얼굴 표정이 있는 그림들, 이 집단의 마스코트 퍼펫을 적극적으로 활용하는 등 다양한 놀이 기법을 사용한다. 예를 들어, 감정 알아맞히기 게임에서 아동은 다양한 감정을 묘사한 카드 한 장을 선택한 후 말하지 않고 몸짓으로 표현한다. 그러면 다른 집단원은 이를 보면서 아동이 표현하는 감정을 추측하고 자신이 그렇게 느꼈던 때에 대해 이야기한다. 집단의 마스코트 퍼펫은 이 활동에 활발하게 참여하고 자신의 비슷한 감정이나 경험을 나눈다.

이런 게임에는 여러 가지 목표가 있다. 타인이 어떻게 느끼는지 아동이 비언어적인 단서를 민감하게 인식하도록 하고, 공감 능력의 발달을 도우며, 아동의 다양한 감정에 대한 정서적 어휘를 확장시키고, 정서의 보편성을 이해하도록 도우며, 모든 감정은 수용 가능함을 강조하면서 감정들은 변화할 수 있고, 화가 날 때 기분이 나아지도록 하는 효과적인 방법을 배울 수 있다는 인식을 갖게 하는 데 있다.

3. 이혼과 관련된 개념에 대한 정확한 이해를 증진하고 오해를 수정하기

CODIP의 세 번째 목표는 아동이 이혼과 관련된 강한 두려움을 현실과 분리하도록 돕는 것이다. 이혼에 대한 죄책감과 책임감은 아동에게 정서적으로 부담을 주기 때문에 오해를 수정하는 것은 이 프로그램의 필수적인 부분이다. 구조화된 퍼펫 놀이와 게임은 오해를 명확하게 하고 수정하는 데 활발하게 사용된다. CODIP를 위해 특별히 개발된 '대담한 공룡 보드게임(The Daring Dinosaurs board game)'에는 아동들이 가족 문제의 원인에 대해 종종 오해하는 내용이 적힌 카드가 들어 있어 집단 토론과 퍼펫 놀이로 아동들이 공통적으로 느끼는 두려움과 문제를 다룰 수 있다.

4. 아동의 유능감과 대처 능력 향상을 위한 관련 기술 가르치기

공통된 경험을 나눔으로써 얻을 수 있는 지지와 결속이 중요하지만, 대처 기술을 향상시키는 것 역시 이 치료 모델에서 동일하게 중요한 요소이다. CODIP의 여러 회기는 문제 해결, 효과적 의사소통, 분노 다루기, 지지와 도움 요청하기와 같은 회복 기술을 가르치는 데 시간을 할애한다. 아동은 자신이 통제할 수 있는 문제와 없는 문제를 구분하는 것을 배운다. 이를 통해 아동은 부모 사이의 갈등에서 분리되는 심리적인 작업을 하게 하고, 자신의 나이에 맞는 일에 에너지를 쓰도록 도움을 받는다.

기술을 습득하고, 연습하고, 일반화하기 위해 다양한 게임과 놀이기법을 활용한다. 아동은 문제의 각본과 여러 가지 해결 방법을 토론하게 된다. 그들은 이런 상황에서 잠깐 멈추어 생각하도록 교육받는다(예: "너는 좋아하는 TV 프로그램을 보고 싶어. 하지만 네 동생이 다른 걸 보고 싶다고 하면 너는 무엇을 할 수 있을까?"). 이런 방식으로 자연스럽게 관련된 문제 해결 기술을 배우고 개인적인 문제에 적용하는 데 익숙해지도록 한다. 팀을 나누어 대결하는 '틱택토(Tic-Tac-Toe)' 게임은 아동이 대안을 생각하도록 하고, 그 결과를 평가하고, 문제에 대한 가장 적당한 해결 방법을 선택하도록 돕는다. 빨간불-초록불 게임과 같은 놀이 활동은 아동이 알맞은(초록불) 해결 방법과 그렇지 않은(빨간불) 해결 방법을 구분하도록 도와준다. 충성심 갈등, 부모 간의 갈등에 끼어 있는 것, 혼합 가족과 같은 이혼과 관련된 공통의 문제를 묘사하는 데 퍼펫 놀이가 활용된다.

그러면 집단원은 그런 각본의 문제들을 퍼펫이 효과적으로 다룰 수 있도록 대안적인 해결 방법을 만드는 데 활발하게 참여한다.

5. 아동 자신과 가족에 대한 인식을 향상시키고 대처 기술을 강화하기

이 통합 프로그램의 마지막 목표는 아동과 가족의 특별한 강점을 강조하는 것이다. 스트레스가 많은 생활의 변화 속에서 아동들은 종종 자신이 남들과 다르고 잘못되었다고 느낀다(예: "친구들이 나와 내 가족이 뭔가 아주 잘못되었다고 생각할지도 몰라."). 이때 아동의 특별한 자질을 강조하거나 강화하기 위해 여러 가지 활동을 사용한다. 예를 들어, 아동들은 『나는 특별해』라는 책에 자신의 성격, 좋아하는 것, 감정, 소망, 집단에 기여하는 것에 대해 자세히 적는다. 이 활동의 목적은 가족의 긍정적인 변화와 자신의 강점에 대한 인식을 고조시키는 것이다.

아동의 회복 탄력성을 개발시키는 것은 CODIP 개입에서 매우 필수적인데, 대담한 공룡 보드게임은 아동의 자기 효능감을 발달시키고, 이혼과 관련된 문제를 이해하고, 회복 기술을 개발하고 발전시키는 것을 평가하기 위해 특별히 고안되었다. 이 게임은 프로그램에서 사용되는 치료 기법 중 한 가지로, 감정조절, 가족과 이혼 관련 주제, 사회적 문제 해결 방법, 의사소통, 분노 조절 기술 그리고 자기 인식과 자존감 향상을 다루기 위해 만들어졌다. 보드 게임에 포함되어 있는 게임 카드들은 아동의 생각(예: "당신은 부모님이 다시 함께 살 수 있게 할 수 있다고 믿나요?")과 감정(예: "부모님이 다툴 때 아이들은 어떻게 느끼나요?")과 화가 났을 때 스스로 진정시키는 방법(예: "당신이 외롭다고 느끼는 것처럼 행동하세요. 기분이 좋아지도록 하기 위해 할 수 있는 두 가지 방법을 말해 보세요.")을 질문한다. 만약 아동이 이 질문에 대답을 할 수 없다면, 도와줄 수 있는 다른 아동이나 퍼펫을 초대한다. 카드의 내용은 이전 회기에서 탐색된 거의 모든 주제를 포함한다. 아무것도 적혀 있지 않은 공백의 카드도 게임에 포함되는데, 리더는 집단에 특별한 문제나 상황, 감정을 반영하는 맞춤형 카드를 만든다. 또한 리더는 집단의 아동과 가장 관련이 많은 주제의 카드가 맨 위에 올라 오도록 한다.

CODIP에 대한 연구는 다양한 연령대의 문화적, 인구학적 배경에 있는 아동을 위한 프로그램의 효과성에 탄탄한 증거기반을 제공해 왔다(Alpert-Gillis, Pedro-Carroll, & Cowen, 1989; Pedro-Carroll & Alpert-Gillis, 1997; Pedro-Carroll, Alpert-Gillis, & Cowen, 1992; Pedro-Carroll & Cowen, 1985). 한 후속 연구에서는 가족의 변화에 대한 아동의 적응, 부모와 또래 관계, 학교생활, 신체적 건강에서 CODIP의 효과가 지속되어 나타나는 것을 확인했다(Pedro-Carroll, Sutton, & Wyman, 1999). 다른 나라에서 실행한 최근 연구는 CODIP 모델이 다른 환경과 대상들에게 효과적으로 적용될 수 있음을 보여 주었다(Arifoglu, 2006; Fthenakis & Oberndorfer, 1993; Klein Velderman, Pannebakker, et al., 2011; Mireault, Drapreau, Faford, Lapointe, & Clotier, 1991; Pinto, 2008).

CODIP와 네덜란드형 CODIP: 아동에게 이혼의 부정적 영향을 감소시키기 위한 놀이치료의 적용

앞서 CODIP의 중심 요소들을 설명하였다. 이번에는 네덜란드형 CODIP(CODIP-NL)라고 불리는 6~8세 네덜란드 아동을 위한 프로그램의 적용에 초점을 맞추고자 한다. 여기서는 네덜란드의 어린 아동을 위해 프로그램이 어떻게 놀이기반 활동을 수정했는지, 그리고 현재 실행 및 결과 연구에 대해 설명한다.

6~8세 아동을 위한 네덜란드형 CODIP 적용

네덜란드에서는 매년 대략 70,000명의 아동이 부모의 이혼이나 별거를 경험하고 있다(Spruijt & Kormos, 2014). 2007년에는 가능한 지원이 여러 기관에

길쳐 나뉘고 분산되었다. 이런 환경에서 네덜란드의 이혼 가정 아동을 위한 증거기반 치료 프로그램의 필요성이 대두되었는데, 무엇보다 9세 이하의 어린 아동에 대한 개입이 가장 시급했다. 미국식 CODIP는 이런 네덜란드의 필요를 채워 줄 수 있는 가능성이 충분히 있어 보였기 때문에 Klein Velderman, Pannebakker 등(2011)의 연구는 그 가능성에 초점을 맞추었다. 이 연구의 초기 목적은 2~3학년용 CODIP 모듈을 네덜란드 6~8세의 아동에게 적용 가능하도록 만드는 것이었고, 예비연구를 통해 국가적으로 적용이 가능한지를 밝히는 것이었다.

2~3학년을 위한 오리지널 모듈

미국에서의 2~3학년을 위한 CODIP 오리지널 모듈(Pedro-Carroll, Alpert-Gillis, & Sterling, 1997)은 회기당 45분간, 15주간에 걸친 집단 회기로 구성되어 있다. CODIP 모듈 회기는 ① 집단 형성, 감정, 가족, 가족의 변화, ② 대처 기술 개발, ③ 부모-자녀 관계, ④ 자기 자신과 가족에 대한 아동의 인식이라는 네 가지 주요 부분으로 구성되어 있다. 모듈은 집단원이 4~7명일 경우에 가장 효과적으로 진행되는 경향이 있다. CODIP 집단 리더 매뉴얼은 리더 훈련, 집단 촉진 기술, 그리고 집단 프로세스 주제를 포함한 프로그램의 목적과 실행에 대한 정보를 제공하며, 각 회기의 목적과 진행 과정, 필요한 자료에 대한 목록이 자세히 수록되어 있다.

네덜란드형 CODIP

초기 연구 단계(Klein Velderman, Pannebakker et al., 2011)는 CODIP의 번역과 적용에 초점을 맞추었다. 잘 개발된 CODIP 프로그램 자료의 정확한 번역은 집단 리더 매뉴얼과 다른 문서 자료의 첫 번째 네덜란드어 버전의 기초가 되었다. 영어에서 네덜란드어로 번역된 첫 번역본은 문자 그대로 직역되었다. 몇몇 표현은 문자적 번역이 적절하지 않을 때 재고되거나 수정되었다. 오리지널 프로그램을 효과적으로 만드는 핵심 요소로부터 네덜란드형 CODIP가 이탈하는 것을 막기 위해 번역본에서는 프로그램의 개념적인 개요가 설명되었다. 이 개요는 CODIP에 대한 초기 출판물을 활용하여 구체적인 프로그램 활동의 기본이 되는 이론적 원칙을 강조했고, 이 장의 첫 저자이며 미국의 CODIP 개발자이자 설립자인 Pedro-Carroll과 공동작업으로 개발되었다. CODIP는 오리지널 프로그램을 구성하는 변화 이론과 일관되도록 네덜란드 대상 인구의 성향에 맞추어 신중하게 적용되어야 했다.

　네덜란드 프로그램 자료의 첫 번째 판은 번역된 자료를 기본으로 설계되었고 개념적인 윤곽을 고수하였다. 프로그램의 자료들은 최종(아동 참여자) 사용자뿐만 아니라 중간 단계(프로그램을 사용하는 기관과 전문가)의 사용자에게도 흥미롭도록 고안되었다. 미국 CODIP 원판에서 사용된 아동 도서는 네덜란드의 도서로 대체되거나 새롭게 만들어졌다.

　CODIP는 정신건강센터, 지역주민센터, 사설 치료센터, 방과후 돌봄 프로그램이나 법원연계 서비스 집단과 같은 다양한 상황에도 적용될 수 있겠지만, 다수의 아동이 비슷한 경험을 나눌 수 있고 집단이 끝난 후 지지적인 관계를 이어 나가는 데에는 접근성이 좋은 학교가 CODIP 집단을 진행하는 데 바람직한 환경으로 여겨진다. 게다가 학교 전문가들은 집단 리더로서 이상적인데, 이는 아동과 그 가족에 대한 접촉을 이어 나갈 수 있기 때문이다. 하지만 네덜란드 초등학교의 규모와 이혼율을 고려할 때, 소규모의 네덜란드 초등학교에서 4~7명의 아동으로 집단을 구성하는 것은 불가능하다는 결론에 이르렀다. 그 대신, Klein Velderman, Pannebakker 등(2011)은 아동의 정신건강을 돌보는 예방적 환경에 적용하는 데 초점을 맞추었다. 이런 기관들의 예방 인력들은 심리학, 아동학, 가족학, 사회복지학 등의 행동과학 분야에서 높은 교육 수준(학사, 석사 학위)을 가지고 있다. 그들은 아동의 인지, 사회정서적 발달에서의 정상 수준과 부적응적 수준에 대한 지식을 가지고 있고, 정신질환이 있는 부모의 자녀를 위한 지지 집단을 진행한 경험이 있다.

과정 평가와 네덜란드형 CODIP의 최종판

네덜란드형 CODIP의 시험판은 네 차례 테스트되었다(Klein Velderman, Pannebakker et al., 2011). 프로그램의 자료와 치료 절차는 속속들이 평가되었다. 참여하는 아동들은 프로그램, 특히 게임과 놀이 자료에 열광적인 반응을 보였다. 그들은 집단의 분위기를 좋아했고, 프로그램에서 도움을 받았음을 여러 가지 방식으로 표현하였다. 네덜란드형 CODIP는 아동들이 자신의 감정을 이해하도록 도왔고, 가족 환경에서 외로움을 덜 느끼도록 만들었다. 집단에 대한 반응은 다음과 같았다. "우리 가족에게 일어난 일들에 대해 말할 수 있어서 좋았어요." "문제를 해결하는 방법을 배웠어요." "부모님이 싸우는 게 내 잘못이 아니란 것을 알게 되었어요." 한 집단 리더는 집단의 한 아동에 대해 이야기했는데, 그 아동은 처음에는 너무나 수줍음이 많았지만 지금은 부모의 이혼에 대처하는 방법에 대해 반에서 발표를 할 수 있을 만큼 용감해졌다고 했다.

참여하는 아동의 부모들 또한 네덜란드형 CODIP에 열광적이었다. 대다수의 부모는 자녀들이 이 프로그램에 참여하는 것에 대해 긍정적인 반응을 보였다는 것에 동의했다. 부모들의 전형적인 반응은 다음과 같았다. "딸아이가 말을 많이 했어요……. 예전에 그랬던 것처럼 즉흥적이었고, 자기 감정에 대해 더 많이 표현을 했어요." "제 아들이 이제는 이혼에 대해 관점이 넓어진 것 같고, 아빠와 엄마가 언제나 자기를 위해 그 자리에 있어 줄 것이라는 걸 알게 된 것 같아요."

집단 리더들은 프로그램이 진행되는 동안, 프로그램 자료와 개입 절차를 보고하기 위해 일지를 작성한다. 집단 리더들은 프로그램 자료들이 효과적인지, 관련성이 있는지, 사용자들이 쉽게 활용할 수 있는지를 평가한다. 일지와 초점 집단 인터뷰는 이 프로그램의 특정 부분을 수정할 수 있도록 구체적인 의견을 제공한다. 한 집단에서는 회기 중에 겨울방학을 맞았는데, 이는 아동들이 집단에서 배운 내용들에 집중하지 못하고 더 산만하게 만들었다. 그후 이런 의견을 포함하여 계획을 수정하여 주요 방학이나 휴가 전에 회기를 종결하도록 했다.

집단 리더의 절반 정도는 회기 수를 줄이는 것을 제안하였다. Pedro-Carroll 과 집단 리더들의 자문회의에서 실용적·재정적 이유로 회기당 45분씩, 15회 기에서 12회기로 줄이는 것을 고려했다. 연구 결과와 주요 프로그램 내용을 임 상적으로 고려하여 6~8세 아동을 위한 프로그램의 최종 개요와 슈퍼비전 일 정, 집단 리더 훈련 그리고 최종(2판) 네덜란드형 CODIP의 교육과정이 수정되 었다(Klein Velderman, Heinrich, et al., 2011).

트랜스크립트와 자료 예시
·····················

퍼펫 '렉스'

CODIP 원판(Pedro-Carroll, Alpert-Gillis, & Sterling, 1997)에서와 같이, 네덜 란드형 CODIP에서도 퍼펫 놀이는 널리 활용된다(Klein Velderman, Heinrich et al., 2011). 트레이너들에게는 새로운 방식이었지만 집단에서 아동들과 작업하 기에는 매우 좋은 방식이었다. 네덜란드형 CODIP에서 '렉스(Rex)'라고 불리는 공룡 인형은 제일 첫 회기에 소개된다. 수줍음이 많은 공룡은 알껍데기 안에 서 쉬고 있으면서 밖으로 나오길 꺼린다(CODIP에서는 '테리 거북'이라고 불리는 거북 퍼펫을 사용한다.). 렉스는 아동과 자신의 가족의 경험에 대해 이야기 나눈 다. "내 이름은 렉스이고, 일곱 살 공룡이야. 나는 부모님과 함께 동굴에서 살 았어. 하지만 부모님은 헤어지셨고 (보통 이때 아동들은 끼어들며 말을 한다. "부 모님이 이혼하셨구나!" "나한테도 그런 일이 있었어!") 지금은 따로 떨어져 살고 있 어. 우리 엄마는 숲 속에 사시고, 아빠는 동굴에 살고 계셔. 나는 엄마랑 함께 사는데, 가끔 아빠와 지내기도 해." 아동들은 공룡의 소개에 반응할 수 있는 기 회를 갖는데, "너는 형이나 동생이 있니?" 또는 "너도 가끔 슬프니?"와 같은 질 문을 할 수 있다.

4회기에는 아동들에게 문제 해결 방법에 대해 소개한다. 렉스가 예를 하나 소개한다. "내가 길에서 놀고 있는데 옆집 개가 달려와서 나를 보고 짖었어. 나는 집으로 뛰어 들어갔고 다시 밖으로 나갈 용기가 나지 않았어. 나는 그 개의 날카로운 이빨을 생각하니 너무 무서웠어!" 집단 리더는 아동들에게 문제 해결 방법의 단계를 상기시킨다. 첫 번째, "문제가 무엇인지 아는 사람 있니? 그리고 렉스가 느끼는 감정은 뭘까?"(아동들이 대답한다.) 두 번째, "렉스를 도울 수 있는 방법을 아는 사람이 있니? 렉스가 이 문제를 해결하기 위해서 할 수 있는 방법으로는 뭐가 있을까?"(아동들이 대답한다.) 렉스는 각 해법들의 결과를 고려하며 대답하고(세 번째), 가장 좋은 방법 하나를 선택한다. 퍼펫은 환호하는 해결 방법을 실행해 본 후 가장 좋은 방법에는 엄지를 올려 주고, 더 악화시킬 수 있는 행동에는 엄지를 아래로 내려 표현한다.

책의 상호적인 활용

『줄리아는 집이 두 곳이에요』책

미국형 CODIP에서는 주요 개념이나 정서에 대해 토론할 때, 아동들이 서로 상호작용할 수 있는 그림책이나 책을 사용했다. 네덜란드형 CODIP에서는 이러한 책들을 번역하기보다『줄리아는 집이 두 곳이에요』(Wisse Smit, 2008)라는 책에서 개입에 적절한 대안을 찾았다. 이 책에는 두 집에서 사는 것, 어려운 선택(예: 엄마나 아빠를 그리워하는 것), 기차를 타고 아빠를 방문하는 것(왔다 갔다 이동하는 것), 사랑에 빠진 아빠, 아기 남동생이 태어나는 것에 대한 이야기가 나온다. 토론을 이끌어 내기 위해 트레이너는 책의 내용 중에서 집단과 가장 관련이 있는 부분을 선택할 수 있다.

『나는 특별해』책과 부모

네덜란드형 CODIP에서는 아동이 부모의 별거와 이혼을 다루는 것과 프로그램 교육과정의 개관에 대한 정보를 논의하기 위해 집단 리더들과 부모가 미팅을 한다. 이런 방식으로 부모들과 연락하는 노력과 함께 『나는 특별해』 책 또한 집단 리더들이 아동의 부모들과 연락하는 데 효과적인 방법이다. 미국 원판에서 이런 상호적인 활동은 아동들의 특별한 강점, 특성, 좋아하는 것, 감정, 그리고 그룹에 기여한 것들을 자세히 알리기 위해 개입의 마지막 부분에서 활용되었다. 『나는 특별해』 책의 활용은 네덜란드판에서 더욱 확대되었다. 네덜란드형 CODIP에서는 각 회기 후에 모든 아동이 자신들의 『나는 특별해』 책의 활동지를 받는다. 여기에는 회기의 주요 메시지가 요약되어 있고, 아동이 작성할 수 있는 재미있고 교육적인 내용이 들어 있다.

미국과 네덜란드 아동들의 정서와 반응

미국과 네덜란드 아동들은 가족의 변화와 집단에 참여하는 것에 대한 반응과 정서적 주제가 비슷하다. 아동이 경험하는 부모의 이혼과 관련된 스트레스와 정서는 다른 문화에도 적용된다. 공통적인 정서와 반응의 예로는 슬픔, 혼란스러움, 죄책감, 걱정, 부모 사이의 문제에 대한 책임감, 유기불안과 대체(replacement)불안, 화해에 대한 희망, 분노, 억울함 그리고 두 집을 왔다 갔다 해야 하는 것 등의 이혼과 관련된 스트레스이다.

다음은 미국 프로그램에서의 아동들의 이야기이다.

좌절감과 슬픔
• "엄마와 아빠에게 이혼은 잘된 일이에요. 그분들은 새로운 짝을 만났어요. 하지만 나에게는 잘된 일이 아니에요. 부모님은 여전히 싸우고, 말도 안 해요. 이건 저를 슬프게 만들고 화나게 해요."
• "저는 가끔씩 엄마와 아빠 중에 한 명을 선택해야만 할 것처럼 느껴져요."
• "부모님은 서로에 대해 나쁜 말을 해요. 그러면 저는 배가 아파요."

• "저는 다른 친구들의 가족을 볼 때, 우리도 그 집 같으면 좋겠다고 생각해요."

불안, 죄책감과 걱정

• "나와 우리 가족에게 일어날 일이 걱정이 돼요."
• "우리가 밥 먹을 돈이 없을까 봐 걱정이 돼요."
• "부모님의 이혼이 제 탓인 것 같아요. 부모님이 싸울 때 내 이름을 말하는 걸 들었어요. 부모님이 소리치는 이유가 나 때문인 것 같아요."

유기불안과 대체불안

• "부모님이 더 이상 서로 사랑하지 않는다면, 아마 저를 원하지 않을 거예요."
• "우리 부모님에게 뭔가 나쁜 일이 생긴다면 저는 외톨이가 될 거예요."
• "저는 우리 아빠가 저보다 여자 친구를 더 사랑할까 봐 두려워요."
• "아빠가 이사를 간 이후로 아빠를 보지 못했는데 이건 정말 힘든 일이에요. 아빠가 돌아오지 않으면 어떡하죠?"

화해에 대한 희망

• "부모님이 문제를 해결하고 나와 함께 한집에서 살았으면 좋겠어요."
• "제가 아는 어떤 친구는 부모님과 다시 함께 살게 되었대요."
• "우리가 모두 열심히 노력을 하면 아마도 문제를 해결할 수 있을 거예요."

이혼과 관련된 스트레스: 부모님과 떨어져 살 때 가장 힘든 점

• "나는 엄마랑 같이 있을 때는 아빠가 보고 싶어요. 아빠와 함께 있을 때는 엄마가 보고 싶고요."
• "부모님이 계속 싸우기만 하고 사이좋게 지내지 않아요. 왜 사이좋게 지내지 않을까요?"
• "일정이 계속 바뀌어서 내가 어떤 날에 어디로 가야 하는지 모르겠어요."
• "부모님이 싸울 때 경찰이 왔어요. 나는 너무 속상했어요."

- "엄마(아빠)가 나에게 많은 질문을 하면서 아빠(엄마)가 무슨 말을 했는지 얘기하라고 하는 게 싫어요."

네덜란드 아동들도 미국 아동들과 비슷한 주제를 털어놓았다.

- "내 진짜 기분이 어떤지 표현하면 아빠가 나를 계속 사랑할지 모르겠어요. 화가 났는데도 항상 예쁜 행동을 하는 건 진짜 내가 아니잖아요."
- [이혼이 상황을 더 나아지게 만드는지 질문에 대한 대답]: (소리치며) "아니요, 저에게는 아니에요. 단지 부모님을 위한 거예요."
- "엄마와 아빠가 만나서 돈에 대한 이야기를 시작하면 나는 너무 싫어요."
- "엄마 집에 가는 게 맞는지 모르겠어요. 엄마는 지금 새 남자 친구가 있어서 내가 자주 집에 있는 걸 원치 않을지도 몰라요."
- "아빠는 나에게 관심이 별로 없어요. 그래서 어쩌라고요?"
- "나는 아빠와 얘기를 하고 싶은데 그럴 수 없어요. 아빠가 어디에 사는지도 모르는걸요."
- "나는 친한 친구와도 부모님의 이혼에 대해 얘기해 본 적이 없어요. 얘기하고 싶지만, 무슨 일이 있었는지, 부모님이 무엇을 했는지 그 애가 질문을 할지도 몰라요. 그건 나도 모르는걸요."

집단에 대한 후기

집단 참여에 대한 후기는 미국 아동과 네덜란드 아동 모두 비슷하다. 다음은 미국 아동들의 후기이다.

- "나는 혼자라고 느꼈는데 이 집단에 참여해서 좋았어요. 지금은 다른 아이들도 나랑 비슷한 기분이라는 것을 알게 되었어요."
- "집단은 모든 것에 대해 말할 수 있는 안전한 곳이었어요."

- "집단에서 사람들이 내 얘기를 잘 들어 줬고 나를 돌봐 줬어요."
- "내 잘못이 아니에요. 그리고 다른 아이들의 잘못도 아니에요."
- "엄마와 아빠 사이에서 선택을 할 필요가 없어요. 부모님끼리 이혼을 한 거지 나와 이혼을 한 게 아니잖아요."
- "우리는 문제를 어떻게 해결하는지 배웠어요. 그래서 기분이 좋아요."
- "어떤 문제들은 우리가 해결할 수 없어요. 그것들은 어른들이 해결해야 되니까요. 그래서 이제는 많이 걱정하지 않아요."

다음은 네덜란드 아동들의 후기이다.

- "우리 집단은 재미있었어요!"
- "집단은 내 기분에 대해 말할 수 있는 안전한 곳이었어요."
- "집단에서 새로운 친구들을 사귀었어요."
- "이제 이혼에 대해서 덜 걱정하게 되었어요."
- "내가 경험한 것들에 대해 말할 수 있어서 좋았어요."
- "이제는 부모님의 다툼이 내 잘못이 아닌 걸 알아요."
- "문제를 해결하는 방법을 배웠어요."

CODIP에 참여한 미국 아동과 네덜란드형 CODIP에 참여한 네덜란드 아동의 반응과 정서를 비교한 내용을 살펴보면, 가족의 변화나 이혼에 대해서 공통적이고 보편적인 반응이 있는 것이 분명하다. 집단 경험에 대한 두 나라 아동의 반응이 긍정적이라는 점이 비슷하다. 프로그램의 평가 결과는 뒤에서 언급된다.

CODIP는 효과적 예방 프로그램 국가 등록처(National Registry of Effective Prevention Programs)에 의해 승인된 증거기반 프로그램이다. 용감한 디노(Dappere Dinos)는 네덜란드 청소년협회(Dutch Youth Institute)의 데이터베이스에서 비슷한 과학적인 확증을 받았다. Klein Velderman, Pannebakker 등

(2011)은 선행 연구에서 네덜란드형 프로그램의 결과를 미국에서 먼저 보고된 결과들과 비교하였다(Alpert-Gillis et al., 1989). 아동과 부모, 트레이너가 보고한 데이터가 포함되었고, 미국의 원판 연구에서와 같은 설문지가 사용되었다.

가족 적응에 대한 아동의 자기보고

네덜란드 연구에서 아동의 사전검사 자기보고 적응 점수는 CODIP(미국 프로그램)에 참여한 미국 아동의 점수보다 높았고, 미국의 일반 가정 아동(일반 가정 통제집단)이나 이혼 가정이지만 CODIP에 참여하지 않은 아동(이혼 가정 통제집단)보다 높았다. 따라서 아동들이 지각하는 자신의 적응 정도는 네덜란드 아동이 더 높다고 할 수 있다. 하지만 이 점수는 시간이 지나도 증가하지 않았다. 네덜란드의 사후검사 점수는 미국 연구에서 프로그램에 참여한 아동의 점수와 통계적으로 유사한 점수였으나, 일반 가정이나 이혼 가정 통제집단의 미국 아동보다는 통계적으로 유의미하게 높았다.

아동의 적응에 대한 부모의 보고

CODIP에 참여한 미국 아동의 부모는 사전검사에서 자녀들의 적응에 대해 네덜란드 부모보다 유의미하게 낮은 점수를 주었다. 네덜란드 아동의 적응에 대한 사전-사후 검사 점수 비교에서는 약간의 상승이 나타났다. 부모가 보고한 아동 적응 점수의 증가는 CODIP에 참여한 아동에 대한 미국의 연구 결과보다 작았다. 하지만 사후검사에서 네덜란드 프로그램 집단의 점수는 미국 이혼 통제집단의 점수보다 여전히 높았다.

아동의 적응에 대한 트레이너의 보고

트레이너에 의하면, 네덜란드 연구에서 아동은 CODIP에 참여한 미국 아동과 같은 수준에서 출발했다. 네덜란드형 CODIP 선행 연구에 참여한 아동의 적응에 대한 트레이너들의 사전-사후 검사 점수는 증가하였다. 하지만 사후검사에서 미국의 점수는 네덜란드의 점수보다 유의미하게 높았다. 그러므로 네덜란드 선행 연구의 적응 점수에서 주목할 만한 증가가 있었음에도 불구하고, 미국 아동이 CODIP 트레이너에게서 더 높은 점수를 받았다.

국제적 적용과 일상적 임상 활용을 위한 권고사항과 제안

이 장에서는 아동이 부모의 이혼과 별거 문제를 다룰 수 있도록 지원하는 증거기반, 놀이기반 프로그램인 CODIP의 목적과 목표 그리고 주요 요소를 설명했다. 미국에서의 이 프로그램의 효과성은 이미 입증되었다. 네덜란드에서 번역된 CODIP 모듈은 6~8세 아동을 위해 효과적으로 적용되었다. 이 프로그램은 아동의 예방적 정신건강 돌봄 환경에 기반을 두고 있다. 과정 평가에서 네덜란드형 CODIP의 모든 측면에 대해 긍정적인 피드백을 받았다. 트레이너들에게는 퍼펫 놀이가 비교적 새로웠고, 가족의 변화에 대처하는 아동과 작업하기에 재미있고 효과적인 방법이었다. 네덜란드형 CODIP의 첫 선행 연구는 네덜란드 아동의 정서 반응이 미국 아동의 정서 반응과 꽤 비슷함을 보여 주었다. 네덜란드 선행 연구의 결과는 보통(modest) 수준으로 보이지만 향후가 기대되는 첫 결과이다. 표본 크기를 더 크게 하면 미국에서와 같이 모듈의 긍정적인 효과를 재현할 가능성이 있을 것으로 보인다. 네덜란드 이혼 가정의 어린아동을 위한 프로그램에는 여전히 공백이 남아 있지만 이 분야에서 네덜란드형 CODIP는 향후 기대되는 프로그램으로 입증되었다. 이 결과들은 네덜란드형 CODIP의 효과성과 네덜란드 상황에 실행하기 위한 더 많은 연구의 기초가된다. 2013년에 네덜란드팀은 CODIP 유치원생 모듈과 1학년 모듈을 바탕으로 4~6세 아동을 위한 네덜란드 모듈을 개발하였다. 이 연령 모듈의 첫 번째 선행연구 결과는 6~8세 모듈과 매우 비슷했다.

CODIP의 네덜란드 적용의 예는 CODIP 모델이 다른 환경과 대상들에게도 효과적으로 적용될 수 있음을 보여 준다. 새로운 환경에 증거기반 프로그램을 적용할 때에는 프로그램의 충실성과 문화적 규준과 실천의 차이점에 대해 더욱 주의를 기울어야 한다. 가족의 변화에 대처하는 아동을 위한 프로그램의 적용 경험은 미국과 네덜란드의 아동이 감정 반응과 위험 요소가 비슷하다는 점을 보여 주는데, 이런 점들은 놀이라는 공통 언어를 통해 회복력을 증진하는 증거기반 개입으로 완화될 수 있다.

▮▮ 참고문헌

Alpert-Gillis, L. J., Pedro-Carroll, J. L., & Cowen, E. L. (1989). Children of divorce intervention program: Development, implementation and evaluation of a program for young urban children. *Journal of Consulting and Clinical Psychology, 57,* 583-587. http://dx.doi.org/10.1037/0022-006X.57.5.583

Amato, P. R. (2000). The consequences of divorce for adults and children. *Journal of Marriage and the Family, 62,* 1269-1287. http://dx.doi.org/10.1111/j.1741-3737. 2000.01269.x

Arifoglu, B. (2006). *The effects of CODIP on children's adjustment to divorce, anxiety and depression.* Ankara, Turkey: Haceteppe University of Health.

Burroughs, M. S., Wagner, W. W., & Johnson, J. T. (1997). Treatment with children of divorce: A comparison of two types of therapy. *Journal of Divorce & Remarriage, 27,* 83-99. http://dx.doi.org/10.1300/J087v27n03_06

Cloutier, R., Filion, L., & Timmermans, H. (2012). *Les parents se séparent: Mieux vivre la crise et aider son enfant* [Parental separation: Dealing with crises and helping your child] (2nd ed.). Montreal, Quebec, Canada: Éditions du CHU Sainte-Justine.

Cowen, E. L., Hightower, A. D., Pedro-Carroll, J. L., Work, W. C., & Wyman, P. A. (1996). *School-based prevention for children at risk: The Primary Mental Health Project.* Washington, DC: American Psychological Association.

Fthenakis, W. E., & Oberndorfer, R. (1993). Alleinerziehende Vater-eine zu vernechlassigende Minderheit? [Fathers raising children alone: A too-neglected minority?]. In R. Reis & K. Fiedler (Eds.), *Die verletzlichen Jahre: Ein Handbuch zur Beratung und Seelsorge an Kindern und Jugendlichen [The vulnerable years: A handbook of counseling and pastoral care with children and adolescents]* (pp. 564–583). Munich, Germany: Chr. Kaiser.

Hetherington, E. M., & Kelly, J. (2002). *For better or for worse: Divorce reconsidered.* New York, NY: Norton.

Johnson, D. B., Pedro-Carroll, J. L., & Demanchik, S. P. (2005). Primary Mental Health Project: A play intervention for school-aged children. In L. A. Reddy, T. M. Files-Hall, & C. E. Schaefer (Eds.), *Empirically based play interventions for children.* Washington, DC: American Psychological Association.

Klein Velderman, M., Heinrich, R., Pannebakker, F., Rahder, J., Creemers, J., & De Wolff, M. (2011). *Dappere dinos: Interventieprogramma voor kinderen van 6-8 jaar van gescheiden ouders [Courageous dinosaurs: Intervention program for children of divorce aged 6-8 years: A procedures manual for conducting support groups for children of divorce aged 6-8 years]* (2nd ed.). Leiden, the Netherlands: TNO Child Health.

Klein Velderman, M., Pannebakker, F. D., De Wolff, M. S., Pedro-Carroll, J. L., Kuiper, R. M., Vlasblom, E., & Reijneveld, S. A. (2011). *Child adjustment in divorced families: Can we successfully intervene with Dutch 6- to 8-year-olds? Feasibility study-Children of Divorce Intervention Program (CODIP) in the Netherlands* (No. TNO/CH 2011.031). Leiden, the Netherlands: TNO Behavioural and Societal Sciences.

Marzotto, C., & Bonadonna, M. (2011). La mediazione familiare e i gruppi di parola per figli di genitori separati: accompagnare la riorganizzazione dei legami familiari [Family mediation and the voice groups for children of divorced parents: Standing by the reorganization of family bonds]. In P. Donati, F. Folgheraiter, & M. L. Raineri (Eds.), *La tutela dei minori: Nuovi scenari relazionali [Child protection: New relational perspectives]* (pp. 243–265). Trento, Italy: Erickson.

Mireault, G., Drapreau, S., Faford, A., Lapointe, J., & Clotier, R. (1991). *Evaluation of an intervention program for children of separated families* [in French]. Quebec, Canada: Department of Community Health: Hospital of Infant Jesus.

Pedro-Carroll, J. (2010). *Putting children first: Proven parenting strategies for helping children thrive through divorce.* New York, NY: Avery/Penguin.

Pedro-Carroll, J., Alpert-Gillis, L., & Sterling, S. (1997). *Children of divorce intervention program: A procedures manual for conducting groups: Second & third grade children* (3rd ed.). Rochester, NY: Children's Institute.

Pedro-Carroll, J. L. (2005). Fostering resilience in the aftermath of divorce: The role of evidence-based programs for children. *Family Court Review, 43,* 52-64.

Pedro-Carroll, J. L. (2011). How parents can help children cope with separation/divorce. In R. E. Tremblay, M. Boivin, & R. D. V. Peters (Eds.), *Encyclopedia on early child development* [online]. Retrieved from http://www.child-encyclopedia. com/sites/default/files/texts-experts/en/630/how-parents-can-help-children-cope-with-separationdivorce.pdf

Pedro-Carroll, J. L., & Alpert-Gillis, L. J. (1997). Preventive interventions for children of divorce: A developmental model for 5 and 6 year old children. *Journal of Primary Prevention, 18,* 5-23. http://dx.doi.org/10.1023/A:1024601421020

Pedro-Carroll, J. L., Alpert-Gillis, L. J., & Cowen, E. L. (1992). An evaluation of the efficacy of a preventive intervention for 4th-6th grade urban children of divorce. *Journal of Primary Prevention, 13,* 115-130. http://dx.doi.org/10.1007/BF01325070

Pedro-Carroll, J. L., & Cowen, E. L. (1985). The children of divorce intervention program: An investigation of the efficacy of a school-based prevention program. *Journal of Consulting and Clinical Psychology, 53,* 603-611. http://dx.doi.org/10.1037/0022-006X.53.5.603

Pedro-Carroll, J. L., & Jones, S. H. (2005). A preventive play intervention to foster children's resilience in the aftermath of divorce. In L. A. Reddy, T. M. Files-Hall, & C. E. Schaefer (Eds.), *Empirically based play interventions for children* (pp. 51-75). Washington, DC: American Psychological Association. http://dx.doi.org/10.1037/11086-004

Pedro-Carroll, J. L., Sutton, S. E., & Wyman, P. A. (1999). A two year follow-up evaluation of a preventive intervention program for young children of divorce. *School Psychology Review, 28,* 467–476.

Pinto, R. (2008). *CODIP replication in Portugal.* Lisbon, Portugal: Health Center Vila da Feira.

Spruijt, E., & Kormos, H. (2014). *Handbook scheiden en de kinderen: Voor de beroepskracht die met scheidingskinderen te maken heeft [Handbook divorce and the children: For the professional working with children of divorce]* (2nd ed.). Houten, the Netherlands: Bohn Stafleu van Loghum.

Wisse Smit, N. (2008). *Julia heeft twee huizen: Verhalen voor kinderen van gescheiden ouders* [Julia has two houses: Stories for children of divorced or separated parents] (2nd ed.). Amsterdam, the Netherlands: Uitgeverij SWP.

문제 예방을 위한 학교 환경에서의 아동중심 놀이치료

Dee C. Ray, Sue C. Bratton

정신건강은 아동의 개인적 · 학습적 성공을 위한 전제조건이지만, 최근 추산에 따르면 5명 중 1명의 아동이 학교나 가정에서 발달 및 기능을 심각하게 저해하는 정서문제나 행동문제를 경험하고 있고[질병관리 본부(Centers for Disease Control: CDC), 2013; 미국 정신건강(Mental Health America: MHA), 2013; 전국빈곤아동센터(National Center for Children in Poverty), 2010], 이 아동들의 3분의 1만이 필요한 도움을 받고 있는 것으로 나타났다(MHA, 2013). 지난 10년간 많은 정부 보고는 미국 아동의 건강관리 위기에 대한 해결책을 요구해 왔고(CDC, 2013; New Freedom Commission on Mental Health, 2003; Taras & The American Academy

http://dx.doi.org/10.1037/14730-004
Empirically Based Play Interventions for Children, Second Edition, L.A. Reddy, T. M. Files-Hall, and C. E. Schaefer (Editors)

of Pediatrics Committee on School Health, 2004; U.S. Public Health Service, 2000), 이 문제를 다루기 위해서 학교 역할의 중요성에 초점을 맞추어 왔다. 학교는 많은 아동에게 서비스를 제공할 수 있는 유일한 접근 가능한 방법인데, 이 보고서들은 초기 식별, 개입 그리고 예방단계에서 학교의 역할에 초점을 맞추어 발달적 · 문화적으로 적합하며, 경험적으로 입증된 개입의 필요를 제안하였다(Bratton, 2010). 지난 10년간 적절한 정신건강 치료의 부족으로 고통 받는 아동이 증가한 것으로 보아 학교를 기반으로 하는 서비스에 대한 수요 증가를 학교와 자금 지원 기관들이 간과해 왔던 것으로 보인다(CDC, 2013; MHA, 2013). 한 가지 가능한 설명은 학교 정신건강 서비스 확장 비용을 지원할 경험적 증거(empirical evidence)가 부족했다는 것이다. 책임과 예산이 제한적인 현재의 분위기에서 학교 행정가들이 정신건강 서비스를 널리 적용하도록 하려면 효과적인 개입의 증거를 제공하는 것이 중요하다.

분명히 학교는 아동들의 정신건강을 증진하고 초기 진단과 평가를 통해 정신장애의 발병을 예방하고, 입증된 치료를 제공함으로써 현재 나타나는 문제를 다룰 뿐만 아니라 아동의 사회정서적 발달과 회복력을 증진할 수 있는 특별한 위치에 있다. 조기 개입의 중요성은 아무리 과장해도 지나치지 않는데, 문제행동이 처음 나타났을 때 초기 대응을 잘해야 할 뿐만 아니라 아동의 사회적 · 학업적 성취에 부정적인 영향을 미치는 빈곤이나 기타 사회문제와 같은 초기 위험 요소의 영향을 중재할 수 있다(National Center for Children in Poverty, 2010). 아동은 초기 학교 경험을 통해 미래의 행동 패턴과 타인과의 상호작용 패턴을 형성한다. 특히 위험에 처한 아동의 경우, 조기 개입은 위험 요소를 상쇄시키고 개인의 강점을 증진하여 문제행동의 증가, 낮은 자존감, 학업적 실패 등과 같은 부정적인 궤도를 수정할 수 있도록 한다(Ackerman, Brown & Izard, 2003; Bratton et al., 2013; Knitzer, 2000; Webster-Stratton & Reid, 2003).

아동중심 놀이치료(Child-Centered Play Therapy: CCPT)는 발달적으로나 문화적으로 민감한 조기 정신건강 개입이며(Bratton, Ray, Edwards, & Landreth, 2009; Gil & Drewes, 2005), 현재 나타나는 문제의 범위와 민족적 · 문화적 · 사회적으

로 다양한 대상에 걸쳐 학교 환경에서 적용하는 것에 대한 견고한 경험적 증거를 가지고 있다(Landreth, 2012; Lin, 2012; Ray, 2011). CCPT는 자기 규제, 자기 통제, 창의력, 자기 방향성을 위한 아동의 내적 자원—이런 자원들을 통해 아동은 삶의 어려움을 지나갈 수 있다—개발을 통해 아동이 최상의 성장과 정신 건강을 이룰 수 있도록 돕는데 목적이 있다는 점에서 특별하다. 이 장은 주요 치료 요소, 치료 과정의 사례 예시와 2000년에 출판된 통제 결과 연구의 요약을 포함한 CCPT의 개관을 제공한다. 그리고 다른 환경에 그대로 활용과 적용에 대한 논의로 마무리된다.

이론적 근거와 목표

　CCPT는 어려움을 경험하고 있는 아동을 치유하는 정신건강 예방과 개입을 위한 접근이며 기본적인 요소로 치료사와 아동의 관계를 중시한다. CCPT 치료사는 아동의 발달 단계에 적절한 의사소통 방식에 맞추어 아동들이 놀이할 수 있도록 신중하게 선택한 장난감과 놀이실을 활용한다. 따라서 아동의 세계 맥락 내에서 아동 전체를 이해하고 싶다는 메시지를 주면서 놀이치료를 하게 된다. 관계 안에서 CCPT 치료사는 아동에게 수용적이고 온정적인 환경을 제공하여 아동이 성장을 위한 잠재력을 온전히 발휘할 수 있도록 하고, 개인의 욕구를 충족하기 위한 유해한 방법은 감소시키도록 돕는다. CCPT는 그 기본 원리와 구조에 동의하는 여러 문헌에서 찾아볼 수 있다(Axline, 1947; Cochran, Nordling, & Cochran, 2010; Landreth, 2012; Ray, 2011; VanFleet, Sywulak, & Sniscak, 2010).

　CCPT는 오늘날 가장 오래 사용되고 있는 치료 중 하나이며, 70년이 넘는 기간 동안 관련 연구와 구성 이론에 의해 입증되고 있다. Axline(1947)은 Rogers(1951)의 인간중심 이론에 근거하여 비지시적인 놀이치료를 개발하였고, 구조화된 치료 방식에 인본주의 철학의 원리를 적용했다. 인간중심 이론에

기초한 비지시적 놀이치료는 현재 CCPT라고 칭한다. CCPT가 소개된 이후 수
년 동안, 62가지의 연구는 그 효과성을 조사하였고, CCPT가 일반적으로 아동
들에게 효과적이고 실행 가능한 치료를 제공하고 있음을 밝혀 왔다(Ray, 2011).
CCPT는 미국에서 가장 널리 사용되는 놀이치료 개입으로 알려져 있으며
(Lambert et al., 2007), 국제적으로 효과적이라는 평가를 받고 있다(West, 1996;
Wilson, Kendrick, & Ryan, 1992).

CCPT의 이론적 근거

발달과 변화에 대한 Rogers(1951)의 이론은 CCPT의 구조와 과정의 기초가
된다. Rogers는 인간중심 이론에 대해 세련되게 설명하면서 인간 발달에 대
한 뼈대를 제공하여 어떻게 부적응이 발생하는지 자세하게 설명하고 있다.
Rogers(1951)가 언급했듯이, 인간은 앞으로 나아가고 유기체를 성장시키기 위
해 태어난다. 성격 발달은 유기체의 현상학적인 경험에 달렸다는 것이 성장과
변화의 기본적인 개념이다. 자아(self)의 개념은 인생 주기에서 중요한 타인과
의 상호작용을 통해 생겨나고 개발된다. 각 개인은 자아에 대한 감각을 가지고
있다 하더라도, 유기체는 타인과의 관계와 상호작용에 크게 영향을 받는다. 자
기가치감(self-worth)은 타인의 수용에 대한 기대 인식에 영향을 받으며, 가치
조건(conditions of worth)에 근거한 개인적인 가치감을 형성한다. 만약 관계 안
에서 아동이 어떤 특정 행동에 의해서만 수용 받음을 느낀다면 자연적 유기체
와 자아 형성 사이에 혼란이 생기며, 그 환경 안에서 유해한 방법으로 자아를
형성해 나갈지도 모른다.

비록 아동이 인식하지 못하더라도, 아동의 행동은 자신의 관점이나 가치 평
가 과정과 직접적으로 일관되게 나타난다. 주변 환경의 기대에 따라 행동함으
로써 개체는 욕구를 충족시키며 유기체를 유지하기 위한 시도를 한다. 반면,
행동에 수반되는 정서는 행동을 위한 인식된 욕구에 따르는 것으로 보여진다.
그러므로 비록 자아관이 개인의 최적의 성장을 도모하지 못했을지라도, 아동

은 자아관과 일관되게 행동하고 정서 반응을 한다. Rogers(1951)는 환경이 위협적이지 않을 때 사람은 비평가적인 방법으로 경험을 검토하고, 이를 유기체의 본능적 경향성을 존중하는 자아구조에 통합하며, 이를 통해 타인과의 관계를 향상한다고 말했다.

CCPT 치료사들은 인간의 본성에 대한 이러한 기본 신념을 근거로 아동이 타인(치료사)에 의해 온전히 수용받았다고 느끼는 환경을 만들고자 한다. 자기수용의 이론적인 결과는 더 긍정적인 정서와 행동으로 이어진다. 치료적인 움직임은 치료사, 아동, 치료적 관계에서 이루어진 수용의 정도, 아동이 자연스럽게 자기 확장의 방향으로 나아갈 것이라는 치료사의 믿음을 포함한 여러 요소에 달려 있다.

주요 치료 요소

CCPT에서 치료적 변화를 위한 조건

자기를 확장하는 성장을 위한 치료적 방법은 아동의 변화를 촉진하기 위해 치료에서 이루어져야만 하는 여섯 가지 조건으로 나누어진다(Rogers, 1951). 치료사와 아동 간의 관계에 근거하는 여섯 가지 조건은 다음과 같다. ① 두 사람의 심리적 접촉이 이루어진다. ② 첫 번째 사람(내담자)이 불일치(incongruence)한 상태에 있다. ③ 두 번째 사람(치료사)은 관계에서 일치성(congruence)을 보인다. ④ 치료사는 내담자를 위해 무조건적인 긍정적 존중(unconditional positive regard)을 한다. ⑤ 치료사는 내담자의 내적 참조 틀(internal frame of reference)에 맞추어 공감적 이해를 하며 내담자와 이 경험에 대해 소통을 시도한다. ⑥ 내담자에게 소통하려는 치료사의 공감적 이해와 무조건적인 긍정적 존중이 최소한이라도 전달된다(Rogers, 1957).

조건의 세 가지-진정성(genuineness), 무조건적인 긍정적 존중(unconditional

positive regard), 공감적 이해(empathic understanding) (조건 ③, ④, ⑤)-는 **치료사의 태도적 조건**(therapist attitudinal conditions)이라고 불린다(Bozarth, 1998). Rogers(1957)는 **일치성**을 치료적 관계 안에서 자기 자신이 되는 편안한 경험과 자아 인식 간에 일치되는 경험을 하는 능력이라고 말했다. 무조건적인 긍정적 존중은 평가나 판단 없이 내담자 경험의 모든 측면을 따뜻하게 수용하는 것이다(Rogers, 1957). 게다가 무조건적인 긍정적 존중은 아동의 유기체가 자신을 실현해 나갈 능력이 있음을 신뢰하는 치료사의 느낌 상태이다. 공감적 이해는 치료사가 아동의 세계에 들어가는 것을 의미하는데, 이때 치료사는 자기감을 잃지 않으면서도 자신의 세계인 것처럼 경험한다. Ray(2011)는 치료사의 태도적 조건이 CCPT 제공의 필수적인 조건임을 인용했고, 이러한 조건들을 자세하게 탐색했다.

CCPT 개입 가이드라인

Axline(1947, pp. 73-74)은 CCPT의 제공 조건을 명시하는 가이드라인을 제공했다. 이는 여덟 가지 기본 규칙으로 다음과 같다.

1. 치료사는 아동과 최대한 따뜻하고 친근한 관계를 만든다.
2. 치료사는 아동이 어떤 방식으로 달라지기를 기대하지 않고 아동을 있는 모습 그대로 수용한다.
3. 치료사는 아동이 자신의 생각과 느낌을 온전히 표현할 수 있도록 치료관계 안에서 허용받는 느낌을 갖게 한다.
4. 치료사는 아동의 감정을 알아차리고(attuned) 이를 반영하여 아동이 행동에 대한 통찰을 얻을 수 있도록 돕는다.
5. 치료사는 아동의 문제 해결 능력을 존중하고 아동에게 선택에 대한 책임을 맡긴다.
6. 치료사는 아동의 행동이나 대화를 지시하지 않는다. 치료사는 아동을 따

라간다.

7. 치료사는 치료 과정의 점진적인 특성을 인정하며 치료를 서두르지 않는다.
8. 치료사는 아동이 현실에 뿌리내릴 수 있도록 하는 한계만을 설정하거나 관계에서 책임감을 인식하도록 한다.

이러한 원리들은 놀이치료의 구조를 제공하며 치료사가 아동을 수용하고 신뢰하고 따라가도록 한다. 놀이치료를 진행하는 데 있어서 이 원리를 활용하는 것과 특정한 유형의 언어 반응들은 치료사가 아동중심 철학을 실행하게 해준다. 특정한 유형의 언어반응에는 정서 반영(예: "너는 화가 났구나."), 내용 반영(예: "너희 엄마와 아빠가 싸우셨구나."), 행동 기록(예: "저쪽으로 움직였네."), 의사 결정 촉진(예: "네가 결정할 수 있어."), 창의성 촉진(예: "네가 원하는 무엇이든 될 수 있어."), 격려(예: "열심히 노력하고 있구나."), 관계 촉진(예: "내가 기분이 좋아지길 원하는구나."), 한계 설정이 포함된다(Axline, 1947; Ginott, 1961; Landreth, 2012; Ray, 2004).

아동이 자신이나 타인, 또는 치료실에 위협을 가할 가능성이 있을 때에는 한계를 설정하게 된다. 한계 설정에 대해서 Landreth(2012)는 다음의 ACT라는 3단계 접근을 제안하였다. 이는 ① 정서를 인정하기(Acknowledge), ② 한계에 대해 이야기하기(Communicate), ③ 대안 목표 설정하기(Target) 이다. ACT에서 치료사는 다른 무엇보다도 먼저 아동의 정서를 인정함으로써(예: "너는 나한테 정말 화가 났구나.") 아동의 의도를 이해하고 소통한다. 두 번째로 치료사는 분명하고 확실한 한계를 설정한다(예: "하지만 나를 때리면 안 돼."). 세 번째로 아동에게 적절하게 정서를 표현할 수 있는 대안을 제안한다(예: "너는 인형을 때릴 수 있어."). 한계 설정은 아동이 놀이실을 안전한 환경으로 인식할 수 있게 한다.

CCPT의 절차는 Ray(2011)의 치료 매뉴얼에 명확하게 기술되어 있다. 회기는 보통 45분이지만 상황에 따라 30분에서 50분의 범위 내에서 진행된다. 명확하게 정해진 회기 수는 없지만 보통 15회기에서 20회기가 객관적으로 측정 가능하며 주목할 만한 변화를 만들어 낸다. 놀이치료사는 최소한 정신건강 분야의 석사 학위를 가지고 기본 40시간의 CCPT 훈련을 받아야 한다. 또한 추가 교육과 슈퍼비전을 받을 것을 강력히 권장한다. 치료사는 아동의 감정과 말투를 연결하고 치료사의 내적 상태와 반응(예: 진정성)을 연결시키는 등 비언어적 기술을 사용한다. CCPT 치료사가 특정 유형의 언어반응을 제공하는 것이 CCPT의 구조를 잡아가는 데 도움이 되겠지만, 경직된 개입보다는 치료사의 비언어적·태도적 조건이 우선되어야 함을 기억해야 한다.

놀이실과 재료들

치료실의 구조는 아동에게 이 환경에서는 아동의 모든 부분이 수용된다는 첫 메시지를 준다. Landreth(2012)는 장난감은 창조적인 표현과 정서 표현을 촉진하며, 아동의 흥미를 끌어야 하고, 표현적이고 탐색적인 놀이를 촉진하고, 말 없는 탐색이나 표현을 허락하고, 규정된 구조 없이 성공할 수 있게 해 주고, 특정하지 않은 놀이를 용납하고, 적극적인 놀이를 할 수 있도록 견고한 구조를 가지고 있어야 함을 제안했다. 놀이실의 재료들은 장난감과 만들기 재료, 물감, 이젤, 퍼펫 인형 무대, 모래상자 그리고 아동용 가구를 포함한다. Kottman(2011)은 장난감을 다섯 가지 일반적인 영역으로 분류하였는데, 이는 가족/양육 장난감, 무서운 장난감, 공격적인 장난감, 표현적인 장난감 그리고 역할/환상놀이 장난감이다. 장난감을 선택할 때 가장 중요한 기준은 장난감이 놀이실에서 도움이 되어야 한다는 것이다. Ray(2011)는 장난감 선택과 관련하여 각 치료사가 다음과 같은 질문을 해야 한다고 제안했다. 질문은 '이것은 이 방을 사용하는 아동에게 어떤 치료적 목적으로 도움이 될까?' '이것은 아동이 자신을 표현하는 데 어떤 도움을 줄까?' '내가 아동과 관계를 만들어 나가는 데 이것이 어떤 도움이 될까?' 등이다. 아동이 자기 스스로를 표현하도록 돕고 치료사-아동 간의 관계 형성을 돕는 치료적 목적에 부합할 때, 장난감들은 치료실에서 가치 있게 활용될 수 있다.

개입 사례 예시
· · · · · · · · · · · · · · · ·

니나(Nina)는 5세의 라틴계 소녀로, 공립 초등학교에 있는 유치원에 다니고 있다. 그녀는 학교와 집에서 상호작용에 어려움을 보여 엄마와 선생님에 의해 놀이치료에 의뢰되었다. 집에서 그녀는 내성적이고, 감정기복이 심하며, 엄마와 동생에게 저항적이고 공격적이다. 유치원에서 니나는 말하기를 거부하고 있다. 그녀는 교실에서 내성적이고 수동적이며 친구가 거의 없고, 선생님은 그녀가 학업에 무관심한 것을 걱정했다. 놀이치료 첫 회기에 치료사는 니나에게 치료실을 소개했다.

> 치료사: 여기가 치료실이란다. 너는 여기서 장난감들을 가지고 네가 하고 싶은 여러 방법으로 놀 수 있어.
> 니   나: (치료사와 눈 맞춤을 피하며 팔짱을 끼고 방을 걸어 다닌다.)
> 치료사: 이 공간이 어떤 곳인지 잘 모르겠지?
> 니   나: (인형 옆에 앉아서 하나하나 쳐다보기 시작한다.)
> 치료사: 그것들을 확인해 보고 있구나.

니나는 치료 회기 동안 줄곧 조용히 앉아 인형들을 하나하나 쳐다보았다. 그녀는 다른 장난감을 보기 위해 방을 돌아다녔고, 가끔씩 장난감을 가까이서 확인해 보기 위해 집어 올리기도 했다. 그녀는 전혀 말을 하지 않았고, 치료사와 눈 맞춤도 거의 없었으며, 감정을 보이지 않았다.

두 번째 회기를 위해 치료사가 니나의 교실 앞에 도착했을 때, 니나는 치료사를 보더니 활짝 미소를 지으며 치료사에게 뛰어왔다. 치료사와 니나는 치료실로 걸어가며 다음과 같이 대화를 나눴다.

> 치료사: 오늘 나를 만나서 행복하구나.

니   나: (치료사에게 자신의 신발을 보여 주기 위해 걸음을 멈추고 미소를
　　　　짓는다.)
치료사: 네 신발을 나에게 보여 주는구나. 네가 그것을 좋아한다는 걸 내가
　　　　알기 원하는구나.
니   나: 네, 이거 핑크색이에요.
치료사: 그게 핑크색이어서 니나가 좋아하는구나.
니   나: 네, 엄마가 사 주셨어요.

　　두 번째 회기에서 니나는 이젤 쪽으로 가더니 맨 처음 종이에 그림을 그렸다.
그녀는 종이를 찢어 버리길 원했지만 그러려면 이젤 위쪽에서 집게를 열어야
만 했다. 그녀는 집게 쪽으로 손을 뻗어 보았지만 잘 되지 않자 금방 포기했다.
그녀는 금세 모래 쪽으로 가서 구멍이 있는 양동이를 채우려고 했다. 모래가 아
래로 빠져나가자 그녀는 실망하고 그만두었다. 그녀는 방 안에서 다른 놀이 활
동을 계속 시도했지만 어려워지면 금방 포기했다. 대화는 대개 다음과 같았다.

니   나: 그림을 그리고 싶어요.
치료사: 음, 그림을 그리기로 결정했구나.
니   나: (붓을 집어 들고 치료사에게 보여 주려고 돌아서면서) 나는 노란색
　　　　을 좋아해요.
치료사: 너도 내가 노란색을 봤으면 하는구나. 너는 노랑을 좋아하지.
니   나: (종이를 집고 있는 집게를 쳐다보며 고민하다가 치료사를 바라본다.
　　　　그리고는 미소를 짓고는 부엌 쪽으로 움직인다.)
치료사: 음, 다른 걸 하기로 결정했구나.

　　초기 5회기 동안, 니나가 노력을 거의 하지 않고 포기하는 패턴은 일반적이
었다. 패턴이 나타나자 치료사는 니나가 도전적인 상황에서 포기하는 반응 경
향에 초점을 맞추기 시작했다.

니　나: (높은 곳에 있는 손가락 인형에 손을 뻗어 잡으려고 한다.)

치료사: 그것을 잡으려고 하는데 어렵구나.

니　나: (도움이 필요하다는 듯이 치료사를 쳐다보지만 말은 하지 않는다.)

치료사: 뭔가 원하는 것 같아 보이는데…….

니　나: (포기하고 모래 쪽으로 간다.)

치료사: 너무 어려워서 더 잡으려 하지 않기로 결정했구나.

　치료사는 니나가 포기하기로 한 결정을 의도적으로 강조하여 반응하였고, 포기하지 않는 선택을 할 수도 있음을 강조했다. 또한 치료사는 의도적으로 니나를 구출하려 하거나 아이가 스스로 할 수 있는 일들을 도와주지 않았다. 니나가 포기하기로 선택한 것에 대해 치료사는 판단하지 않았고, 포기를 대처 방식으로 사용하는 것을 수용하였다. 니나는 어렵지만 서서히 자기가 하고 싶은 것을 시도하는 데 시간을 보내기 시작했다. 인형과 퍼펫 인형의 옷을 입히고 꾸며 주는 일은 그녀가 이런 시도를 하기 시작한 영역이다. 하지만 그림 그리기는 금방 포기했다. 8회기에 니나는 놀이에서 중요한 전환을 보였다.

니　나: (이젤 쪽으로 다가가서) 숫자 더하기를 할 거예요.

치료사: 숫자를 더하는 데 그걸 사용하려고 하는구나. 그 위에 쓰고 있네.

니　나: (이젤 종이에 3+4를 쓰며 오랫동안 그것을 쳐다본다. 그리고 줄을 그어 지운다.) 아니, 다른 걸 할 거예요.

치료사: 그걸 좋아하지 않는구나. 다른 걸 할 거구나.

니　나: (집게를 열기 위해 손을 뻗어 집게를 잡으려고 노력한다. 하지만 잘 되지 않자 이젤 쪽으로 의자를 가져와 그 위에 올라가서 다시 시도한다.)

치료사: 포기하지 않네. 다른 방법으로 시도하고 있구나.

니　나: (이를 악물고 집게를 열려고 다시 시도한다.) 이걸 열어야 돼요.

치료사: 너는 정말 열심히 노력하고 있어. 집게를 정말 열어 보고 싶구나.

니 나: (불만스러운 표정을 지으며 방 안을 둘러본다.)

치료사: 뭔가 생각을 하고 있어. 그걸 열 수 있는 다른 방법을 찾고 있네.

니 나: (치료사를 쳐다보며 단호한 목소리로 말을 한다.) 맞아요. 선생님이
         와서 도와줘요. 선생님이 한쪽을 열어 주면 제가 다른 쪽을 할게요.

치료사: (니나와 이젤 쪽으로 다가가며) 할 수 있는 방법을 생각해 냈구나.
         내가 어떻게 하면 좋을지 말해 주렴.

니 나: 한쪽을 잡고 있으면 내가 다른 쪽을 밀어 볼게요. (치료사는 한쪽을
         잡고 있고, 니나는 다른 쪽을 힘차게 밀어낸다. 집게가 열리고 종이
         가 바닥으로 떨어졌다.)

니 나: (밝게 미소 지으며) 보세요!

치료사: 네가 해냈구나. 해낼 때까지 계속해서 노력했어. 네가 정말 자랑스
         럽구나.

집게를 열기 위해 대안을 찾아내고 계속해서 시도하면서 니나는 스스로 창
의적이며 능력이 있음을 경험했다. 또한 그녀는 어려움에 처해 있을 때, 스스
로 고립되고 철수하는 대신 다른 사람에게 도움을 청하는 방법을 찾아냈다. 치
료사는 니나가 자신을 자유롭게 표현하고 지지받으며 고민할 수 있도록 격려
하고, 수용하고, 허용하는 환경을 만들어 주었다. 치료사는 니나를 구출하려
하거나, 니나를 위해 무언가를 해 주거나, 목적을 달성하도록 지시하지 않았
다. 이후 회기에서 니나는 스스로 목적을 이룰 방법을 생각하는 데 더 오랜 시
간을 할애했다. 11회기에는 혼자 힘으로 이젤의 양쪽 집게를 열 수 있었다. 결
국 집게를 열게 되었을 때, 그녀는 신이 나서 폴짝폴짝 뛰며 치료사에게 "보세
요! 내가 열었어요."라고 말했다.

11회기가 지나면서 치료사는 니나의 선생님과 엄마를 만나 확인을 했다. 엄
마는 니나의 저항적인 행동이 없어졌다고 보고했다. 선생님은 교실에서 니나
의 행동이 완전히 바뀌었다고 말했다. 그녀는 친구를 많이 만들었고, 학업을 열
심히 하려고 했다. 치료사는 니나의 무기력함과 무능감은 유치원과 집에서의

거절감이 원인이라고 개념화하였다. 그녀가 진정성 있고 수용되는 관계 안에서 자신의 목표를 이루기 위해 내적으로 동기화되고, 자기 스스로의 언어(놀이)로 유능감을 경험했을 때 그녀는 유치원과 집에서 위험을 감수할 수 있게 되었다.

결과 연구

　CCPT의 연구는 70년 넘게 이어지고 있다. 첫 연구는 Dulsky에 의해 1942년에 진행되었다. 그 이래로 다양한 문제에 대한 CCPT의 활용을 연구하기 위해 수많은 연구가 진행되고 있다. 초기 개입 연구들은 연구설계와 통계적 문제로 어려움을 겪었지만, CCPT의 발전성 있는 결과를 입증하였다. 60여 년 넘게 진행되었던 93개의 놀이치료 통제연구의 메타분석(Bratton, Ray, Rhine, & Jones, 2005)에서는 CCPT/비지시적 놀이치료로 알려진 인간중심 놀이치료 개입이 평균적으로 큰 치료 효과 크기를 산출해 내었음을 발견하였다. 지난 몇 십 년간 CCPT에 관한 연구들은 연구설계를 철저히 해 왔으며, 프로토콜을 매뉴얼화하고, 결과의 신뢰도를 높이기 위해 적절한 통계 방법을 사용해 왔다. Ray(2011)는 CCPT에 대한 연구들을 검토하면서 긍정적인 결과를 보여 준 1940년부터 2010년까지 진행된 62개의 연구들을 찾아냈다. 62개의 연구들 가운데 29개는 실험연구로 분류되었는데, 이 연구들은 사전-사후 무작위 통제집단 설계였다. 또한 최근 CCPT 연구가 증가하고 있는 것으로 나타났는데, CCPT에 대한 19개의 연구는 2000년부터 2010년까지 진행되었다. Ray는 외현화/파괴적 행동, 주의력결핍과잉행동장애(ADHD), 내재화 행동문제, 불안, 우울, 자기개념, 사회적 행동, 부모-교사와의 관계, 성학대/외상, 노숙, 정체성 문제, 학업적 성취 그리고 언어 기술과 같은 결과 영역에서는 CCPT가 효과적임이 입증되었다고 결론지었다.

　이 장에서는 학교 구조에서 CCPT 사용에 대해 현재의 경험적 증거를 제공하기 위한 목적으로 2000년 이래로 진행된 CCPT 치료 결과에 대한 실험적 연구들을 검토하였다. 우리는 이 연구들을 통제실험설계, 학교에서의 진행, 유치원 전 시기의 유아들부터 5학년까지의 대상자, 2000년 이래로 출판된 CCPT 치료이거나 CCPT 절차를 따른 연구, 상호심사 저널에 등재되었거나 책으로 출판, 표준화된 평가의 사용 등으로 분류하였다. 그리고 이 기준에 부합되는 13개의 연구를 〈표 3-1〉에 요약하였다.

대상자들의 종합적인 수를 고려해 볼 때(전체 연구 대상 총 558명, 한 연구당 평균 43명), 13개의 결과를 연구 검토하여 여러 가지 결론에 도출할 수 있다. CCPT에 참여한 연구 대상들은 학업적 성취, 공격성을 포함한 파괴적 행동, ADHD, 내재화 문제 행동, 말하기 그리고 기능의 손상에서 긍정적인 결과를 냈다. 여러 CCPT 연구에서 유효한 통제집단과 비교집단의 활용 및 절차에서 대상의 치료집단 배정에 눈가림 평가자(blind assessor)를 활용한 것은 결과에 대한 신뢰도를 더해 주었다. CCPT는 인종, 민족, 성별, 국제적 지위를 포함하는 여러 문화에 걸쳐 효과적인 것으로 나타났다. 많은 CCPT 연구는 다양한 인종과 민족을 표본으로 하였으며, 두 연구는 미국 외부의 표본으로 진행되었다(Ojiambo & Bratton, 2014; Shen, 2002). 검토된 연구들 중 연구 대상의 60% 이상이 백인이 아니었으며, 거의 대부분의 대상은 경제적 수입이 낮았다. CCPT 연구에서 다루어진 다문화 배경은 독특한 특징인데, 학교라는 실제 현장 환경에 CCPT가 활용되었기 때문일 것이다. 참여자들의 연령은 3~12세로, 평균 7.7세였으며, 이는 CCPT가 어린 아동기로부터 청소년 이전까지 발달적 필요에 적용되고 있음을 보여 준다. 또한 CCPT 연구는 CCPT가 단기 치료로도 사용될 수 있음을 나타냈다. 평균 회기 수는 15회기로, 치료는 주 2회 진행되었고, 명확한 변화를 나타냈으며, 주로 8주 혹은 그 이내로 진행되었다. 검토된 연구들에서는 부모나 교사 요소를 치료의 일부로 포함시키지 않았기 때문에, 체계적인 개입 없이 치료를 하는 동안에 아동이 보이는 변화를 명시하였다. 보호자에 의한 직접적 개입 없이 어린 아동의 변화가 가능하다는 결과는 CCPT의 또 다른 독특한 특징으로, 이 치료를 특히 학교 환경에 적합하게 했다. 그럼에도 이전의 CCPT 연구들은 부모나 교사를 포함한 치료가 더 좋은 결과를 낼 수 있음을 보여 주었다(Bratton et al., 2005).

〈표 3-1〉 학교기반 아동중심 놀이치료 통제 결과 연구: 일부 선별된 연구(2000년부터 현재)

저자	참여자 / 방법	결과
Blanco & Ray (2011)	• 학습적 위기에 처한 1학년 학생들(N=43), 무선배치 • 34% 히스패닉, 17% 아프리카계 미국인, 46% 백인 • C=20 처치 없이 대기 • E=21 • CCPT 16회기(주2회, 회기당 30분씩) • 실험설계	통제집단과 비교하여 CCPT 집단의 아동들은 표준화된 학력검사에서 통계적으로 유의미한 향상을 보였으며, 처치 효과는 중간 정도였다.
Bratton et al. (2013)	• 파괴적 행동을 보이는 헤드스타트 프로그램의 아동(N=54), 구획무선배치(Block random assignment) • 42% 아프리카계 미국인, 39% 히스패닉, 18% 백인 • C=27 통제-독서 멘토링(RM) • E=27 CCPT • 두 집단: 20회기(주2회, 회기당 30분씩) • 실험설계	아동의 처치집단에 눈가림(blind)되었던 교사들에 따르면, CCPT 집단의 아동들은 전반적인 파괴적 행동, 집중력 문제 그리고 공격성에서 RM 집단과 비교하여 통계적으로 유의미한 개선을 보였다.
Danger & Landreth (2005)	• 언어 문제를 보이는 유치원 전 시기의 아동부터 유치원 아동(N=21) • 무작위 추출, 19% 히스패닉, 81% 백인 • C=10 매주 언어치료만 처치 • E=11 집단 CCPT, 25회기(주1회, 30분), 매주 언어치료도 진행 • 실험설계	CCPT는 언어발달 지연 아동들의 언어 표현 개선에 큰 치료효과를 나타냈고, 언어치료만 받은 집단과 비교했을 때 아동들의 언어 이해 영역 중간 정도의 효과 크기를 나타냈다. 실험이 진행됨에 따라 집단 간 차이는 통계적으로 유의미하지 않았다.

연구	연구 설계	결과
Fall, Navelski, & Welch (2002)	• 특수 교육 학생, 6~10세(N=66), 무선배치 • 98.5% 백인 • C=23 무처치 통제 • E=43 CCPT; 6회기(주1회, 30분) • 실험설계	교사들은 CCPT 집단 아동들이 통제 집단 아동들에 비해 문제 행동이나 사회적 문제의 감소를 보였다고 보고했다. 사례 진행자가 표기한 점수는 CCPT 아동들이 불안이 유의미하게 감소했음을 보고했으나 통제집단으로 통계적으로 유의미하지 않았다. 자기 효능감에서 집단 간 차이는 통계적으로 유의미하지 않았다.
Garza & Bratton (2005)	• 행동문제를 보이는 유치원 아동부터 5학년 히스패닉 아동(N=29), 무선배치 • C=14 소그룹 지도 교육 프로그램 • E=15 CCPT • 두 집단: 15회기(주1회, 30분) • 치료는 두 언어로 제공됨. • 실험설계	아동 처치 집단에 눈가림(blind) 되었던 부모들에 따르면, CCPT 집단은 소그룹 지도집단과 비교하여 외현화 행동 문제에서 통계적으로 유의미한 개선(예: 큰 치료 효과)을 나타냈다. CCPT는 아동의 내재화 문제에서는 통계적으로 유의미하지는 않았지만 중간 정도의 치료 개선을 보였다.
Ojiambo & Bratton (2014)	• 우간다 고아원의 학생들, 연령 10~12세(N=60), 무선배치 • C=30 활성대조-RM • E=30 집단 CCPT/활동치료 • 두 집단: 16회기(3명 집단, 주2회, 30분) • 실험설계	아동이 치료집단에 눈가림(blind)되었던 교사와 사감에 의하면, 통제집단에 비해 CCPT는 아동이 외현화, 내재화 행동 문제의 감소에 유의미한 감소를 보였으며, CCPT 처치를 받은 아동 대다수의 문제 행동이 임상적 수준에서 정상 기능 수준으로 감소되었다.

연구	표본 및 설계	결과
Packman & Bratton (2003)	• 학습 장애와 행동 문제가 있는 4~5학년생(N=24), 무선배치 • 90% 백인, 10% 아시아인 • C=12 비처치 통제 • E=12 집단 CCPT/활동치료; 12회기(주 1시간) • 실험설계	부모의 보고에 따르면, CCPT 집단은 통제집단과 비교하여 내재화 문제와 전반적인 행동 기능에서 통계적으로 유의미한 개선을 나타냈다. 외현화 행동 문제에서는 집단 간 차이는 유의미하지 않았다. CCPT는 모든 결과 측정에서 중간에서 큰 정도의 처리 효과를 나타냈다.
Ray, Blanco, Sullivan, & Holliman (2009)	• 4~11세의 공격적인 아동(N=41) • 32% 히스패닉, 15% 아프리카계 미국인, 10% 혼혈, 44% 백인 • C=22 비처치 대기 • E=19 CCPT; 14회기(주 2회, 30분) • 준실험설계	교사와 부모의 보고에 따르면, CCPT는 통제집단과 비교하여 공격성에 중간 정도의 치료 효과를 나타냈다. 집단 간 차이는 통계적으로 유의미하지 않았지만 사후 비교분석에서 실험집단의 아동들은 공격행동은 통계적으로 유의미한 감소를 나타낸 반면, 통제집단은 통계적으로 유의미한 변화가 없었다.
Ray, Schottelkorb, & Tsai (2007)	• 주의집중문제와 과잉행동을 보이는 유치원에서 5학년 아동(N=60), 무선배치 • 35% 히스패닉, 17% 아프리카계 미국인, 45% 백인 • C=29 활성비교조-RM • E=31 CCPT • 두 집단: 16회기(주 2회, 30분) • 실험설계	교사들의 보고에 의하면, CCPT 집단은 학생들의 성적, 정서적 불안정성, 불안/철회의 문제에 있어서 통제집단보다 통계적으로 유의미한 개선을 보였으며, ADHD 증상을 보이는 아동 집단에는 집단 간 통계적으로 유의미한 차이를 보이지 않았다. 사후 비교분석에서는 두 집단이 ADHD와 학생의 성적, 불안, 학습장애에서 통계적으로 유의미한 개선을 나타냈다.

저자	연구 설계	결과
Ray, Stulmaker, Lee, & Silverman (2013)	• 기능장애를 보이는 유치원에서 1~3학년생(N=37), 무선배치 • 38% 라틴계, 32% 아프리카계 미국인, 30% 백인 • C=20 시지연 통제 • E=17 CCPT; 12~16회기(주2회, 30분) • 실험설계	1단계: CCPT는 통제집단과 비교했을 때 아동의 기능장애에 중간 정도의 치료 효과를 보였다. 집단 간 통계적으로 유의미한 차이는 없었다. 2단계(두 집단 모두 CCPT 처치를 받음): 집단 내 차이는 두 그룹이 아동 모두 CCPT의 절과 큰 효과 크기를 나타내어 통계적으로 유의미한 개선을 보였다.
Schumann (2010)	• 공격적인 유치원 아동에서 4학년생(N=37), 무선배치 • 38% 히스패닉, 24.4% 아프리카계 미국인, 37.8% 백인 • C=17 2단계 교육프로그램, 소그룹 지도 • E=20 CCPT; 12~15 개인회기(주1회기, 30분) • 실험설계	CCPT 처치를 받은 집단은 집단 증거기반 지도 프로그램 개입 처치를 받은 비교집단 간에 통계적으로 유의미한 차이는 없었다. 두 집단 모두 공격행동, 외현화 문제, 내재화 문제에 통계적으로 유의미한 개선이 있었다. 그러나 부모들의 보고에 의하면, CCPT 집단의 아동들이 2단계 집단의 아동들보다 공격행동에서 더 큰 개선을 보였다.
Shen (2002)	• 부적응 위험성이 높은 대만의 3~6학년생(N=30), 무선배치 • C=15 비처치 통제 • E=15 집단 CCPT; 8~12회기(주2~3회, 40분) • 실험설계	통제집단과 비교하여 CCPT 집단은 전반적으로 불안, 생리적 불안, 걱정/과민함, 자살위험함에 통계적으로 유의미한 감소를 보였다. CCPT는 아동의 불안, 염려, 과민에서 큰 치료 효과를 보였으며, 자살위험에서는 적음-중간의 치료 효과를 보였다.
Wang Flahive & Ray (2007)	• 행동 문제를 보이는 4~5학년생(N=56), 무선배치 • 62.5% 히스패닉, 8.9% 아프리카계 미국인, 28.6% 백인 • C=28 비처치 통제 • E=28 집단 모래상자치료; CCPT 절차: 10회기(주1회, 45분) • 실험설계	부모와 교사의 보고에 의하면, CCPT 집단은 외현화 문제에서 통제집단과 비교하여 통계적으로 유의미한 감소를 나타냈다. 또한 교사들은 CCPT 집단이 내재화 문제와 전체 문제에서 집단 간 통계적으로 유의미한 개선을 보였다고 보고했다.

재현과 적용 가능성

현재의 연구들과 임상에서 CCPT가 다양한 학교 환경에서 넓은 범위의 연령대의 다양한 민족적·문화적·사회적 대상에게 다양한 방식의 구조를 통해 성공적으로 사용될 수 있음을 보여 준다. 헤드스타트 환경에서 CCPT는 아주 어린 아동(Bratton et al., 2013)과 초등학교 고학년들에게 제공되었다(Packman & Bratton, 2003; Wang Flahive & Ray, 2007). CCPT가 학습 환경으로부터 온전히 도움을 받지 못하게 만드는 여러 문제를 가지고 있는 아동들에게 효과적임을 상당한 양의 증거들이 보여 주고 있다. CCPT의 다문화 효과성의 증거는 CCPT의 특별한 장점이며 광범위한 적용 가능성을 지지한다. 게다가 CCPT는 학교의 구조적 필요에 맞추어 수정이 가능하다. 아동과의 일관된 관계를 향상하기 위해 학교가 영구적인 놀이실을 조성하는 것을 권장하지만, 놀이치료사가 공간 사용에 유연할 필요가 있는 경우에는 이동식 놀이실도 사용될 수 있다 (Landreth, 2012). 또한 CCPT는 학교에서 시간 간격을 두고 가장 적절하게 제공할 수 있다. 일반적으로 회기는 30분 정도로 주 1~2회로 진행된다. 사례 연구에서는 기능 수준이 낮은 지적 장애 아동의 필요에 맞추어 주 3회로도 진행된 바 있다(Swan & Ray, 2014). CCPT가 여러 연구를 통해 잘 정리되었기 때문에 (Axline, 1947; Cochran et al., 2010; Landreth, 2012; Ray, 2011; VanFleet et al., 2010) 이 이론과 CCPT에 대한 충분한 정보들이 있다. 또한 Ray(2011)는 관계적 치료로서 CCPT의 철학적 기본을 존중하기 위해 매뉴얼화된 프로토콜을 제공하였으며, 치료적인 통합을 일관되게 유지하면서 치료를 진행하는 구체적인 설명을 제공하였다. 이러한 자원들은 훈련받은 정신건강 전문가들에 의해 CCPT가 진행될 때 그 효과가 다양한 연령, 구조, 지역에 걸쳐 나타날 수 있음을 보장한다. 학교의 정신건강 전문가에 의해 치료가 성공적으로 적용되기 위해서는 치료사의 정신건강 분야의 적절한 교육 학위, CCPT 그리고 CCPT를 진행하기 위한 슈퍼비전 경험이 필요하다.

결론
· · · · ·

 학교 환경에서의 CCPT에 대한 경험적 증거는 대상의 범위와 학교 환경 그
리고 현존하는 문제에 대한 효과성을 지지한다. 또한 자신들이 활용하는 개입
에 대한 증거를 보여 주고 싶어 하는 책임감 있는 학교 상담사, 사회복지사 그
리고 심리학자들에게 결과를 제공한다. 학교의 정신건강 전문가들이 학교 행
정 부서나 자금부에 이 장에 논의된 증거들을 제시하여 학교에 정신건강 서비
스를 확대함으로써 아동의 안녕이나 돌봄을 무시하는 현재의 순환 고리를 끊
고 아동들의 정신건강과 최적의 발달을 도모하는 데 CCPT를 활용할 수 있기
를 바란다.

▊▊ 참고문헌

Ackerman, B. P., Brown, E., & Izard, C. E. (2003). Continuity and change in levels
    of externalizing behavior in school of children from economically disadvantaged
    families. *Child Development, 74,* 694-709. http://dx.doi.org/10.1111/1467-8624.
    00563

Axline, V. (1947). *Play therapy: The inner dynamics of childhood.* Boston, MA:
    Houghton Mifflin.

Blanco, P. J., & Ray, D. C. (2011). Play therapy in the schools: A best practice for
    improving academic achievement. *Journal of Counseling & Development, 89,* 235-
    243.

Bozarth, J. (1998). *Person-centered therapy: A revolutionary paradigm.* Ross on Wye,
    UK: PCCS Books.

Bratton, S. C. (2010). Meeting the early mental health needs of children through school-
    based play therapy: A review of outcome research. In A. A. Drewes & C. E. Schaefer
    (Eds.), *School-based play therapy* (2nd ed., pp. 17-58). New York, NY: Wiley.

http://dx.doi.org/10.1002/9781118269701.ch2

Bratton, S. C., Ceballos, P. L., Sheely-Moore, A. I., Meany-Walen, K., Pronchenko, Y., & Jones, L. D. (2013). Head start early mental health intervention: Effects of child-centered play therapy on disruptive behaviors. *International Journal of Play Therapy, 22*(1), 28-42. http://dx.doi.org/10.1037/a0030318

Bratton, S. C., Ray, D., Rhine, T., & Jones, L. (2005). The efficacy of play therapy with children: A meta-analytic review of treatment outcomes. *Professional Psychology: Research and Practice, 36*, 376-390. http://dx.doi.org/10.1037/0735-7028.36.4.376

Bratton, S. C., Ray, D. C., Edwards, N. A., & Landreth, G. (2009). Child-centered play therapy (CCPT): Theory, research, and practice. *Person-Centered and Experiential Psychotherapies, 8*, 266-281. http://dx.doi.org/10.1080/14779757.2009.9688493

Centers for Disease Control. (2013). *Children's mental health-New report.* Retrieved from http://www.cdc.gov/Featrues/childrensmentalhealth/

Cochran, N. H., Nordling, W. J., & Cochran, J. L. (2010). *Child-centered play therapy: A practical guide to developing therapeutic relationships with children.* Hoboken, NJ: Wiley.

Danger, S., & Landreth, G. (2005). Child-centered group play therapy with children with speech difficulties. *International Journal of Play Therapy, 14*(1), 81-102.

Dulsky, S. G. (1942). Affect and intellect: An experimental study. *Journal of General Psychology, 27*, 199-220. http://dx.doi.org/10.1080/00221309.1942.10544409

Fall, M., Navelski, L. F., & Welch, K. K. (2002). Outcomes of a play intervention for children identified for special education services. *International Journal of Play Therapy, 11*(2), 91-106.

Garza, Y., & Bratton, S. C. (2005). School-based child-centered play therapy with Hispanic children: Outcomes and cultural consideration. *International Journal of Play Therapy, 14*(1), 51-79.

Gil, E., & Drewes, A. A. (Eds.). (2005). *Cultural issues in play therapy.* New York, NY: Guilford Press.

Ginott, H. G. (1961). *Group psychotherapy with children: The theory and practice of play-therapy.* New York, NY: McGraw-Hill. http://dx.doi.org/10.1037/14360-000

Knitzer, J. (2000). Early childhood mental health services: A policy and systems development perspective. In J. P. Shonkoff & S. J. Meisels (Eds.), *Handbook of early childhood intervention* (2nd ed., pp. 416-438). Cambridge, England: Cambridge University Press. http://dx.doi.org/10.1017/CBO9780511529320.021

Kottman, T. (2011). *Play therapy: Basics and beyond* (2nd ed.). Alexandria, VA: American Counseling Association.

Lambert, S. F., LeBlanc, M., Mullen, J. A., Ray, D., Baggerly, J., White, J., & Kaplan, D. (2007). Learning more about those who play in session: The national play therapy in counseling practices project. *Journal of Counseling & Development, 85*, 42-46. http://dx.doi.org/10.1002/j.1556-6678.2007.tb00442.x

Landreth, G. L. (2012). *Play therapy: The art of the relationship* (3rd ed.). New York, NY: Routledge.

Lin, D. (2012). Contemporary research on child-centered play therapy (CCPT) modalities: A meta-analytic review of controlled outcome studies. *Dissertation Abstracts International Section A: Humanities and Social Sciences, 73*(3-A), 891.

Mental Health America. (2013). *Recognizing mental health problems in children.* Retrieved from http://www.mentalhealthamerica.net/recognizing-mental-health-problems-children

National Center for Children in Poverty. (2010). *Children's mental health.* Retrieved from http://nccp.org/publications/pub_929.html

New Freedom Commission on Mental Health. (2003). *Achieving the promise: Transforming mental health care in America. Final Report* (DHHD Pub. No. SMA-03-3832). Rockville, MD: U.S. Department of Health and Human Services.

Ojiambo, D., & Bratton, S. C. (2014). Effects of group activity play therapy on problem behaviors of preadolescent Ugandan orphans. *Journal of Counseling & Development, 92*, 355-365.

Packman, J., & Bratton, S. C. (2003). A school-based play/activity therapy intervention with learning disabled preadolescents exhibiting behavior problems. *International Journal of Play Therapy, 12*(2), 7-29. http://dx.doi.org/10.1037/h0088876

Ray, D. (2004). Supervision of basic and advanced skills in play therapy. *Journal of*

Professional Counseling: Practice, Theory, & Research, 32(2), 28-41.

Ray, D. C. (2011). *Advanced play therapy: Essential conditions, knowledge and skills for child practice.* New York, NY: Routledge.

Ray, D. C., Blanco, P. J., Sullivan, J. M., & Holliman, R. (2009). An exploratory study of child-centered play therapy with aggressive children. *International Journal of Play Therapy, 18*(3), 162-175.

Ray, D. C., Schottelkorb, A., & Tsai, M. -H. (2007). Play therapy with children exhibiting symptoms of attention deficit hyperactivity disorder. *International Journal of Play Therapy, 16*(2), 95-111.

Ray, D. C., Stulmaker, H. L., Lee, K. R., & Silverman, W. K. (2013). Child-centered play therapy and impairment: Exploring relationships and constructs. *International Journal of Play Therapy, 22*(1), 13-27.

Rogers, C. (1951). *Client-centered therapy: Its current practice, implications, and theory.* Oxford, England: Houghton Mifflin.

Rogers, C. R. (1957). The necessary and sufficient conditions of therapeutic personality change. *Journal of Consulting Psychology, 21*, 95-103. http://dx.doi.org/10.1037/h0045357

Schumann, B. (2010). Effectiveness of child-centered play therapy on children referred for aggression. In J. N. Baggerly, D. C. Ray, & S. C. Bratton (Eds.), *Child-centered play therapy research: The evidence base for effective practice* (pp. 193-208). Hoboken, NJ: Wiley.

Shen, Y. -J. (2002). Short-term group play therapy with Chinese earthquake victims: Effects on anxiety, depression, and adjustment. *International Journal of Play Therapy, 11*(1), 43-63. http://dx.doi.org/10.1037/h0088856

Swan, K. L., & Ray, D. C. (2014). Effects of child-centered play therapy on irritability and hyperactivity behaviors of children with intellectual disabilities. *Journal of Humanistic Counseling, 53*, 120-133.

Taras, H. L., & The American Academy of Pediatrics Committee on School Health. (2004). School-based mental health services. *Pediatrics, 113*, 1839-1845. http://dx.doi.org/10.1542/peds.113.6.1839

U.S. Public Health Service. (2000). *Report of the Surgeon General's conference on children's mental health: A national action agenda.* Washington, DC: Author.

VanFleet, R., Sywulak, A. E., & Sniscak, C. C. (2010). *Child centered play therapy.* New York, NY: Guilford Press.

Wang Flahive, M., & Ray, D. (2007). Effect of group sandtray therapy with preadolescents. *Journal for Specialists in Group Work, 32,* 362–382. http://dx.doi.org/10.1080/01933920701476706

Webster-Stratton, C., & Reid, M. J. (2003). The incredible years parents, teachers, and children training series: A multifaceted treatment approach for young children with conduct problems. In A. E. Kazdin & J. R. Weisz (Eds.), *Evidence-based psychotherapies for children and adolescents* (pp. 224–240). New York, NY: Guilford Press.

West, J. (1996). *Child-centered play therapy* (2nd ed.). London, England: Hodder Arnold.

Wilson, K., Kendrick, P., & Ryan, V. (1992). *Play therapy: A nondirective approach for children and adolescents.* London, England: Baillière Tindall.

제2부

내재화 장애를 위한
경험기반 놀이치료

제**4**장

불안, 우울을 위한
인지행동 놀이치료

Susan M. Knell, Meena Dasari

인지행동 놀이치료의 이론적 근거와 목적

　인지행동 놀이치료(Cognitive-Behavioral Play Therapy: CBPT)는 어린 아동
(3~8세)을 위해 개발되고 사용되어 온 발달적으로 적합한 치료이다. CBPT는
주로 정서발달 인지행동 이론과 정신병리에 근거하고 있으며, Beck의 이론에
기반을 두었다(Beck, 1964, 1976). 인지행동 치료(Cognitive-Behavioral Therapy:
CBT)에서는 행동이 인지 과정의 영향을 받고, 개인은 특정한 상황에서 어떻게
느끼고 행동할지 사고를 통해 결정한다고 믿는다. 감정은 대부분 사건 자체가

http://dx.doi.org/10.1037/14730-005

Empirically Based Play Interventions for Children, Second Edition, L.A. Reddy, T. M. Files-Hall, and
C. E. Schaefer (Editors)

아닌 사건에 대한 인식에 따라 결정된다. 결과적으로, 인지와 감정은 사람이 상황에 어떻게 반응하고 대응하는지를 결정하게 된다. 따라서 한 개인의 인식이 부정확하거나 비합리적일 때(인지 왜곡), 인지행동 치료(CBT) 개입은 부정적인 정서를 완화하기 위해 좀 더 현실적이고 적응적인 관점으로 인지에 도전하고 변화시키는 데 초점을 맞춘다. 또 CBT는 부정적인 정서를 더 나은 방식으로 다룰 수 있는 행동을 증가시킨다.

놀이치료의 모형 안에서 인지와 행동기술을 결합하는 것이 CBPT의 목적이다. 지난 20년간 CBT는 병리의 영역에서 아동과 청소년에게 가장 효과적인 치료 방법으로 떠올랐다(Weisz & Kazdin, 2010). 8세 이상 아동의 다양한 병리를 다루기 위한 최적의 표준으로 여겨지는 여러 프로토콜이 있는데, 불안 장애를 위한 '대처하는 고양이'(Coping Cat; Kendall & Hedtke, 2006)[2]나 청소년 우울증 치료 연구(Treatment for Adolescents with Depression Study: TADS) 매뉴얼이 그 것이다(Curry et al., 2000). 하지만 아주 어린 아동에게는 전통적인 CBT 접근방식은 적절하지 않다. CBT는 언어 기반의 개입에 의존하기 때문에 어린 아동을 위해서는 더욱 체험적인 개입이 필요하다. CBPT는 다양한 환경에서 어린 아동의 발달 단계에 맞는 활동(놀이)과 더 큰 아동에게도 효과적인 경험기반 기술을 통합함으로써 독창적인 이론적 접근을 제공한다. 이 장에서 언급하듯이, 놀이치료와 통합된 CBT 치료는 부모와 자녀에게 좋은 결과를 가져다줄 수 있다(제7, 8, 9장 참조).

---

2. 역자 주: 대처하는 고양이(Coping Cat)는 7~13세 아동의 분리불안, 불안 관련 장애, 사회공포증 등을 다루기 위해 매뉴얼화된 CBT 프로그램이다. 템플대학교 아동청소년 불안장애 센터의 Philip Kendall과 동료들에 의해 개발되었다.

발달 문제

CBT는 본래 성인을 대상으로 만들어졌지만, 시간이 흐르면서 아동에게도 적용되었다. 아동을 대상으로 하는 초기의 CBT 보고서 중에는 강박행동을 보이는 학령기 아동과 청소년의 자기통제를 향상시키기 위해 행동 기술을 성공적으로 적용한 Kendall과 Finch(1978)의 치료 프로그램이 있다. 하지만 발달 단계의 전조작기에 있는 8세 이하의 아동은 논리와 비논리/비합리적인 사고를 구분할 수 있는 인지 기술이 부족하다는 인식이 있어 CBT를 적용하기에는 그들이 너무 어리다고 생각했다. 결과적으로 아동들에게 CBT를 적용하는 데 있어서 한 가지 도전은 언어의 복잡성 없이 CBT를 전달하는 방법을 개발하는 것이었다.

CBPT는 발달-임상심리학 영역에서 점차적으로 대두되었다. 1980년대 중반, 발달심리학자인 Phillips(1985)와 Berg(1982)는 임상 작업을 통해 놀이와 CBT를 결합시키는 방법을 설명하기 시작했다. Knell은 CBT와 놀이치료의 통합에 대한 가능성을 좀 더 구체적으로 논의하였으며, 처음으로 논문으로 출판하여 소개했다(Knell & Moore, 1990). 이 사례 보고를 발판으로 하여 Knell(1993a, 1993b, 1994, 1997, 1998, 2003, 2009a, 2009b)과 그녀의 동료들(Knell & Dasari, 2009, 2010, 2011; Knell & Ruma, 1996, 2003)은 역사적으로 놀이가 어린 아동과 소통하기 위한 수단으로 치료에서 활용되어 왔고, CBT를 발달에 좀 더 친화적으로 만들기 위한 타당한 접근이라고 주장했다. 모델링을 통해 행동을 촉진하는 놀이치료 문헌과 행동치료 문헌에 근거하여(Bandura, 1969; Meichenbaum, 1971) Knell(1993a)은 CBT 구조에서 아동과 상호작용하고 모델링하기 위한 개입으로 퍼펫과 인형, 책 등을 활용할 수 있음을 설명했다. 장난감을 활용하는 것은 치료사가 간접적인 방식으로 아동과 소통하는 데 도움이 된다. 또한 놀이 맥락에서 CBT를 실시하는 것은 치료사가 아동에게 유연해지고, 좀 더 체험적인 학습방식을 사용하며, 아동과 치료사 양쪽 모두가 언어를 기반으로 소통할 필요를 줄여 준다(Knell, 1999).

지난 20년간 놀이에 CBT를 적용하는 개입은 점점 더 많은 관심을 받아 왔다. 사례 연구들은 선택적 함묵증(Knell, 1993b), 분리불안(Knell, 1999), 불안장애(Knell, 1999; Knell & Dasari, 2006)와 같은 진단을 받은 아동, 성학대 피해 아동(Knell & Ruma, 1996, 2003), 수면 문제(Knell, 2000)가 있는 아동, 부모의 이혼을 경험한 아동(Knell, 1993a)에 대해 묘사했다. 비록 임상적인 사례 연구에 더 초점을 두었지만, CBPT의 효과성을 경험적으로 입증하려는 연구들이 많아지고 있다(이 논문의 리뷰는 CBPT 효과성 결과 연구 요약 부분 참조).

개입

CBPT는 초기, 평가, 치료(일반화와 재발 방지) 그리고 종결의 네 단계로 진행된다.

초기단계

일반적으로 초기에 치료사는 부모(들)를 만나 증상과 발달력, 병력, 가족배경 등에 대해 임상 면담을 한다. 회기에서 CBPT 치료사는 짧은 문장을 사용하여 부모가 첫 회기에 아동이 잘 참여할 수 있게 준비시키도록 돕는다. 이때, 각 아동의 특성에 맞게 설명을 하게 되는데, 보통 ① 아동이 힘들어 하는 것에 대한 간단한 설명(예: "너는 네가 유치원에 가는 것에 대해 얼마나 걱정하는지 알고 있지."), ② 활동 계획(예: "아이들이 걱정을 덜 하는 방법을 배우도록 '감정' 박사님이 도와주실 거야."), ③ 어떤 일이 생길지에 대한 전반적인 설명(예: "다음에는 우리가 함께 가서 선생님과 이야기하고 노는 시간을 가질 거야.")이 포함된다. 또한 새로운 전문가를 만나는 것에 대해 아동이 보이는 특정한 호소 문제나 걱정에 따라 다른 제안들을 추가할 수 있다(예: "그 선생님은 병원 의사 선생님과는 완전히 달

라. 하얀 가운을 입지도 않고 주사를 놓지도 않을 거야!"). 그 밖에 치료에 대한 소개
를 돕기 위해 부모들은『놀이치료에 대한 우리 아이의 첫 번째 책』(Nemiroff &
Annunziato, 1990)과 같은 보충 자료들을 사용할 수 있다.

평가

CBPT 평가는 보통 부모와 임상 면담을 하면서 시작한다. 임상 면담의 목적
은 호소 문제와 가족, 병력, 발달, 학습, 사회적 배경을 이해하기 위함이다. 또
한 치료사가 아동의 특정한 놀이 취향을 이해하는 것은 치료에서 아동과 관계
를 맺는 데 도움이 되고, 첫 회기에 아동을 만나기 전에 초기 사례 개념화(진단
이나 발달력)를 하는 것은 유용하다.

아동과의 첫 회기는 아동이나 그의 고통에 대한 많은 정보를 제공한다. 역할
놀이를 잘하는 아동에게 놀이치료가 효과적이라는 것을 많은 연구가 보여 주
고 있기 때문에 놀이 기술에 대한 평가는 중요하다(Russ, 2004). 인지, 정서, 사
회, 문제 해결 능력에 대한 평가 또한 중요하다. 이러한 것들은 관계 안에서 아
동의 발달 단계에 따라 평가되며, 많은 자료로부터 정보를 얻는다(예: 부모와 학
교의 보고, 행동 관찰). 특히, 특정한 호소 문제를 측정할 수 있는 평가를 추가할
것을 제안한다. 예를 들어, 강박증을 호소하는 아동의 경우 치료사는 부모에게
예일 브라운 아동 강박 척도(Children's Yale-Brown Obsessive-Compulsive Scale)
를 작성하게 한다.

평가단계에서는 진단과 생물학적 요인(예: 기질, 가족력), 환경적 요인(예: 학
교 기능, 가족 기능) 그리고 아동의 놀이 기술에 대한 이해를 포함하는 전반적인
사례 개념화가 이루어져야 한다. 사례 개념화는 치료가 잘 진행되도록 안내한
다. 평가는 계속되는 과정이며, 따라서 더 많은 정보가 수집되고 아동에 대한
치료사의 이해가 풍부해짐에 따라 사례 개념화는 수정될 수 있다.

치료

CBPT는 놀이실 안에서 치료사와 아동이 상호작용하는 구조화 · 비구조화
된 시간의 조합이다. 치료사는 특정한 목표를 염두에 둔다(예: 불안이 있는 아동
이 새로운 상황에 접근하도록 돕기, 공포증이 있는 아동이 특정 공포를 넘어서도록 작
업하기). CBT 문헌에서 경험적으로 지지된 기법들이 놀이에 사용되는데, 이는
아동의 발달 단계에 따라 적용된다. 치료사들은 종종 모델링을 통해 이런 기
법들을 사용한다. CBPT 기법들은 인지 기법과 행동 기법으로 나누어진다(〈표
4-1〉, 〈표 4-2〉 참조).

인지 기법은 다음과 같은 내용을 포함한다.

- **심리교육**: 아동에게 그의 특정한 장애에 대해 교육하고, 각기 다른 정서적
  상태를 일반화하여 CBT 모델을 설명한다. 심리교육은 아동(또는 가족)에
  게 발달적으로 적절한 정보를 제공하며, 인지가 사건, 정서, 행동을 조절
  하는 CBT 구조에서 기법들이 어떻게 아동의 증상을 완화시키는지에 대한
  부모의 이해를 돕는다.
- **인지 재구조화**: 부정적인 감정을 만드는 부적응적 사고(예: 인지 왜곡) 확인
  하기/도전하기/수정하기의 기법들은 아동의 발달 단계에 맞추어 적용될
  수 있다(예: 아동이 '생각 탐정'이 되어 '도움이 되지 않거나' 방해가 되는 생각을
  찾아보도록 한다.). 그 후, 유용함, 찬성이나 반대되는 증거, 대안 설명 그리
  고 결과 평가와 관련하여 질문하면서 사고의 유연성을 향상시키도록 목
  표를 설정한다.
- **긍정적인 자기 진술**: 아동이 인지 왜곡을 대체할 수 있는 확실하고 자기주
  장적인 말을 하도록 교육한다. 치료사의 말이나 역할극에서 다른 인형이
  한 말을 아동이 모델링할 수 있다. 긍정적인 자기진술은 적극적인 통제를
  하면서(예: "나는 저 무서운 집을 걸어서 지나갈 수 있어. 그래도 괜찮을 거야."),

혐오감을 줄이고(예: "나는 저 집을 걸어서 지나갈 수 있어."), 이를 강화하는 말을 하면서(예: "나는 용감해.") 실제 실험을 통해(예: "저 다락방에 진짜 괴물은 없어.") 대처 전략을 가르칠 수 있다.

- 문제 해결: 적극적인 대처 방법을 확인하기 위해 체계적인 기법을 배운다. 문제가 무엇인지 확인하고, 목표를 설정하며, 전략을 생각하고, 가능한 결과를 평가하여 최선의 전략을 선택하는 과정을 아동에게 보여 준다.

〈표 4-1〉 인지행동 놀이치료: 인지 기법

기법	예시
심리교육 (psychoeducation)	치료사는 아동에게 감정카드를 보여 주며 "어린이와 어른은 여러 상황에서 다양한 감정이 생길 수 있어. 우리는 함께 감정이 있는 얼굴을 보고, 그 감정이 올라올 수 있는 상황을 연기해 볼 거야. 내가 먼저 할 테니 네가 다음에 하렴."이라고 말한다.
인지 재구조화 (cognitive restructuring)	불안이 있는 아동에게 퍼펫 인형과 함께 머리 위의 말풍선 그림을 보여 준다. 그리고 치료사는 "아이들이 걱정을 할 때에는 머릿속에 생각이 많아진단다. 내 퍼펫 인형 X는 강아지를 무서워해. 여기 X의 머리 위에 '생각구름'이 있어. X가 강아지를 보면서 어떤 걱정을 하고 있는지 생각해 보자. 내가 먼저 할게. '강아지가 나를 물을 거야.' 자, 이제 네 차례야."
긍정적인 자기 진술 (positive self-statements)	부모의 이혼을 경험한 아동에게 퍼펫 인형이 말한다. "우리 부모님이 이혼하셔서 슬퍼. 오늘 아빠가 짐을 싸서 집을 나가셨어. 하지만 나는 도움이 되는 생각을 할 거야. '나는 우리 부모님이 나를 사랑하는 걸 알고 있어.' 그리고 '시간이 걸리겠지만 나는 행복한 집이 두 군데나 생길 거야.' 이렇게 도움이 되는 생각을 하면 기분이 나아져."
문제 해결 (problem solving)	퍼펫 인형이 말한다. "이걸 해결하기 위해서 몇 단계를 사용할 거야. 첫째, 문제가 뭐지? 베이비시터에게 가야 할 때 나는 걱정이 돼. 이 기분을 나아지게 하려면 뭘 할 수 있지? 엄마가 일이 끝나면 나는 엄마를 볼 수 있다는 걸 기억하는 거야. 걱정될 때 나는 이걸 베이비시터 아주머니에게 말하면 우리는 함께 게임을 하며 놀 수 있어. 내가 할 수 있는 또 다른 일이 뭘까? 차례대로 돌아가면서 생각을 말해 보자. 너도 뭔가 생각하고 있니?"

행동 기법은 다음과 같은 내용을 포함한다.

■ 모델링: 퍼펫 인형이나 책 속의 인물 등 모델을 관찰하면서 부정적인 감
   정을 조절하는 적응적인 행동을 배우고, 치료를 통해 기법을 활용한다.
   CBPT에 특화된 독서치료 요법은 대처 방법의 모델 인물이 등장하는 책을
   아동에게 읽어 주는 것이다.
■ 이완 훈련: 신체 반응을 진정시키기 위한 깊은 호흡, 심상, 근육 이완과 같
   은 전략을 교육한다. 아동에게 친숙한 자료로 Pincus(2012)의 『용감하게
   성장하기』 중 '몸의 느낌 받아들이기'는 훌륭한 자료이다.
■ 체계적 둔감화: 부적응적인 행동을 적응적인 것으로 대체하여 부정적인 감
   정을 줄여 나간다. 특정한 자극과 두려움 또는 불안과의 연결고리가 끊어
   질 때 불안은 감소한다. 체계적 둔감화는 차분한 놀이 활동이나 차분한 장
   면을 심상화하면서 유도할 수 있다(Knell, 2000). 가끔 아동이 힘든 감정을
   경험할 때, 즐거운 활동을 알아보고 사용하는 것은 방해가 되는 것처럼 보
   일 수 있다.
■ 수반성 관리: 일관된 결과나 강화를 통해 행동을 수정하는 것이다. 수반성
   관리에는 여러 가지 형태가 사용되지만 정적 강화(positive reinforcement)
   와 행동 조성(shaping)이 가장 흔하게 활용된다.
   (ㄱ) 정적 강화: 한 가지 행동을 정하여 그 행동을 증가시킬 수 있는 즐겁
       거나 동기부여가 되는 일을 사용한다. 강화는 사회적(예: 칭찬)ㆍ물질
       적(예: 스티커, 작은 상품)인 방법을 활용할 수 있다.
   (ㄴ) 행동 조성: 아동이 점차적으로 목표에 다가가도록 돕는다. 정적 강
       화는 개인이 목표에 점차 가까이 다가가도록 하는 데 활용된다. 작은
       향상을 보일 때 이를 강화하는 것이 중요한데, 이를 통해 목표에 이를
       수 있다.
■ 노출: 아동이 상황이나 대상을 체계적, 점진적으로 직면하며 익숙해지도
   록 한다. 이 기법에서는 두려움 단계(또는 '두려움 사다리')를 만들어 다른

기법들과 함께 치료에서 활용한다(예: 깊은 호흡, 긍정적인 자기 진술, 정적
강화). 아동에게 협력적인 방식으로 미리 준비된 어려운 상황을 소개하며,
보통 다음의 두 단계로 진행한다. 이는 ① 준비(두려움 사다리를 만들고 대
처 기술 교육하기), ② 적극적인 노출(적응적인 반응을 사용하면서 두려움 사
다리 올라가기)이다. 치료사는 아동이 각 단계의 과업에 대해 준비가 되었
는지 평가하며 진행한다.

〈표 4-2〉 인지행동 놀이치료: 행동 기법

기법	예시
수반성 관리 (contingency management)	학급 친구들 앞에서 책 읽는 것에 불안이 있는 퍼펫 인형을 위해 치료사는 퍼펫 인형 두 개, 발달에 적절한 책, 스티커 차트를 가지고 놀이 상황을 준비한다. 치료사의 인형은 큰 소리로 책을 읽는데, 한 문장을 읽을 때마다 멈추고 아동이나 치료사가 차트에 스티커를 붙이도록 한다. 이때 인지 재구조화가 일어난다(예: 인형이 "이거 어렵네. 하지만 나는 이걸 이겨 내고 스티커를 받는 게 좋아."라고 말한다.).
행동 조성 (shaping)	낯선 사람과 말하는 것에 불안이 있는 퍼펫 인형을 위해 치료사는 말하는 것에 대해 몇 단계가 그려진 차트(예: 한 단어 말하기, 짧은 문장 말하기, 질문하기, 대화 시작하기)를 가지고 놀이 상황을 준비한다. 인형은 각 단계마다 스티커를 받는다.
노출 (exposure)	강아지를 무서워하는 퍼펫 인형을 위해 치료사는 가장 낮은 단계부터 최고의 단계까지의 불안 상황이 적힌 '두려움 계단'을 만든다(예: 강아지를 쓰다듬는 단계로 가기 위해 치료실에서 강아지 사진들을 본다.). 매 회기, 상황이 선택되면 인형을 준비하여 그 상황에서 '걱정' 척도를 적음, 중간, 많음의 단계로 표시한다. 인형은 시간이 지남에 따라 걱정이 많았다가 적어지면서 불안이 낮아지는 것을 보고한다.
체계적 둔감화 (systematic desensitization)	학교에서 말할 때 불안을 느끼는 선택적 함묵증을 가진 퍼펫 인형을 위해 치료사는 장난감과 활동을 준비하여 학교 장면과 비슷하게 만든다. 인형은 안정감과 불안을 견디는 힘을 키우기 위해 대체 활동(예: 선택한 장난감으로 놀거나 그림 그리기)을 하면서 귓속말을 한다.
이완 훈련 (relaxation training)	치료사는 퍼펫 인형이 호흡을 깊게 하는 것을 보여 주면서 이를 소개한다. 치료사와 아동은 인형을 배 위에 올려놓고, 호흡을 들이쉬고 내쉬면서 배 위에 있는 인형이 오르락내리락하는 것을 보며 큰 소리로 숫자를 센다.

놀이 상황에서 CBT 기법을 활용하게 되면, 치료를 통해 인지와 행동이 모두 변화되고 결과적으로 적응적인 행동을 하게 된다. 특히, 인지 과정에서 아동은 인지 왜곡을 좀 더 자기주장적인 언어로 대체하는 것을 학습한다. 또한 아동은 스트레스 상황에서 이완이나 긍정적인 활동과 같은 대처기술을 사용하기 시작하며, 부정적인 감정을 더 쉽게 다룰 수 있게 된다.

일반화와 재발 방지

치료에서 배우고 연습하는 CBT 기법은 전반적인 기능을 개선하고 치료 이득을 유지하기 위해 '실생활'에도 일반화되어야 한다. 아동에게 중요한 어른은 일반적으로 아동의 새로운 적응적 기술을 강화하고 지지해 주는 사람이다. CBPT 치료사는 일반화하기 위한 직접적인 개입을 하는데, 되도록이면 실제 일상과 비슷한 상황에서 개입을 해야 한다(예: 실제 아동의 일상과 비슷한 환경, 사람, 사건 등으로 놀이 각본을 만들기). 초반의 기술 습득 단계 이후 지속적인 개입을 통해 아동이 단지 적응적인 기술을 습득하는 것뿐만 아니라 이를 유지하도록 한다.

Meichenbaum(1985)과 Marlatt과 Gordon(1985)에 의해 개발된 **재발 방지**는 증상이 다시 발생할 위험을 최소화하는 데 초점을 맞춘다. 교훈이 있는 책을 통해 아동에게 구체적으로 도움을 줄 수 있는데, 예를 들어 분리의 문제가 있는 아동에게는 『엄마가 보고 싶을 땐 무엇을 하지?(What To Do When I Miss Mom)』라는 책을 추천할 수 있다(이 장의 뒷부분에 제시되는 사례의 첫 번째 예를 보라.). 부모는 증상 재발이 어떤 것인지, 정상적이고 발달적인 반응은 무엇인지에 대해 도움을 받을 수 있다. 그런 일상의 사건들을 예상하는 것은 가족이 변화와 일생의 주요한 사건들을 좀 더 부드럽게 통과해 갈 수 있도록 돕는다.

종결

종결은 점진적인 과정이며, 아동은 치료 관계가 종결되는 동안 치료 밖에서의 지지 관계를 형성하고 개선점을 유지해 나가게 된다. 이때 구체적인 예시(예: "네가 ○번 더 오고 나면 우린 작별 인사를 할 거야.")와 참고자료(예: "달력에 회기를 표기해 놓거나 남아 있는 회기의 종이사슬을 만들자.")가 도움이 된다. 어떤 아동들에게는 아동이 치료사를 위해 그려 사무실의 특정한 곳에 보관해 놓았던 그림 같은 구체적인 '중간 대상'들이 도움이 된다. 공통적으로 아동은 치료 종결에 대해 여러 가지 감정을 경험한다. 치료사가 다음의 전략들을 사용하여 이러한 감정들을 확인해 주고 일반화해 주는 것이 중요하다.

- "우리가 더 이상 만나지 못해서 네가 슬퍼 보이는구나."와 같은 직접적인 진술해 주기
- "어떤 아이들은 치료를 끝내는 것이 슬프다고 나에게 말하기도 해."라고 간접적인 피드백 주기
- 적절한 정서 모델링 하기(예: "나는 네가 보고 싶을 거야. 하지만 네가 잘 지낸다는 걸 알아서 행복해.")
- 슬픈 마음과 신나는 마음의 양가 감정 타당화하기
- 작별 인사를 하는 것은 어려운 일이지만 삶의 일부임을 설명하기(예: 매년 말 담임선생님과 작별 인사하기, 캠프 마지막 날 상담자와 작별하기)

종결 과정에는 부모도 참여하는데, 이때 치료에 다시 돌아와야 할 기준을 제공한다.

개입의 주요 치료 요소

놀이와 CBT의 통합

CBPT는 놀이에 온전히 초점을 맞춘 통합된 CBT 기법이다. 여러 저자는 CBT를 촉진하기 위해 놀이를 활용하는 것에 대해 논의해 왔다. 게임과 미술 활동을 통해 정보를 모으고, 특정한 인지 · 행동 개념을 교육하며, 동기를 개선하는 데 활용된다(Pincus, Chase, Chow, Weiner, & Pian, 2011). 목표하는 방식으로 놀이를 활용하는 것은 놀이치료 구조 안에 CBT 기법을 통합하는 것과는 다르다.

재료

CBPT는 일반적으로 놀이실 또는 아동과 치료사가 움직이며 놀 수 있는 방이 있는 사무실에서 진행된다. CBPT의 필수적인 재료들은 퍼펫 인형, 종이, 색연필, 사인펜, 가족 인형, 스티커, 책이다. 놀이실에는 이상적으로 성별, 연령 및 다양한 관심사를 고려한 장난감이 고루 갖추어져 있는 것이 좋다. 하지만 어떤 아동을 돕기 위해서는 특정한 장난감이 필요할 수 있다. 예를 들어, 목발에 적응하는 것을 어려워하는 아동은 장난감으로 만들어진 목발을 사용하는 흉내를 내며 놀이를 할 수 있다.

치료사의 역할

CBT를 놀이치료 기법에 통합하기 위해 CBPT 치료사는 구조화된 치료사 주도 놀이와 덜 구조화된 아동 주도 놀이의 균형을 잡을 필요가 있다. 회기에서 구조화된 부분은 치료사가 이완이나 인지 재구조화 같은 CBT 기법을 소개하는 데 할애된다. 비구조화된 놀이도 중요하며 회기 내에 진행된다. 치료사는 아동이 즉흥적으로 만들어 내는 재료들을 생각이나 감정, 행동을 표현해 내는 통로로 여기고 관찰한다.

치료적 관계

전통적인 놀이치료와 마찬가지로, CBPT 치료사는 아동과 긍정적인 관계를 형성하기 위해 온정적인 공감을 활용한다(Russ, 2004). 놀이가 매력적이고 즐거운 활동이지만, CBPT는 자신감을 갖고 어려운 감정을 이기도록 만든다. 치료사는 아동이 이전에는 회피해 왔던 상황에 접근하도록 격려해야 하기 때문에 신뢰할 수 있는 치료적 관계에서 CBPT를 진행하는 것이 중요하다.

부모/양육자의 참여

부모의 참여에 대한 결정은 각 사례별로 다르지만, CBPT는 어린 아동을 대상으로 하기 때문에 일반적으로 부모가 치료에 참여한다. 많은 경우에 부모들은 무심코 부적응적인 행동을 강화(예: 관심 보이기)하게 된다. 그들은 적응적인 대처에 대한 정적 강화, 부정적인 행동에 대한 처벌 그리고 해롭지는 않지만 짜증나게 하는 행동에 대해서는 무시하기 등과 같은 기술을 집에서 사용하도록 교육 받는다. 부모는 다양한 상황에서 아동의 행동을 관찰할 수 있기 때문에 검사나 정보 제공에 참여한다. 부모들에게는 아동이 보이는 호소 문제나 정상적 아동 발달과 관련한 심리교육이나 지지가 필요할 수도 있다.

사례 예시

사례 1: 아론(6.5세, 분리불안)

6.5세인 아론(Aaron)은 분리불안 문제로 치료에 의뢰되었다. 아론은 유치원에 혼자 남겨져야 할 때마다 매일 울었고, 유치원에 가는 날이면 저녁 식사 시간에 분리에 대한 두려움을 표현했다. 잠을 자다가 한밤중에 두려워하며 깨기도 했고, 많은 신체 증상을 호소했으며, 집에 있고 싶다고 떼를 썼다. 선생님을 졸졸 쫓아다니지만 화가 났을 때에는 유치원 원장선생님 옆에 앉아 시간을 보내기도 했다. 아론은 외상 경험은 없었고, 아론에게는 유대감이 깊은 가족이 있었으며, 가족 구성원과 함께 있을 때에만 엄마와 분리되었던 경험이 있었다. 엄마와 떨어지지 않으려 했기 때문에 어린이집에 다니지 못하고 거부당한 경험이 있었다.

놀이를 하는 동안, 아론에게 유치원과 가족에 대해서 말하며 놀도록 격려했다. 엄마와 떨어져 유치원에 가고 싶어 하지 않는 너구리가 주인공으로 등장하는 아동 도서 『뽀뽀하는 손』(Penn, 1993)을 자료로 사용했다. 아론은 '뽀뽀하는 손'(미국식 수화로 "사랑해."의 손짓)을 연습하며 행복해 했다. 각 회기마다 아론은 '엄마가 보고 싶을 땐 무엇을 하지?'라는 책을 만드는 활동에 순순히 참여했다. 아론은 치료사의 보조 역할로서 긍정적인 자기진술과 대처할 수 있는 말을 했으며, 엄마와 헤어져 유치원에 가는 장면을 그림을 그리기도 했다. 아론이 대처하는 문장을 만들기 어려워할 때, 치료사는 긍정적인 대처 문장을 제시해 주었다. 다음에 몇 가지 예가 있다.

- "나는 엄마가 보고 싶어. 하지만 유치원이 끝나면 엄마를 볼 수 있을 거야."
- "엄마는 잘 있어. 내가 유치원에 있는 동안 엄마는 집에서 아기 동생을 돌보고 있을 거야."

- "유치원에서 내가 좋아하는 것들은 미술, 컴퓨터, 휴식 시간, 점심 시간 이야."
- "엄마가 보고 싶을 땐 나는 '뽀뽀하는 손'을 생각할 거야."

부모에게 그의 '용감한' 행동을 긍정적으로 강화하도록 격려했다. 울지 않고 엄마와 떨어질 때에는 스티커를 사용했다. 부모는 아론이 용감하게 노력을 할 때에는 칭찬을 하고(행동 조성), 훼방을 놓는 행동을 할 때에는 무시했다(소거). 원장 선생님이 아론을 교실에서 내보내지 않도록 했는데, 이는 아론의 행동에 대해 그녀가 관심을 보이는 것이 부적 강화를 제공하는 것처럼 보이기 때문이다. 또한 아론에게는 놀이에서 장난감으로 자신의 감정을 표현하도록 격려했다(그는 특별히 장난감 자동차를 가지고 감정을 표현하는 것을 좋아했다.).

아론의 행동은 현저하게 달라졌다. 그는 여전히 엄마가 보고 싶다고 표현했지만, 부모와 갈등하거나 불평하지 않고 유치원에 가기 시작했다. 아침마다 우는 행동이 없어졌고, 분리에 대해서 보이는 정서 반응이 훨씬 감소되었으며, 밤에는 잠을 잘 자기 시작했다.

사례 2: 피터(7세, 범불안 장애와 학습 장애)

피터(Peter)는 집과 학교에서 범불안 증상과 격분행동을 보여 의뢰된 7세 아동이다. 최근 신경심리학 검사에서 난독증과 표현언어 장애를 진단받았다. 피터의 불안은 완벽주의가 계기가 되었지만, 처음에는 감정을 표현하지 못해 당황해하는 것으로 시작되었다. 그가 계획하지 않은 상황이 되거나 기대한 만큼 수행을 하지 못했을 때, 그는 울거나 소리를 질렀고, 어른들의 요구에 따르기를 거부했다. 그의 행동이 부모에게 더 심각한 수준과 빈도로 나타났기 때문에 치료에 가족 작업이 추가되었다.

감정(특히, 불안)을 언어로 표현하는 능력을 기르기 위해 피터는 그의 학습방식과 언어적 어려움을 고려하여 감정에 대한 심리교육을 받았다. 감정에 이름 붙이기와 같은 언어적 정보는 시각적 정보와 연결되어 이루어졌다. 예를 들어, 슬픔, 행복, 걱정, 화남을 표현하기 위해 피터에게 유튜브 영상을 보여 주었다. 특정한 감정이 나오는 장면에서는 비디오를 멈추고 계기가 된 사건, 얼굴 표정, 신체언어 등에 대해 이야기 나누었다. 매일 밤 부모는 기술을 연습하기 위해 피터와 함께 감정 도표를 작성했다.

피터가 집과 치료실에서 감정을 알아차릴 수 있게 되었을 때, 감정에 어려움을 겪고 있는 '푸치(Pooch)'라는 이름의 강아지 퍼펫 인형을 놀이 상황에 등장시켰다. 회기 내에서는 피터의 감정, 생각, 행동을 묘사하는 능력을 향상시키기 위해 모델링과 행동 조성의 기법을 활용하였다. 매 회기마다 피터는 치료사와 게임을 하면서 보상을 받았다. 처음에는 어떤 감정이 촉발되었고, 어떤 상황이었는지에 대해 피터와 푸치가 번갈아 가며 말했다. 그리고 나서 그 감정을 촉발시키는 생각에 대해 이야기했다. 개인회기에 가족회기가 추가되었는데, 치료사와 함께 부모와 아동은 지난주에 격분행동을 촉발한 감정에 대해 말하는 것을 연습했다. 부모에게는 차분하게 질문을 하고, 정적 강화(칭찬)를 사용하고, 정서 반응을 일반화하도록 코칭했다.

피터의 불안을 줄이기 위해 '대처하는 고양이'를 안내서로 활용하여 깊은 호흡, 인지 재구조화, 체계적 둔감화와 같은 CBT 기법을 교육했다(Kendall & Hedtke, 2006). 불안에 대해 이야기를 나눌 때에는 푸치가 시각적으로 지지하는 역할을 담당하면서 등장했다. 대부분의 회기는 간단한 언어를 사용하고, 시각적인 정보를 활용하여 개념을 반복하는 과정을 통해 인지를 수정하는 인지 재구조화에 집중하였다. 특별히 부적응적인 사고는 '행복하지 않은 생각'으로 이름 붙였고, 적응적인 사고는 '행복한 생각'으로 이름 붙였다. 모든 생각은 피터가 만든 그림이나 생각구름 활동지에 적었다. 몇 가지 예는 다음과 같다.

• 학습 장애를 위해 학교를 옮겨야 할 때, '거기서 나는 친구가 하나도 없을 거야.'라는 생각은 '거기서도 친구를 사귀고 재미있게 지낼 수 있을 거야.'라는 생각으로 대체되었다.

- 학교가 끝난 후 베이비시터가 늦게 데리러 올 때, '베이비시터는 나를 데리러 오지 않을 거고, 나는 여기에 계속 있어야만 할 거야.'라는 생각은 '베이비시터는 단지 좀 늦는 거야.'라는 생각으로 대체되었다.
- 아빠가 내 부탁에 "안 돼."라고 거절했을 때, '아빠는 나를 사랑하지 않아.'라는 생각은 '아빠는 나를 사랑하시지만 뭔가 중요한 일을 해야 하는 상황이야.'라는 생각으로 대체되었다.

피터는 그의 불안을 표현하고 통제하는 것을 배웠고, 격분행동의 빈도와 정도가 감소했다. 그는 계획한 대로 일이 되지 않거나 실수를 했을 때, 불안한 감정에 대해 말했다. 피터가 이렇게 표현할 때 부모는 그에게 깊은 호흡, 행복한 생각하기 등의 기법을 사용하라고 말해 주었다. 또한 피터는 학습 장애를 위해 학교를 옮기면서 또래 아이들처럼 자기에게도 자신감이 있다고 인식하기 시작했다.

CBPT 효과성 결과 연구 요약

지금까지의 결과 연구에 의하면, CBPT는 어린 아동들에게 효과적인 치료인 것으로 보인다. Pearson(2007)은 유치원 아동을 대상으로 한 연구에서 CBPT 치료의 결과를 비놀이(nonplay) 통제 그룹과 비교 연구를 하였다. 인지행동 놀이 개입을 했던 집단의 아동에게는 세 회기 동안 CBT 기법을 통합한 놀이를 진행했다. 처치 그룹의 아동은 유의미하게 높은 희망, 높은 사회적 자신감, 불안으로 인한 철회 증상의 감소를 나타냈다고 교사들은 보고했다. 임상군을 대상으로 한 정형화된 CBPT(치료 집단의 아동에게 일관적으로 제공되는 개입)에 대한 더 많은 연구가 필요하겠지만, 이 연구는 CBPT 치료에 대한 임상적 지지를 나타낸 첫 연구였다.

두 가지 관련 결과 연구는 CBPT가 어린 아동들에게 효과가 있다는 추가적인 증거를 제공한다. 먼저 CBT는 다양한 범위의 아동기 장애, 특히 우울, 불안과 같은 내재화 장애에 대해 가장 효과적인 치료로 여겨지고 있다(Compton et al., 2004; Weisz & Kazdin, 2010). 지금까지 어린 아동(3~8세)에게 적용되어 온 개별적인 CBT의 몇몇 연구는 엇갈리는 결과를 보였다(Cohen & Mannarino, 1996; Deblinger, Stauffer & Steer, 2001). 그러나 최근의 메타분석에서 Reynolds, Wilson, Austin과 Hooper(2012)는 CBT가 어린 아동에게 효과가 있는지를 보기 위해 기존의 자료들을 분석하였다. 그 결과, CBT 치료를 받은 4~8세 아동은 통제 집단보다 나은 결과를 보였지만, 9~18세 아동 집단과 비교했을 때에는 효과가 적었다. 그러므로 어린 아동에게 더 큰 CBT의 효과를 보기 위해서는 CBPT가 더 유익한 접근이 될 것이다.

　게다가 최근의 보고서들은 놀이치료가 아동의 내재화 · 외현화 증상을 다루는 데 효과적임을 보여 주고 있다(Bratton & Ray, 2000; Bratton, Ray, Rhine & Jones, 2005; Davenport & Bourgeois, 2008; Leblanc & Ritchie, 2001). Bratton 등 (2005)은 평균 연령인 7세 아동을 대상으로 하는 93개의 연구 결과를 메타분석하였다. 그 연구에서는 놀이치료가 큰 효과 크기(.80)를 나타냈으며, 처치를 받은 아동이 그렇지 않은 아동보다 더 나은 결과를 보였다. 전반적으로 3~8세 아동에 대한 놀이치료 개입의 유용성과 9세 이상의 아동에 대한 CBT의 현재의 지지를 감안할 때, CBPT는 어린 아동에 대한 CBT의 효과성을 향상시킬 수 있는 강력한 경험적인 토대가 된다.

추천사항

다른 대상군에의 활용

　CBPT는 내재화 · 외현화 장애를 보이는 3~8세의 어린 아동을 대상으로 개발되었다. 현재 많은 사례 연구가 여러 범위의 호소 문제를 다루고 있는 CBPT

에 대해 설명하고 있다. CBPT는 이미 언급된 호소 문제뿐만 아니라 다음에 기술된 호소 문제들을 다루는 데 유용한 치료양식으로 여겨진다.

- 학습 장애: CBPT는 언어적 소통에 대한 의존도가 낮기 때문에 적절하다. 시각적인 정보(예: 활동지)의 사용과 놀이에서 개념을 반복하는 것을 권장한다.
- 학령기 아동: CBPT 기법은 8세 이상의 아동을 위한 치료에 혼용할 때 효과적이다. 예를 들어, 불안을 위한 경험적으로 지지된 도구인 '대처하는 고양이'를 불안을 가진 캐릭터로 소개하여 아동이 모델링을 통해 기법을 배울 수 있도록 활용한다(Kendall & Hedtke, 2006).
- 외상 치료: 놀이는 트라우마중심 CBT(TF-CBT)에 통합되어 왔다(Briggs, Runyon & Deblinger, 2011; Deblinger, McLeer, & Henry, 1990). Briggs 등 (2011)은 치료의 성공 여부는 치료사의 창의력에 달려 있으므로 외상중심 치료에 놀이를 통합하는 것은 자연스럽다고 주장했다.
- 예방: Pearson(2007)은 유치원 아동을 대상으로 CBP 치료 집단을 통제집단과 비교하여 CBP 치료가 학교 환경에서 더 예방적이며 비임상적인 접근임을 밝혀 냈다.

다른 환경에서의 적용

CBPT는 외래환자 치료를 위한 임상 환경에서 사용하기 위해 개발된 것으로(Knell, 1993a), 아직 학교나 의료센터와 같은 대안적인 환경에서의 사용을 위한 유효성 검증이 완전히 이루어지지 않았다. 그러므로 임상적인 환경에서 CBPT가 제공된다면, 집이나 학교 또는 다른 환경에서도 일반화할 것을 권장한다. 이는 치료의 핵심 요소로 간주되며, 각 단계는 다음과 같다.

[1단계] 치료사는 각 아동에게 가장 도움이 되는 CBT 기법이 무엇인지 확인

한다.

[2단계] 치료사는 부모, 양육자, 교사 또는 학교 교직원과 함께 특정 상황에서 기법을 활용하기 위한 계획을 세운다. 아동의 기술 수준에 따라 놀잇감을 가지고 또는 증상을 촉발시키는 상황에서 기법을 연습한다.

[3단계] 부모, 양육자, 교사 또는 학교 교직원이 기법을 성공적으로 잘 사용하는지 여부를 기록하여 치료사에게 진행 상황을 보고한다.

예를 들어, 분리불안이 있는 아동의 경우 부모는 아동이 적응적인 행동(예: 이완, 긍정적인 자기진술)을 하거나 점진적으로 신뢰할 수 있는 다른 어른(예: 교사, 베이비시터)과 함께 머물 수 있을 때 스티커를 주도록 한다. 동시에 교사도 교실에서 아동이 적응적인 행동을 할 때 스티커를 준다. 부모와 교사는 아동이 매주 몇 개의 스티커를 받았는지 보고한다.

후속 연구

CBT와 놀이가 통합되었기 때문에 CBPT는 어린 아동에게 가치 있는 개입이다. 놀이치료와 CBT는 각각 아동에게는 효과가 좋은 개입으로 알려져 있지만, 특별히 CBPT의 효과성을 검증하기 위한 연구가 필요하다. 이에 매뉴얼화된 접근의 개발을 제안한다. 하지만 이때 어려운 점은 일관성 있는 수행을 위한 회기의 구조화와 즉흥적인 놀이를 가능하게 하는 유연하면서도 개인적인 접근 간의 균형이 유지되어야 한다는 점이다. 일단 개발이 되면, 매뉴얼은 효과성 확립을 위한 무작위 임상 개입 연구 진행을 위한 기반을 제공할 수 있다.

또한 CBPT의 대안 환경과 양식 분석을 위한 연구를 설계할 것을 제안한다. 지금까지 공개된 임상사례 연구에서 CBPT는 외래 환자를 대상으로 한 임상집단에만 제공해 왔으나, 학교나 병원, 기숙 치료시설에서도 효과적일 수 있다. 또한 집단 방식이나 예방을 위해 제공되는 CBPT에 대한 연구도 필요하다(비임상적 대상군). 이러한 연구 결과에 따라 임상 외 환경에서의 CBPT 활용을 위한 더 광범위한 범위와 다양한 지침을 갖게 될 것이다. 표준화된 CBPT의 효과에 대한 더 많은 연구가 필요하지만, CBPT는 아동의 발달을 고려하여 어린 아동의 내재화·외현화 장애를 다루는 데 유용한 CBT와 놀이치료를 통합한 개입이다.

▌▌참고문헌

Bandura, A. (1969). *Principles of behavior modification*. New York, NY: Holt, Rinehart and Winston.

Beck, A. T. (1964). Thinking and depression: II. Theory and therapy. *Archives of General Psychiatry, 10*, 561–571. http://dx.doi.org/10.1001/archpsyc.1964.01720240015003

Beck, A. T. (1976). *Cognitive therapy and the emotional disorders*. New York, NY: International Universities Press.

Berg, B. (1982). *The changing family game: A problem-solving program for children of divorce*. Dayton, OH: Cognitive-Behavioral Resources.

Bratton, S., & Ray, D. (2000). What the research shows about play therapy. *International Journal of Play Therapy, 9*(1), 47–88. http://dx.doi.org/10.1037/h0089440

Bratton, S. C., Ray, D., Rhine, T., & Jones, L. (2005). The efficacy of play therapy with children: A meta-analytic review of treatment outcomes. *Professional Psychology: Research and Practice, 36*, 376–390. http://dx.doi.org/10.1037/0735-7028.36.4.376

Briggs, K. M., Runyon, M. K., & Deblinger, E. (2011). The use of play in trauma-focused cognitive-behavioral therapy. In S. W. Russ & L. N. Niec (Eds.), *Play in clinical practice: Evidence-based approaches* (pp. 168–200). New York, NY: Guilford Press.

Cohen, J. A., & Mannarino, A. P. (1996). A treatment outcome study for sexually abused preschool children: Initial findings. *Journal of the American Academy of Child & Adolescent Psychiatry, 35*, 42–50. http://dx.doi.org/10.1097/00004583-199601000-00011

Compton, S. N., March, J. S., Brent, D., Albano, A. M., Weersing, V. R., & Curry, J.

(2004). Cognitive-behavioral psychotherapy for anxiety and depressive disorders in children and adolescents: An evidence-based medicine review. *Journal of the American Academy of Child & Adolescent Psychiatry, 43,* 930-959. http://dx.doi.org/10.1097/01.chi.0000127589.57468.bf

Curry, J. F., Wells, K. C., Brent, D. A., Clarke, G. N., Rohde, P., Albano, A. M., Reinecke, M. A., Benazon, N., & March,. J. S. (2000). *Treatment for adolescents with depression study (TADS): Cognitive Behavior Therapy Manual.* Durham, NC: Duke University Medical Center.

Davenport, B. R., & Bourgeois, N. M. (2008). Play, aggression, the preschool child, and the family: A review of the literature to guide empirically informed play therapy with aggressive preschool children. *International Journal of Play Therapy, 17*(1), 2-23. http://dx.doi.org/10.1037/1555-6824.17.1.2

Deblinger, E., McLeer, S. V., & Henry, D. (1990). Cognitive behavioral treatment for sexually abused children suffering post-traumatic stress: Preliminary findings. *Journal of the American Academy of Child & Adolescent Psychiatry, 29,* 747-752. http://dx.doi.org/10.1097/00004583-199009000-00012

Deblinger, E., Stauffer, L. B., & Steer, R. A. (2001). Comparative efficacies of supportive and cognitive behavioral group therapies for young children who have been sexually abused and their nonoffending mothers. *Child Maltreatment, 6,* 332-343. http://dx.doi.org/10.1177/1077559501006004006

Kendall, P. C., & Finch, A. J., Jr. (1978). A cognitive-behavior treatment for impulsivity: A group comparison study. *Journal of Consulting and Clinical Psychology, 46,* 110-118. http://dx.doi.org/10.1037/0022-006X.46.1.110

Kendall, P. C., & Hedtke, K. A. (2006). *Coping Cat workbook* (3rd ed.). Ardmore, PA: Workbook.

Knell, S. M. (1993a). *Cognitive-behavioral play therapy.* Lanham, MD: Jason Aronson.

Knell, S. M. (1993b). To show and not tell: Cognitive-behavioral play therapy in the treatment of elective mutism. In T. Kottman & C. Schaefer (Eds.), *Play therapy in action: A casebook for practitioners* (pp. 169-208). Northvale, NJ: Jason Aronson.

Knell, S. M. (1994). Cognitive-behavioral play therapy. In K. O'Connor & C. Schaefer

(Eds.). *Handbook of play therapy: Advances and innovations.* (2nd ed., pp. 111–142). New York, NY: Wiley.

Knell, S. M. (1997). Cognitive–behavioral play therapy. In K. J. O'Connor, & L. M. Braverman (Eds.), *Play therapy: Theory and practice-A comparative presentation* (pp. 79–99). New York, NY: Wiley.

Knell, S. M. (1998). Cognitive–behavioral play therapy. *Journal of Clinical Child Psychology, 27,* 28–33. http://dx.doi.org/10.1207/s15374424jccp2701_3

Knell, S. M. (1999). Cognitive behavioral play therapy. In S. W. Russ & T. Ollendick (Eds.), *Handbook of psychotherapies with children and families* (pp. 385–404). New York, NY: Plenum Press. http://dx.doi.org/10.1007/978-1-4615-4755-6_20

Knell, S. M. (2000). Cognitive–behavioral play therapy with children with fears and phobias. In H. G. Kaduson & C. E. Schaefer (Eds.), *Short-term therapies with children* (pp. 3–27). New York, NY: Guilford Press.

Knell, S. M. (2003). Cognitive–behavioral play therapy. In C. E. Schaefer (Ed.), *Foundations of play therapy* (pp. 175–191). New York, NY: Wiley.

Knell, S. M. (2009a). Cognitive–behavioral play therapy. In K. J. O'connor & L. D. Braverman (Eds.), *Play therapy: Theory and practice-Comparing theories and techniques* (2nd ed., pp. 203–236). New York, NY: Wiley.

Knell, S. M. (2009b). Cognitive behavioral play therapy: Theory and applications. In A. A. Drewes (Ed.), *Blending play therapy with cognitive behavioral therapy: Evidence-based and other effective treatments and techniques* (pp. 117–133). Hoboken, NJ: Wiley.

Knell, S. M., & Dasari, M. (2006). Cognitive–behavioral play therapy for children with anxiety and phobias. In H. G. Kaduson & C. E. Schaefer (Eds.), *Short-term therapies with children* (2nd ed., pp. 22–50). New York, NY: Guilford Press.

Knell, S. M., & Dasari, M. (2009). CBPT: Implementing and integrating CBPT into clinical practice. In A. A. Drewes (Ed.), *Blending play therapy and cognitive behavioral therapy: Evidence-based and other effective treatments and techniques* (pp. 321–352). Hoboken, NJ: Wiley.

Knell, S. M., & Dasari, M. (2010). Cognitive–behavioral play therapy for preschoolers:

Integrating play and cognitive-behavioral interventions. In C. E. Schaefer (Ed.), *Play therapy for preschool children* (pp. 157-178). Washington, DC: American Psychological Association. http://dx.doi.org/10.1037/12060-008

Knell, S. M., & Dasari, M. (2011). Cognitive behavioral play therapy. In S. W. Russ & L. N. Niec (Eds.), *An evidence-based approach to play in intervention and prevention: Integrating developmental and clinical science* (pp. 236-262). New York, NY: Guilford Press.

Knell, S. M., & Moore, D. J. (1990). Cognitive-behavioral play therapy in the treatment of encopresis. *Journal of Clinical Child Psychology, 19,* 55-60. http://dx.doi.org/10.1207/s15374424jccp1901_7

Knell, S. M., & Ruma, C. D. (1996). Play therapy with a sexually abused child. In M. A. Reinecke, F. M. Dattilio, & A. Freeman (Eds.), *Cognitive therapy with children and adolescents: A casebook for clinical practice* (pp. 367-393). New York, NY: Guilford Press.

Knell, S. M., & Ruma, C. D. (2003). Play therapy with a sexually abused child. In M. A. Reinecke, F. M. Dattilio, & A. Freeman (Eds.), *Cognitive therapy with children and adolescents: A casebook for clinical practice* (2nd ed., pp. 338-368). New York, NY: Guilford Press.

Leblanc, M., & Ritchie, M. (2001). A meta-analysis of play therapy outcomes. *Counselling Psychology Quarterly, 14,* 149-163. http://dx.doi.org/10.1080/09515070110059142

Marlatt, G. A., & Gordon, J. R. (1985). *Relapse prevention: Maintenance strategies in the treatment of addictive behaviors.* New York, NY: Guilford Press.

Meichenbaum, D. (1985). *Stress inoculation training.* New York, NY: Pegamon Press.

Meichenbaum, D. H. (1971). Examination of model characteristics in reducing avoidance behavior. *Journal of Personality and Social Psychology, 17,* 298-307. http://dx.doi.org/10.1037/h0030593

Nemiroff, M. A., & Annunziato, J. (1990). *A child's first book about play therapy.* Washington, DC: Magination Press.

Pearson, B. (2007). *Effects of a cognitive behavioral play intervention on children's hope and school adjustment* (Unpublished doctoral dissertation). Case Western

Reserve University, Cleveland, OH.

Penn, A. (1993). *The kissing hand.* Washington, DC: Child Welfare League of America.

Phillips, R. D. (1985). Whistling in the dark? A review of play therapy research. *Psychotherapy: Theory, Research, Practice, Training, 22,* 752-760. http://dx.doi.org/10.1037/h0085565

Pincus, D. B. (2012). *Growing up brave: Expert strategies for helping your child overcome fear, stress, and anxiety.* New York, NY: Little, Brown.

Pincus, D. B., Chase, R. M., Chow, C., Weiner, C. L., & Pian, J. (2011). Integrating play into cognitive-behavioral therapy for child anxiety disorders. In S. W. Russ & L. N. Niec (Eds.), *Play in clinical practice: Evidence-based approaches* (pp. 218-235). New York, NY: Guilford Press.

Reynolds, S., Wilson, C., Austin, J., & Hooper, L. (2012). Effects of psychotherapy for anxiety in children and adolescents: A meta-analytic review. *Clinical Psychology Review, 32,* 251-262. http://dx.doi.org/10.1016/j.cpr.2012.01.005

Russ, S. W. (2004). *Play in child development and psychotherapy: Toward empirically supported practice.* Mahwah, NJ: Erlbaum.

Weisz, J. R., & Kazdin, A. E. (2010). *Evidence-based psychotherapies for children and adolescents.* New York, NY: Guilford Press.

학대와 외상을 입은 아동을 위한
지시적·비지시적 통합 놀이치료의 활용

Eliana M. Gil

사람들은 놀이치료에 대해 생각할 때, 전통적으로 아동중심(또는 비지시적인) 놀이치료를 생각하는 경향이 있다. 이러한 정신분석적 전통에 뿌리를 둔 기본 설정은 1900년대의 Freud와 Klein에 의해 시작된 역사적인 기초를 통해 형성되었다(Schaefer, 1999). 놀이치료 이론의 개발은 잘 기록되어 있기 때문에 (O'Connor & Braverman, 1997, 2009) 현대의 놀이치료사들은 그들의 임상 작업을 안내하는 다양한 이론을 선택해 사용할 수 있다. 사람들이 "놀이치료 훈련을 받았다."라고 말을 할 때, 이론과 개입의 범위는 매우 다양하므로 그 치료의 이론적 틀이 무엇인지를 살펴보는 것이 현명하다.

http://dx.doi.org/10.1037/14730-006
Empirically Based Play Interventions for Children, Second Edition, L.A. Reddy, T. M. Files-Hall, and C. E. Schaefer (Editors)

놀이치료 이론과 교육의 선구자 가운데 한 명인 Schaefer는 내담자의 특별한 필요에 맞추어 개입하는 맞춤형 놀이치료 접근과 관련하여 처방적(prescriptive)이라는 용어를 사용했다. Schaefer(2001)는 처방적 접근에 대해 다음과 같이 언급했다.

> 몇몇 놀이 개입은 다른 개입에 비해 특정한 장애에 더 효과적이고, [처방적 접근은] 한 유형의 놀이치료에서 별다른 효과를 보지 못했던 내담자가 다른 유형의 놀이치료에서는 좋은 효과를 나타낼 수 있다고 보는 '차별화된 치료법(differential therapeutics)' 개념(Frances, Clarkin, & Perry, 1984)이라는 중심 전제를 지지한다(Beutler, 1979, p. 58).

그러므로 처방적 치료사는 목표 문제에 효과가 있는 증거기반 치료에 대한 연구 문헌을 찾아볼 필요가 있다. 통합 놀이치료사들은 풍부한 증거 자료와 임상기반 문헌을 활용하여 내담자에 대한 접근 방식을 조정하며(Bratton, Ray, Rhine, & Jones, 2005; Christophersen & Mortweet, 2001; Reddy, Files-Hall, & Schaefer, 2005), 하나의 치료 접근으로만 제한하지 않는다.

특히, 외상은 아동의 발달과 기능의 여러 측면에 영향을 미치고, 외상 유형과 개인의 특성에 따라 다양한 증상을 나타낼 수 있기 때문에 학대와 외상을 입은 아동은 통합 치료가 필요하다.

아동기 외상

미국 보건복지부(U.S. Department of Health and Human Services: DHHS)의 2010년 보고서에 따르면, 아동보호기관은 330만 건의 아동학대 신고 접수를 받았다(DHHS, 2011). 이 중에서 69만 5천 건은 학대 피해 사례로 판결이 났는데, 이는 실제보다 훨씬 적게 보고된 수이다. 이 보고 중 78%는 방임 사례이고, 18%는 신체 학대, 9%는 성 학대, 8%는 정서 학대 사례이다. 또한 피해자의 34%는 4세 미만의 어린 아동이었다(DHHS, 2011).

학대와 방임의 모든 형태, 특히 복합 외상(complex trauma)은 신체적 · 정서적 · 행동적 조절을 포함한 아동발달과 사회, 관계 발달의 여러 측면에 영향을 미친다(Anda et al., 2006; Cicchetti & Toth, 1995; Cook et al., 2005; van der Kolk et al., 2009). 아동기에 경험한 학대와 외상의 영향은 복합적이고, 다른 형태의 흔한 심리적 증상과 진단으로 발현될 수 있다(Anda et al., 2006; van der Kolk et al., 1996). 그러므로 치료사가 학대와 외상을 입은 아동을 위해 외상에 대한 정보와 증거에 기반한 평가와 치료에 대한 훈련을 받는 것은 필수적이다.

복합 외상이란 가족 구성원이나 신뢰할 만한 양육자 또는 다수의 가해자에 의한 대인 관계에서의 폭력을 의미하는 비교적 새로운 용어이다. 이는 여러 생활 스트레스가 지속되고 있는 가족들에게서 만성적으로 일어난다(발달 단계와 연령에 걸쳐 진행됨). Van der Kolk와 Courtois(2005)는 이 용어가 안정감과 자기감의 상실, 신뢰와 자아 존중감의 문제, 다시 피해자가 되는 경향, 심리적 파편화 등과 같은 만성적인 외상의 만연한 부정적인 효과를 설명하는 데 적절한 용어라고 했다.

외상 모델을 지지하는 이들은 치료에서 치료사가 다루어야만 하는 특별히 중요한 영역에 대해 강조했다(Ford & Cloitre, 2010; Goodyear-Brown, 2012). Cook 등(2005)은 복합 외상에 노출된 아동이 애착, 생리적 영역, 감정 또는 정서 조절, 해리, 행동 통제, 인지, 자존감과 같은 영역에서 손상을 입는 것을 발견했다. 이러한 영역들은 외상을 입은 아동의 치료와 관련하여 지속적으로 고려되어 왔고, 집중적으로 관심을 기울여야 할 부분이라는 점이 제안되고 있다(애착, 자기 조절, 외상 처리, 자아정체성 개선). Ford와 Cloitre(2010)와 Saunders(2012)는 성적 학대 피해 아동을 위한 증거기반 실천을 선택할 것을 주장했고, 복합 외상 아동을 위한 최선의 치료인 트라우마중심 인지행동치료(Trauma-Focused Cognitive-Behavioral Therapy: TF-CBT)를 포함하여 검증된 프로그램 몇 가지를 열거하였다.

통합놀이 접근은 아동이 너무 어린 연령이거나 비협조적이어서 인지행동치료(CBT)가 효과적이지 않을 경우에 유용한 대안이다. 체계적/맥락적 접근에서의 통합 놀이치료(integrative play therapy)는 어린 아동의 표현 방식에 독특하게도 잘 맞아떨어진다.

통합 놀이치료

통합 접근은 내담자의 유익을 위해 이론과 접근의 통합을 뚜렷하게 장려하는 통합 심리치료(integrated psychotherapy)에 관한 문헌과 일맥상통한다. Norcross(2005)는 통합 심리치료에 대해 "'단일 학교 접근 방식에 대한 불만족'과 '다른 방식의 심리치료에서 배울 것을 찾기 위해 경계를 넘는 것'으로 특징짓는다"(p. 4)라고 언급하였다. 여러 저자는 통합적·혼합적·결합적 접근과 기법을 지지해 왔다(Drewes, Bratton & Schaefer, 2011; Gil, 2006; Kenney-Noziska, Schaefer, & Homeyer, 2012; Shelby & Felix, 2005). 그러나 각각의 접근은 그 이론적 기초에 따라 결정되는 기법의 사용과 선택이 서로 다르다.

놀이치료는 고유의 의사소통과 자기 표현력(Schaefer, 1992), 문제 해결력, 역할놀이, 애착 형성과 같은 치유적인 요소를 가지고 있다. Gil(2010)과 Schaefer(1994)와 Terr(1981)는 외상을 입은 아동의 놀이에서 나타나는 독특한 놀이 유형을 기록했다. 그 유형은 그들의 걱정과 고통을 외현화하고자 하는 어린 아동의 유기적 선택인 외상 후 놀이이다. 그렇게 함으로써, 외상 후 놀이에 대해 우리가 알고 있는 것, 이른바 극복하고자 하는 의도(mastery intent)에 기반하여 아동은 기꺼이 이런 유형의 치유 놀이를 전략적으로 활용하여 자신의 걱정을 외현화하고, 두려운 경험과 이어 연상되는 생각과 감정에 자신을 점차적으로 노출할 수 있게 된다. 놀이치료사들은 외상 후 놀이에서 치료사와 아동의 관계(안정애착 모델링)를 통해 아동 스스로에 내재한 치유의 과정이 어떻게 진행되는지 볼 수 있고, 다양한 방법(외상 사건을 연상시키는 상징물을 아동에게 제공하거나 두려운 자극에 통제감을 갖거나 극복할 수 있도록 놀이를 이끌어 나감)으로 아동이 외상 후 놀이에 참여하도록 직접적으로 자극할 수 있다.

통합 놀이치료 접근은 비지시적 · 지시적인 기법을 활용하며, 동시에 각 아동의 개별적인 필요에 따라 관계적 · 정서적 · 인지적 훈련에 초점을 맞춘다. 또한 이 접근은 가족 내에서 나타나는 학대 상황을 둘러싸고 있는 관계 역동을 다룬다. 이 장에서 소개되는 통합 놀이치료 모델은 특히 동화 통합(assimilative integration)의 개념에 기반을 두고 있는데, Norcross(2005)는 "심리치료의 한 가지 체계에 견고하게 뿌리를 두고 있지만, 다른 체계의 관점이나 실제와도 활발하게 통합(동화)하려는 의지가 있는"(p. 10) 통합 형태의 개념으로 설명했다.

트라우마중심 통합 놀이치료의 이론적 근거

아동주도 놀이치료

이 모델에서 기초가 되는 치료의 요소는 치유력이 있는 아동주도 놀이이다 (Gil, 2012). 치료사는 아동이 자기를 표현하고 소통할 수 있도록 언어적 치료로 제한되지 않는 대안들을 제공한다. 소통할 수 있는 대안의 예로는 퍼펫, 미술 활동, 모래놀이 등이 있다. 이러한 방식은 아동이 걱정하는 것이나 집착하는 생각을 외현화하여 표현하고, 외상 사건을 다루며, 통찰을 얻기 위해 자신의 놀이를 탐색하고 반영하며, 개인적인 힘과 통제를 회복하는 기회를 제공한다.

이런 과정을 통해 치료사는 또 다른 주요 요소인 인지행동 개입을 활용할 수도 있다. 앞에서 언급했듯이, 풍부한 증거들은 TF-CBT의 효과성을 지지한다 (Chaffin & Friedrich, 2004; Mannarino, Cohen, Deblinger, Runyon, & Steer, 2012). 치료사는 놀이 속의 상징을 통해 아동의 학대나 외상 경험에 대한 인지 왜곡에 도전하고, 재구성하며, 아동이 통찰을 얻도록 돕기 위해 놀이 상황에서 인지적 탐색을 촉진한다. 아동이 점차 학대나 외상에 대해 이야기를 하게 되면, 치료사는 아동의 안전, 개인적 경계, 건강한 대인 관계 등에 대해 직접적으로 교육할 수 있다. 또한 치료사는 아동에게 긍정적인 대처 전략을 교육하고 연습시킨다.

애착기반 치료

외상과 학대로부터 아동을 치유하는 데 또 다른 영향력이 있는 요소는 안정애착 관계이다. 부모-아동 상호작용치료(Parent-Child Interaction Therapy: PCIT)는 CBT와 애착이론 두 가지에 근거를 두고 있다. 이 치료는 다양한 행동적 · 정서적 · 가족적 문제를 경험하는 아동을 위해 만들어졌으며, 아동 학대 사례에 효과를 나타내는 것으로 알려졌다(Timmer, Urquiza, Zebell, & McGrath, 2005). 부모는 따뜻함, 긍정적인 관심, 훈육, 한계 설정, 일관성 그리고 다른 양육 기술을 훈련받는다. 그리고 자녀와 놀이 장면에서 안정적인 부모-자녀 애착 관계를 형성하도록 기술을 연습한다(Eyberg, Nelson, & Boggs, 2008; Kaminski, Valle, Filene, & Boyle, 2008).

Dozier 등(2009)의 애착과 생물행동적 캐치업(Attachment and Biobehavioral Catch-up: ABC) 모델은 부모가 아동의 정서를 함께 조절해 주는 역할을 하도록 반응적이고 양육적인 상호작용을 코칭받으며, 부모-자녀 간 애착 작업을 제공하는 특징이 있다. 학대 받은 위탁 아동의 사례에 이 치료의 효과성을 입증하기 위한 임상 실험에서 코르티솔의 수치가 낮아졌고(Dozier, Peloso, Lewis, Laurenceau, & Levine, 2008), 아동의 회피 행동이 감소하였다(Dozier et al, 2009). 일대일 발달 심리치료(Dyadic Developmental Psychotherapy: DDP)는 학대를 경험한 아동을 통제집단과 비교하는 또 다른 애착기반 치료이다(Becker-Weidman & Hughes, 2008). 이 치료에서 아동은 양육자와의 안정 애착에서 임상적으로 유의미한 개선을 경험했으며, 아동행동평가척도(CBCL)로 평가했을 때 문제 행동이 감소하였다. 이러한 개선은 4년 후 추수 회기까지 지속되었다(Becker-Weidman & Hughes, 2008). PCIT, ABC, DDP, 이 세 가지 치료의 효과성은 통합 치료모델에서 아동의 애착관계의 질을 향상시키는 것이 중요하며, 애착대상을 치료에 참여시키는 것이 중요하다는 증거를 제시한다. 또한 치료 놀이(Theraplay; Booth & Jernberg, 2009), 안정감 서클(Circle of Security; Cassidy, Woodhouse, Sherman, Stupica, & Lejuez, 2011; Hoffman, Marvin, Cooper, & Powell, 2006), 부모-자녀 놀이치료(Filial therapy; Van Fleet, 2005)와 내담자 대상군(주요 복합외상 사례)과의 통합은 부모-자녀의 애착을 형성하고 강화하는 데 큰 효과를 보였으며, 이는 더 안전하고 안정적이며 보호적이며 양육적인 환경을 만드는 데 기여했다. 뿐만 아니라, 많은 내담 아동은 가정폭력의 목격자이기 때문에 아동-부모 심리치료(Lieberman & Van Horn, 2005, 2008)는 아동의 눈에 엄마가 다시 자신을 보호해 주는 부모로 회복되고, 부모의 역할을 강화하고 지지하기 위한 노력을 하도록 일대일로 작업을 할 수 있는 안내를 제공한다. 이 모델들은 부모가 자녀의 필요를 다른 방식으로 보도록 하고, 자녀와 안전하고 양육적이며 긍정적인 상호작용을 하도록 격려하기 위해 다양한 방식으로 직접적으로 부모와 작업을 한다.

체계적/맥락적 역동

마지막 치료 개입은 학대가 일어날 수 있는 상황이나 상황을 유지하게 하는 체계적·맥락적 역동을 다룬다. 앞에서 언급한 어린 아동에 일차적으로 초점을 맞춘 가족기반 모델과 더불어, 다중체계치료(Multisystemic Therapy: MST)는 대부분 학령기 아동, 신체 학대를 당한 아동, 소년 교도소에 있는 아동을 대상으로 한 경험적으로 지지된 치료이며(Littell, Popa, & Forsythe, 2005), 체계이론을 활용하여 가족 내, 가족 간 역동과 친척, 학교, 관련 단체들과 같은 가족 외부의 역동에 개입한다(Brunk, Henggeler & Whelan, 1987; Swenson, Schaeffer, Henggeler, Faldowski, & Mayhew, 2010).

학대와 외상 아동 치료를 위한 통합 놀이 접근에 일련의 다양한 개입을 포함하는 것을 지지하는 유의미한 근거들이 있다. 아동주도 놀이를 기초로, 이 장에 제시된 통합 놀이치료도 아동 개인의 필요에 따라 인지행동, 애착기반, 체계적/맥락적 치료를 사용하여 치료한다. 다음의 사례 예시는 이런 통합 치료 접근이 실제 어떻게 적용되는지 설명한다.

트라우마중심 통합 놀이치료에서의 주요 치료 요소

통합 놀이치료 접근의 적당한 회기 수를 정확하게 예상하는 것은 어려운 일이지만, 3~6개월(12~24회기) 정도의 시간은 안정적인 환경에서 호소 증상에 대한 평가와 치료를 제공할 수 있는 적절한 기간으로 보인다. 아동에게 대안적인 의사소통 전략을 제공하기 위해서는 장난감과 미술 활동에 필요한 준비물들이 필요하다. 이 모델은 자격이 있는 놀이치료사나 미술, 모래, 놀이, 다른 표현 치료에 대한 전문 훈련을 받은 아동 치료사가 진행하는 것이 좋다. 통합 접근은 비지시적 기법에서 특정한 목표를 촉진하기 위해 만들어진 지시적인 기법들로 쉽고 부드럽게 전환하는 것을 전제로 한다.

사례 예시 모델 제안

히스패닉계 4세 아동인 로드리고(Rodrigo)는 그의 생모가 지속적인 아동방임으로 양육권을 잃게 되면서 두 살 때 입양되었다. 로드리고는 세 군데의 위탁가정을 거쳐 현재의 입양부모인 스테판(Stefan)과 안젤라(Angela)에게 오게 되었다. 그를 신체적으로 학대했던 형, 패트리치오(Patricio)와는 세 살 때 헤어졌다. 패트리치오는 반응성 애착장애로 진단받았으며, 기숙 치료센터에 들어가게 되면서 로드리고와 연락이 끊겼다.

로드리고는 6개월 전부터 나타나기 시작한 몇 가지 독특한 증상과 그의 전력으로 인해 치료에 의뢰되었다. 스테판과 안젤라의 친자인 카를로스(Carlos)는 현재 거의 한 살이 되었다. 카를로스가 출생했을 즈음, 로드리고는 매달리는 행동과 퇴행 행동을 보였다. 손가락을 빨거나 부모와 함께 잠을 자길 원했고, 공공장소에서 성기를 만지는 행동이 심하게 나타났다. 또한 안젤라는 로드리고가 모유를 먹고 싶어 한다거나, 카를로스에게 모유 수유를 할 때 지나치게 방해하는 행동을 걱정했다.

안젤라는 '산후우울증'을 겪고 있었기 때문에 인내심이 부족해지는 것에 대해서도 염려가 된다고 말했다. 그녀는 로드리고가 아기처럼 행동할 때 짜증이 났는데, 머리로는 이해를 하지만 자신이 원하는 방식으로 아이에게 반응을 할 수 없었기 때문에 계속해서 피로감을 느꼈다. 안젤라의 남편은 현재 병든 어머니를 경제적으로 돕기 위해 두 가지 직업을 가지고 일하고 있었고 안젤라는 그런 남편의 휴식 시간을 방해하고 싶지 않아 아이를 돌봐 달라는 부담을 줄 수 없었다.

이런 평가 정보를 통해 로드리고의 증상에 잠재적으로 복합적인 요인이 작용하고 있음을 알 수 있다. 부모는 구체적인 행동(손가락 빨기, 잠자리 습관, 성기 만지기)에 대한 명확한 행동적 개입을 찾고 있었고, 애착과 가족체계 역동은 로드리고의 행동에 영향을 주고 있었다. 이 시점에서 통합 놀이치료 개입의 중심 전제가 되는 로드리고의 관점은 아직 평가되지 않았다.

내가 로드리고와 진행한 첫 상담 회기에서 그는 신이 난 듯이 여기저기를 둘러보았다. 그는 엄마에게 자신이 놀이치료실에 가 있는 동안 아기 동생과 뭘 할건지 질문한 후, 엄마와 쉽게 떨어졌다. 안젤라는 아기가 잠을 자기 때문에 엄마는 그냥 책을 읽을 거라고 대답했다. 나는 로드리고에게 치료실에 오면서 어떤 말을 들었는지 질문했는데, 그는 "선생님은 아이들을 좋아하고 장난감을 많이 가지고 있다고 들었어요."라고 대답했다. 그것은 꽤 괜찮은 설명이었는데, 나는 거기에 "그래, 나는 아이들이랑 장난감을 좋아해."라고 덧붙여 말했다. "걱정거리가 있거나, 슬프거나, 혼란스러운 일이 있거나, 다른 감정이 있는 많은 아이가 나를 만나러 온다."라고 나는 말했다. 그는 퍼펫 인형을 가지고 놀아도 되는지 물었다.

그는 앞주머니에 아기 캥거루가 들어 있는 캥거루 인형을 선택했다. 그는 아기 캥거루를 꺼내 방 저편으로 던져 버렸다. 그리고 주머니 속에 넣을 다람쥐를 찾았다.

> 로드리고: 나는 애를 주머니 안에 넣고 싶어요.
> 치료사: 그래, 너는 애를 캥거루 주머니 안에 넣고 싶구나.
> 로드리고: 네, 그럼 캥거루는 산책을 갈 거예요. (손으로 캥거루를 잡고 사무
>   실을 둘러본다.)
> 치료사 : 여기에는 네가 가지고 놀 것이 많단다.
> 로드리고: 선생님, 이 장난감들을 다 샀어요?
> 치료사 : 내가 이 장난감들을 다 샀는지 궁금한가 보구나.
> 로드리고: 우아, 선생님 부자네요.

 그는 첫 회기 내내 캥거루 인형을 손에서 놓지 않았고, 캥거루를 자신의 바지 앞쪽에 찔러 넣기도 했다. 로드리고는 "캥거루를 내 주머니에 넣어서 갈 거예요."라고 말했고, 나는 "나도 봤단다."라고 대답했다. 그러자 그는 치료실의 다른 장난감을 가지고 놀았다. 장난감 트럭을 원을 그리면서 운전을 했고, 자석 퍼즐을 줄을 맞춰 길게 놓았으며, 모래상자 안의 모래 속에 장난감 뱀을 숨겨 놓았고, 장난감 왕과 왕비를 모래상자에 세워 놓았다.
 통합 놀이치료의 기초 요소인 아동주도 접근으로 나는 로드리고의 관점에 대해 몇 가지를 배울 수 있었다. 로드리고는 그 나이 또래의 남자 아이들이 좋아할 만한 공룡, 악어, 곰 등의 퍼펫 인형이 아닌 엄마와 아이 퍼펫 인형을 선택하여 놀이를 시작했다. 그는 인형을 하나만 집어 들지 않았다. 두 개의 인형을 선택하여 즉시 관계를 만들어 갔다. 그가 처음으로 재빠르게 움직였던 것은 엄마 캥거루의 앞주머니에서 아기를 꺼내 던져 버린 것이었는데, 이는 파열된 애착의 주제를 회기 내에서 분명하게 보여 주는 것이다. 게다가 그는 (놀이실에 다른 작은 캥거루 퍼펫 인형이 있었음에도 불구하고) 다른 종류인 아기 다람쥐를 집어 들어 캥거루의 앞주머니에 넣었다. 엄마가 자신의 아이를 돌보지 않고 다

른 동물의 아기를 돌보는 것으로 로드리고가 입양의 주제를 이야기하고 있다는 것이 나의 해석이었다. 이 해석에 덧붙여, 아기가 다른 아기로 대체되길 원하는 욕구를 그가 표현한 것인지 나는 궁금했다(아기 캥거루인 카를로스를 엄마 주머니에서 꺼내 버리고 그 자신인 다람쥐를 주머니 안에 넣는 것).

모래놀이에서도 연관된 상징과 관계가 나타났다. 왕과 여왕은 권위나 부모를 상징했다. 모래에 끝까지 덮여 있었던 뱀은 아직 드러나지 않은 감정과 내용을 의미했다. 로드리고는 움직이는 대상에 관심을 보였는데, 이는 그 나이 또래나 성별에 일반적인 것이다. 그가 장난감 자동차를 가지고 놀 때에는 A지점에서 B지점으로 움직이는 것이 아니라 목적지 없이 원을 그리며 단순하게 돌곤 했다. 이런 움직임은 특별한 목적이 없는 탐색을 위한 탐색, 놀이를 위한 놀이를 의미했다. 나는 로드리고가 자신을 표현하여 외현화하고 의사소통하는 능력에 감격했다.

치료가 진행되면서 나는 추가적으로 언제 그리고 어떻게 지시, 인지행동, 애착, 체계적 개입을 통합하여 사용할지 결정하는 데 있어서 로드리고의 주도를 계속해서 따라갔다. 로드리고의 놀이에서 나타난 주제는 그가 놀이치료실에서 자신의 시간을 구조화하는 방식만큼 풍부하고 다양했다. 그는 대부분 첫 회기에 선택한 사물을 가지고 놀았는데, 다양한 것을 조금 추가하기는 했지만 처음 놀이에서 크게 벗어나지 않았다.

안젤라는 로드리고가 아기 동생의 발기된 성기에 입을 맞추는 것을 보고는 크게 걱정하며 말했다. 그녀는 몸서리치는 듯했는데, 나는 아기의 성기는 소변이 찼을 때나 가벼운 자극으로도 발기가 된다고 그녀에게 설명하면서 로드리고가 아기의 성기에 입을 맞추는 행동은 부적절하므로 부모가 개인의 경계에 대해 지도할 필요가 있음을 설명했다. 그녀는 남편이 이에 대해 별일 아니라고 말했다고 언급했다. 그러나 안젤라는 여전히 로드리고가 자신의 성기를 만지고, 자신과 아기 동생의 성기에 과도하게 집중하는 것 같이 느껴져 걱정이 된다고 했다. 따라서 나는 놀이치료 회기에 이에 대한 지시적이고 행동적인 요소를 통합하기로 결정했다.

치료사: 로드리고, 우리는 오늘 조금 다른 뭔가를 할 거야. (나는 그의 관심을 끌었다.) 우리는 늘 해 왔던 대로 네가 선택한 장난감을 가지고 노는 데 반절의 시간을 보낼 거야. 그리고 나머지 시간은 엄마가 나한테 말한 문제에 대해서 작업을 할 거야.

로드리고: 알아요. (치료사는 그가 무엇을 알고 있는지 질문한다.) (치료사를 바라보며) 내가 카를로스 옥수수에 입 맞춰서 엄마가 화났어요.

치료사: 그렇구나. 네가 카를로스의 옥수수에 입을 맞췄구나. 옥수수가 뭐야? [옥수수(Palomita)는 '성기'를 뜻하는 스페인어의 은어이다.]

로드리고: 있잖아요, 여기 아래요. (아래를 가리키며 자기 성기를 만진다.)

치료사: 그래, 엄마가 나한테 네가 그렇게 하는 걸 봤다고 말씀하셨어. 그리고 가끔 네 옥수수도 만져서 상처가 나고 피가 난다고 말씀하셨어.

로드리고: 아빠가 내 옥수수는 내 거라서 내 맘대로 할 수 있다고 말했어요.

치료사: 오, 아빠가 그렇게 말씀하셨구나. 엄마는 어떠셨어?

로드리고: 엄마는 화냈어요.

치료사: 그래, 우리는 이것에 대해서 얘기를 나누면서 만지는 것에 대한 몇 가지 규칙을 배울 거야. 그러면 너나 엄마나 또 다른 누구한테도 문제가 되지 않게 될 거야. (치료사와 로드리고는 악수를 한다.) 놀이를 먼저 하고 싶니? 아니면 만지는 문제에 대해서 먼저 얘기할까?

로드리고: 놀이를 먼저 할래요. (모래상자로 놀이를 하러 뛰어간다.)

나는 타이머를 맞춰 놓고는 벨이 울리면 우리는 만지는 문제에 대해 이야기할 거라고 말했다. 로드리고는 우리가 함께 보낸 시간 안에서 이 변화에 쉽게 적응했다. 나는 몇 회기를 진행하면서 경계선, 개인적인 신체 부위, 만지고 싶을 때 무엇을 해야 할지에 대해 이야기 나누고, 워크북을 사용하여 일반적으로 접촉할 수 있는 부위와 개인적인 부위를 만지는 것에 대해 이야기했다(Gil & Shaw, 2012).

로드리고가 안젤라와 스테판에게 오기 전, 어릴 적에 어른들의 성행위에 부적절하게 노출된 적이 있는지 확실하지 않았다. 확실한 것은 로드리고는 신체 부위에 강렬한 호기심을 가지고 있었고, 그의 가족은 무엇이 정상인지, 걱정할 만한 행동인지 결정하는 데 염려하며 갈등하고 있다는 것이었다.

나는 로드리고와 어머니를 직접 교육하고 경계에 대해 이야기했다. 또한 그의 아버지인 스테판이 아버지와 아들 관계에 더욱 관여하게 하여 아들에게 특별한 교육을 할 수 있는 기회를 제공했다. 치료의 이러한 요소는 교육적이고 행동적이었을 뿐만 아니라, 부모-자녀의 안정 애착을 형성하게 하고, 가족 체계의 기준을 다시 세웠으며, 금기시되는 주제에 대해 소통하도록 하였다.

우리는 훌라후프를 바닥에 놓고 그 안에 들어가 앉았다. 아동에게 신체적 경계에 대해 교육하기 위해 훌라후프를 우리 모두가 가지고 있는 '사적인 공간'이라고 이름 지었다. 훌라후프 안쪽에 앉아 있는 것은 사람들 간에 수용 가능한 물리적 거리가 있음을 분명하게 해 주었다. 우리는 아는 사람들이 그 경계를 넘었을 때의 상황(인사하기 위해, 부모에게 잠 자기 전에 뽀뽀를 하기 위해 등등)에 대해 함께 이야기했다. "서로 아는 사람들이나 가족 간에는 사랑해서 하게 되는 접촉이 아주 많단다."라고 치료사가 말했다. 또 낯선 사람들, 학교 친구들, 이웃과의 관계에서 어떤 접촉은 괜찮고, 어떤 것은 괜찮지 않은지 이야기 나눴다. 로드리고는 훌라후프를 가지고 걸어 나가면서 말했다. "엄마, 이것 보세요. 여기는 내 개인적인 공간이에요. 나는 상상 속에서 이걸 가지고 다닐 수 있어요." 그러고는 훌라후프를 동생 카를로스 둘레에 놓으면서 그에게 사적인 공간을 보여 주었다. 어머니는 인내심을 가지고 그가 잘 표현할 수 있도록 도왔다. 경계선과 안전한 접촉에 대해 로드리고와 작업하고, 로드리고의 혼란스러움을 줄이기 위해 남편인 스테판과 함께 작업을 하게 되면서 카를로스를 보호해야 한다는 엄마의 불안은 시간이 지나면서 점차 감소했고 안정감과 균형을 이루게 되었다.

스테판은 치료 회기에 참석하여 소년과 남자가 되는 것이 무엇인지에 대해 로드리고가 무엇을 배웠는지 그와 이야기 나눴다(카를로스도 그곳에 있었지만, 아빠 얘기를 둘 다 듣기를 원할 때를 제외하고는 놀면서 방을 걸어 다니고 있었다.).

스테판에게 소년이 되는 것에 대해 로드리고와 대화를 해 주기를 요청했고, 이 대화를 촉진하기 위해서 로드리고가 매우 좋아하는 모래상자를 활용했다. 나는 손가락으로 모래상자의 반을 나누었다. "이쪽에는 소년이었을 때 어땠는지, 만지는 교육(touching lesson)에 대해 아버지에게 무엇을 배웠는지 보여 주면 좋겠습니다."라고 말했고, 계속해서 "로드리고, 이쪽에는 소년이 되어서 어떤지, 엄마 아빠로부터 만지는 문제에 대해 무엇을 배웠는지를 아빠에게 보여 줬으면 좋겠어."라고 말했다. 로드리고는 미니어처 장난감이 있는 선반을 아빠에게 보여 주고는 선반에서 장난감을 꺼내기 시작하면서 한껏 미소 지었다. 스테판도 마찬가지로 활동에 진지하게 참여하면서 그가 원하는 것을 발견하면서 시간 보내는 것을 즐기는 것 같았다.

로드리고가 스테판의 어머니에 대해 질문하자 스테판은 눈물이 울컥 올라왔다. 어머니는 지금 아주 아파서 곧 하늘나라에서 아버지를 만나게 될 거라고 스테판은 대답했다. 그는 여섯 개 정도의 미니어처 장난감을 골라 로드리고에게 설명하기 시작했다. 물건 하나하나가 그의 어린 시절과 아버지에 대한 좋은 기억을 상징했다. 스테판은 왕과 카누, 물고기, 동굴, 반지 그리고 여러 가지 색깔의 '걱정하는 사람들'을 골랐다. 그는 말했다. "이 남자는 이 성의 왕이야. 그리고 여기에는 많은 책임과 의무가 뒤따라온단다." 낚시를 하면서 의미 있는 시간을 보내는 것은 그의 아버지가 아들과 함께하는 제일 좋아하는 활동이었다. 스테판은 로드리고를 낚시에 데려가 함께 시간을 보내기로 약속했다. 동굴은 스테판이 탐험에 대해 말하는 방식이었다. 그는 아버지의 손을 잡고 조심조심 걸으면서 거미와 나무에 대해 배우고, 열대지방에서는 나무들이 어떻게 자랄 수 있는지에 대한 이야기를 들으며 여러 곳을 함께 다녔던 것을 기억했다. 그는 반지도 골랐는데, 그가 청소년 시기에 아버지가 주셨던 반지를 아직도 손가락에 끼고 있었다(그 반지는 한 번도 빼지 않았던 것으로 보였다.). 그의 아버지는 반지를 사용하여 영원한 사랑에 대해 이야기했다. 스테판은 걱정하는 사람들에 대해 그의 나라에서는 사람들이 걱정하지 않기 위해서 걱정을 상자 안에 넣어 놓고 있다고 했다. 하지만 불행하게도, 가끔씩 그의 걱정이 상자 밖으로 튀어나와 문제를 일으켰다. 그러고 나서 그는 왕 옆에 여왕을 세워 놓으면서 그의 어머니는 늙고 아프기 때문에 왕과 함께하기 위해 곧 하늘나라로 갈 거라고 로드리고에게 말했다. 로드리고는 자신의 부모가 살아 있는지 죽었는지 혼란스러워하면서 "아마 우리 엄마 아빠도 거기에 갈 거예요."라고 덧붙였다.

　로드리고는 컴퓨터에 앉아 있는 남자, 부리토 접시, 의사, (회색 캥거루 인형에서 나온) 아기 캥거루 그리고 어릿광대를 선택했다. 그는 남자와 소년 조각상도 선택했다. 로드리고는 아빠 스테판이 항상 일을 하며 컴퓨터를 보고 있어야 한다고 했다(로드리고가 아빠를 그리워하고 있는 것이 확실했다.). 그는 아빠가 얼마나 요리를 좋아하고, 먹는 것을 좋아하는지 말했다. "나는 엄마랑 같이 부리토를 만들 줄 알아요." 그가 말했다. 나는 그가 아빠와도 부리토를 만들어 본 적이 있는지 질문했다. 아빠는 부리토가 맛있었다고 말했고, 로드리고는 미소 지었다.

　스테판은 의사 미니어처에 대해 궁금해 하면서 로드리고에게 질문했다. 로드리고는 의사가 할머니를 낫게 해 줘서 아빠가 너무 걱정을 하지 않았으면 좋겠다고 했다. 스테판은 그의 모래상자 안에 왕과 여왕 옆에 의사를 놓으면서 기꺼이 의사의 도움을 받아들였다. 로드리고가 작은 아기 캥거루를 집어 들었을 때 그가 무슨 말을 할지 궁금했다. 그는 "아빠, 이게 아빠예요! 아빠는 곧 엄마 없는 아기 캥거루가 될 거예요."라고 말해 나를 놀라게 했다. 그는 무덤덤하게 말을 하면서 아기 캥거루를 꺼냈고, 그를 위해 작은 침대를 만들어 눕히고는 모래 이불을 덮어 줬다. "캥거루는 이제 잘 거예요. 내가 이불을 덮어 줬어요." 그리고 로드리고는 아기 캥거루 옆에 서 있던 군인을 집어 들면서 아기 캥거루의 경호원이라고 했다. "캥거루는 진짜 잠들 수 있어요, 아빠. 그를 지켜 줄 경호원이 있거든요." 로드리고는 어릿광대를 집어 들면서 아빠와 핼러윈에 함께 사탕을 얻었던(trick or treat) 게 좋았다고 말했다. 이 회기는 멋진 회기였으며, 내 기억 속에 부자 간의 부드러운 소통으로 확실하게 저장되었다.

　치료는 계속해서 통합된 방식으로 진행되었다. 행동, 애착, 체계적 요소를 통합하기 위해 아동의 필요를 따라갔고, 아동이 주도해 나가도록 자유를 주었다. 개별 회기에서 로드리고는 캥거루와 아기 캥거루 인형을 활용하여 할머니를 여의는 것에 대해 더 작업했다. 또한 로드리고는 슈퍼 히어로들이 위험으로부터 사람들을 보호하고 구하는 놀이를 하면서 위험한 상황에 대해 행동으로 보여 주었다. 그의 놀이는 꼼꼼하고 활동적이었으며, 종종 에너지가 폭발했다가도 자기 조절 능력이 성장한 듯이 다시 물러났다.

행동적이고 가족적인 요소의 일부로서 로드리고와 그의 부모는 성적인 생각에 집착하는 어린 아동 그룹인 경계 프로젝트(Boundary Project)에 참여하였다(Gil & Shaw, 2013).

통합 놀이치료의 증거기반에 대한 요약

트라우마중심 인지행동치료(TF-CBT)에 대한 논의에서 Briggs, Runyon과 Deblinger(2011)는 다음과 같이 언급했다.

> 자유롭고 비지시적인 가상놀이에 비해 TF-CBT에서 진행되는 놀이는 구조화되어 있고 교육적이다. 놀이는 아동과 부모가 치료 과정에 참여하여 재미있는 치료적인 환경을 만들고, 치료사와 소통을 촉진하고, 특정한 기술을 교육하는 방법으로 활용된다(p.174).

저자들이 설명했듯이, CBT는 그들의 기본 심리치료에 대한 토대이며, 그런 목표를 이루기 위해 놀이 기법이 활용된다. TF-CBT의 효과성을 타당화하는 연구들이 상당히 많다(Chaffin & Friedrich, 2004; Cohen, Mannarino, Kliethermes, & Murray, 2012: Mannarino et al., 2012).

이 장에 제시된 통합 모델은 다른 모델과 구별되는 특징을 가지고 있다. 그것은 놀이치료를 다른 목표를 이루기 위해 활용하지 않는다는 것인데, 예를 들어 아동이 자신의 문제에 대해 말하도록 하기 위해, 또는 이완하기 위해 놀이를 사용하지 않는다. Landreth(2002)는 대부분의 경우 놀이치료는 그들이 스스로 치유할 수 있는 능력에 다가갈 수 있도록 한다고 했는데, 외상을 당한 아동은 스스로 자신을 치유할 수 있는 능력을 가지고 있다는 확고한 생각을 바탕으로 놀이에 초대된다. 놀이치료가 기본이 되며, 긍정적인 치료를 촉진할 수 있는 다른 이론과 접근이 통합된다. 이것은 놀이를 단순히 상담 전에 어색함을 없애기 위한 수단이나 아동을 산만하게 만들어 질문에 답하도록 하는 수단, 또는 선택한 치료법이 더 잘 활용되도록 돕기 위한 수단으로 여겼던 것과는 매우 다른 관점이다.

이 통합 접근은 놀이치료의 효과성(Bratton et al., 2005)과 외상이 어린 아동의 발달에 끼치는 영향을 지지하는 증거를 바탕으로 한다(Osofsky, 2004). 여기에 아동 개인의 치료적 필요에 따라 다른 효과적인 치료법들도 통합된다. 인지행동적 전략(Cohen et al., 2012), 애착기반치료(Becker-Weidman & Hughes, 2008: Chaffin & Friedrich, 2004; Chaffin et al., 2004) 그리고 체계적/맥락적 요소(Borduin, Shaeffer, & Heiblum, 2009; Swenson et al., 2010)는 제시된 통합 놀이치료를 구성하는 증거기반 요소들이다. 또한 동물보조치료(animal assisted therapy; Van Fleet, 2008)와 같이 다양한 혁신적인 전략도 아동의 발달과 성장에 기여하며, 스트레스가 뇌에 미치는 영향에 대한 과학적 정보도 치료와 높은 관련이 있다(Perry, 2006).

게다가 트라우마중심 통합 놀이치료는 임상군을 대상으로 그 효과를 뒷받침하는 예비 증거가 있다. 전국 아동 연합(National Children's Alliance)의 지원으로 진행된 미발표 예비연구에서는 성학대 피해 아동을 치료하기 위한 개입으로 TF-CBT의 효과를 통합 놀이치료와 비교하였다. CBCL(Child Behavior Checklist)로 결과를 측정한 바에 따르면, 두 치료 모두에서 아동의 전반적인 증상과 내재화 문제, 외상 후 스트레스가 감소하였다. 두 접근의 치료 효과성에서는 유의미한 차이가 없었다. 이는 통합 놀이 접근의 효과성을 지지하는 예비적 경험적 증거를 제시한 것으로 볼 수 있다.

재현과 적용 가능성에 대한 권장사항

치료가 단기간 진행되는 환경(예: 여러 기관, 병원, 학교)에 이 접근을 적용할 때 어려운 점은 치료사가 중요한 치료적 관계를 형성할 충분한 시간이 없고, 긴급한 증상을 가능한 간단하게 다루기 위해 급작스럽게 치료의 방향을 전환해야 한다는 점이다. 하지만 아동이 치료를 주도해 갈 수 있도록 신뢰하고 촉진해야 한다는 것이 일반적인 원칙이다. 기관, 학교 그리고 병원에서는 아동의 표현을 촉진하기 위해 기본적인 장난감이나 상징물을 놀이실에 준비한다. 만약 기관에서 아동과 구두 면담을 하는 것과 같이 더 지시적이고 구조화된 치료의 양상을 요구한다면, 치료사는 장난감과 상징물을 제공함으로써 아동의 구두 면담에 도움을 줄 수 있다. 아동은 질문에 말로 대답하지 않고 선반에 있는 장난감을 바라보거나 피규어를 만지작거릴지도 모른다(예: 앞에 언급된 사례에서 캥거루와 아기 캥거루 인형). 때로 치료사의 이런 통합적 실천은 다른 가족 구성원을 자발적으로 편안하게 치료 회기와 평가, 부모 교육에 참여시킴으로 인해 도움을 받을 수 있을 것이다(Siegel & Bryson, 2012).

이 통합 놀이 접근은 다양한 사회 · 문화적 배경의 아동에게 적용된다. Seponski, Bermudez와 Lewis(2013)는 내담자중심적이며 주관적이면서도 사회적으로 구성된 내담자의 세계에 대한 이해를 추구하는 치료 방식이 문화적으로 섬세한 치료라고 했다. 상징적인 표현들을 통해 내담자의 주관적 세계에 접근할 수 있고, 언어적 · 문화적 장벽들로 생길 수 있는 오해를 초월할 수 있다. 다양한 범위의 문화적 · 민족적 · 사회경제적 상징물의 놀이 재료들을 제공하여 아동이 관련된 사회 · 문화적 주제를 치료에서 표현할 수 있도록 선택권을 제공하는 놀이를 포함하는 것이 중요하다(Gil & Drewes, 2006; Vicario, Tucker, Smith Adcock, & Hudgins-Mitchell, 2013).

결론
· · · · ·

이 통합 놀이치료 접근은 아동 개인의 필요에 섬세하게 맞추어 진행하기 때문에 어떤 임상 환경이나 다양한 대상군에도 적절하게 적용될 수 있다. 그러나 놀이치료사는 연구에 근거한 정보를 가지고 있어야 하며, 한 가지 주요 치료법 외에 다른 방법에도 자신이 있어야 한다. 이는 한 가지 방식에서 다른 방식으로 보다 쉽게 전환할 수 있게 해 주기 때문이다. 이 통합 접근은 치료사가 이론적으로 탄탄한 근거를 가지고 이론과 연구들에 의해 뒷받침되는 다양한 접근이나 방법을 전환하고 통합할 수 있어야 함을 전제로 한다. 아동의 세상과 표현에 대해 치료사가 신뢰와 관심을 가지고 촉진할 때, 치료 접근 간의 경계는 유연하고 상호적이며, 유동적이고 목표를 가지고 있으며, 여러 치료 접근으로부터의 장단점을 조율할 수 있다.

▮▮ 참고문헌

Anda, R. F., Felitti, V. J., Bremner, J. D., Walker, J. D., Whitfield, C., Perry, B. D., . . . Giles, W. H. (2006). The enduring effects of abuse and related adverse experiences in childhood. *European Archives of Psychiatry and Clinical Neuroscience, 256*, 174–186. http://dx.doi.org/10.1007/s00406-005-0624-4

Becker-Weidman, A., & Hughes, D. (2008). Dyadic developmental psychotherapy: An evidence-based treatment for children with complex trauma and disorders of attachment. *Child & Family Social Work, 13*, 329–337. http://dx.doi.org/10.1111/j.1365-2206.2008.00557.x

Beutler, L. E. (1979). Toward specific psychological therapies for specific conditions. *Journal of Consulting and Clinical Psychology, 47*, 882–897. http://dx.doi.org/10.1037/0022-006X.47.5.882

Booth, P. B., & Jernberg, A. M. (2009). *Theraplay: Helping parents and children build better relationships through attachment-based play* (3rd ed.). San Francisco, CA: Jossey-Bass.

Borduin, C. M., Schaeffer, C. M., & Heiblum, N. (2009). A randomized clinical trial of multisystemic therapy with juvenile sexual offenders: Effects on youth social ecology and criminal activity. *Journal of Consulting and Clinical Psychology, 77,* 26–37. http://dx.doi.org/10.1037/a0013035

Bratton, S. C., Ray, D., Rhine, T., & Jones, L. (2005). The efficacy of play therapy with children: A meta-analytic review of treatment outcomes. *Professional Psychology: Research and Practice, 36,* 376–390. http://dx.doi.org/10.1037/0735-7028.36.4.376

Briggs, K. M., Runyon, M. K., & Deblinger, E. (2011). The use of play in trauma-focused cognitive-behavioral therapy. In S. W. Russ & L. N. Niec (Eds.), *Play in clinical practice: Evidence-based approaches* (pp. 168–200). New York, NY: Guilford Press.

Brunk, M. A., Henggeler, S. W., & Whelan, J. P. (1987). Comparison of multisystemic therapy and parent training in the brief treatment of child abuse and neglect. *Journal of Consulting and Clinical Psychology, 55,* 171–178. http://dx.doi.org/10.1037/0022-006X.55.2.171

Cassidy, J., Woodhouse, S. S., Sherman, L. J., Stupica, B., & Lejuez, C. W. (2011). Enhancing infant attachment security: An examination of treatment efficacy and differential susceptibility. *Development and Psychopathology, 23,* 131–148. http://dx.doi.org/10.1017/S0954579410000696

Chaffin, M., & Friedrich, B. (2004). Evidence-based treatments in child abuse and neglect. *Children and Youth Services Review, 26,* 1097–1113. http://dx.doi.org/10.1016/j.childyouth.2004.08.008

Chaffin, M., Silovsky, J. F., Funderburk, B., Valle, L. A., Brestan, E. V., Balachova, T., . . . Bonner, B. L. (2004). Parent-child interaction therapy with physically abusive parents: Efficacy for reducing future abuse reports. *Journal of Consulting and Clinical Psychology, 72,* 500–510. http://dx.doi.org/10.1037/0022-006X.72.3.500

Christophersen, E. R., & Mortweet, S. (2001). *Treatments that work with children: Empirically supported strategies for managing childhood problems.* Washington, DC: American Psychological Association. http://dx.doi.org/10.1037/10405-000

Cicchetti, D., & Toth, S. L. (1995). A developmental psychopathology perspective on child abuse and neglect. *Journal of the American Academy of Child & Adolescent Psychiatry, 34,* 541-565. http://dx.doi.org/10.1097/00004583-199505000-00008

Cohen, J. A., Mannarino, A. P., Kliethermes, M., & Murray, L. A. (2012). Trauma-focused CBT for youth with complex trauma. *Child Abuse & Neglect, 36,* 528-541. http://dx.doi.org/10.1016/j.chiabu.2012.03.007

Cook, A., Spinazzola, J., Ford, J., Lanktree, C., Blaustein, M., Cloitre, M., ⋯ van der Kolk, B. (2005). Complex trauma in children and adolescents. *Psychiatric Annals, 35,* 390-398.

Dozier, M., Lindhiem, O., Lewis, E., Bick, J., Bernard, K., & Peloso, E. (2009). Effects of a foster parent training program on young children's attachment behaviors: Preliminary evidence from a randomized clinical trial. *Child & Adolescent Social Work Journal, 26,* 321-332. http://dx.doi.org/10.1007/s10560-009-0165-1

Dozier, M., Peloso, E., Lewis, E., Laurenceau, J. P., & Levine, S. (2008). Effects of an attachment-based intervention on the cortisol production of infants and toddlers in foster care. *Development and Psychopathology, 20,* 845-859. http://dx.doi.org/10.1017/S0954579408000400

Drewes, A. A., Bratton, S. C., & Schaefer, C. E. (Eds.). (2011). *Integrative play therapy.* New York, NY: Wiley. http://dx.doi.org/10.1002/9781118094792

Eyberg, S. M., Nelson, M. M., & Boggs, S. R. (2008). Evidence-based psychosocial treatments for children and adolescents with disruptive behavior. *Journal of Clinical Child & Adolescent Psychology, 37,* 215-237. http://dx.doi.org/10.1080/15374410701820117

Ford, J. D. & Cloitre, M. (2010). Best practices in psychotherapy for children and adolescents. In C. A. Courtois & J. D. Ford (Eds.), *Treating complex traumatic stress disorders: An evidence based guide* (pp. 59-81). New York, NY: Guilford Press.

Frances, A., Clarkin, J., & Perry, S. (1984). *Differential therapeutics in psychiatry: The art and science of treatment selection.* New York, NY: Brunner/Mazel.

Gil, E. (2006). *Helping abused and traumatized children: Integrating directive and nondirective approaches.* New York, NY: Guilford Press.

Gil, E. (2010). Children's self-initiated gradual exposure: The wonders of posttraumatic play and behavioral reenactments. In E. Gil (Ed.), *Working with children to heal interpersonal trauma: The power of play* (pp. 44–66). New York, NY: Guilford Press.

Gil, E. (2012). Trauma-focused integrated play therapy. In P. Goodyear-Brown (Ed.), *Handbook of child sexual abuse: Identification, assessment, and treatment* (pp. 251–279). New York, NY: Wiley.

Gil, E., & Drewes, A. (2006). *Cultural issues in play therapy.* New York, NY: Guilford Press.

Gil, E., & Shaw, J. (2012). *A book for kids about private parts, touching, touching problems, and other stuff.* Royal Oak, MI: Self-Esteem Shop.

Gil, E., & Shaw, J. (2013). *Working with children with sexual behavior problems.* New York, NY: Guilford Press.

Goodyear-Brown, P. (Ed.). (2012). *Handbook of child sexual abuse: Identification, assessment, and treatment.* New York, NY: Wiley.

Hoffman, K. T., Marvin, R. S., Cooper, G., & Powell, B. (2006). Changing toddlers' and preschoolers' attachment classifications: The circle of security intervention. *Journal of Consulting and Clinical Psychology, 74,* 1017–1026. http://dx.doi.org/10.1037/0022-006X.74.6.1017

Kaminski, J. W., Valle, L. A., Filene, J. H., & Boyle, C. L. (2008). A meta-analytic review of components associated with parent training program effectiveness. *Journal of Abnormal Child Psychology, 36,* 567–589. http://dx.doi.org/10.1007/s10802-007-9201-9

Kenney-Noziska, S. G., Schaefer, C. E., & Homeyer, L. E. (2012). Beyond directive and nondirective: Moving the conversation forward. *International Journal of Play Therapy, 21,* 244–252. http://dx.doi.org/10.1037/a0028910

Landreth, G. L. (2002). *Play therapy: The art of the relationship.* New York, NY: Brunner-Routledge.

Lieberman, A. F., & Van Horn, P. (2005). *Don't hit my mommy: A manual for child-parent psychotherapy with young witnesses of family violence.* Washington, DC:

Zero to Three.

Lieberman, A. F., & Van Horn, P. (2008). *Psychotherapy with infants and young children: Repairing the effects of stress and trauma on early attachment.* New York, NY: Guilford Press.

Littell, J. H., Popa, M., & Forsythe, B. (2005). *Multisystemic therapy for social, emotional, and behavioral problems in youth aged 10-17 (Cochrane Review).* New York, NY: Wiley.

Mannarino, A. P., Cohen, J. A., Deblinger, E., Runyon, M. K., & Steer, R. A. (2012). Trauma-focused cognitive-behavioral therapy for children: Sustained impact of treatment 6 and 12 months later. *Child Maltreatment, 17,* 231-241. http://dx.doi.org/10.1177/1077559512451787

Norcross, J. (2005). A primer on psychotherapy integration. In J. C. Norcross & M. R. Goldfried (Eds.), *Handbook of psychotherapy integration* (2nd ed., pp. 3-23). New York, NY: Oxford University Press.

O'Connor, K. J., & Braverman, L. M. (Eds.). (1997). *Play therapy theory and practice: A comparative presentation.* New York, NY: Wiley.

O'Connor, K. J., & Braverman, L. M. (Eds.). (2009). *Play therapy theory and practice: Comparing theories and techniques* (2nd ed.). New York, NY: Wiley.

Osofsky, J. D. (2004). *Young children and trauma: Intervention and treatment.* New York, NY: Guilford Press.

Perry, B. D. (2006). Applying principles of neurodevelopment to clinical work with maltreated and traumatized children: the neurosequential model of therapeutics. In N. B. Webb (Ed.), *Working with traumatized youth in child welfare* (pp. 27-52). New York, NY: Guilford Press.

Reddy, L. A., Files-Hall, T. M., & Schaefer, C. E. (Eds.). (2005). *Empirically based play interventions for children.* Washington, DC: American Psychological Association. http://dx.doi.org/10.1037/11086-000

Saunders, B. (2012). Determining best practice for treating sexually victimized children. In P. Goodyear-Brown (Ed.), *Handbook of child sexual abuse: Identification, assessment, and treatment* (pp. 173-198). New York, NY: Wiley.

Schaefer, C. E. (Ed.). (1992). *The therapeutic powers of play*. New York, NY: Jason Aronson.

Schaefer, C. E. (1994). Play therapy for psychic trauma in children. In K. J. O'Connor & C. E. Schaefer (Eds.), *Handbook of play therapy. Vol. 2: Advances and innovations* (pp. 297–318). New York, NY: Wiley.

Schaefer, C. E. (Ed.). (1999). *Innovative psychotherapy techniques in child and adolescent therapy*. New York, NY: Wiley.

Schaefer, C. E. (2001). Prescriptive play therapy. *International Journal of Play Therapy, 10*(2), 57–73. http://dx.doi.org/10.1037/h0089480

Seponski, D. M., Bermudez, J. M., & Lewis, D. C. (2013). Creating culturally responsive family therapy models and research: Introducing the use of responsive evaluation as a method. *Journal of Marital and Family Therapy, 39*, 28–42. http://dx.doi.org/10.1111/j.1752-0606.2011.00282.x

Shelby, J. S., & Felix, E. D. (2005). Post-traumatic play therapy: The need for an integrated model of directive and nondirective approaches. In L. A. Reddy, T. M. Files-Hall, & C. E. Schaefer (Eds.), *Empirically based play interventions for children* (pp. 79–103). Washington, DC: American Psychological Association. http://dx.doi.org/10.1037/11086-005

Siegel, D. J., & Bryson, T. P. (2012). *The whole-brain child: 12 revolutionary strategies to nurture your child's developing mind*. New York, NY: Delacorte Press.

Swenson, C. C., Schaefer, C. M., Henggeler, S. W., Faldowski, R., & Mayhew, A. M. (2010). Multisystemic therapy for child abuse and neglect: A randomized effectiveness trial. *Journal of Family Psychology, 24*, 497–507. http://dx.doi.org/10.1037/a0020324

Terr, L. C. (1981). "Forbidden games": Post-traumatic child's play. *Journal of the American Academy of Child Psychiatry, 20*, 741–760. http://dx.doi.org/10.1097/00004583-198102000-00006

Timmer, S. G., Urquiza, A. J., Zebell, N. M., & McGrath, J. M. (2005). Parent–child interaction therapy: Application to maltreating parent–child dyads. *Child Abuse & Neglect, 29*, 825–842. http://dx.doi.org/10.1016/j.chiabu.2005.01.003

U.S. Department of Health and Human Services, Administration for Children and Families, Administration on Children, Youth and Families, Children's Bureau. (2011). *Child Maltreatment, 2010.* Washington, DC: Author.

van der Kolk, B. A., & Courtois, C. A. (2005). Editorial comments: Complex developmental trauma. *Journal of Traumatic Stress, 18,* 385–388.

van der Kolk, B. A., Pelcovitz, D., Roth, S., Mandel, F. S., McFarlane, A., & Herman, J. L. (1996). Dissociation, somatization, and affect dysregulation: The complexity of adaptation of trauma. *The American Journal of Psychiatry, 153*(7), 83–93. http://dx.doi.org/10.1176/ajp.153.7.83

van der Kolk, B. A., Pynoos, R. S., Cicchetti, D., Cloitre, M., D'Andrea, W., Ford, J. D., ⋯ Teicher, M. (2009). *Proposal to include a developmental trauma disorder diagnosis for children and adolescents in DSM-V.* Unpublished manuscript. Retrieved from http://www.traumacenter.org/announcements/DTD_papers_oct_09.pdf

Van Fleet, R. (2005). *Filial therapy: Strengthening parent–child relationships through play* (2nd ed.). Sarasota, FL: Professional Resource Series.

Van Fleet, R. (2008). *Play therapy with kids and canines: Benefits for children's developmental and psychosocial health.* Sarasota, FL: Practitioner's Resource Series.

Vicario, M., Tucker, C., Smith Adcock, S., & Hudgins-Mitchell, C. (2013). Relational-cultural play therapy: Reestablishing healthy connections with children exposed to trauma in relationships. *International Journal of Play Therapy, 22,* 103–117. http://dx.doi.org/10.1037/a0032313

입원 아동을 위한
놀이치료

William A. Rae, Jeremy R. Sullivan, Martha A. Askins

최근 통계에 따르면, 미국의 1~17세 아동의 약 180만 명가량이 매년 다양한 의학적 상태로 인해 병원에 입원한다(Yu, Wier, & Elixhauser, 2011). 입원한 (신생아를 제외한) 아동의 평균 연령은 6.7세였다. 이 아동들의 대다수는 급성 질병으로 인한 입원이었고, 대부분 3~4일 정도 입원했다. 반면에 만성질환이 있는 아동은 보통 병원에 머무는 시간이 훨씬 더 길었다. 예를 들어, 암으로 입원한 아동은 한 번 입원할 때마다 평균 12일 정도 머물렀다(Price, Stranges, & Elixhauser, 2012). 만성질환의 특성을 감안할 때, 이런 상태의 아동은 의학적 문제의 심각도에 따라 장기간의 심리적 돌봄을 필요로 한다.

http://dx.doi.org/10.1037/14730-007
Empirically Based Play Interventions for Children, Second Edition, L.A. Reddy, T. M. Files-Hall, and C. E. Schaefer (Editors)

병원기반의 치료적 놀이(therapeutic play) 프로그램은 질병, 진단 과정, 치료 개입과 관련된 스트레스를 경험할 위험이 있는 3~13세의 아동을 위해 고안되었다. 이전에 심리적 질병을 가지고 있거나, 가족 환경으로 인해 의학적 치료에 적응하거나, 처방된 치료적 요법을 따르는 것이 어려운 아동에게 심리적 개입이 특히 중요하다. 왜냐하면 의료 위기를 관리할 때, 아동과 그 가족은 예상하지 못한 심리적 결과를 가져올 수 있는 다양한 잠재적 외상에 노출되어 있기 때문이다(Kazak, Schneider, & Kassam-Adams, 2009). 심리치료는 신체적 질병이나 상처, 입원 경험에 대한 아동의 관점에 초점을 두어야 한다. 놀이치료 프로그램을 통해 의료적 상태에 영향을 받는 아동과 가족의 심리적인 건강을 도모할 수 있다.

다행스럽게도, 질병이나 입원을 경험하는 모든 아동이 심리적 · 정서적 어려움으로 인해 증상을 나타내는 것은 아니다(Thompson & Snow, 2009). 그보다는 신체적인 고통에 대한 불편함과 상황적 불안이 훨씬 더 흔하다. 아동이 부정적인 내적 상태(불안)를 통제하며, 침범적이고 고통스러운 의료 절차에 대처하는 법을 배울 수 있을 때, 긍정적인 심리적 성장을 경험하고 자신감을 향상시킬 수 있다(Siegel & Conte, 2001).

어른들이 염려하고 걱정하면서 대화하는 것과 같은 방식으로, 아동은 걱정하는 '놀이를 하면서' 심리적 해결 방법을 얻으려 한다. 의료 환경에서 놀이치료의 목적은 외상적 스트레스가 동반되는 질병과 입원으로 인한 부정적인 영향에 아동이 심리적으로 대비할 수 있도록 하기 위함이다. 치료적 놀이는 아동이 소아병동에 입원하면서 경험할 수 있는 어려움에 대처할 수 있도록 하기 위해 고안된 여러 방법 중 하나이다. 입원 아동을 준비시키는 또 다른 방법은 정보를 제공하고, 병원 환경에 익숙하게 하며, 부모를 준비시키고, 가족에게 정서적 지지를 제공하고, 신뢰를 형성하며 대처 전략을 제공하는 것이다(Goldberger, Mohl, & Thompson, 2009). 아동들이 계속되는 수술과 입원을 경험하게 되는 소아병동에서는 일반적으로 이러한 전통적인 준비 프로그램이 제공되어 왔으며, 이는 정서적인 부작용을 개선하는 데 효과가 있다고 밝혀졌다

(Li & Lopez, 2008; Siegel & Conte, 2001). 치료적 놀이 개입은 자신의 감정, 두려움, 생각을 언어적으로나 직접적으로 표현할 수 없거나, 하려 하지 않는 아동(Ellinwood & Raskin, 1993) 그리고 전통적인 교육기반 프로그램으로부터 별다른 효과를 보지 못하는 아동에게 특히 유용하다.

　이 장에서는 입원 아동을 위한 치료적 놀이 프로그램을 설명한다. 이는 놀이 회기의 내용과 진행이 전적으로 치료사 주도로 진행되는 것과는 다르게 최소한 어느 정도 아동주도적으로 보일 수 있도록 의료적 놀이, 준비(preparation), 비구조화 놀이치료에 초점을 맞추어 이루어진다. 먼저 치료의 이론적 근거와 목표를 설명한 후, 주요 치료 요소에 대해 논의하고자 한다. 두 번째로 프로그램의 효과성에 대한 경험적인 근거를 설명하는데, 이는 다른 환경에서도 프로그램을 적용할 수 있는지 등과 같은 것이다. 세 번째로 전형적인 두 놀이 회기에 대해 간략한 설명을 제공한다. 이 장에서 놀이치료와 치료적 놀이 프로그램이라는 용어가 교대로 사용되고 있지만, 여기서 설명하는 집중적이고 단기적인 치료적 놀이 프로그램은 장기적 놀이치료와는 구분된다.

개입의 이론적 근거와 목표
· ·

　병원에 입원하는 것과 부적응적인 심리적 기능 간에 명확한 인과관계가 없음에도 불구하고, 아동이 입원하는 것은 심리적 발달에 불리한 영향을 미칠 수 있다는 많은 이들의 주장은 설득력 있다(Harbeck-Weber & McKee, 1995; Kazak et al., 2009; Siegel & Conte, 2001; Thompson & Snow, 2009). Harbeck-Weber와 McKee(1995)는 입원 준비와 만성적 질병이 아동에게 미치는 영향에 대한 연구 논평에서 결과에 영향을 줄 수 있는 다섯 가지 요소를 확인했다. 첫째, 입원으로 인해 이전에 부정적 경험을 했던 아동은 더욱 폭넓게 입원을 준비할 필요가 있다. 둘째, 아동의 대처 방식은 결과에 영향을 미친다. 예를 들어, 자신의 병에 대한 정보를 회피하는 방식으로 대처하는 아동은 적극적으로 의료 정보를 찾았던 아동보다 의료 정보나 치료 상황에 직면했을 때 훨씬 더 어려움을 경험할 수 있다. 셋째, 개입의 시기가 결과에 영향을 미친다. 넷째, 부모도 아동의 대처에 영향을 주게 되는데, 부모 자신의 정서 상태가 아동의 정서에 영향을 미칠 수 있기 때문이다. 다시 말하면, 자녀의 병이나 입원에 대해 매우 불안해하는 부모는 그들의 어려움에 대해 아이들과 (언어적이든, 비언어적이든) 소통하게 되고, 이는 아이를 불안하게 만들 수 있다. 반대로 부모가 의료진이나 치료 계획에 대해 신뢰한다면, 아동도 신뢰를 갖고 더 확신하게 된다. 다섯째, 아동의 발달 단계는 아동 스스로 자신의 입원이나 질병에 대해 개념화하는 데 영향을 미친다. 아동 발달 단계에 맞는 기술과 개입은 발달 단계를 고려하지 않은 접근보다 훨씬 효과적이라는 것이 알려져 왔다. 일반적으로 어린 아동은 입원 중이나 후에 행동과 정서 문제에 있어서 더 위험에 처하는 경향이 있다(Siegel & Conte, 2001).

의료 준비(medical preparation)와 의료 놀이(medical play)는 구분된다. 의료 놀이는 수술 전이나 후에 할 수 있으며, 수술이나 사건에 대해 자신의 감정을 표현하거나 작업하도록 하면서 아동에게 정보를 제공한다. 의료 준비는 수술 전에 주로 정보를 제공하는 기능을 하게 되는데(Bolig, Yolton & Nissen, 1991), 아동을 교육하기 위한 시도를 하게 되며, 놀이가 포함될 수도 있고 아닐 수도 있다. 이러한 구분 안에는 치료사의 역할도 포함된다. 놀이 요소가 포함된 준비 개입은 치료사가 아동에게 정보를 제공하면서 특정한 의료 장난감을 가지고 놀이를 진행하게 되므로 치료사 주도적이라고 할 수 있다. 의료 놀이 개입에서는 정서 표현을 강조하게 되는데, 놀이에서 사용할 장난감이나 놀이의 내용에 대해서 아동에게 통제권을 주며, 치료사-아동 간의 관계를 매우 중시한다. 의료 놀이의 예로 아동에게 인형을 자기공명영상(MRI)으로 촬영하게 하고, MRI 기계 모형을 가지고 놀도록 한다. 아동은 인형을 준비시키고 촬영을 진행하면서 과정에 대한 친근감과 통제감을 갖게 되고, 일반적으로 진단 촬영과 관련된 불안에 덜 민감해진다. 이때 치료사의 역할이 중요한데, 아동의 감정을 명확하게 하고, 나아지는 것을 긍정적으로 강화시키며, 아동을 지지하면서 옆에 함께 있어 주고, 이를 통해 아이가 자신감을 갖도록 한다. 두 가지 방식의 치료에서 성인이 주도하는 정도는 다양할 수 있겠지만, 앞과 같은 점에서 놀이 치료는 준비 개입보다 더욱 아동주도적인 경향을 가진다.

의료 놀이와 준비 개입 간의 차이가 있음에도 불구하고, 두 가지 사이에 공통점이 있다. 예를 들어, 의료 놀이도 준비 개입으로 여겨질 수 있는데, 놀이가 의료과정 전에 진행되면서 정보를 제공하고, 정서를 표현하거나 작업하는 데 초점을 맞추며, 아동에게 치료의 방향을 결정할 자유를 줄 때 그러하다. 실제로 놀이와 준비의 이런 조합은 병원기반 놀이치료의 일반적인 형식이다.

Bolig, Fernie, Klein(1986)은 구조화된 의료 놀이나 준비 개입에 비해 병원 환경에서 비구조화된 의료 놀이나 아동주도 형식의 놀이가 아동의 유능감(sense of competence)과 내재적 통제소재(internal locus of control), 숙달(mastery)을 형성할 기회를 더 많이 제공한다는 이론을 제시했다. 비구조화된 놀이에서는 아동이 다른 역할(예: 환자 대신 의료진 역할)을 하면서, 치료나 수술의 결과를 결정하도록 한다. 구조화된 놀이에서는 주로 정보를 제공하면서 치료과정이나 특정한 병에 관련된 아동의 불안과 고통을 줄이는 작업을 하게 된다. 그러므로 아동이 회기의 내용을 결정하는 통제권이나 창의력을 발휘할 수 있는 기회는 상대적으로 적게 된다.

의료 놀이치료는 전통 놀이치료 기법에서 파생되었다. Webb(1995)은 Axline(1969)의 놀이치료 원리를 병원기반 개입의 맥락에 적용했으며, 이 작업에서 몇 가지 중요한 개념이 생겨나게 되었다. 놀이치료사는 병원 환경에서 고통스럽고 불쾌한 의료 과정과 관련이 없는 몇 안 되는 사람 중 하나이기 때문에 치료사가 아동과 라포를 형성하고 치료적 관계를 만드는 것은 특히 중요하다. 질병의 정도가 심각하거나 말기에 있는 많은 아동은 부모를 화나게 하거나 걱정하게 하지 않으면서 자신의 두려움이나 감정을 표현할 수 있는 안전하고 신뢰할 수 있는 환경이 필요하다. 치료사는 질병과 죽음에 대한 아동의 감정을 다뤄 줄 필요가 있는데, 이는 치료사에게 큰 도전일지도 모른다.

병원기반 놀이치료는 목표와 의도에서 전통 놀이치료와 차이가 있다. 놀이

치료의 가장 일반적인 형식은 비구조화, 아동주도형의 놀이인데, 단기 입원인 경우에는 놀이가 반구조화로 진행된다. 병원에서 놀이 개입을 진행할 때는 아동이 스스로 어떤 놀이를 할지 결정하도록 하지만, 치료사는 의료적으로 관련이 있는 장난감이나 도구를 제공하기 때문에 상담 내용에 영향을 미칠 수 있다. 치료사의 언어와 행동은 대본이 아닌 아동이 어떤 말이나 행동을 하는지에 따라 진행된다. 이런 방식으로 치료사는 아동이 주도하는 것을 따라간다.

놀이는 아동이 입원이라는 괴로운 상황에 대처하고 환경을 익힐 수 있도록 하는 방법 중 하나이다. 또한 병원기반 놀이 프로그램은 아동이 힘든 환경에서 통제감을 얻을 수 있도록 돕는다. 이런 맥락에서 치료적 놀이는 병원 밖에서의 아동의 일상적인 생활과 관련된 놀이이기 때문에 아동이 정상이라는 느낌과 익숙한 느낌을 갖게 한다(Petrillo & Sanger, 1980). 일반적인 놀이 개입은 아동이 놀이를 통해 과정과 결과를 만들 수 있고, 수동적인 관찰자에서 능동적인 참여자로 역할을 바꿀 수 있기 때문에 아동에게 숙달감(sense of mastery)을 준다. 건강 관리와 관련해서는 치료사의 감독하에 주사나 다른 의료 장비를 사용하는 놀이는 위협적인 환경에서 숙달감을 주며, 의료 장비나 치료 과정과 관련된 불안과 두려움을 감소시킬 수 있다(Klinzing & Klinzing, 1987). 또한 질병이나 병원에서 일어나는 일에 대한 통제력이 거의 없었던 아동이 스스로 결정을 하고, 직관적으로 무엇이든지 할 수 있다고 느끼는 상황을 놀이활동이 제공하게 된다(Bolig et al., 1986; Klinzing & Klinzing, 1987; Webb, 1995).

주요 치료 요소

신체적인 질병이 있는 아동이나 입원 아동을 위한 치료적 놀이 프로그램을 시행하기 전에 몇 가지 주의사항이 있다. 첫째, 다른 심리치료에서와 같이 이 프로그램을 시행하는 사람은 아동, 소아 질병 그리고 놀이치료에 능숙해야 한다. 둘째, 임상가는 놀이치료 결과에 영향을 줄 수 있는, 임상적으로 지지된 요소들을 고려해야 한다. 예를 들어, 아동의 발달 단계, 이전의 병원 경험, 대처 방식, 개입 시기, 부모의 참여 여부와 같이 입원 준비 프로그램에서 중요한 요소라고 언급된 것들을 고려해야 한다(Harbeck-Weber & McKee, 1995). 또한 아동의 특정한 필요에 맞추어 놀이치료를 진행할 수 있도록 아동의 개인사에 익숙해야 한다. 어떤 개입을 할지 구성할 때, 발병 이전의 심리적 기능, 대처 방식, 의료 과정에서의 침습성(invasiveness), 입원 기간, 장애의 정도, 질병의 심각도, 가족의 지지와 자원, 인지 기능, 기질, 동기를 포함하는 아동 개인의 위험 요인과 회복력 요인을 고려해야 한다. 치료적 놀이 프로그램은 아동 개인의 특별한 필요에 따라 개별화되어야 한다.

이 장에서 설명하는 입원 아동이나 신체적인 질병이 있는 아동을 위한 치료적 놀이 프로그램은 Rae, Worchel, Upchurch, Sanner와 Daniel(1989)이 만들고 평가한 프로그램을 모델로 만들어졌다. 대다수의 아동이 단기간 입원을 하기 때문에 이 프로그램은 시간 제한이 있는 단기 치료로 고안되었다. 아동의 입원 기간이 길어지더라도(예: 줄기세포 이식 등으로), 프로그램의 전반적인 요소는 같은 방식으로 기능하게 된다. 프로그램은 소아과 입원 기간 동안 매일 개입을 제공하도록 설계되어 있다. 외래 환자를 위해서 특별히 고안된 것은 아니지만, 이 프로그램의 요소는 질병이나 의료적 개입에 적응하는 데 문제를 경험하는 비입원 아동에게도 쉽게 적용될 수 있다. 입원 아동이나 신체적 질병이 있는 아동 치료 프로그램을 위한 네 가지 주요 치료 요소는 다음과 같다.

1. 내담자중심 접근

입원 아동을 위한 치료적 놀이 프로그램의 가장 기본적인 요소는 다소 수정된 내담자중심, 비지시적, 인본주의적 치료라 할 수 있다. 내담자중심, 인본주의 놀이치료의 기본적인 요소는 다른 연구에도 잘 제시되어 있다(Landreth, 2012). 내담자중심 놀이치료는 세 가지 기본적인 요소가 있는데, 무조건적인 긍정적 존중(unconditional positive regard), 공감적 이해(empathic understanding),

일치성(congruence of feelings)이 그것이다(Ellinwood & Raskin, 1993). Bolig 등 (1986)은 이 치료에서 놀이 회기 동안 아동은 다른 역할을 선택하거나 가장할 수 있기 때문에 아동이 내재적 통제소재와 유능감과 숙달감을 발달시킬 수 있는 기회를 얻는다고 했다.

Axline(1969)는 아동중심 놀이치료에서 대부분의 놀이치료사가 활용하는 기본 원리를 개발했다. 치료사는 아동과 온정적이고 지지적인 관계를 형성해야 할 필요가 있으며, 아동을 무조건적으로 수용하여 치료적 관계 안에서 아동이 자신의 감정을 자유롭게 표현하도록 허용적인 분위기를 만들어야 한다. 아동에게 감정을 반영함으로써 치료사는 아동이 감정을 이해하고 통찰할 수 있도록 도와야 한다. 이러한 생각을 기본으로 치료사는 놀이치료를 하면서 아동의 안전이 보장될 수 있도록 제한을 설정하고, 아동이 치료사와의 관계와 연관된 사회적 책임감을 인지하도록 돕는다.

이러한 요소들이 입원 아동을 위한 놀이치료 프로그램과 일반적으로 일치하지만, Axline(1969)은 약간의 수정이 필요한 두 가지 다른 원리를 제안하였다. 첫째, 치료는 점진적인 과정이기 때문에 치료 개입은 서둘러 진행되어서는 안 된다. 이는 의료적 환경에서는 불가능한데, 아동의 입원 상황에 따라 치료적 관계가 제한된 시간내에서 이루어지기 때문이다. 단기 입원 동안에는 아동이 자신의 정서를 서서히 펼칠 수 있는 충분한 시간이 허락되지 않는다. 그러나 정기적으로 입원을 하거나 동일한 치료사에게 입원과 외래 의료 케어를 받는 아동에게는 이 전통적인 모델이 적용될 수 있다. 둘째, 아동은 자신의 문제를 해결하거나 적절한 선택을 할 수 있는 능력이 있기 때문에 치료사는 아동의 행동이나 대화를 주도해서는 안 된다고 Axline(1969)은 말했다. 그러나 입원 아동을 위한 치료적 놀이 프로그램에서는 가끔 치료사가 아동에게 지시를 해야 하는 경우도 있다. 예를 들어, 아동에게 의료 장비를 가지고 놀도록 하거나, 질병이나 입원에 대해 이야기를 하도록 할 때가 그러하다. 치료사는 아동에게 부드럽게 지시하면서 아동의 염려나 대처 방식 그리고 병원 환경이나 의료 환경에서 가질 수 있는 오해에 대해 이야기할 수 있다.

2. 숙달과 대처에 초점 맞추기

수정된 내담자중심 놀이치료의 맥락에서 치료사는 아동이 부정적인 정서를 극복하고 질병과 입원에 대처하도록 돕는다. 제한된 시간 안에 제공되는 치료이기 때문에 치료사는 프로그램을 진행하는 동안, 아동이 고통을 느낄 수 있는 놀이 재료에 서서히 노출되도록 한다. 놀이 재료, 놀이 활동, 치료사와 아동 간의 언어적 소통 내용을 통해 아동을 고통스러운 상황에 노출시킨다. 동시에 치료사는 아동의 정서적 상태에 조심스럽게 맞추어 가며 아동이 정서적으로 압도되지 않도록 한다. 이는 반치료적이기 때문이다. 치료사는 지속적으로 아동과 지지적인 관계를 유지하며 무조건적인 긍정적 존중과 공감적 이해를 제공한다. 아동이 입원이나 질병에 대해 부정적인 정서를 표현할 때, 치료사는 아동이 이 정서를 다룰 수 있도록 도우면서 대처 전략을 생각할 수 있는 분위기를 제공한다. 이런 맥락에서 아동은 가족(예: 형제자매)이나 친구와 떨어지게 될 때 느끼는 감정도 말하고 싶어 할지도 모른다.

Miller, Sherman, Combs와 Kruus(1992)는 의료적 스트레스를 다루기 위해 아동들이 사용하는 전략을 기술하고 있는 임상적 문헌들을 광범위하게 논평하면서 대처와 적응의 관계에 대해 설명했다. 아동은 스트레스를 야기하는 사건에 대비하고 있을 때, 그 상황에 더 잘 적응하고 습득하는 경향이 있다. 게다가 아동이 위협과 관련된 정보를 찾아내고 스트레스 요인에 능동적으로 대처할 수 있을 때, 더 큰 혜택을 얻는 경향이 있다. 또 정서적으로 덜 방어적이고, 더 열려 있는 아동은 좀 더 긍정적으로 적응하는 경향이 있다. 한편, 주지화, 격리를 동반한 주지화 또는 혼합된 방식의 심리적 방어기제를 사용하는 아동은 스트레스 요인에 더 적응적으로 대처하는 경향이 있다(Miller et al., 1992).

질병이나 입원에 대처하는 것이 여러 다른 요소와 연관이 있음에도 불구하고, 이러한 결과들은 입원 중 아동중심의 숙달 집중 놀이치료 개입을 했을 때와 일치한다. 치료적 놀이는 치료사와 아동이 위협적이지 않고 지지적인 치료적 관계 안에서 스트레스가 되는 병원기반 또는 의료 절차기반 장비들을 소개하여 아동이 자신의 정서를 다룰 수 있도록 한다. 치료적 관계는 방어가 낮아지는 분위기를 만들며, 그 결과 아동은 더 마음을 열고 부정적인 감정을 다룬다. 또한 놀이치료를 하면서 아동은 자신의 심리적 방어기제를 활용하고 더 적응적인 인지 대처 전략을 사용하도록 도움을 받는다. 만약 아동이 중요한 정보를 회피하거나 부적응적인 대처 전략을 사용한다면, 치료사는 아동의 대처 전략을 직접적으로 직면해야 할 수도 있다.

숙달과 대처는 치료적 놀이 기법과 언어적 작업 기법(인지행동)의 조합으로 이루어진다. 치료적 놀이 기법은 질병과 입원에 대한 공격성, 환상, 두려움의 표현을 촉진하기 위해 선택된 놀이 재료, 종종 의료적·비의료적 놀이 재료의 형태를 사용하는 것과 관련된다. 의료 놀이 장난감으로는 의료 장비(예: 주사, 청진기, 거즈, 반창고)와 병원과 관련된 상징적인 장난감(예: 의사와 간호사 인형, 병원 침대, 장난감 병원 모형, 장난감 구급차) 등이 있다. 비의료적 놀이 장난감들은 전통적인 놀이치료 프로그램에서 사용되는 것들이다. 조작적인 장난감(예: 미술 재료), 가족 인형, 인형 집, 자동차, 건축 장난감(예: 블록, 레고) 그리고 보드 게임을 포함한 다양한 장난감을 활용하는 것이 도움이 된다. 공격적인 놀이를 자극하는 장난감(예: 공룡, 사자) 또한 유용하다. 다양한 놀이 재료를 제공함으로써 아동이 적절한 재료를 찾아내고, 관련된 다양한 생각과 감정을 표현하게 할 수 있다. 병원과 관련이 없는 장난감으로 시작하여 점차 의학적인 주제의 재료들을 가지고 놀도록 격려하면 아동이 병원과 질병에 대한 놀이나 이야기를 수월하게 할 수 있다.

3. 역동 형성과 치료적 통찰

아동의 행동은 놀이치료 상황 안에서 관찰되어 중요한 심리치료 개입의 초점을 제공해 주지만 대인관계나 심리내면의 발달 관점에서 아동 내면에 어떤 일이 일어나는지를 고려하는 것 또한 중요하다. 두려움에 직면할 수 있는 자신감을 갖기 위해 외상이나 걱정스러운 사건을 재조명하고 재작업할 때, 치료사가 충분히 자신을 지지해 주며 머물러 줄 수 있는 강한 존재임을 아동이 인식하는 것이 중요하다. 외상 사건을 재작업할 때, 아동이 고통스러운 사건과 관련된 심리적 문제를 해결할 때까지는 놀이에서 외상과 같거나 비슷한 시나리오가 반복되어 나타난다. 그런 놀이가 진행되는 동안, 치료사는 아동의 감정을 반영하고, 갈등을 조심스럽게 해석하며, 딜레마를 통해 이해하고 작업하도록 돕게 된다. 아동은 치료사로부터 자아의 힘을 빌려 와 자신 내면의 정서적 힘을 발달시키면서 치료하고 미래의 어려움에 대처하게 된다. 성공적인 치료를 통해 아동은 회기 내에서 도움을 얻게 될 뿐만 아니라, 의료 전문가나 양육자 외에도 치료사와 심리치료 관계 내에서 서로 신뢰하고 긍정적인 관계를 맺었던 경험을 자신의 인생에서 일반화하여 적용하게 될 것이다. 이는 미래의 스트레스 상황에서 아동을 보호하는 데 도움이 된다.

4. 부모의 지지와 참여

부모의 참여는 본래 연구의 구성 요소는 아님에도 불구하고(Rae et al., 1989), 아동이 입원에 긍정적으로 적응하도록 촉진하는 중요한 요소이다. 놀이치료의 효과성과 치료 과정에의 부모 참여 여부 간에 강한 정적인 관계가 있음이 밝혀졌다(Bratton, Ray, Rhine, & Jones, 2005; Leblanc & Ritchie, 2001). 부모 자신이 입원에 대해 정서적으로 스트레스가 심해 자녀를 심리적으로 도울 수 없는 경우가 아니라면, 부모는 보통 아동을 정서적으로 도울 수 있다. 부모는 병원환경, 자녀에 대한 불안, 재정적 스트레스, 자녀에게 전형적인 위로나 대처를 할 수 없음에 대해 겁이 날 수도 있다. 또한 부모 자신이 질병이나 입원에 대해 부정적인 경험이 있는 경우, 이러한 문제는 더 악화될지도 모른다. 자녀를 지지할 수 있는 부모는 자녀에게 전반적으로 긍정적인 영향을 미칠 수 있다. 치료 놀이 프로그램에서 부모는 자녀의 불안과 고통의 의미를 이해할 필요가 있다. 또한 자녀의 질병이나 입원에 대해 교육을 받을 뿐만 아니라 적절한 정서조절을 촉진하도록 돕는다. 입원 아동의 치료 놀이 프로그램에 대한 부모의 이해와 참여는 프로그램의 성공 여부에 기여하는 중요한 측면으로 여겨진다.

결과 연구와 효과성

　놀이치료는 아동에게 전반적으로 효과적인 개입으로 알려져 왔다. 놀이의 긍정적인 치료 효과에 대해 많은 서적이 출판되었지만(Landreth, 2012; McMahon, 2009), 경험적 증거를 제시하는 것은 소수에 불과하다. 놀이치료에 대한 42개의 경험적 연구에 대한 메타분석에서 Leblanc과 Ritchie(2001)는 놀이치료의 평균적인 치료 효과는 비놀이치료(nonplay intervention)(예: 언어적 심리치료)의 치료 효과와 유사하다고 결론을 내렸다. 장기간 치료를 제공하고아동의 치료에 부모를 참여시킴으로써 치료 효과가 향상되었다. 이와 같은 방식으로, Bratton 등(2005)은 .80의 표준편차 크기를 산출한 93가지의 통제 실험 연구에 대한 메타분석을 실시했다. 놀이치료는 성별, 연령, 호소 문제에 전반적으로 동일하게 효과적이었다. 게다가 인간중심 놀이치료가 이루어졌을 때와 부모가 적극적으로 참여했을 때 효과 크기가 더 커졌다.

　입원 아동의 고통에 대한 놀이치료의 효과를 검토하면서 Thompson(1985)은 1980년대 중반까지 병원 환경에서의 놀이치료에 대한 연구들은 실험 연구가 부족했으며, 몇몇 연구는 완료되지 않는 등 빈약한 연구 방법으로 인해 제한이 되었음을 밝혔다. 최근에 Thompson과 Snow(2009)는 의료 환경에서 놀이치료에 대한 지지가 있다고 결론지었다. 특히 입원은 아동의 놀이를 일시적으로 억제할 수 있음에도 불구하고, 아동은 자신의 의료적 상황이나 정서 상태와 관련된 즉흥적인 놀이를 하는 경향이 있었다. 또 놀이의 기회를 체계적으로 제공하는 것이 이로울 수(예: 고통을 감소시킴) 있지만 결과는 제한적일 수도 있다.

　입원 아동과의 치료 놀이에 대한 문헌을 검토하면서 지난 10년간 앞에서 언급된 주요 치료 요소를 활용한 의료 놀이 프로그램을 방법론적으로 철저하게 평가한 경험적인 논문이 없음을 알게 되었다. 이 분야에서 논문들이 나오지 않

는 데에는 여러 이유가 있을 것이다. 첫째, 수십 년 전에 비해 아동의 입원기간
이 짧아졌다. 50년 전에는 아동이 수주 동안 입원하는 것이 일반적이었으나,
현재는 병원에서 머무르는 평균 기간이 훨씬 짧아졌다(Yu et al., 2011). 둘째,
외래 치료를 기반으로 소아과 진료를 하려는 경향이 커지면서 심하게 아프거
나 의료적으로 관련되어야 하는 아동들만 입원을 하게 되었다. 셋째, 심리사회
적인 개입은 소아과 병동의 모든 의료 전문가(예: 간호사)의 의무이지만 실제로
이런 프로그램을 진행할 수 있는 시간이 부족하다. 병원기반의 놀이치료를 경
험적으로 평가하는 것에 대한 관심 부족은 이러한 실제적이고 현실적인 요소
에서 기인하는 것으로 보인다.

입원 아동이 놀이치료에서 도움을 받을 수 있다고 주장하는 문헌들이 있다.
Clatworthy(1981)는 놀이치료가 입원 아동의 불안을 줄일 수 있는지 실험하였
다. 매일 30분의 개인 놀이 회기를 진행하도록 구성하였으며, 아동주도로 진행
되고, 아동이 스스로 선택한 재료들로 놀이를 하는 동안에 치료사는 반영과 해
석을 제공하였다. 사전-사후 설계에서 개입 후에 실험 집단 아동의 불안 점수
는 감소하지 않았다. 그 대신 통제 집단 아동이 입원과 퇴원을 하면서 측정한
점수는 증가하였다. 그러므로 놀이치료는 아동의 불안을 감소시키는 데 도움
을 주지는 못하지만, 불안이 증가하는 것은 막을 수 있는 것으로 보인다.

Rae 등(1989)은 다른 치료 조건에 무선 배정을 포함시킴으로써 이전 연구들
의 한계점을 해결하기 위한 실험 연구를 실시했는데, 이때 급성 질병을 진단
받거나 치료를 위해 입원한 아동을 대상으로 한 놀이치료의 효과를 측정하였
다. 사전 검사 단계에서 참여자들은 다음의 네 집단 중 한 집단에 무선 배정되
었다. 그것은 ① 치료적 놀이(내담자중심 의료 놀이), ② 언어적 지지(놀이를 하
지 않고 기분에 대해 말하기), ③ 전환 놀이(diversionary play; 치료적 논의 없이 보
드게임이나 카드게임과 같은 비상징적인 놀이), ④ 통제 집단(개입 없음)이었다. 이
실험 결과에서 다른 세 집단의 아동보다 치료적 놀이 집단의 아동에게서 병원
과 관련된 두려움이 유의미하게 감소했음이 나타났다. 그러나 치료적 놀이 집
단의 아동에게서 신체화 증상이 다소 증가하였다. 이 실험은 치료 조건에 대한

무선 배정, 동일한 연구 보조원에 의한 일관성 있는 실험 조건 관리 등과 같이 방법론적으로 적절한 절차를 사용하여 진행되었다.

다른 연구자들도 1980년대부터 1990년대 초반까지 진행된 병원기반 놀이 개입에 대한 실험적 연구를 실시하였다. Gillis(1989)는 거동이 불편한 입원 아동을 대상으로 놀이치료 개입의 진행을 평가하였다. 병원에서 거동이 불편한 아동은 신체적 움직임이 불편함으로 인해 신체적인 놀이나 탐색에 한계를 갖는 특수한 대상군이며, 이런 한계로 인해 아동의 자기 개념이나 자존감은 위협을 받게 된다. 개입의 특성이 명확하게 지정되지 않았지만, 개입은 연구자 또는 연구 보조원과 아동 간의 네 번의 개인 놀이 회기로 구성되었으며, 개입 집단의 아동은 통제 집단의 아동보다 높은 자존감을 보고하였다.

Fosson, Martin과 Haley(1990)는 입원 아동의 불안에 대해 30분간 진행되는 단회기 놀이치료의 효과를 측정하였다. 회기의 내용에는 의료 장비 탐색, 주삿바늘 놀이, 의료 절차 놀이가 포함되었다. 동일한 치료사가 실험 및 비교 조건을 관리했으며, 두 집단의 부모가 모두 참여하였다. 개입 후 결과에서 비교 집단 아동에 비해 실험 집단 아동의 불안은 크게 감소하였으나 집단 평균의 차이가 유의미하지는 않았다. 아동은 입원을 하는 동안 부모와 함께 연구에 참여하였는데, 이것이 더 큰 개입의 효과를 발견하지 못한 이유일 수 있다. 이와 같은 방식으로 Young과 Fu(1988)는 혈액 검사로 인한 아동의 고통 인식에 대해 주삿바늘 놀이 개입의 효과를 측정하였다. 참여자들은 ① 혈액 검사 전 바늘 놀이, ② 혈액 검사 후 바늘 놀이, ③ 혈액 검사 전후 바늘 놀이, ④ 바늘 놀이 하지 않음의 네 집단 중 한 집단에 무선 배정되었다. 따라서 세 개입 집단과 하나의 통제 집단 설계였다. 실험 결과, 통제집단 아동에 비해 개입 집단의 아동이 혈액 검사 5분 후에 측정한 혈압이 유의미하게 낮은 것으로 나타났다. 개입은 아동의 맥박 수와 불안한 행동에 영향을 미치는 것으로 나타나기는 했지만, 아동이 주관적으로 고통을 인식하는 데에는 영향을 미치지 못하였다.

최근에 Li, Chung과 Ho(2011)는 소아암 환아의 건강을 촉진하는 치료 놀이의 효과성을 살펴보았다. 그들은 아동이 입원에 의한 스트레스를 더 효과적으로 다루기 위해 가상현실 컴퓨터가 도움을 줄 수 있다는 가설을 세웠다. 실험에서 아동은 주 5일간 30분의 가상 현실 컴퓨터 게임을 사용하는 치료적 놀이 개입을 받았다. 7일째에 통제 집단의 아동에 비해 실험 집단의 아동은 우울 증상을 더 적게 보고했다. 따라서 컴퓨터 게임의 활용은 아동이 입원 상황에서의 스트레스에 대처하는 데 도움이 되는 것으로 보인다.

이러한 연구들은 입원 아동에게 심리적 놀이치료가 효과가 있음을 보여 주는데, 특별히 불안감, 병원과 관련된 두려움, 불안이 악화되는 것을 방지, 자존감 향상, 고통을 나타내는 증상의 감소(예: 우울)와 같은 효과가 있었다. 병원 환경에서 놀이치료를 평가하는 다수의 사례 연구는 치료의 효과성에 대한 일화적인 근거를 제공한다(Atala & Carter, 1992; Landreth, Homeyer, Glover, & Sweeney, 1996).

다른 환경에서의 재현과 적용 가능성

병원기반 놀이치료를 앞에서 언급된 병원 외 환경에서 재현할 가능성은 확신하기 어렵다. 치료적 개입은 비지시적인 놀이로 이루어지기 때문에 치료가 일정한 경로로 재현되기는 어렵다. 병원기반 개입 상황에서 여러 아동은 각각의 다른 두려움, 대처 전략, 질병과 상처, 자원들을 가지고 있을 것이다. 그러므로 아동이 놀이치료 회기 중에 나아가는 방향은 그 기능이나 다른 요소만큼 다양할 것이다(예: 기질, 개방 경향성). 이와 같은 방식으로 각각의 연구는 조금씩 다른 치료 개입을 하는 경향이 있다. 공통적인 요소는 있을지라도 정확한 재현은 어렵다. 동시에 외래 환자 진료나 의료 관련 주제가 중요한 다른 환경에도 이러한 개입들이 재현 가능하다는 것은 의문스럽다. 특별히 이를 위해 고안되지는 않았더라도 놀이치료의 요소는 질병과 의료 개입, 외래 치료에 적응 문제를 경험하고 있는 비입원 아동의 필요를 쉽게 충족시키며 적용될 수 있다.

치료사는 놀이치료 이론과 기술에 대한 훈련을 받아야 하지만, 이런 종류의 프로그램을 실시하는 건강관리 전문가들이나 병원 인력들도 이 프로그램의 일부를 활용하는 것이 가능하다. 병원에서 이런 프로그램을 실시하는 인력들은 아동과 관련된 심리치료 개입을 어떻게 실행하는지에 대한 훈련을 받아야 한다. 아동기의 의학적 조건 및 질병에 대한 지식과 이러한 조건들이 심리사회적 발달에 어떤 영향을 미치는지에 대해 아는 것은 분명 바람직하다(Clay, 2004). 이에 병원 환경에서 아동 생활(Child Life) 직원들은 일상적으로 비슷한 치료를 진행하고 있다(Thompson, 2009).

두 사례에 대한 기록

중요한 수술을 위한 아동의 심리적 준비

캐서린(Catherine)은 6세 때에 오른쪽 안면과 얼굴 윤곽, 턱에 저급 육종(low grade sarcoma)을 진단받았다. 종양이 항암치료에서 반응이 없었기 때문에 두개 안면 수술(craniofacial surgery)을 받게 되었다. 수술은 인지 기능에는 영향을 미치지 않았지만, 오른쪽 시력을 잃을 가능성과 안면 변형이 염려됐다. 캐서린은 밝고 말을 잘했다. 다음은 캐서린이 수술을 준비하기 위해 치료사와 함께 진행한 병원 놀이치료 회기의 기록이다.

치료사: (치료사와 아동이 서로 마주 보고 카펫 바닥에 앉아 있다.) 우리가 함께 이야기하고 놀 수 있어 반갑구나. (캐서린은 동의한다는 뜻으로 조용히 고개를 끄덕인다.) 너는 지금 조용하네. 무슨 생각을 하고 있니?

캐서린: 수술이 걱정돼요.

치료사: 중요한 수술을 앞두고 있으니 당연히 걱정될 것 같아. 의사 선생님과 간호사들, 가족과 내가 여기서 계속해서 너를 특별히 돌볼 거란

다. 지금 가장 걱정되는 게 뭐니?

캐서린: 눈을 잃는 게 가장 걱정돼요. 난 눈이 있어서 좋은데, 의사 선생님이 내 눈을 가져가지 않으면 좋겠어요. [제일 좋아하는 '렉스'(Rex)라는 이름의 공룡 인형을 가슴 가까이 안고 눈을 보호해 준다.]

치료사: 이해가 되는구나. 눈은 너에게 아주 소중한 부분이라서 눈이 많이 그리울 거야. (캐서린의 얼굴에 눈물이 흐른다. 치료사는 가까이 옮겨 앉으면서 캐서린에게 공감하며 격려한다.) 수술을 한 후에 어떤 것들은 변하게 될 거야. 하지만 가장 중요한 것들은 그대로 있을 거란다. 먼저 무엇이 변화할지 생각해 보자. 오른쪽 눈이 없어지면 어떤 점이 힘들 거라고 생각하니?

캐서린: 내가 잘 볼 수 있을지 모르겠어요.

치료사: 그건 참 중요한 걱정이구나. 우리가 알 수 있을지 어디 보자. 먼저, 두 눈을 뜨고 이쪽에서 저쪽까지 방을 둘러보자. 아마 렉스도 우리와 같이 이렇게 하고 싶을 거야. (치료사와 아동이 이쪽에서 저쪽으로 고개를 천천히, 부드럽게 돌린다. 캐서린이 렉스의 고개를 같은 방식으로 돌려 준다.) 네가 보는 모든 것에 주목하렴.

캐서린: 인형 집, 인형, 미술 재료와 같이 우리가 가지고 놀던 재미있는 것들이 다 보여요.

치료사: 좋아, 나도 그래. 이제 손으로 오른쪽 눈을 가리고 우리가 봤던 것들을 다시 보자. (둘이 다시 함께 고개를 돌리는데, 시야를 동일하게 확보하기 위해 양쪽으로 더 고개를 돌린다.) 뭐가 보이니?

캐서린: 지금도 모든 게 다 보이기는 하지만 양쪽을 다 둘러보기 위해서는 고개를 더 돌려야 돼요. (캐서린이 렉스에게 말한다.) 이렇게 해 봐, 렉스.

치료사: 렉스는 어떻게 생각하니?

캐서린: 렉스도 거의 모든 걸 잘 볼 수 있다고 생각해요.

치료사: 렉스가 맞아. 너는 수술 후에도 계속해서 아주 잘 볼 수 있을 거야.

왼쪽 눈에 더 의지하게 되겠지만 말이야. 너는 오른쪽에 있는 것들을 보기 위해서 고개를 오른쪽으로 더 많이 돌리는데 익숙해질 거야. 하지만 대체로 모든 걸 잘 보고 즐길 수 있을 거고, 학교에서도 잘할 수 있을 거야. (캐서린이 렉스를 안으며 미소 짓는다.)

중환자실에 있는 아동을 위한 심리적 지지

호세(José)는 자전거를 타다 넘어진 11세 아동이었다. 드문 경우였지만 그의 주요 부상은 폐가 망가지는 기흉이었다. 그는 구급차에 실려 소아병동으로 이송되었으며, 응급실에서 가슴에 튜브를 꽂고 안정을 되찾았다. 그 후에 소아과 중환자실로 옮겨져 회복하고 있었다. 호세는 자주 울고 수면에 어려움을 겪었기 때문에 정신건강팀에 의뢰되었다.

치료사: 안녕, 호세! 너와 가족을 만나게 되어 반가워. 나는 여기 소아병동의 치료사라서 여기에 치료를 받으러 오는 많은 아이를 찾아가서 놀아 주곤 한단다. (호세는 치료사를 쳐다보며 고개를 끄덕인다.) 오늘은 기분이 어떻니? (호세는 오늘 기분이 그저 그렇다고 손동작으로 표현한다.) 그저 그렇다고?

호 세: 네.

치료사: 지난 며칠 동안 많은 일을 겪은 모양이구나. 이렇게 왔으니 우리 함께 미술 활동을 하거나 게임을 하지 않을래?

호 세: 나는 그림 그리는 걸 좋아해요.

치료사: 아주 좋아. 나에게 새로운 색연필이랑 사인펜이 있단다. 이걸 사용해 보지 않을래? (호세가 미소 지으며 고개를 끄덕인다.) 병원에 입원한 건 이번이 처음이니?

호 세: 네. (호세는 그림을 그리기 시작하며 고개를 끄덕인다.)

치료사: 그러면 아마 여기의 모든 게 낯설겠구나. (호세가 고개를 끄덕인

다.) 혹시 특별히 궁금한 것이나 걱정되는 게 있니? (호세는 가슴의 튜브를 가리키며 얼굴을 찌푸린다.) 알겠어. 가슴의 튜브에 대해 걱정하고 있는 거구나. 이해할 만하다. 왜 그걸 하고 있는지 아니? (호세가 고개를 젓는다.) 네가 여기 왔을 때, 너의 폐 한쪽이 약해서 공기가 차 있지 않았어. 그래서 의사 선생님들이 폐에 튜브를 꽂아 폐가 부풀어서 치료가 되도록 돕고 있는 거란다. 가슴 튜브는 부드럽고 유연하고 얇아. 지금 네 가슴에 꽂혀 있는 것과 같은 튜브를 느껴 보고 싶니?

호　세: 네. (치료사가 호세에게 튜브 한 조각을 건네준다.) 우아, 내가 생각했던 것보다 부드럽네요.

치료사: 맞아, 부드럽지. 손가락으로 쉽게 구부릴 수 있단다. 이틀 정도 더 튜브를 꽂아 놓을 거라고 의사 선생님이 말씀하셨는데, 그 후에 폐가 회복되면 튜브를 제거하게 될 거야. (호세가 미소를 지으며 안심한 듯 보였다.)

결론
· · · · ·

　연구는 입원 아동을 위한 치료적 놀이 프로그램이 질병이나 입원의 경험과 관련된 아동들의 심리적 고통을 감소시킬 수 있음을 보여 주었다. Bolig(1990)는 건강관리와 관련된 추세가 비구조화된 아동주도 놀이치료를 덜 활용하게 하고, 특별히 아동의 질병과 치료 과정에 더 연관되는 구조화되고 주도적인 치료를 더 늘리는 효과를 가져올 것이라고 정확하게 예측했다(예: 의료 놀이와 준비). 이 점을 고려할 때, 이 장에서 설명한 상대적으로 비구조화된 치료와 비교하여 지시적인 치료의 효과성을 알아보는 것이 필요할 것이다.

　25년 전, Phillips(1988)는 놀이치료 개입이 병원 및 의료 절차에 아동이 적응하도록 촉진하는 이상적인 목표(예: 자율성 확립, 숙달 그리고 통제, 불안과 두려움

줄이기)를 달성할 수 있는지에 대한 결론을 내리기 위해서는 현재보다 더 엄격한 경험적 증거가 필요하다고 언급했다. 현재 아동 건강 관련 문헌은 병원 환경에서의 놀이치료의 유용성을 증명하는 이론적, 개념적, 의견서뿐만 아니라 사례 연구와 일화적인 기술들로 가득하다. 하지만 설명적이고 일화적인 논문에서 좀 더 방법적으로 온전한 연구로의 전환하는 것이 필요하다. 병원기반 놀이치료는 입원이 아동에게 덜 위협적으로 느껴지도록 도울 수 있는 잠재력을 가지고 있지만, 이런 프로그램의 중요성과 가치에 대해서 부모나 병원 운영 측과 소통하기 위한 보다 설득력 있는 자료가 필요하다.

▌▌▌참고문헌

Atala, K. D., & Carter, B. D. (1992). Pediatric limb amputation: Aspects of coping and psychotherapeutic intervention. *Child Psychiatry and Human Development, 23,* 117-130. http://dx.doi.org/10.1007/BF00709754

Axline, V. M. (1969). *Play therapy* (Rev. ed.). New York, NY: Ballantine Books.

Bolig, R. (1990). Play in health care settings: A challenge for the 1990s. *Children's Health Care, 19,* 229-233. http://dx.doi.org/10.1207/s1532688chc1904_6

Bolig, R., Fernie, D. E., & Klein, E. L. (1986). Unstructured play in hospital settings: An internal locus of control rationale. *Children's Health Care, 15,* 101-107. http://dx.doi.org/10.1207/s15326888chc1502_8

Bolig, R., Yolton, K. A., & Nissen, H. L. (1991). Medical play and preparation: Questions and issues. *Children's Health Care, 20,* 225-229. http://dx.doi.org/10.1207/s15326888chc2004_5

Bratton, S. C., Ray, D., Rhine, T., & Jones, L. (2005). The efficacy of play therapy with children: A meta-analytic review of treatment outcomes. *Professional Psychology: Research and Practice, 36,* 376-390. http://dx.doi.org/10.1037/0735-7028.36.4.376

Clatworthy, S. (1981). Therapeutic play: Effects on hospitalized children. *Children's Health Care, 9,* 108-113.

Clay, D. L. (2004). *Helping schoolchildren with chronic health conditions: A practical guide*. New York, NY: Guilford Press.

Ellinwood, C. G., & Raskin, N. J. (1993). Client-centered humanistic psychotherapy. In T. R. Kratochwill & R. J. Morris (Eds.), *Handbook of psychotherapy with children and adolescents* (pp. 258-277). Boston, MA: Allyn & Bacon.

Fosson, A., Martin, J., & Haley, J. (1990). Anxiety among hospitalized latency-age children. *Journal of Developmental and Behavioral Pediatrics, 11*, 324-327. http://dx.doi.org/10.1097/00004703-199012000-00009

Gillis, A. J. (1989). The effect of play on immobilized children in hospital. *International Journal of Nursing Studies, 26*, 261-269. http://dx.doi.org/10.1016/0020-7489(89)90007-2

Goldberger, J., Mohl, A. L., & Thompson, R. H. (2009). Psychological preparation and coping. In R. H. Thompson (Ed.), *The handbook of child life: A guide for pediatric psychosocial care* (pp. 160-198). Springfield, IL: Charles C Thomas.

Harbeck-Weber, C., & McKee, D. H. (1995). Prevention of emotional and behavioral distress in children experiencing hospitalization and chronic illness. In M. C. Roberts (Ed.), *Handbook of pediatric psychology* (2nd ed., pp. 167-184). New York, NY: Guilford Press.

Kazak, A. E., Schneider, S., & Kassam-Adams, N. (2009). Pediatric medical traumatic stress. In M. C. Roberts & R. G. Steele (Eds.), *Handbook of pediatric psychology* (4th ed., pp. 205-215). New York, NY: Guilford Press.

Klinzing, D. G., & Klinzing, D. R. (1987). The hospitalization of a child and family responses. *Marriage & Family Review, 11*, 119-134. http://dx.doi.org/10.1300/J002v11n01_08

Landreth, G. L. (2012). *Play therapy: The art of relationship* (3rd ed.). New York, NY: Routledge/Taylor & Francis.

Landreth, G. L., Homeyer, L. E., Glover, G., & Sweeney, D. S. (1996). *Play therapy interventions with children's problems*. Northvale, NJ: Jason Aronson.

Leblanc, M., & Ritchie, M. (2001). A meta-analysis of play therapy outcomes. *Counselling Psychology Quarterly, 14*, 149-163. http://dx.doi.org/10.1080/09515070110059142

Li, H. C. W., Chung, J. O., & Ho, E. K. Y. (2011). The effectiveness of therapeutic play, using virtual reality computer games, in promoting the psychological well-being of children hospitalised with cancer. *Journal of Clinical Nursing, 20,* 2135-2143. http://dx.doi.org/10.1111/j.1365-2702.2011.03733.x

Li, H. C. W., & Lopez, V. (2008). Effectiveness and appropriateness of therapeutic play intervention in preparing children for surgery: A randomized controlled trial study. *Journal for Specialists in Pediatric Nursing, 13,* 63-73. http://dx.doi.org/10.1111/j.1744-6155.2008.00138.x

McMahon, L. (2009). *The handbook of play therapy and therapeutic play.* New York, NY: Routledge/Taylor & Francis.

Miller, S. M., Sherman, H. D., Combs, C., & Kruus, L. (1992). Patterns of children's coping and short-term medical and dental stressors: Nature, implications, and future directions. In A. M. La Greca, L. J. Siegel, J. L. Wallander, & C. E. Walker (Eds.), *Stress and coping in child health* (pp. 157-190). New York, NY: Guilford Press.

Petrillo, M., & Sanger, S. (1980). *Emotional care of hospitalized children: An environmental approach.* Philadelphia, PA: Lippincott Williams & Wilkins.

Phillips, R. D. (1988). Play therapy in health care settings: Promises never kept? *Children's Health Care, 16,* 182-187. http://dx.doi.org/10.1207/s15326888chc1603_9

Price, R. A., Stranges, E., & Elixhauser, A. (2012). Pediatric cancer hospitalizations, 2009: Statistical brief #132. In *Healthcare Cost and Utilization Project (HCUP) statistical briefs.* Retrieved from http://www.ncbi.nlm.nih.gov/pubmed/22787680

Rae, W. A., Worchel, F. F., Upchurch, J., Sanner, J. H., & Daniel, C. A. (1989). The psychosocial impact of play on hospitalized children. *Journal of Pediatric Psychology, 14,* 617-627. http://dx.doi.org/10.1093/jpepsy/14.4.617

Siegel, L. J., & Conte, P. (2001). Hospitalization and medical care of children. In C. E. Walker & M. C. Roberts (Eds.), *Handbook of clinical child psychology* (3rd ed., pp. 895-909). New York, NY: Wiley.

Thompson, R. H. (1985). *Psychosocial research on pediatric hospitalization and health care: A review of the literature.* Springfield, IL: Charles C Thomas.

Thompson, R. H. (Ed.). (2009). *The handbook of child life: A guide for pediatric psychosocial care.* Springfield, IL: Charles C Thomas.

Thompson, R. H., & Snow, C. (2009). Research in child life. In R. H. Thompson (Ed.), *The handbook of child life: A guide for pediatric psychosocial care* (pp. 36–56). Springfield, IL: Charles C Thomas.

Webb, J. R. (1995). Play therapy with hospitalized children. *International Journal of Play Therapy, 4*(1), 51–59. http://dx.doi.org/10.1037/h0089214

Young, M. R., & Fu, V. R. (1988). Influence of play and temperament on the young child's response to pain. *Children's Health Care, 16*, 209–215. http://dx.doi.org/10.1207/s15326888chc1603_13

Yu, H., Wier, L. M., & Elixhauser, A. (2011). Hospital stays for children, 2009: Statistical Brief #118. In *Healthcare Cost and Utilization Project (HCUP) statistical briefs.* National Center for Biotechnology Information website. Retrieved from http://www.ncbi.nlm.nih.gov/books/NBK65134/

제3부

외현화 장애를 위한
경험기반 놀이치료

제**7**장

인크레더블 이어스: 외현화 어려움을 보이는 아동을 위한 놀이치료와 코칭

제**8**장

파괴적 행동장애 아동을 위한 부모–아동 상호작용치료

제**9**장

아동 ADHD 다중양식 프로그램: 인지행동 집단 놀이치료

제**7**장

인크레더블 이어스: 외현화 어려움을 보이는 아동을 위한 놀이치료와 코칭

Carolyn Webster-Stratton

 아동주도 놀이 상호작용에서 부모와 교사가 아동에게 전적으로 집중하면서, 규칙적으로 반응적인 관심을 줄 때 아동은 특별한 유익을 얻는다. 성인-아동 간의 놀이 시간 동안 아동은 강한 정서적 유대감과 신체적·인지적·사회적·언어 기술을 발달시킨다. 또한 주의를 기울이며 놀이하는 시간은 아동이 생각하고, 배우고, 도전에 대응하고, 삶에서의 관계를 발전시키는 방식에 중요한 역할을 한다(Raver & Knitzer, 2002). 이러한 친사회·정서적 조절 기술을 발달시키도록 지원을 받지 못한 아동은 일반적으로 걸음마기 영아가 보이는 미숙한 행동, 공격성, 반항적 행동, 감정 격분과 같은 행동을 계속 나타낼 가

http://dx.doi.org/10.1037/14730-008

Empirically Based Play Interventions for Children, Second Edition, L.A. Reddy, T. M. Files-Hall, and C. E. Schaefer (Editors)

능성이 높다(Tremblay et al., 1999). 품행 문제 또는 적대적 반항장애(ODD)의 '조기 발병'을 보이는 이러한 아동은 그 후 반복적인 품행 장애, 낮은 성취 수준, 학교 중퇴, 폭력, 최종적으로는 비행의 위험이 높다(Loeber et al., 1993). 따라서 아동의 사회, 정서, 문제 해결 역량을 촉진하기 위해 부모, 교사, 아동 치료사를 돕도록 고안된 조기 개입의 노력은 아동이 최적의 두뇌 발달을 할 수 있는 긍정적인 기반을 마련하는 데 도움이 될 수 있다.

인크레더블 이어스 부모, 교사, 아동 프로그램의 이유와 설명

인크레더블 이어스(Incredible Years: IY) 부모, 교사, 아동 시리즈는 어린 아동의 사회 및 정서적 역량을 강화하고, 품행 문제를 예방하며, 치료를 위해 만들어진 세 개의 독립적이지만 연결된 증거기반 프로그램 세트이다. 첫 번째 프로그램은 IY 베이직(BASIC) 자녀양육 시리즈로, 다양한 연령층(영아~12세)을 위한 5개의 교육과정 버전으로 구성되었다. 이 프로그램은 8~12명의 부모 그룹을 대상으로 주1회 9~20회기(프로그램 기간은 대상 연령에 따라 다름)로 진행한다. 아동이 발달 단계에 도달하는 것을 돕기 위해 발달적으로 나이에 적절한 양육 기술을 강조한다. 프로그램의 주요 목적은 돌봄의 관계, 긍정적 훈육의 증가(규칙, 예측되는 일상, 효과적인 한계 설정, 문제 해결), 비판적 또는 가혹한 양육의 감소(논리적 결과) 그리고 보육교사 및 교사와의 관계 형성을 통해 부모-아동 애착을 강화하는 것이다. IY 프로그램 자녀양육 피라미드(parenting pyramid)는 아동과의 애착을 강화하기 위해 아동주도 놀이와 코칭 전략을 사용하는 데 부모가 지속적인 관심과 시간을 투자하는 것을 기반으로 한다. 아동주도 놀이 상호작용을 통해 부모는 자녀의 사회, 정서 및 언어 성장을 코칭하는 방법을 배우고, 학령기 초기 아동이 학업적으로 준비하고 문제 해결을 할 수 있는 방법을 배운다.

두 번째 프로그램은 3~8세 아동과 함께 작업하는 교사, 학교 상담사, 심리학자들을 위한 6일 훈련 프로그램인 IY 교사 훈련 시리즈이다. 이 훈련은 10~15명의 교사 그룹에게 매월 제공되며, 교사들은 훈련 회기 사이에 교실 과제를 완수해야 한다. IY 프로그램 교육 피라미드(teaching pyramid)는 사회, 정서, 학업 및 지속적인 코칭을 통해 교사에게 긍정적인 교실 관리 기술과 학생과의 관계를 촉진하는 것을 기반으로 한다. 또한 교사를 위한 주제로는 칭찬, 인센티브, 상황에 앞서 주도하는 훈육, 행동 계획, 학부모와의 파트너십 개발이 포함된다.

이 시리즈의 세 번째 프로그램은 IY 다이나 공룡(Dina dinosaur)의 사회기술, 정서, 문제 해결 교육과정[공룡학교(dinosaur school)라고도 함]이다. 이 프로그램에서는 해당 교육과정의 교실 예방 버전과 치료를 위한 소그룹 풀아웃(pull-out) 버전을 모두 사용할 수 있다. 치료 버전은 품행 문제, 사회 문제 또는 주의력결핍과잉행동장애(ADHD)를 보이는 아동 6명 그룹에 20주 동안, 2시간씩 제공하고, 보통 IY 부모 프로그램과 함께 제공한다. 프로그램의 교실 예방 버전은 학년 내내 매주 2번 전체 학급에게 제공한다. 그리고 아동에게 사회 기술과 친구와 대화하는 방법 가르치기, 감정을 이해하고 표현하기, 분노 다루기, 문제 해결하기 주제를 포함한다. 아동들에게는 서클타임 시간, 소그룹 체험 활동, 자유 놀이시간 동안 큰 퍼펫 인형을 사용하여 가르친다.

세 프로그램(부모, 교사, 아동) 모두에서 관계 형성, 비디오 사례 프레젠테이션을 포함한 퍼포먼스 훈련 방법, 비디오 또는 라이브 모델링을 통한 관찰 학습, 적극적인 체험적 역할놀이와 연습, 가정과 교실 연습 활동 과제, 훈련된 그룹 지도자 및 참여자의 실시간 피드백과 코칭은 중요한 역할을 담당한다(이 프로그램에 대한 추가 정보와 설명은 다음의 학술지를 참조하라; Webster-Stratton, 1999, 2012b, 2012c, 2013; Webster-Stratton & Reid, 2010).

이론적 토대

아동에게 아동주도 놀이와 코칭 전략을 사용하는 것은 사회학습이론, 모델링, 애착 및 정신역동 이론과 같은 관계 이론의 기저에서 나온 것이다. 또한 아동의 사회·정서·인지 발달에 대한 광범위한 연구는 정상 및 병리적 아동발달 모델의 발달적 틀이 있는 경험기반의 치료를 제공했다.

사회학습이론의 기여

IY 아동 훈련 철학은 응용행동분석, 조작적 행동 모델(Baer, Wolf, & Risley, 1968), 인지사회학습이론(Bandura, 1989)에 뿌리를 두고 있다. 기본 전제는 아동의 행동이 그들의 삶에서 중요한 사람, 특히 부모, 교사, 또래와의 상호작용으로부터 학습된다는 것이다. 아동의 문제 행동, 내재화 또는 외현화 문제는 환경의 강화자(reinforcers)에 의해 유지된다고 믿는다. 이 관점에서 훈련의 초점은 이러한 문제 행동을 유지시키는 환경적 수반(contingencies)을 변화시킴으로써 부적응적인 아동의 행동을 변화시키는 것이다.

인지사회학습이론(Bandura, 1977)은 행동이 그 행동의 직접적인 결과를 경험하는 것뿐만 아니라 아동이 비슷한 행동과 그 결과를 관찰함으로써 학습한다고 가정한다. IY 프로그램은 부모, 교사, 치료사가 아동을 위해 적절한 사회적 상호작용, 정서 조절, 적절한 정서 표현을 모델링하는 것의 중요성을 강조하여 모델링 이론을 통합한다. 인지사회학습이론 모델에 따르면, 3개의 치료 프로그램 시리즈는 각각 아동의 친사회적(또는 적절한) 그리고 부적응적인 (또는 부적절한) 행동, 정서, 생각을 파악하고, 긍정적 반대 행동을 촉진하고 강화하며, 부정적 행동을 무시하거나 잠시 대가를 치르게 함으로써 강화수반성 (reinforcement contingencies)의 변화를 목표로 한다.

관계 이론의 기여

IY 프로그램은 애착과 정신역동 이론적 접근도 기반으로 한다(Ainsworth, Bell, & Strayton, 1974; Belsky & de Haan, 2011; Cicchetti, Rogosch, & Toth 2006;

Sroufe, Carlson, Levy, & Egeland, 1999). 이 이론들은 감정, 정서적 과정, 관계의 질에 대해 중점적인 관심을 두고 있기 때문이다. 사회학습 및 행동 이론은 부모, 교사가 아동에게 아동주도 기술과 코칭 기술을 사용할 때 더 긍정적인 관계가 형성된다고 제안한다. 왜냐하면 부모와 교사가 주의를 기울여 민감하게 반응하고 칭찬을 많이 하게 되기 때문이다. 그러나 행동 관리와는 별개로 이러한 코칭 전략은 성인-아동 상호작용의 정서적·관계적 측면에도 영향을 줄 것이라는 것이 개발자의 가설이다. Axline(1969)이 지지하는 관계적 측면에서는 아동주도 놀이를 긍정적인 양육과 성인-아동 유대감 또는 애착을 촉진시키는 방법의 하나로 보며, 그 자체가 목표이다. 따라서 IY 프로그램은 놀이 상호작용에서 성인이 사랑, 애정, 수용, 즐거움, 공감을 포함한 긍정적인 정서의 표현과 소통을 증가시키는 것이 중요함을 강조한다. 관계 이론에서 나온 또 다른 치료의 구성 요소는 강한 정서를 프로세스하고 다룰 수 있도록 성인과 아동을 교육하는 데 초점을 두는데, 아동의 정서 표현에 이름을 붙이고 격려하며 반응하도록 부모, 교사, 치료사를 훈련한다. 정서 프로세스에 대한 새로운 관심은 부모 또는 교사의 정서적 표현과 자기 조절 능력이 사회적 관계와 갈등 상황에서 자신을 조절하는 능력에 영향을 미칠 것이라는 인식이 증가하고 있음을 반영한다.

발달 이론

IY 프로그램은 또한 발달인지학습 단계와 뇌 발달 연구를 많이 활용한다(Belsky & de Haan, 2011; Piaget & Inhelder, 1962). 아동이 특정한 훈련 접근으로부터 무언가를 배우기 위해서는 발달적으로 준비가 되어 있어야 한다. IY 프로그램은 걸음마기, 학령 전기, 학령기 아동을 위한 주요 발달 단계를 다룬다.

IY 프로그램을 지지하는 연구 증거

모든 IY 프로그램(부모, 교사, 아동)은 개발자 및 독립적인 연구자에 의해 여러 무작위 통제 실험(RCT)으로 광범위하게 평가되었다. 치료 버전(진단받은 문제를 보이는 아동을 위한 프로그램) 및 프로그램의 예방 버전(고위험 집단을 위한 프로그램)에 대한 각 프로그램의 평가는 개별적으로 수행되었다. 이러한 RCT 연구는 사회경제적으로나 인종적으로 다양한 대상이 포함되었다. 각 평가의 구체적인 결과에 대한 자세한 검토는 IY 웹 사이트의 서재에서 찾아볼 수 있다(Webster-Stratton, 2012a).

간단히 말하면, 자녀양육 개입은 대기자 통제 집단과 비교할 때 부모의 태도와 부모-자녀 상호작용을 개선시키고, 가혹한 훈육 및 아동의 행동문제를 감소시켰다. 이 결과는 초기 아동기 및 학령기 아동 프로그램 버전에서도 일관되게 나타났고, 개입 후 1~3년(Webster-Stratton, 1990) 및 10년 추적 조사(Wester-Stratton, Rinaldi, & Reid, 2011)에서도 유지되었다.

교사 개입은 치료에 참여한 교사가 참여하지 않은 교사에 비해 상황에 앞선(proactive) 교실 관리 전략을 더 많이 사용하고, 학생들을 더 많이 칭찬하고, 강압적이거나 비판적인 훈육 전략을 덜 사용하며, 학생들의 문제 해결을 돕는 데 더 집중했다. 개입 교실은 더 긍정적인 교실 분위기, 아동의 사회적 역량과 학업준비도(school readiness skills)의 향상, 공격적 행동 수준의 감소를 보이는 것으로 평가되었다. 예방 및 치료 연구는 IY 교사 교실관리프로그램이 아동의 공룡학교치료 프로그램 또는 IY 부모 프로그램과 결합될 때 또래 관계 개선, 학업준비도 결과 및 교실 내 공격행동 감소에 추가적인 효과가 있음을 시사했다(Webster-Stratton & Hammond, 1997; Webster-Stratton, Reid, & Beauchaine, 2013; Webster-Stratton, Reid, & Hammond, 2004).

아동 개입은 단독으로 제공되었을 때, 치료에 참여하지 않은 아동에 비해 아동의 문제 해결 및 또래와의 갈등 관리 기술이 개선되었다. 1년 후 추적 조사에서 아동 훈련과 부모 훈련을 병행했을 때 (각 훈련을 단독으로 제공하는 것과 비교하여) 가장 큰 개선을 보였다. 헤드스타트(Head Start) 가족 및 초등학교 저학년 교실을 대상으로 한 아동 프로그램의 교실 예방 버전은 학업준비도, 정서조절, 사회 기술에서 큰 향상을 보였고, 교실에서의 행동 문제를 감소시켰다(Webster-Stratton, Reid, & Stoolmiller, 2008).

놀이와 코칭: 세 가지 모든 프로그램의 기본 구성 요소

세 가지 IY 시리즈의 중요한 치료적 측면 중 하나는 학업적 지속성, 사회 및 정서적 코칭 기술을 사용하고, 아동의 자기 조절과 문제 해결 기술 향상을 위해 상상놀이를 사용하도록 아동주도 놀이 상호작용을 훈련하는 것이다. 프로그램이 중점을 두는 구체적인 놀이 코칭 방법은 아동의 발달 단계에 따라 다르지만 코칭이 제공되는 아동주도 놀이 요소는 최소한 치료 프로그램 내용과 훈련 시간의 반 정도를 구성한다. 이러한 놀이 코칭 기술은 아동이 부모, 교사, 또래와 관계를 맺는 토대를 형성한다. 앞서 요약한 IY 프로그램 연구는 놀이, 코칭 기술, 제한 설정 및 긍정적 훈육 요소를 결합하여 전체 개입으로 평가된다. 프로그램의 개별 구성 요소를 독립적으로 평가한 연구는 없다. 개발자는 훈육 요소를 훈련하기 전에 놀이 관계를 형성하고, 코칭 요소를 가르치는 것이 치료적인 행동 변화 모델에 필수적이라고 믿는다. 그러나 긍정적 훈육 또한 프로그램의 핵심 구성 요소이기도 하다. 프로그램의 일부를 별도로 제공하기 위해 프로그램을 단축하는 것은 권장하지 않는다. Sheila Eyberg가 개발한 부모-아동 상호작용치료(Parent-Child Interaction Therapy: PCIT)의 원천은 이론적으로 IY 프로그램과 호환될 수 있고, PCIT 또한 무작위 실험에서 긍정적인 결과를 보였다(Eyberg et al., 2001; Funderburk et al., 1998).

이 장의 나머지 부분에서는 세 가지 IY 시리즈 각각의 아동주도 놀이 상호작용, 코칭 전략, 문제 해결 요소를 주로 설명한다. 또한 각 요소의 근거

(rationale), 이론, 실제 사용법 그리고 각 아동과 가족의 특정한 발달적 요구를 충족시키기 위한 맞춤적용 방법을 설명한다. 칭찬, 보상, 훈육 부분을 비롯한 전체 프로그램에 대한 자세한 내용은 다른 장과 학술지를 참고할 수 있다(Webster-Stratton, 2006a, 2012b; Webster-Stratton & Herbert, 1994).

아동주도 놀이

세 가지 IY 시리즈는 모두 아동주도 놀이 상호작용을 통해 긍정적인 성인-아동 관계의 기초를 구축하는 것에서 시작된다. 이러한 놀이 상호작용 스타일은 부모, 교사, 치료사가 놀이하는 중에 불필요한 명령, 교정, 지시 또는 질문을 피하는 것을 의미한다. 대신에 성인은 아동의 주도와 아이디어를 따르고, 아동의 상상 및 가상놀이 세계로 함께 들어가고, 아동과 함께 있다는 기쁨과 장난기를 표현하며, 아동의 놀이에 감사하는 청중이 되어 아동이 특별하다는 느낌을 갖게 한다. 어린 아동의 주요 발달 과제 중 하나가 더 자율적으로 되는 것이기 때문에 프로그램 참여자는 아동이 독립성을 느끼고 개별적인 자기감(sense of self)을 발달시키는 데 아동주도 방식으로 놀이하는 시간이 얼마나 가치 있는지 이해하게 된다. 또한 두 번째 어린 아동의 발달적 과제는 부모와 교사와 안정적인 애착을 형성하는 것이다. 아동주도 놀이 전략은 안전하고 안정적인 관계를 형성하도록 도와주어 결과적으로 부모로부터 분리되는 것에서 느끼는 어려움을 감소시키고 학교 환경으로 전환하는 것이 쉽도록 해 준다.

서술적 언어 코칭

부모, 교사, 치료사는 아동주도 놀이시간에 서술적 언어 코칭(descriptive language coaching; Hanf & Kling, 1973)을 사용하여 아동을 코칭하는 방법을 배운다. 서술적 코멘트는 놀이 시간에 아동의 행동과 활동을 설명하는 실황 설명(running commentary)이다. 서술적 코멘트는 부모, 교사 또는 치료사가 아동이 하고 있는 것에 얼마나 집중하고 반응하고 있는지 보여 주고, 이로 인해 유대관계가 강화된다. 또한 이 방법은 언어발달을 장려하는 중요한 교육적 도구이기도 하다. 행동과 활동 또는 물건의 이름에 대한 직접적이고 중요한 언어적 정보를 제공함으로써 아동을 언어에 노출시키는 접근이기 때문이다. 또한 코멘트가 집중하고 있는 어떤 놀이의 측면이든 긍정적인 관심(및 강화)을 제공하는데, 이를 통해 아동이 탐색하고 발견하는 감각을 격려하게 된다. 때로 학업준비 코칭(academic readiness coaching)이라고도 하는 이런 종류의 코칭은 부모와 교사가 물건, 모양, 색, 크기, 숫자, 질감, 위치(위, 아래, 안, 옆, 등)의 이름 등 학업적 개념에 집중하여 코멘트한다. 예를 들어, 부모 또는 교사가 "빨간 소방차 위에 세 개의 노란색 직사각형이 있네."라고 말하면, 아동은 모양, 색, 숫자와 이러한 개념을 묘사하는 언어를 배우게 된다. 따라서 서술적 언어 코칭은 전략적으로 제공될 수 있고, 아동의 필요와 발달 수준에 따라 관계, 언어 및 학습 목표를 충족시킬 수 있도록 맞춤 적용할 수 있다.

지속성 코칭

지속성(persistence) 코칭은 아동이 놀이하는 동안 성인이 아동의 인지 및 행동 상태에 대해 코멘트하는 것이다. 예를 들어, 프로젝트를 하고 있는 학생과 상호작용하고 있는 교사가 아동이 집중하고 있는 것, 집중력이 좋은 것, 열심히 노력하는 것 또는 어려운 작업임에도 끈기 있게 인내하는 것을 코멘트한다. 아동의 심리내적 상태와 그와 함께 진행되는 신체적 행동을 인식하는 것은 부주의하고, 쉽게 좌절하고, 충동적이고, 과잉행동을 하는 아동에게 특히 중요하다. 아동이 어려운 작업에 침착하게 인내하면서 지속적으로 집중하는 때를 명시(labeling)하는 것은 아동이 어떻게 느끼고 있는지 내적 상태를 인식하고 그것에 이름을 붙일 수 있도록 해 준다. 관심과 코칭은 아동이 더 오랜 시간 작업할 수 있도록 해 주고, 인내와 끈기를 가지고 아동이 결국 어려운 상황을 헤쳐 나갈 수 있다고 가르침으로써 자신감을 갖게 한다.

감정 코칭

어린 아동(3~6세)의 주요 발달 과제는 정서 인식과 표현, 기다릴 수 있는 능력과 한계 수용, 공감능력 개발, 공격성에 대한 자기통제와 같은 정서적 자기조절 기술의 개발이다. 감정 코칭, 즉 아동이 경험하고 있는 감정을 명시하는 것은 정서적 상태와 단어를 연결하여 아동이 감정을 인식하고 표현하는 단어를 개발할 수 있도록 돕는다. 아동이 정서에 대한 지식을 습득하면 타인에게 자신의 느낌을 표현할 수 있고, 더 쉽게 자신의 정서적 반응을 조절할 수 있게 된다. 또한 타인의 감정을 인식하기 시작할 것이다. 이는 공감의 첫 단계이다.

부모, 교사 및 치료사는 놀이 상호작용 동안 부정적인 감정보다 긍정적인 감정에 더 많은 관심을 기울일 것을 권장한다. 그러나 아동이 분노, 공포 또는 슬픔과 같은 부정적 또는 불편한 감정을 나타낼 때, 그들과 놀이하고 있는 성인은 부정적인 감정과 긍정적인 대처 반응을 짝지어 코칭해야 한다. 예를 들어, 교사 또는 부모가 탑을 무너뜨린 아동에게 "무너져서 (너는) 짜증이 난 것처럼 보이네. 그렇지만 너는 침착하게 문제를 해결하려고 무척 집중하고 있구나." 또는 두려워하는 아동에게 "그 친구에게 놀자고 말하는 게 부끄러웠다는 거 알아. 그래도 시도해 본 것은 매우 용감했어!"라고 말할 수 있다. 이런 방법으로 성인은 화가 나고 부끄러움을 느끼는 아동에게 지나친 관심을 보이지 않으면서 인정해 주고, 또한 아동이 자신의 느낌에 대처하여 긍정적인 결과를 만들어 낼 수 있다는 신뢰를 표현한다. 감정 코칭과 지속성 코칭을 결합하여 분노의 감정격분행동(tantrum)이 악화되는 것을 사전에 방지할 수도 있다.

아동이 자신의 감정을 인식하고 표현하기 시작할 때, 부모와 교사는 아동에게 스스로를 진정시키는 전략을 가르칠 수 있다. 아동들은 대개 시각적으로 생각하고 상상 놀이를 좋아하기 때문에 이야기, 퍼펫, 그림, 역할놀이를 사용하여 진정시키는 생각, 이미지 및 단어를 연습하도록 돕는 것이 매우 효과적이다. 예를 들어, 부모와 교사는 IY 훈련 프로그램에서 심호흡, 긍정적인 셀프토크(self-talk), 행복한 시각화를 통해 마음을 진정시키는 작은 거북(Tiny Turtle)

같은 재미있는 방법을 배운다. 이러한 장난스러운 상호작용을 하는 동안 진정 온도계와 거북 퍼펫의 도움으로 아동은 인지적 전략을 연습할 수 있다.

일대일 사회적 코칭

어린 아동의 또 다른 주요 발달 과제는 나누고, 타인을 돕고, 대화를 시작하고, 듣고, 협력하는 것을 포함하는 사회적 또래 관계 기술을 형성하는 것이다. 사회적 코칭은 성인이 아동과 함께 놀이하면서 이러한 기술을 모델링하고, 유도하고, 강화하는 것을 수반한다. 사회적 코칭의 첫 단계는 교사, 부모, 치료사가 적절한 사회 기술을 모델링하고 아동이 기술을 사용할 때마다 반영하는 것이다. 예를 들어, 교사 또는 부모는 놀이 상호작용에서 다음과 같이 말하여 사회 기술을 모델링할 수 있다. "나는 너의 친구가 될 거야. 그리고 내 트럭을 너에게 빌려줄게." 그다음, 교사는 아동에게 어떤 물건을 찾는 것을 도와 달라고 요청하거나, 교사도 어떤 것을 해 볼 수 있게 해 달라고 요청함으로써 사회적 행동을 촉진할 수 있다. 아동이 함께 쓰도록 해 주거나 도와준다면, 교사는 이 행동을 묘사하고 칭찬을 한다. 예를 들어, "고마워! 내가 찾고 있던 파란색 블록을 찾아 주었구나. 도움이 많이 되었어. 너는 좋은 친구야!" 반면에 기회를 주었을 때 아동이 함께 쓰지 않거나 돕지 않으면, "너는 아직 함께 쓰는 것에 대한 준비가 안 된 것 같아. 나는 내 순서가 될 때까지 인내심을 가지고 기다리고, 지금은 다른 것을 할 거야."라고 말함으로써 기다리는 것과 존중하는 것을 모델링해 준다. 이처럼 일대일의 놀이시간 동안 사회적 코칭, 칭찬과 함께 제공되는 사회기술 모델링, 유도(prompting), 구조 세우기(scaffolding)를 통해서 아동은 긍정적 놀이에서 사회적 상호작용을 배운다.

아동의 사회 기술 발달 과정에 있어서 발달의 차이는 매우 크다. 대부분의 걸음마기 아동과 일부 유아는 병행놀이(parallel play)를 한다. 병행놀이에서 아동은 다른 아동 옆에서 놀이를 하지만 자신의 탐색과 발견 과정에 전적으로 관여하고 있기 때문에 옆에 앉아 있는 아동을 인식하거나 상호작용을 시작하는 일은 거의 없다. 그다음 단계에서 아동은 다른 아동에게 관심을 보이기 시작하지만 스스로 상호작용을 시작하고 유지하는 사회 기술이 부족하다. 4~5세가 되면 아동은 또래 일부와 상호작용을 유지할 수 있는 수준으로 발전하지만 이러한 상호작용을 긍정적인 방법으로 유지하고 놀이 동안 관계 문제를 해결하기 위해 여전히 코칭이 필요하다.

또래 사회적 코칭

또래 상호작용에서 병행놀이 단계가 지난 아동을 대상으로 부모, 교사, 치료사는 여러 명의 아동과 함께 놀이를 하면서 사회적 코칭을 할 수 있다. 그동안 성인은 아동들 사이에서 발생하는 행동을 유도하고, 모델링하고, 사회기술을 묘사한다. 예를 들어, 아동이 함께 사용하기, 기다리기, 차례 지키기, 고맙다고 말하기, 서로 돕기, 장난감을 움켜잡기 전에 물어보기, 친절한 제안을 하기와 같은 행동을 보이면 코멘트를 하는 것이다. 또한 아동이 원하는 것을 요청할 때 사용하는 단어를 말해 주거나, 다른 아동이 물건을 함께 사용하는 것을 거부할 때 인내하며 기다리는 아동을 칭찬하고, 아동이 친구를 칭찬하도록 유도함으로써 아동들끼리의 상호작용을 격려한다. 개별 또는 또래 사회적 코칭은 아동의 또래 관계를 강화시키고 바람직한 사회기술이 어떤 것인지 명확하게 한다. 그러나 또래와의 사회적 놀이에 대한 발달적 준비도를 평가하는 것은 중요하다. 병행놀이를 주로 하고 또래와의 놀이를 시작하지 않거나 또래에 관심이 없는 아동은 또래와의 상황에 들어가기 전에 성인과 함께 개별적으로 연습하는 것이 도움이 된다. 그후 또래와의 놀이에서 성공하기 위해서 성인이 구조를 세워 주는 것(scaffolding)이 필요하다. 다른 아동과 놀이하는 것에 관심과 동기는 있지만 성공하는 데 필요한 충동조절이나 기술이 부족한 아동에게도 개별 코칭은 도움이 된다. 성인은 아동이 사회기술을 연습하고 세밀하게 조정할 수 있도록 끈기 있게 도울 수 있기 때문이다. 그런 다음 또래와 놀이할 때 성인은 계속해서 아동의 사회적 행동을 유도하고 바람직한 행동을 할 때 칭찬을 해 주어야 한다. 예를 들어, 교사는 "너는 메리와 함께 물건을 나누어 사용했구나. 아주 친절했어! 지금 네 친구들이 얼마나 행복해 하는지 좀 봐."라고 말할 수 있다. 아동이 자신의 긍정적 사회 행동과 다른 아동의 기분을 연결시킬 수 있도록 돕는 것은 또래 관계뿐만 아니라 공감을 발달시키는 데 매우 중요한 일이다.

아동에게 놀이 상호작용을 통해 문제 해결 가르치기

아동은 걸음마기에서 유아기, 그리고 초기 학령기로 성장하면서 놀이를 통해 자신의 감정을 표현하고, 자신을 조절하는 전략을 사용하기 시작하고, 함께 나누어 쓰기, 기다리기, 도와주기, 자신의 차례를 지키기와 같은 적절한 사회적 행동을 연습하는 방법을 배우게 된다. 이것들은 궁극적으로 문제를 해결하는 데 필요한 인지 및 행동 기술의 기반이 된다. 인지발달의 전조작기 단계(4~6세)에서 아동의 상상 놀이가 폭발적으로 전개되는 동안 부모, 교사, 치료사는 놀이 상호작용을 하면서 퍼펫 놀이와 가상의 각본을 사용해서 갈등 관리를 위한 문제 해결 전략 5단계를 가르칠 수 있다.

첫 단계는 불편한 감정으로 신호를 나타내는 아동기의 일반적인 문제(예: 놀림을 당하는 것)를 퍼펫이 제시하여 문제를 정의하고 인식하도록 돕는 것이다. 그다음에는 어떤 해결 방법이 있는지 알려 주고(예: 침착하고 무시하기), 아동에게 퍼펫을 도와 문제에 대한 해결 방법을 찾도록 요청한다. 첫 해결 방법이 효과가 없을 때, 퍼펫이 다른 해결 방법을 생각할 수 있게 도와줄 것을 아동에게 요청한다. 아동은 매번 퍼펫과 함께 이 해결 방법을 시연하고 연습한다. 아동이 인지발달의 조작기 단계에 이르면 궁극적으로 해결 방법을 평가하고 최적의 해결 방법을 선택하는 네 번째와 다섯 번째 문제 해결 단계를 배울 수 있다. 이 모든 문제 해결 학습은 재미있고 상상력이 동원되는 창의적인 놀이 상황에서 이루어지므로 실제 갈등이 발생했을 때 아동이 언어 및 정서적 자기 조절

행동을 배워 이 접근방법을 사용할 수 있도록 한다.

장애 요인 다루기 및 아동의 발달적 필요 충족하기

부모, 때로는 일부 교사가 아동주도 놀이, 코칭, 문제 해결 방법을 처음 훈련받는 경우, 새로운 언어를 배우는 것과 같이 매우 낯설게 느껴질 수 있다. 부모와 교사는 아동에게 질문하거나 해야 할 것들을 말하는 것에 익숙하지만 아동의 행동, 인지 또는 감정을 묘사하는 것에는 익숙하지 않고, 심지어 많은 부모는 정반대의 접근 방식이 옳다고 믿는다. 즉, 아동은 부모가 주도해야 하며, 아동은 부모에게 순종하고 부모를 존경해야 한다는 것이다. 이들은 아동이 독립성을 표현하거나 호기심을 가지고 탐구를 할 때 부정적으로 반응한다. 부모는 이 프로그램에서 아동의 정상 발달이정표와 모델링과 주목의 원칙에 대해 배우게 된다. 즉, 부모가 모델링하고 주의를 기울이는 행동을 자녀가 배우게 된다. 이러한 원칙을 이해하면 더 협력적인 관계와 아동의 사회적 유능감 향상이라는 목표에 도달하는 데 아동주도 놀이와 코칭 언어가 얼마나 중요한지 알 수 있게 된다. 영어 이외의 언어를 사용하는 부모는 모국어로 말하고, 그들의 문화와 아동기 경험을 나타내는 역할놀이 시나리오를 공유하면서 참여하도록 권장한다. 그렇게 함으로써 부모는 아동의 행복한 반응을 기뻐하고, 아동이 가족과 문화에 대한 존중과 애착을 더 가질 수 있도록 돕고 있음을 알게 된다.

빈곤과 실업으로 인해 스트레스가 많은 환경에 사는 부모는 생활 스트레스로 압박감과 우울감을 느낄 수 있고, 아동과 놀이하는 시간은 우선순위에서 상대적으로 덜 중요하다고 생각하여 그 시간을 만드는 것이 어려울 수 있다. 부모 프로그램에서 집단 진행자는 이러한 어려움을 인정하고, 부모가 바쁜 일과 중에도 놀이와 코칭 방법을 연습할 수 있도록 목욕시간, 식사 시간 또는 빨래하는 시간 등을 이용하여 창의적인 방법으로 문제 해결을 할 수 있도록 해야 한다. 부모는 그룹에서 서로를 대상으로 연습하여 놀이 상호작용에서 사용해야 하는 언어 표현을 배운다. 또한 집단 접근 방식은 부모가 유사한 상황에 있는 다른 가족을 만나면서 지지적인 네트워크를 구축하고 고립감을 감소시키는 데 도움이 된다.

이 장의 나머지 부분에서는 사례 예시를 통해 아동주도 놀이, 코칭 방법, 문제 해결 퍼펫 놀이가 특정 아동의 목표와 인지 발달 단계에 맞춤 적용되는 방식을 보여 준다. 모든 예시에서 부모는 자녀의 연령에 따른 IY 부모 집단에 참여하였고, 자녀들은 20주 공룡 학교(치료 모델)에 참여하였다. 학교 자문 및 코칭과 문제 해결 방법에 대한 교사 훈련도 제공되었다. 이런 방식으로 아동과 가족의 목표를 이루기 위해 부모, 치료사, 교사가 함께 노력하였다.

반항적인 행동을 보이는 아동

품행 문제가 있는 아동은 어른들의 요구에 따르지 않고 반항하기 때문에 부모들은 어려움을 겪는다. 어른이 원하는 것을 아동이 따르도록 하지 못하면 아동은 사람들과 사귀지 못하고 새로운 행동을 배울 수 없다. 때로 부모, 교사, 다른 양육자는 아동이 순응하도록 만들기 위해 이 반항적인 행동에 비난, 소리 지르기 또는 때리기로 반응한다. 어떤 때에는 아동의 반항적인 반응 강도가 강해 부모가 아동의 요구에 굴복함으로써 일관적이지 않은 반응을 보이기도 한다. 이러한 예측할 수 없는 부모의 반응은 아동에게 그들의 관계가 불안정하다고 느끼게 한다. 또한 아동을 때리거나 소리를 지르는 것은 공격적이고 무례한 행동을 모델링하고 아동의 반항적 행동에 강력한 정서적 관심을 보임으로써 그 행동을 강화시킨다. 그렇게 되면 반항적인 아동의 부모는 무력감을 느끼고, 자녀와의 상호작용에 스트레스를 경험하기 때문에 아동과 함께 놀이하는 것을 원치 않게 된다.

반항적인 아동이 더 순응적으로 바뀌도록 하기 위해 아동주도 놀이가 도움이 된다는 것을 부모가 이해하도록 도와야 한다. 부모가 아동의 생각과 요청에 따라 주고 존중하여 아동에게 바람직한 행동이 어떤 것인지 가르쳐 주기 때문이다. 또한 이 접근은 아동에게 통제와 독립성(적절하게 행동하는 한)을 행사할 수 있는 정당한 기회를 제공한다. 이는 아동의 발달 과업 중 하나이기 때문에 중요하다. 뿐만 아니라 아동주도 놀이는 강압적인 부모-아동 역동을 더욱 양육적인 관계로 바뀔 수 있도록 돕고 긍정적인 애착을 촉진한다. 아동의 파괴적인 행동 때문에 부모는 아동에 대해 분노감을 느끼고, 함께 긍정적인 시간을 갖지 못해 왔다. 규칙적으로 매일 아동주도 코칭 놀이 시간을 갖는 것은 부모-자녀 관계의 감정 계좌에 긍정적인 경험이 쌓이게 할 것이다. 긍정적인 감정이 계좌에 가득 차면 훈육이 더 효과적일 것이다.

어른에게 반항적인 아동은 일반적으로 또래에게도 공격적이며 친구가 거의 없다. 이들이 비협조적이고, 두목 행세를 하며, 생각이나 의견을 제시할 때 비난하기 때문에 다른 아동은 이들과 함께 놀고 싶어 하지 않는다. 이러한 또래의 부정적인 반응과 거절은 반항적인 아동의 문제를 더욱 복잡하게 만들고, 그들의 평판에 부정적인 영향을 미친다. 그 결과 사회적으로 고립되어 친구를 사귈 기회가 더 줄어들고, 자아 존중감은 낮아지며, 외로움을 느끼게 된다.

교사는 반항적인 아동과 놀이를 하는 동안 사회적 코칭을 하면서 아동이 또래와 적절하게 친구를 만들 수 있는 기술을 사용하고, 정서적 조절을 할 수 있도록 도울 수 있다. 교사는 대상 아동이 어떻게 타인과 함께 나누고, 놀이할 때 좋은 상대가 되는지, 다른 사람을 어떻게 돕는지 코멘트할 수 있다. 또한 교사는 반항적인 아동이 좌절감을 느낄 때 대처 전략을 사용할 수 있도록 돕고, 이는 아동이 더 긍정적인 방법으로 또래 문제를 해결할 수 있도록 이끌어 준다. 구조화되지 않은 놀이 시간이나 소그룹 프로젝트를 할 때, 목표하는 친사회적 행동으로 교사가 코칭을 하고 관심을 보이는 것은 적절하게 행동하는 데 어려움을 보이는 아동의 행동을 강화할 뿐만 아니라 또래의 부정적인 평판을 바꾸는 데에도 도움을 준다. 교사가 대상 아동의 친절한 행동을 코멘트하고 다른 사람을 돕거나 함께 나누기 위해 얼마나 열심히 노력하는지 언급하면 또래들도 그 아동을 더 친근하게 보기 시작할 것이다.

  5세의 딜런(Dylan)은 ODD를 가졌지만 밝고 자기 표현을 잘하는 아동이다. 치료를 시작할 당시, 그는 부모 또는 교사의 요청 중 약 90%에 순응하지 않았다. 가정과 유치원에서 매일 여러 번의 감정격분행동을 보였고, 그의 부모는 딜런의 조정하는 행동으로 인해 '인질로 잡혀 있는 듯한' 느낌을 받았다. 딜런은 성인이나 또래에게 공격적이었다. 매우 폭발적이고, 쉽게 짜증을 내며, 극적인 기분 변화를 보였고, 작은 자극이나 경고에도 격분하였다. 교사와 부모는 딜런의 극단적인 반응을 두려워했기 때문에 딜런 곁에서는 살얼음판을 걷는 것 같다고 보고했다.

  딜런은 거의 모든 성인-아동 상호작용에서 힘겨루기를 했고, 그의 부정적인 행동이 부모-자녀 관계에 큰 부담을 주기 때문에 치료의 첫 번째 목표는 아동주도 놀이를 사용하여 이 관계 역동에 변화를 주기 시작하는 데 있었다. 부모는 딜런이 놀이를 구성하도록 격려했다. 그들이 해야 할 일은 감탄하는 청중이 되어 딜런의 주도를 따라가고, 그의 생각을 받아들이고, 그가 적절하게 행동하는 한 요구하지 않는 것이다. 딜런과 이런 스타일의 놀이를 하는 것은 적절한 환경에서 딜런에게 주도권을 부여하고, 그의 부모가 그를 소중하게 여긴다는 것을 보여 주고, 딜런이 어떤 행동을 하도록 지도해야 한다는 느낌 없이, 딜런의 부모가 단지 그의 창의성과 장난기를 즐길 수 있는 시간을 가지도록 고안되었다. 처음에 딜런은 부모와 함께 놀이하려는 시도를 거부했다. 부모가 끈기 있게 계속하도록 격려했고, 매일 이런 방식으로 놀이하도록 규칙적으로 시도하며, 끈기와 긍정적 정서 코칭을 사용하도록 격려했다. 딜런은 점차적으로 이런 상호작용에 익숙해졌다. 처음에는 이런 상호작용을 허용해 주다가 나중에는 부모와 함께하는 시간을 고대하게 되었다. 딜런은 자신의 놀이에 부모를 초청하기 시작했고, 그들이 자신의 방식대로 놀이를 하는 것에 대해 매우 신나 했다. 부모는 딜런이 놀이 회기 후에 차분해 보였으며, 그와 연결되었다는 느낌과 그의 강점에 대해 감사하는 순간이 있었다고 보고했다.

  놀이 상호작용의 일부로서, 그리고 하루 중 다른 시간에 딜런의 부모는 딜런의 부정적인 행동(예: 분노 폭발, 논쟁)에 관심을 보이거나 코멘트하는 것을 피하고, 딜런이 차분하고, 행복해하고, 인내할 때 긍정적인 관심을 기울이는 전략적 반응을 보이는 것을

배웠다. 그들은 딜런의 요청이 합리적일 때 따르도록 했고, 딜런이 순응할 때 그의 협조
와 도움을 칭찬함으로써 관심을 보였다. 이런 놀이 시간과 상호작용이 더 즐거워지면서
그들은 퍼펫 시나리오를 사용하여 딜런에게 침착하기 전략을 가르치기 시작했다.

ADHD 아동

ADHD 아동도 또래와 놀고 친구를 사귀는 데 어려움을 겪는다(Coie, Dodge,
& Kupersmidt, 1990). 그들의 충동성과 산만함 때문에 놀이할 때 차례를 기다리
는 것이나 충분히 오랜 시간 동안 집중해야 하는 퍼즐, 게임, 또는 만들기 프로
젝트를 완성하는 것이 어렵다. 높은 활동 수준과 인내심의 부족으로 그들은 다
른 아동에게서 물건을 움켜잡거나 조심스럽게 만들어진 탑이나 퍼즐을 방해
할 가능성이 크다. 연구에 의하면, 이런 아동은 놀이기술과 사회기술 발달에
유의미한 지연을 보인다(Barkley, 1996; Webster-Stratton & Lindsay, 1999). 예를
들어, 6세의 ADHD 아동은 4세 아동처럼 놀이하고, 몇 분 이상 놀이에 집중하
는 것, 또래와 함께 나누는 것, 또래의 도움 요청, 제안, 감정을 알아차리는 것
을 어려워한다. 이런 아동은 혼자 놀거나 병행 놀이를 할 가능성이 많다. 일반
적인 6세 아동은 이런 아동과 함께 놀이하는 것을 귀찮아하기 때문에 이런 부
주의한 아동은 또래의 거절을 경험하게 된다. 이는 사회적 어려움과 자아 존중
감을 더욱 복잡하게 만드는 문제이다. ADHD 아동이 더 긴 시간 동안 집중하
거나 주의를 유지하도록 돕기 위해 끈기 있는 코칭은 필수적이고, 강한 감정을
조절하는 것을 가르치기 위해 감정 코칭이 중요하며, 친구 맺는 기술을 구축하
기 위해 사회적 코칭이 도움이 된다. 이런 놀이 상호작용 코칭은 아동의 기술
을 향상시킬 뿐만 아니라 주의 산만, 충동성, 과잉행동과 같은 발달, 기질 및 생
물학적 차이를 부모와 교사가 이해하고 수용하도록 도울 수 있다. 이전 연구
또한 아동에게 발달적으로 적절한 놀이 게임을 가르치는 것이 ADHD와 품행
문제가 있는 아동을 성공적으로 치료하는 데 효과적이라는 것을 보여 주었다

(Reddy, Spencer, Hall, & Rubel, 2001; Reddy et al., 2005).

--------- 사례 예시 ----------

케빈(Kevin)은 ADHD가 있는 8세 남아이다. 그의 가장 큰 어려움은 학교와 또래 관계에서 발생한다. 케빈은 어른들을 기쁘게 하려고 애쓰지만, 학교에서 교사가 관심을 보일 때까지 기다리지 못하고 답을 내뱉으며, 수업 시간에 앉아 있는 데 어려움을 겪고, 다른 친구가 딴짓을 할 때 쉽게 끌린다. 케빈은 친구와 함께 놀이하는 것을 간절히 바라며 많은 친숙한 사회기술을 가지고 있다. 그는 친구들과 함께 나누고, 부탁하고, 교환하고, 제안하고, 협상하는 기술까지 알고 있다. 그러나 그의 충동성 때문에 놀이를 유지하는 것이 어려웠다. 예를 들어, 그의 큰 몸짓으로 의도하지 않게 놀이를 망치고, 차례를 기다리는 데 어려움을 겪고, 충동적으로 장난감을 움켜잡고, 때로 친구의 생각을 듣고 반응하는 데 충분한 시간 동안 집중을 유지하지 못한다. 또 다른 아동이 말하거나 행동하는 것에 대해 때로 공격적인 반응을 보인다.

케빈에게 아동주도 놀이의 첫 번째 강조점은 끈기와 정서 조절이었다. 케빈의 어머니와 교사는 케빈이 놀이활동에서 끈기를 보이고, 차분하며, 인내심을 보일 때 반영하도록 집중적으로 코칭했다. 예를 들어, 케빈이 학업 과제(서클타임, 앉아서 하는 작업)에 참여할 때 교사가 코멘트한다. "케빈, 네가 말할 수 있는 차례를 원하는 것을 알아. 불러 줄 때까지 기다리는 네가 자랑스럽구나." "그 수학 문제 때문에 짜증이 난 것 같이 보이는구나. 그렇지만 너는 아주 집중하고 있고, 문제를 풀려고 노력하고 있어."

또한 그의 어머니는 케빈이 형제 또는 또래와 함께 놀이할 때 지속성 코칭과 사회적 및 정서적 코칭을 사용하였다. 이 상황에서 케빈을 조심스럽게 모니터링하고 언제 조절에 실패하는지 알아차리는 것이 핵심이다. 그래서 케빈의 어머니는 케빈에게 어떻게 몸을 차분하게 만들 수 있는지 상기시켜 주었다. "케빈, 너도 그 장난감을 사용하고 싶구나? 너는 네 몸을 멈추고 심호흡을 할 수 있어." 그리고 나서 어머니는 케빈에게 상호작용을 촉진할 수 있는 말을 한다. "빌(Bill)에게 그것을 빌릴 수 있는지 물어볼 수 있겠니?" 케빈은 이런 식의 코칭에 반응했다. 케빈은 이미 많은 기술을 사용하고 있었기 때문에 이런 간단한 도움이 그가 놀이를 계속할 수 있도록 하는 데 충분했다. 그가 기다리고, 형제와 나누고, 친구의 말을 듣고, 차분하게 놀고, 몸을 천천히 조심스럽게 움직이는 시간을 묘사하는 것은 매우 중요하다. 케빈은 지속적으로 충동적이고 학교와 놀이 환경에서 구조화가 많이 필요했다. 그러나 이런 코칭으로 학교 친구 및 형제와의 행동을 더 통제하고 관리할 수 있게 되었다. 시간이 지난 후 교사와 케빈의 어머니는 더 간단한 말로 안내할 수 있었고, 케빈은 어려운 상황에서 충동 통제를 하는 데 일부 비언어적 신호에도 반응할 수 있었다.

애착 문제가 있는 아동

품행 문제 또는 ADHD가 있는 아동은 다양한 이유로 그들의 생물학적, 위탁 또는 입양 부모와의 양가적 또는 회피 애착패턴을 보일 수 있다(Bakermans-Kranenburg, van IJzendoorn, & Juffer, 2003). 아동기 초기에 유기, 방치, 부모의 사망, 외상(trauma), 신체 학대를 경험한 아동은 불안정한 애착을 형성할 수 있다. 또한 불안정한 애착은 부모의 반응이 예측 불가능하고, 비일관적이며, 가혹하고, 방임적이고, 아동의 정서적 필요를 무시하는 경우에도 발생할 수 있다. 이와 같이 스트레스를 주는 비일관적이고 비양육적인 부모를 경험한 아동은 세상 또는 타인과의 관계에서 신뢰할 수 없음을 배운다. 결과적으로 그들의 불안정한 애착은 정보를 처리하고, 문제를 해결하며, 타인을 대하는 행동에 영향을 준다. 예를 들어, 불안정한 애착을 형성한 아동은 성인에게 화를 내고, 반항적이고, 의심하며, 양육자의 양육을 거부할 수 있다. 또한 아동은 슬픔, 불안, 위축을 경험할 수 있다. 어떤 경우에는 이런 감정이 양육자에 의해 무시되거나 인정받지 못해, 결과적으로 아동은 그들의 감정을 알아차리거나 쉽게 이야기하지 못하고 다른 사람들과 이런 감정을 공유하는 것은 안전하지 못하다고 느낄 수 있다. 아동은 성인의 관심을 받는 것에 대한 끝없는 욕구가 있어 자신이 아닌 다른 사람에게 관심이 갈 때마다 분개하고 집착할 수 있다. 불안정

애착을 형성한 다른 아동은 성인을 두려워하며 두려움에서 벗어나기 위해 정서적으로 결여되거나 해리될 수도 있다. 아동의 애착 유형은 영구적인 것은 아니다. 부모와 다른 성인과의 관계가 더 예측 가능하고, 일관적이며, 그들이 보내는 신호에 민감하고, 고통을 당할 때 진정시켜 주며, 돌봄을 제공하고 감정을 수용해 준다면, 아동의 애착은 더 안정될 수 있다(van IJzendoorn, Juffer, & Duyvesteyn, 1995).

사례 예시

　미셸(Michelle)은 한부모 어머니와 함께 사는 4세 여아이다. 미셸이 2세 때 아버지가 떠났고, 어머니는 임상적으로 우울했다. 어머니는 미셸의 필요를 충족하려고 노력하며 그녀에게 아낌없는 관심을 기울일 때도 있었지만, 미셸을 또래로 여기고 부적절한 활동에 참여시켰고(예: 몸단장, 성인 음악, 성인 영화 감상, 성인 생활의 개인적인 부분 공유). 다른 때에는 미셸에게 관심을 줄 에너지가 전혀 없었다. 치료가 시작되었을 때 미셸은 공룡학교 소그룹 치료 회기 시작 시 매번 어머니와 떨어지는 것에 어려움을 겪었고, 방금 만난 두 명의 아동 집단 치료사에게 매달리고 부적절한 애착을 보였다. 때로는 위축되고, 슬퍼했으며, 또 다른 때에는 화내고, 말을 듣지 않고, 반항적이며, 비순응적이었다. 미셸은 다른 아동들에게 관심을 보이며 친구를 사귀고 싶어 했으나 다른 아동이 치료사로부터 관심을 받게 되는 것에 쉽게 질투했다. 적절한 신체적 경계에 대한 감각이 거의 없어 치료사와 다른 아동의 반응에 상관없이 그들을 포옹하고 뽀뽀했다. 미셸은 자신이 원하는 것을 얻지 못할 때 삐죽이거나 눈물을 보였다.

　이 가족의 치료를 위해서 미셸의 어머니가 정기적이고 예측 가능하게 아동주도 놀이 시간을 제공하는 것을 돕기 위해 부모 집단에 참여하도록 했다. 미셸의 어머니는 아동주도 놀이 시간에 미셸에게 긍정적인 관심, 일관된 반응, 긍정적인 정서 코칭을 한결같이 제공했다. 이러한 예측 가능하고, 전적으로 집중적인 관심을 제공하는 목적은 미셸이 가치 있고 존중받는다고 느끼고, 어머니와의 관계에서 더 안정적이 되도록 돕기 위한 것이다. 또한 어머니는 미셸을 아이로 있도록 하고 미셸의 상상 놀이를 따라가도록 격려받았다. 이렇게 함으로써 미셸의 어머니가 공감능력을 개발하고, 미셸의 생각, 감정, 두려움 및 4세의 관점을 이해할 수 있도록 도와주었다. 또한 미셸과 어머니가 새롭게, 그리고 연령에 더욱 적절하게 상호작용할 수 있는 방법을 제공했다. 미셸의 어머니는 부모 집단 회기에 계속 참여하면서 양육 기술에 대한 자신감이 높아지기 시작했다. 그녀는 더 긍정적인 셀프토크(self-talk)를 개발하고, 자신이 즐거운 활동에 참여할 수 있도록 도움을 받았다. 그녀는 인생에서 처음으로 자신이 미셸에게 좋은 것을 줄 수 있음을 믿게 되었다고 말했다. 여전히 자신의 우울증과 미셸의 행동으로 어려움을 겪고 있지만 그녀는 자신의 대처 능력에 대해 더 희망이 있다고 느꼈다.

치료사는 미셸과 건강한 관계를 모델링할 수 있는 방식으로 놀이를 했다. 치료사는 퍼펫을 사용하여 다른 사람을 포옹하거나 만지기 전에 물어보는 법을 가르침으로써 미셸에게 신체적 접촉에 대한 경계를 세우는 것을 모델링했다. 미셸의 뽀로통하거나 삐죽이는 행동에는 거의 관심을 보이지 않았다. 그러나 미셸이 다른 아동과의 활동에 참여하도록 계속 격려했다. 예를 들어, 미셸이 뽀로통하고 있다면 그런 기분에서 나오도록 회유하려는 직접적인 시도는 하지 않았다. 오히려 치료사는 다른 아동에게 "존(John), 나는 너와 함께 이 미술 프로젝트를 하는 것이 정말 즐거워. 미셸이 우리와 함께할 준비가 되면, 이 그림에 어떤 것을 더하면 좋을지 물어보자. 미셸에게는 아마 훌륭한 아이디어가 있을 거야. 그녀는 훌륭한 미술가야."라고 말할 수 있다. 미셸의 치료 계획에서 퍼펫은 중요한 부분이었다. 그녀는 치료사에게 직접적으로 말하는 것보다 퍼펫에게 감정과 경험을 훨씬 더 잘 이야기했다. 퍼펫 놀이를 통해서 미셸은 치료사들과 친밀하고 건강한 관계를 형성하기 시작했다. 또한 치료사는 미셸이 그들의 관심을 거부하거나 반항적인 행동을 보인 이후에도 계속해서 미셸에게 긍정적인 관심을 보여 주었다. 이러한 관심은 전략적으로 제공되었는데, 미셸의 행동이 부정적일 때에는 거의 관심을 보이지 않고, 중립적이거나 긍정적인 순간에 신속하게 지지해 주었다. 미셸은 서서히 그룹 안에서 더 행복하고 안정적으로 보이기 시작했다.

실행의 충실성
· · · · · · · · · · · · · · · ·

프로그램 효과성의 중요한 부분 중 하나는 실행의 충실성 또는 전달 숙련도이다. 실제로 IY 프로그램 프로토콜이 엄격하게 준수되지 않은 경우(예: 구성요소가 제공되지 않았거나, 부모, 교사 또는 치료사가 공인된 멘토가 제공하는 승인된 훈련을 받지 않은 경우), 효과가 없었던 것은 프로그램의 비효율성의 결과에 기인한 것이 아니라 실행에 있어 충실성이 결여되었다고 볼 수 있다(Schoenwald, Sheidow, & Letourneau, 2004). 최근의 연구에 따르면, IY 프로그램이 충실히 실행될 때 예상되는 행동 변화 작동원리를 유지할 뿐만 아니라 부모, 교사, 치료사의 인지 · 정서 · 행동 변화를 예측하는 것으로 나타났다. 이것은 결국 아동의 긍정적인 결과를 예측하는 치료 성과이다(Eames et al., 2009).

실행의 충실성 맥락에서 훈련, 지속적인 슈퍼비전, IY 집단 진행자 인증은 모두 큰 주의를 요한다(Webster-Stratton, 2006b, 2012a; Webster-Stratton, Reinke, Herman, & Newcomer, 2011). 따라서 IY 집단 진행자는 첫 집단을 진행하기 전 초기 3일 동안, 공인된 IY 멘토가 진행하는 구조화되고, 능동적이고, 경험적인 훈련을 받아야 한다. 그 후 회기를 녹화한 비디오 자료와 그룹 진행자, 교사 그리고 동료가 작성한 자기 보고서를 사용하여 지속적인 슈퍼비전을 받아야 한다. 집단 진행자 인증 과정은 요구하는 것이 많다. 최소 두 세트의 집단 인도, 동료의 리뷰 및 슈퍼비전, 공인 훈련자의 긍정적인 최종 비디오 집단 평가, 진행자 집단 회기 프로토콜과 참여자 평가가 만족스럽게 완료되는 것이 포함된다. 국내 및 국제 공인 IY 멘토와 트레이너 네트워크는 코칭, 자문, 새로운 진행자의 인증이라는 전 과정을 수행한다. 이것은 프로그램을 지체 없이 적용할 수 있다는 뜻이다. 최근 무작위대조시험은 집단 진행자가 3일 워크숍 이후 지속적인 자문과 코칭을 제공받을 때, 지속적인 코칭을 받지 않는 진행자와 비교해 진행자의 숙련도, 치료 엄수, 전달 충실성이 증가되는 것으로 나타났다(Webster-Stratton, Reid, & Marsenich, 2014).

요약 및 결론

이 장에서는 IY 부모, 교사, 아동 시리즈가 아동의 행동 문제를 위한 예방과 치료 및 아동의 사회정서적 역량을 촉진하는 중요한 요소로서 어떻게 아동주도 놀이에서 네 가지 유형의 코칭을 사용하고 모델링, 코칭, 연습 지침, 격려를 통한 문제 해결 역할놀이를 사용하는지 중점적으로 살펴보았다. 집중적이고, 규칙적인 아동주도 놀이, 코칭, 역할놀이는 IY 프로그램의 성공적인 결과에 필수적이고 중요한 요소이다. 이론적으로 부모, 교사, 치료사와 아동 간에 더 긍정적이고 사랑스러운 관계를 형성하는 결과를 가져오고, 프로그램의 훈육 요소를 성공적으로 이끄는 토대를 마련한다. 또한 놀이 상호작용은 아동에게 차례 지키기, 기다리기, 공유하기, 제안하기, 사과 또는 칭찬하기, 감정 공유하기 또는 협력하고 타협하기와 같은 중요한 사회기술을 가르치는 데 유용하다. 사례 예시는 이러한 놀이 상호작용이 특정 아동의 발달 수준에 맞춤 적용되며, 가정이나 교실 상황에서 부모 또는 교사의 특정 필요를 고려하는 것이 얼마나 중요한지 보여 주었다.

어떤 다른 치료법과 마찬가지로, '달의 마법' 같은 것은 없다. 감정, 생각 및 행동을 변화시키는 것은 부모, 교사, 치료자 및 아동에게 힘든 작업이다. 진행 성과는 종종 미세한 차이로 측정되며, 참여자에게는 개선과 더불어 후퇴할 수도 있음을 조언해 준다. 프로그램의 어느 시점에서든지 아동과 작업하는 사람은 아동의 진행 성과에 진전이 없고 좌절의 느낌이 들면 아동주도 놀이와 코칭 방법의 피라미드 기초로 돌아갈 것을 권장한다. 성인-아동 관계의 강화를 통해 재연결하는 것은 종종 힘든 영역에서 진전을 이루어 내는 비결이다.

사례 예시

치료 19주째, 케빈은 복잡한 레고 모델을 만들고 있는 아동에게 다가갔다. 그는 잠시

지켜보더니 다음과 같이 말했다. "멋지다. 내가 도와줘도 돼?" 다른 아동은 반응하지 않았고, 케빈은 기다렸다. 그리고 다시 물었다. 케빈처럼 충동적인 아동이 잠시 멈추어 놀이에 참여할 수 있는지 물어볼 수 있게 된 것은 눈에 띄는 행동 변화였다. 그의 다음 반응은 더욱 인상적이었다. 레고를 만들고 있는 아동은 도움이 필요 없다고 말했고, 케빈은 실망스러워 보였지만 치료사를 향해 요청했다. "저, 레고를 만드는 것을 도와주시겠어요?" 이 상호작용에서 케빈은 사회기술을 사용하여 긍정적인 사회적 상호작용을 시도했고, 그의 제안이 거절되었을 때 차분하게 조절할 수 있었다. 어려운 사회적 상호작용에서 그의 충동성을 통제할 수 있는 능력은 케빈과 같은 아동에게는 큰 발전이며, 학교와 삶에서의 성공적인 경험을 위해서 필수적인 자기 통제와 자기 조절의 시작이다.

▌▌ 참고문헌

Ainsworth, M. D. S., Bell, S. M., & Stayton, D. J. (1974). Infant-mother attachment and social development: 'Socialization' as a product of reciprocal responsiveness to signals. In M. Richards (Ed.), *The integration of the child into the social world* (pp. 99-135). Cambridge, England: Cambridge University Press.

Axline, V. M. (1969). *Play therapy.* New York, NY: Ballantine Books.

Baer, D. M., Wolf, M. M., & Risley, T. R. (1968). Some current dimensions of applied behavior analysis. *Journal of Applied Behavior Analysis, 1,* 91-97. http://dx.doi.org/10.1901/jaba.1968.1-91

Bakermans-Kranenburg, M. J., van IJzendoorn, M. H., & Juffer, F. (2003). Less is more: Meta-analyses of sensitivity and attachment interventions in early childhood. *Psychological Bulletin, 129,* 195-215. http://dx.doi.org/10.1037/0033-2909.129.2.195

Bandura, A. (1977). *Social learning theory.* Englewood Cliffs, NJ: Prentice Hall.

Bandura, A. (1989). Regulation of cognitive processes through perceived self-efficacy. *Developmental Psychology, 25,* 729-735. http://dx.doi.org/10.1037/0012-1649.25.5.729

Barkley, R. A. (1996). Attention deficit/hyperactivity disorder. In E. J. Mash & R. A.

Barkley (Eds.), *Child psychopathology* (pp. 63-112). New York, NY: Guilford Press.

Belsky, J., & de Haan, M. (2011). Annual Research Review: Parenting and children's brain development: The end of the beginning. *Journal of Child Psychology and Psychiatry, 52*(4), 409-428. http://dx.doi.org/10.1111/j.1469-7610.2010.02281.x

Cicchetti, D., Rogosch, F. A., & Toth, S. L. (2006). Fostering secure attachment in infants in maltreating families through preventive interventions. *Development and Psychopathology, 18*, 623-649. http://dx.doi.org/10.1017/S0954579406060329

Coie, J. D., Dodge, K. A., & Kupersmidt, J. B. (1990). Peer group behavior and social status. In S. R. Asher & J. D. Coie (Eds.), *Peer rejection in childhood* (pp. 17-59). New York, NY: Cambridge University Press.

Eames, C., Daley, D., Hutchings, J., Whitaker, C. J., Jones, K., Hughes, J. C., & By water, T. (2009). Treatment fidelity as a predictor of behaviour change in parents attending group-based parent training. *Child: Care, Health and Development, 35*, 603-612. http://dx.doi.org/10.1111/j.1365-2214.2009.00975.x

Eyberg, S. M., Funderburk, B. W., Hembree-Kigin, T. L., McNeil, C. B., Querido, J. G., & Hood, K. K. (2001). Parent-child interaction therapy with behavior problem children: One and two year maintenance of treatment effects in the family. *Child & Family Behavior Therapy, 23*, 1-20. http://dx.doi.org/10.1300/J019v23n04_01

Funderburk, B. W., Eyberg, S. M., Newcomb, K., McNeil, C. B., Hembree-Kigin, T., & Capage, L. (1998). Parent-child interaction therapy with behavior problem children: Maintenance of treatment effects in the school setting. *Child & Family Behavior Therapy, 20*, 17-38. http://dx.doi.org/10.1300/J019v20n02_02

Hanf, E., & Kling, J. (1973). *Facilitating parent-child interactions: A two-stage training model.* Unpublished manuscript, University of Oregon Medical School, Portland.

Loeber, R., Wung, P., Keenan, K., Giroux, B., Stouthamer-Loeber, M., Van Kammen, W. B., & Maugham, B. (1993). Developmental pathways in disruptive child behavior. *Development and Psychopathology, 5*, 103-133. http://dx.doi.org/10.1017/S0954 579400004296

Piaget, J., & Inhelder, B. (1962). *The psychology of the child.* New York, NY: Basic

Books.

Raver, C. C., & Knitzer, J. (2002). *Ready to enter: What research tells policy makers about strategies to promote social and emotional school readiness among three- and four-year-old children.* New York, NY: National Center for Children in Poverty.

Reddy, L. A., Spencer, P., Hall, T. M., & Rubel, D. (2001). Use of developmentally appropriate games in child group training program for young children with attention-deficit/hyperactivity disorder. In A. A. Drewes, L. J. Carey, & C. E. Schaefer (Eds.), *School-based play therapy* (pp. 256–274). New York, NY: Wiley.

Reddy, L. A., Springer, C., Files-Hall, T. M., Benisz, E. S., Hauch, Y., Braunstein, D., & Atamanoff, T. (2005). Child ADHD multimodal program: An empirically supported intervention for young children with ADHD. In L. A. Reddy, T. M. Files-Hall, & C. E. Schaefer (Eds.), *Empirically based play interventions for children* (pp. 145–167). Washington, DC: American Psychological Association. http://dx.doi.org/10.1037/11086-009

Schoenwald, S. K., Sheidow, A. J., & Letourneau, E. J. (2004). Toward effective quality assurance in evidence-based practice: Links between expert consultation, therapist fidelity, and child outcomes. *Journal of Clinical Child and Adolescent Clinical Psychology, 33,* 94–104. http://dx.doi.org/10.1207/S15374424JCCP3301_10

Sroufe, L. A., Carlson, E. A., Levy, A. K., & Egeland, B. (1999). Implications of attachment theory for developmental psychopathology. *Development and Psychopathology, 11,* 1–13. http://dx.doi.org/10.1017/S0954579499001923

Tremblay, R. E., Japel, C., Pérusse, D., McDuff, P., Boivin, M., Zoccolillo, M., & Montplaisir, J. (1999). The search for the age of "onset" of physical aggression: Rousseau and Bandura revisited. *Criminal Behaviour and Mental Health, 24,* 129–141.

van IJzendoorn, M. H., Juffer, F., & Duyvesteyn, M. G. C. (1995). Breaking the intergenerational cycle of insecure attachment: A review of the effects of attachment-based intervention son maternal sensitivity and infant security. *Child Psychology & Psychiatry, 36,* 225–248.

Webster-Stratton, C. (1990). Long-term follow-up of families with young conduct problem children: From preschool to grade school. *Journal of Clinical Child*

Psychology, 19, 144-149. http://dx.doi.org/10.1207/s15374424jccp1902_6

Webster-Stratton, C. (1999). How to promote children's social and emotional competence. London, England: Sage.

Webster-Stratton, C. (2006a). The Incredible Years: A trouble-shooting guide for parents of children ages 3-8 years. Seattle, WA: Incredible Years.

Webster-Stratton, C. (2006b). Treating children with early-onset conduct problems: Key ingredients to implementing The Incredible Years programs with fidelity. In K. T. Neill (Ed.), Helping others help children: Clinical supervision of child psychotherapy (pp. 161-175). Washington, DC: American Psychological Association. http://dx.doi.org/10.1037/11467-009

Webster-Stratton, C. (2012a). Blueprints for violence prevention, book eleven: The Incredible Years-Parent, Teacher, and Child Training Series. Seattle, WA: Incredible Years.

Webster-Stratton, C. (2012b). Collaborating with parents to reduce children's behavior problems: A book for therapists using The Incredible Years programs. Seattle, WA: Incredible Years.

Webster-Stratton, C. (2012c). Incredible teachers: Nurturing children's social, emotional, and academic competence. Seattle, WA: Incredible Years.

Webster-Stratton, C. (2013). Incredible Years: Parent and child programs for maltreating families. In S. Timmer & A. Urquiza (Eds.), Evidence-based approaches for the treatment of maltreated children (pp. 81-104). New York, NY: Springer.

Webster-Stratton, C., & Hammond, M. (1997). Treating children with early-onset conduct problems: A comparison of child and parent training interventions. Journal of Consulting and Clinical Psychology, 65, 93-109. http://dx.doi.org/10.1037/0022-006X.65.1.93

Webster-Stratton, C., & Herbert, M. (1994). Troubled families-problem children: Working with parents: A collaborative process. Chichester, England: Wiley.

Webster-Stratton, C., & Lindsay, D. W. (1999). Social competence and conduct problems in young children: Issues in assessment. Journal of Child Clinical Psychology, 28, 25-43. http://dx.doi.org/10.1207/s15374424jccp2801_3

Webster-Stratton, C., & Reid, M. J. (2010). The Incredible Years Parents, Teachers and Children Training Series: A multifaceted treatment approach for young children with conduct problems. In A. E. Kazdin & J. R. Weisz (Eds.), *Evidence-based psychotherapies for children and adolescents* (2nd ed., pp. 194-210). New York, NY: Guilford Press.

Webster-Stratton, C., Reid, M. J., & Beauchaine, T. P. (2013). One-year follow-up of combined parent and child intervention for young children with ADHD. *Journal of Clinical Child & Adolescent Psychology, 42*, 251-261.

Webster-Stratton, C., Reid, M. J., & Hammond, M. (2004). Treating children with early-onset conduct problems: Intervention outcomes for parent, child, and teacher training. *Journal of Clinical Child & Adolescent Psychology, 33*, 105-124. http://dx.doi.org/10.1207/S15374424JCCP3301_11

Webster-Stratton, C., Reid, M. J., & Stoolmiller, M. (2008). Preventing conduct problems and improving school readiness: Evaluation of The Incredible Years Teacher and Child Training Programs in high-risk schools. *Journal of Child Psychology and Psychiatry, 49*, 471-488. http://dx.doi.org/10.1111/j.1469-7610.2007.01861.x

Webster-Stratton, C., Reinke, W. M., Herman, K. C., & Newcomer, L. (2011). The Incredible Years teacher classroom management training: The methods and principles that support fidelity of training delivery. *School Psychology Review, 40*, 509-529.

Webster-Stratton, C., Rinaldi, J., & Reid, J. M. (2011). Long-term outcomes of Incredible Years parenting program: Predictors of adolescent adjustment. *Child and Adolescent Mental Health, 16*, 38-46. http://dx.doi.org/10.1111/j.1475-3588.2010.00576.x

Webster-Stratton, C. H., Reid, M. J., & Marsenich, L. (2014). Improving therapist fidelity during implementation of evidence-based practices: Incredible Years program. *Psychiatric Services, 65*, 789-795. http://psycnet.apa.org/doi/10.1176/appi.ps.201200177

파괴적 행동장애 아동을 위한
부모-아동 상호작용치료

Ashley T. Scudder, Amy D. Herschell, Cheryl B. Mcneil

부모-아동 상호작용치료(Parent-Child Interaction Therapy: PCIT; Eyberg, Nelson, & Boggs, 2008; McNeil & Hembree-Kigin, 2010)는 원래 파괴적 행동 문제가 있는 2세 반~7세 아동의 치료를 위해 고안된 증거기반 개입 프로그램이다. 또한 아동 신체 학대와 관련된 가혹한 양육행동을 치료하기 위한 증거기반 개입 프로그램이다[채드윅 아동가족센터(Chadwick Center for Children and Families), 2004]. 광범위하게 조사되지는 않았지만 다른 문제들(예: 분리불안)에 PCIT의 사용이 경험적으로 지지된 바 있다. 일반적으로 부모와 자녀는 매주 1시간씩 약 12~20주 동안 PCIT 임상가와 만난다. 결과 연구에서 프로그램을 마친 후 부모

http://dx.doi.org/10.1037/14730-009

Empirically Based Play Interventions for Children, Second Edition, L.A. Reddy, T. M. Files-Hall, and C. E. Schaefer (Editors)

기술이 향상되었고, 아동의 행동 문제가 감소되었으며, 부모의 고통이 감소하고, 가정 및 학교 환경에서와 치료에 참여하지 않은 형제자매에게서 일반화되는 결과가 나타났다(Herschell, Calzada, Eyberg, & McNeil, 2002).

이 장은 이 책의 첫 판(Reddy, Files-Hall, & Schaefer, 2005)에 포함된 Herschell과 McNeil(2005)의 글 원본을 업데이트한 것이다. 먼저 PCIT에 대한 간략한 개관(예: 이론적 토대, 목표, 구조)과 최신 연구를 제공하고, 그 후 임상 사례를 사용하여 지역사회 환경에서 PCIT를 실시하는 것을 설명하고자 한다.

PCIT 개관

이론적 토대

PCIT는 Hanf의 2단계 조작적 조건화(operant conditioning) 모델을 기반으로 개발되었고, 파괴적인 행동 문제가 있는 어린 아동을 치료하기 위해 설계된 Hanf의 프로그램으로부터 파생된 부모 훈련 프로그램 중 하나이다(Reitman & McMahon, 2013). PCIT는 부모와 아동이 함께하는 회기에서 특화된 기술의 코칭을 강조하며, 기술의 마스터 기준을 포함하고 있다. PCIT를 하는 동안 아동의 행동을 조성(shaping)하는 부모의 역할을 강조하면서, PCIT 임상가는 부모의 행동에 대해 직접적인 코칭을 제공하여 부모가 권위 있는(authoritative) 양육 스타일(Baumrind, 1967)을 채택하도록 돕는다. 이 양육 스타일은 아동이 최상의 결과를 달성하기 위해 단호한 한계 설정과 따뜻함의 균형이 중요함을 강조한다. 또한 아동의 행동 문제가 부모-자녀 관계에 의해 무심코 형성되고 유지될 수 있다고 주장하는 사회학습이론(Patterson, 1975)도 포함되었다. Patterson(1982)의 강압적 상호작용 이론에서는 부모-아동 상호 간에 상대의 행동에 영향을 미치며, 이는 부적 강화(negative reinforcement)에 의해 유지되는 강압적 순환을 만든다고 주장했다. 일관되고 공정한 한계를 가르치는 것,

지시한 것에 예측 가능한 조치를 취하는 것, 긍정적인 부모−아동 관계 맥락에서 아동의 부적절한 행동에 합리적이고 연령에 적절한 결과를 제공하는 방법으로 부모가 이런 상황을 관리할 수 있도록 돕는다.

치료 목표

PCIT는 부모와 아동이 습득해야 하는 특정한 기술을 강조한다. 부모의 목표는 일련의 기술을 개발하여 따뜻하고 긍정적인 관계를 형성하는 것과 건강하고 일관된 훈육이 균형을 이루는 것이다. 아동의 목표는 친사회적 행동(예: 조용한 놀이, 함께 나누기)의 증가와 부적절한 행동의 감소, 특히 비순응 행동과 공격성을 감소시키는 것이다. 부모와 아동의 목표는 모두 매 회기 시 양적으로 측정이 가능하며, 이러한 기술을 얼마나 빨리 습득하는지에 따라 PCIT 치료가 진행된다.

PCIT의 구조

치료 구조

PCIT에서는 아동과 빈번히 지속적으로 접촉하는 성인 양육자(예: 생물학적 부모, 위탁 부모, 조부모, 성인 형제)와 부모의 역할을 하는 사람이 '부모'로 고려되며, 치료에 참여할 수 있다. 부모와 아동은 모두 각 회기에 적극적으로 참여하고, 부모는 아동의 긍정적인 사회·정서·행동 발달에 영향을 미치는 '특화된' 기술을 배운다. PCIT는 아동주도 상호작용(Child-Directed Interaction: CDI)과 부모주도 상호작용(Parent-Directed Interaction: PDI)의 두 가지 단계로 구성되어 있다. CDI와 PDI는 모두 필요하나 아동의 문제 행동을 가장 효과적으로 감소시키기 위해서는 CDI가 PDI보다 앞서 진행되어야 한다(Eisenstadt, Eyberg, McNeil, Newcomb, & Funderburk, 1993). 치료는 일반적으로 다음을 포함한다.

즉, ① 아동·부모·가족 기능에 대한 치료 전 평가, ② 부모가 선택적 관심 기술을 배우는 CDI 교육회기, ③ 부모가 CDI 기술에 대한 현장 코딩과 코칭을 받는 CDI 코칭회기, ④ 부모가 효과적인 지시 기술을 배우고 아동의 순응 및 비순응에 따른 일관되고 예측 가능한 결과를 배우는 PDI 교육회기, ⑤ 부모가 훈육 절차를 사용하도록 현장 코딩과 코칭을 받는 PDI 코칭회기, ⑥ 아동·부모·가족 기능의 치료 후 평가이다(Eyberg & Funderburk, 2011 프로토콜 참조).

평가

치료 프로그램은 클리닉에서 종합적이고 복합적인 평가로 시작된다. 평가는 반구조화 임상 인터뷰, 부모 심리검사 그리고 아동주도 놀이, 부모주도 놀이, 정리하기의 세 가지 상황에서 부모와 아동의 상호작용을 관찰하는 구조화된 행동 관찰을 포함한다. 초기 평가는 가족에게 PCIT의 적합성을 결정하기 위해 고안되었고, 종종 아동의 행동과 기능을 폭넓게 측정하는 도구[예: 아동행동평가척도(Child Behavioral Checklist: CBCL); Achenbach & Rescorla, 2001; 아동행동진단시스템(Behavior Assessment System for Children); Reynolds & Kamphaus, 2002], 아동의 외현화 행동에 대한 상세한 부모 보고[예: Eyberg 아동행동평가척도(Eyberg Child Behavior Inventory: ECBI); Eyberg & Pincus, 1999], 부모의 양육 스트레스 척도[예: 부모양육 스트레스 검사(Parenting Stress Index); Abidin, 1995] 그리고 다이야딕 부모–아동 상호작용 코딩 시스템–III[Dyadic Parent-Child Interaction Coding System–III(DPICS–III); Eyberg, Nelson, Duke, & Boggs, 2005]을 사용한 구조화된 행동 관찰과 같은 표준화된 평가 도구를 활용한다. 치료 과정 전체의 치료의 초점과 결과에 대한 임상적 결정은 ECBI와 DPICS–III을 따른다. ECBI와 DPICS–III은 매 치료 회기에 작성하므로 임상가는 매주 아동의 행동과 부모 기술을 측정한 자료를 얻게 된다.

■ ECBI: 파괴적인 행동 문제에 대한 36문항 부모보고 척도인 ECBI는 2~16세

아동의 가정에 적합하다(Eyberg & Pincus, 1999). 부모가 이 척도를 작성하는 데 약 10분이 소요되며, 이는 치료에서 목표할 수 있는 구체적인 아동의 행동 목록을 임상가에게 제공한다. 각 문항에 대해 부모는 강도(1~7점)와 행동의 문제 여부(예 또는 아니오)를 평가한다. 강도척도는 아동 행동의 심각성에 대해 부모의 인식 여부를 점수로 매기게 되고, 문제척도는 아동의 행동이 얼마나 문제가 되는지에 대한 부모의 인식 여부를 측정한다.

■ DPICS–Ⅲ: 행동 코딩 시스템인 DPICS–Ⅲ(Eyberg et al., 2005)은 부모-아동 간의 사회적 상호작용의 질을 평가하기 위해 고안되었다. DPICS는 3~6세 아동과의 상호작용을 측정하는 데 경험적 지지를 얻었다. DPICS는 PCIT뿐 아니라 파괴적 행동을 보이는 아동을 위한 다른 부모훈련 개입 프로그램에서 치료를 안내하고 시간 경과에 따른 변화를 평가하기 위해 사용한다. PCIT에서는 치료 전 평가와 대부분의 치료 회기에서 부모-아동 상호작용의 질을 평가하고, 치료 과정 전반의 경과를 평가하는 데에 DPICS를 사용한다.

PCIT의 효능 및 효과

대학 부속 클리닉에서 제공하는 PCIT는 확실한 효능이 있다. 치료 결과 연구에서 아동의 행동 및 가족의 기능과 관련하여 큰 효과가 나타났다(Thomas & Zimmer-Gembeck, 2007). 부모의 긍정 반응과 부정 반응의 변화는 치료를 통해 나타나는데, 급속한 변화는 초기 세 회기에서 나타난다(Hakman, Chaffin, Funderburk, & Silovsky, 2009). PCIT 실시 후의 결과는 통제 조건보다 우수하다는 것이 밝혀졌다. 통제 조건에는 대기자 통제집단(Schuhmann, Foote, Eyberg, Boggs & Algina, 1998), 규범적 행동을 보이는 교실 통제집단, 다양한 수준의 파괴적 행동을 보이는 교실 통제집단 및 또래집단(Funderburk et al., 1998), 수정된 치료집단(Nixon, Sweeney, Erickson, & Touyz, 2003), 부모집단 직접(didactic)

훈련(Chaffin et al., 2004), 랩 어라운드 서비스(Chaffin et al., 2004), 치료 중도탈락(Boggs et al., 2004)이 포함된다. 또한 치료 완료 후 6년까지 PCIT 치료 효과가 지속됨이 입증되었다(Hood & Eyberg, 2003).

대학에서 실시된 결과 연구를 살펴본 리뷰 중 Kaminski, Valle, Filene과 Boyle(2008)은 신생아~7세 아동을 위한 행동적 부모훈련 프로그램에 대한 77편의 연구를 검토했다. PCIT는 큰 효과를 보여 주었는데, 이러한 효과와 관련된 세 가지 구성 요소를 포함하고 있다. 그것은 긍정적인 부모-아동 상호작용과 정서적 의사소통 기술 증가시키기, 부모에게 타임아웃 사용 교육하기, 양육의 일관성 교육하기이다. Thomas와 Zimmer-Gembeck(2007)은 13편의 PCIT 연구를 검토했는데, 아동의 행동 및 양육 스트레스의 변화에 큰 효과가 있음을 발견했다. Gallagher(2003)는 17편의 PCIT 결과 조사에 대한 검토를 했고, 모든 연구에서 PCIT의 아동 행동 개선이 통계적으로 유의미함을 발견했으며, 이 중 82%(17편 중 14편)는 임상적으로 유의미한 범위(치료 전 임상범위에서 치료 후 정상범위)였다.

연구들은 부모-아동 관계와 부모, 아동, 형제자매의 기능을 구체적으로 개선시켜 가족의 기능이 향상되었음을 보여 주었다. 치료 종결 후 부모는 반영적 경청과 칭찬의 증가, 비꼬는 말의 감소, 부모와 아동의 신체적 거리 근접성 증가를 보였다(Eisenstadt et al., 1993; Schuhmann et al., 1998). 부모와 교사는 아동의 행동문제 강도가 통계적, 임상적으로 유의미하게 감소하였고[부모의 ECBI와 교사의 Sutter-Eyberg 학생행동검사 강도 점수(Eyberg & Pincus, 1999) 치료 전과 후의 차이] 교실 순응도 비율이 40.7%에서 70.4%로 증가(McNeil, Eyberg, Eisenstadt, Newcomb, & Funderburk, 1991)했다고 보고했다. 또한 치료 효과는 치료받지 않은 형제자매에게도 일반화되는 것으로 나타났다(Brestan, Eyberg, Boggs, & Algina, 1997). 뿐만 아니라 부모는 부부 문제 감소(Eyberg & Robinson, 1982), 양육 기술에 대한 자신감 증가(Schuhmann et al., 1998), 부모의 정신병리 개선(경미한 우울 증상; Timmer et al., 2011)을 보고했다. 사회적 타당도와 관련하여 부모는 치료 내용 및 과정에 대하여 높은 만족도를 나타냈다(Brestan,

Jacobs, Rayfield, & Eyberg, 1999).

치료 효과는 시간이 지나도 유지되는 것으로 나타났다. Gallagher(2003)는 메타분석에 포함된 75%의 연구(n=17)가 추적 기간 동안 치료 효과가 유지된다고 보고했다. Eyberg 등(2001)은 치료 종결 1년 및 2년 후까지도 가정 환경에서 치료 효과가 지속되고 있음을 발견했다. 적은 수의 아동 샘플(n = 10)에서 Funderburk 등(1998)은 교실에서의 개선이 1년까지 유지되었지만, 18개월 후에는 개선이 감소되었음을 발견했다. 치료가 완료되기 전에 PCIT를 중단한 가정은 1년에서 3년 후에도 치료 시작 전과 동일한 행동이 나타났지만, PCIT를 완료한 가정은 치료 효과를 유지했다. PCIT 후 3년에서 6년까지의 기능에 대한 장기 추적관찰 연구에서 Hood와 Eyberg(2003)는 부모가 보고한 아동 행동 문제가 PCIT를 시작하기 전보다 덜 빈번하게 나타났고, 문제가 감소되었음을 발견했다. 또한 치료 시작 시점에서 시간이 지날수록 아동의 행동 문제는 더 감소하였는데, 이는 PCIT 치료 효과가 유지될 뿐만 아니라 아동이 지속적으로 호전되는 것을 시사한다.

다른 대상에게 PCIT 사용하기

원래 PCIT는 파괴적 행동장애[적대적 반항장애(ODD), 품행 장애 또는 달리 명시되지 않은 파괴적인 행동장애] 아동과 생물학적 부모를 치료하기 위해 개발되었다. 그러나 현재 PCIT는 신체 학대를 경험한 아동을 위한 증거기반 치료로 인정하고 있다(Chaffin et al., 2004; Thomas & Zimmer-Gembeck, 2007). 또한 PCIT는 그 외 다른 임상 문제를 보이는 아동과 부모를 대상으로 한 수많은 경험적 연구 및 사례 연구에서 탐구되었다. PCIT는 분리불안 장애(Pincus, Santucci, Ehrenreich, & Eyberg, 2008)와 우울증(Luby, Lenze, & Tillman, 2012) 같은 내재화 및 외현화 증상이 공존하는 아동을 대상으로 연구되었다(Chase & Eyberg, 2008). 또한 미숙아로 태어난 걸음마기 아동과 어린 아동(Bagner, Sheinkopf, Vohr, & Lester, 2010), 만성질환이 있는 아동(Bagner, Fernandez, & Eyberg, 2004), 지적장애(Bagner &

Eyberg, 2007), 주의력결핍과잉행동장애(ADHD; Matos, Bauermeister, & Bernal, 2009; Wagner & McNeil, 2008), 자폐스펙트럼장애(Hatamzadeh, Pouretemad, & Hassanabadi, 2010)와 같은 발달장애(McDiarmid & Bagner, 2005) 아동을 대상으로 연구되었다. PCIT는 일반적으로 2세 미만 및 7세 이상 아동에게는 적용되지 않는다. 그러나 전형적인 연령대를 벗어난 아동을 대상으로 예비 연구가 진행되었다(Bagner et al., 2010; Dombrowski, Timmer, Blacker, & Urquiza, 2005).

PCIT는 일반적인 학대(Fricker-Elhai, Ruggiero, & Smith, 2005)와 가정폭력 (Borrego, Gutow, Reicher, & Barker, 2008; Timmer, Ware, Urquiza, & Zebell, 2010) 이 있는 가족, 부모에게 가벼운 정신병리(우울한 어머니; Timmer et al., 2011) 가 있는 가족을 연구했다. 또 다른 연구는 양부모와 위탁부모(친척 및 비친척 이 보호; Timmer, Urquiza, & Zebell, 2006)를 대상으로 PCIT를 적용했다. 아프리카계 미국인(Fernandez, Butler, & Eyberg, 2011)과 라틴계 가정(멕시코계 미국인, McCabe & Yeh, 2009; 스페인어 사용 가정, Borrego, Anhalt, Terao, Vargas, & Urquiza, 2006; 푸에르토리코인, Matos et al., 2009) 그리고 호주(Nixon et al., 2003; Phillips, Morgan, Cawthorne, & Barnett, 2008), 중국(Yu, Roberts, Wong, & Shen, 2011), 이란(Hatamzadeh et al., 2010), 네덜란드(Abrahamse et al., 2012), 노르웨이(Bjørseth & Wormdal, 2005)와 같은 미국 이외의 국가에서도 효과적이고 수용할 만한 치료라는 것이 입증되었다.

연구 결과와 임상 경험에 따르면, 다음과 같은 대상에게는 PCIT의 효과가 덜 나타났는데, 현재 심각한 부부 갈등 또는 가족 혼란을 경험하고 있는 가정, 만성적이고 심각한 정신병리가 있는 부모(경계선 인격장애, 정신병적 장애, 약물의존, 주요우울장애)가 여기에 해당된다. 또한 아동 성학대의 가해 부모와 PCIT 를 진행하는 것은 잠재적으로 해로울 수 있다(McNeil & Hembree-Kigin, 2010).

모델 맞춤적용, 변형, 수정하기

PCIT의 맞춤적용(tailoring), 변형(adapting), 수정(modifying)은 자주 사용할

필요가 없고 임상적으로도 바람직하지는 않지만, 필요한 경우 임상 및 경험적으로 고려하여 조정해야 한다(Eyberg, 2005). Eyberg(2005, p. 200)에 의해 강조된 바와 같이, ① "맞춤적용이란 개별 사례의 고유한 특성에 맞추어 확립된 치료의 필수 요소를 집중적으로 사용하거나 전달 방식을 변경하는 것"을 말하며, ② "치료 변형이란 확립된 치료의 구조 또는 내용을 변경하는 것"을 말하고, ③ "치료 수정은 치료 개발자에 의한 확립된 치료의 보편적인 변경"을 의미한다. 클리닉기반의 PCIT 프로토콜은 이어폰장치(bug-in-the-ear), 일방경, 타임아웃 백업을 사용할 수 없는 환경에 적용하기 위해 약간의 조정이 이루어진다. 이러한 제한적인 환경에서 PCIT 임상가는 인룸(in-room) 코칭을 해야만 한다. 인룸 코칭의 놀이실은 부모와 아동이 나란히 앉고, 임상가는 아동의 반대편 쪽 부모의 약간 뒤에 위치하도록 구조화한다. 부모와 아동이 상호작용할 때, PCIT 임상가는 조용히 속삭이며 일방경 뒤에서 코칭할 때와 마찬가지로 동일한 강도와 질의 피드백을 제공하기 위해 노력한다. 부모와 아동에게 회기의 코칭 부분이 완료될 때까지 PCIT 임상가와의 대화를 피할 것을 가르쳐 준다. 인룸 코칭은 더 넓은 범위의 PCIT 프로토콜 내에서 효과가 있는 것으로 나타났다.

또한 PCIT는 가정 및 학교기반의 환경에 맞게 또는 집단기반 치료로 실시하기 위해 다소 조정을 거쳐 변형·적용되기도 하였다. 가정(in-home) PCIT는 교통편과 같은 치료의 장애물을 다루기 위해 임상적 및 개념적으로 탐구되었으며, 기술의 일반화를 돕기 위해 극심한 행동 문제가 있는 아동이나 자원이 부족한 가정을 위해서 클리닉기반 서비스와 결합해서 사용된다. PCIT 임상가는 해당 가족의 집으로 가서 클리닉기반 모델과 동일한 치료와 회기 구조의 PCIT를 실시하며 인룸 코칭을 사용한다. 이 접근법의 효과에 대한 연구는 소수 발표되었다. 그중 하나는 가정 PCIT와 가정 요소와 함께 제공된 클리닉기반 PCIT가 가정 요소가 없는 표준 PCIT에 비해 아동의 부적절한 행동을 줄이거나 부모의 기술 수준의 향상에 추가적인 이점을 보여 주지 못했다(Lanier et al., 2011). 그러나 연구들은 가정 PCIT가 부모의 스트레스 수준의 감소(Lanier et al., 2011; Timmer, Zebell, Culver, & Urquiza, 2010), 아동의 부적절한 행동에 대한 부모의 관대함 증가를 보고하였다(Timmer, Ware et al., 2010).

또한 집단 형식으로 진행된 PCIT 연구(Niec, Hemme, Yopp, & Brestan, 2005)에서는 아동복지체계의 가족에게 PCIT를 사용하기 전에 집단기반 동기 강화 참여 요소를 포함시키기도 하였다(Chaffin, Funderburk, Bard, Valle, & Gurwitch, 2011). PCIT는 교사-아동 상호작용치료/훈련(Teacher-Child Interaction Therapy/Training: TCIT)에서 교사를 훈련하여 교실 환경에서 실시할 수 있도록 변형되었으며, TCIT는 교실 타임아웃 수, 교사의 비난 감소, 구체적 칭찬 증가 및 교사가 관리할 수 있는 행동의 증가가 보고되었다(Lyon et al., 2009; Stokes, Tempel, Chengappa, Costello, & McNeil, 2011). 이러한 PCIT의 혁신은 기대되고 유망한 것으로 보이지만, 클리닉기반 PCIT가 획득한 경험적 지지의 수준에는 미치지 못한다.

PCIT를 다른 환경에서 적용하기

PCIT는 주로 대학 훈련센터(예: 플로리다대학교, 웨스트버지니아대학교) 또는 대학 부속 의료센터(예: 오클라호마대학 보건과학센터, UC 데이비스 의료센터)에서 제공된다. 최근 PCIT 클리닉은 다른 대학(예: 오번대학교, 센트럴미시간대학교, 텍사스테크대학교)과 대학 부속 의료센터(예: 듀크 의료센터, 아이오아대학교, 피츠버그대학교 의과대학, 테네시대학 보건과학센터)에 설립되었다. 역사적으로 PCIT 훈련은 도제(apprenticeship) 모델을 사용하여 실시되었다. 임상심리학 박사 과정 학생들은 숙련된 PCIT 트레이너의 개별 및 집단 슈퍼비전을 집중적으로 받으면서 경험이 더 풍부한 임상가와 함께 공동치료(cotherapy) 모델로 PCIT 훈련을 받고 실시했다. 그러나 PCIT가 광범위하게 시행되면서 다른 방식의 훈련과 슈퍼비전이 시도되었다.

미국 컨퍼런스(예: 미국심리학회, 행동 및 인지치료 협회)에서 입문 워크숍 및 프레젠테이션이 진행되었으며, 격년제로 PCIT 학술대회와 여러 주 및 지역 수준의 컨퍼런스도 개최되고 있다. 또한 PCIT는 케어시스템 안(Franco, Soler, &

McBride, 2005)에서와 많은 보조금으로 운영되는 프로그램[예: 듀크 기부금 학습 협력(Duke Endowment Learning Collaborative)]에서 실행되고 있다. 캘리포니아, 델라웨어, 아이오와, 펜실베이니아 주는 다양한 자금 출처의 후원으로 대규모의 보급을 노력해 왔다. PCIT가 보다 광범위하게 시행됨에 따라 실행에 대한 추가적인 지원과 지침을 제공하기 위해 PCIT 인터내셔널(PCIT International)이 설립되었다. 이에 따라 모든 수준의 필수 훈련 요건을 설명하는 PCIT 인터내셔널 훈련지침(PCIT 인터내셔널 훈련위원회, 2013)이 발표되었고, 훈련 이슈, 평생교육, 연구, PCIT 마스터 트레이너, 국제 개발, 커뮤니케이션, 홍보와 같은 부분을 다루기 위해 소위원회가 구성되었다.

훈련

현재 지역사회에서 실시되는 PCIT 훈련의 표준화된 모델은 없지만, PCIT 인터내셔널 지침(PCIT 인터내셔널 훈련위원회, 2013)에서는 교육과정 전반에 걸쳐 평가되는 임상가의 역량이 기술되어 있다. 훈련은 일반적으로 최소 40시간의 대면 훈련으로 진행되는데, 여기에 포함되는 내용은 ① PCIT의 이론적 근거, 평가, 치료 프로토콜 및 회기 구조에 관한 정보가 포함된 집중적인 직접 (didactic) 프레젠테이션, ② 비교적 간단한 사례에서부터 복잡한 사례에 이르는 비디오 자료 검토, ③ 대화식 토론, 모델링, 역할놀이와 아동 및 가족과의 실제 시범에 관한 것이다. 그러나 훈련 매뉴얼, 워크숍, 세미나만으로는 훈련에서 서비스 제공 상황으로 신뢰할 만하고 유능하게 기술이 이어지도록 하기에는 불충분하다고 나타났다(Herschell et al., 2009). 초기 대면 훈련에 이어 임상 수련생은 최소 두 가족이 PCIT를 졸업할 때까지 PCIT 트레이너에게 사례 컨설팅을 받아야만 하고, 모든 필수 훈련 역량을 충족할 때까지 계속해서 컨설팅을 필수적으로 받아야 한다. 몇몇 저자는 컨설팅에 원격의료기술 사용 (Funderburk, Ware, Altshuler, & Chaffin, 2008)과 임상사례 검토 시 피드백 제공을 위한 비디오 분석도구 사용(Wilsie & Brestan-Knight, 2012)과 같은 훈련 과정을 돕기 위해 기술적 지원을 사용하는 것을 검토하기 시작했다. Herschell 등은 PCIT 실행에 세 가지 훈련 모델을 비교하기 위해 주 전체를 대상으로 하는 실험을 통해 훈련 방법을 경험적으로 평가하는 과정에 있다(미국 국립정신건강연구소 연구지원 No. R01 MH095750).

PCIT 임상가의 치료 프로토콜 실행 평가

PCIT와 같은 증거기반 치료법에 대한 경험적 지지는 명확히 기술된 치료 프로토콜을 따르는 치료 결과 연구에 의해 제공되어 왔다. PCIT 임상가가 치료 모델의 충실성을 따라 개입하지 않는다면, 그들의 서비스의 효과성에 대한 확신이 감소될 것이다. 임상가가 치료 프로토콜을 면밀히 준수할 때 내담자의 결과 향상이 입증되었다(Henggeler, Melton, Brondino, Scherer, & Hanley, 1997). 성실성 체크리스트는 PCIT 치료 프로토콜에 포함되었고, 치료 프로토콜에 대한 충실도를 평가하고 훈련, 슈퍼비전, 컨설팅 및 사례 검토를 지원하기 위해 다양한 환경(예: 지역사회기반 기관, 대학기반 클리닉)에서 사용하도록 개발되었다. 지금까지 치료사의 행동이 PCIT 치료 결과에 미치는 영향에 대해 특별히 집중한 연구는 몇 되지 않는다. 그러나 기존 연구들은 치료사-부모 상호작용 요소가 핵심적임을 시사했다. 치료 초기의 치료사의 언어 행동과 의사소통 유형이 가족의 기술 개발과 치료 완수의 성공과 상관이 있음을 보여 주었다(Harwood & Eyberg, 2004; Herschell, Capage, Bahl, & McNeil, 2008). 훈련 시 임상가의 초기 태도는 다양한 수준의 사후 워크숍 훈련 지원에 대한 참여와 만족도 및 PCIT 사례 실시와 관련이 있는 것으로 나타났고(Nelson, Shanley, Funderburk, & Bard, 2012), 증거기반 실천에 대한 치료사의 특성과 태도는 보급과 실행 노력에 영향을 미치는 것으로 나타났다(Herschell, McNeil, & McNeil, 2004).

지역사회기반 기관 관점에서 고려해야 할 사항

PCIT를 지역사회기반 클리닉에서 실시할 때에는 더 큰 서비스 시스템 안에서 PCIT의 적합성에 대한 이해를 고려해야만 한다. 이것은 초기 착수 지원 확보, 소개 경로 확보, 주 및 연방 규정과 치료 충실도의 균형, 청구서 설정, 다양한 수준(예: 가족, 기관, 주 정부 서비스 시스템)에서의 효과에 대한 프로그램의 비용편익의 이해를 수반한다. 착수에는 PCIT에 대해 관리 및 담당 직원에게 PCIT에 대해 알려 주고(예: 초점 대상, 임상적 결과, 치료 형식), PCIT 임상 서비스를 지원하기 위해서 기관의 사례 의뢰 및 초기 면담 과정을 설명하는 등의 인프라가 필요하다. 다른 서비스와 마찬가지로 분명히 PCIT를 의뢰받을 수 있는 기반을 확인하는 것은 필수적이다. 대부분 또는 모든 지역에 존재하는 파괴적인 행동문제 아동을 위한 효과적인 조기 아동기 서비스에 대한 높은 수요 때문에 기관(예: 사례관리자) 및 지역사회(예: 아동보호전문기관, 학교, 소아과 병원)의 다른 전문가는 일반적으로 새로운 PCIT 서비스를 환영한다.

자료 주문(예: ECBI), 기술 장비 설치(예: 이어폰 장치, 일방경), 기존의 치료실 변형(예: 불필요한 가구 및 장난감 치우기, 타임아웃 백업 공간 만들기)을 조직화하기 위해 추가적인 지원이 필요할 수도 있다. 이러한 착수 비용을 고려해야만 하지만, PCIT는 표준 케어 대안보다 가장 비용-효율적[$1,441(약 154만 원)/아동]이라고 평가되고, 비용을 뺀 전체 효과는 한 아동 당 약 $3,749(약 400만 원)이다(Lee, Aos, & Miller, 2008). 지역사회 프로그램이 메디케이드(저소득층 의료 보조)에 PCIT 청구를 하는 내역은 각기 다르다(필라델피아 아동병원, 2009). 일부 지역에서는 PCIT가 향상된(enhanced) 서비스 비용으로 청구될 수 있다. 그러나 다른 지역에서는 표준 서비스로, 개별 아동 또는 개별 가족의 외래 치료로 비용을 계속 청구한다. 주 및 연방 규정에 대한 추가 지식은 정신건강 및 약물 남용 서비스의 공동위원회 및 주 사무소(The Joint Commission and state's Office of Mental Health and Substance Abuse Services: OMHSAS)와 같은 규제 기관과 협력함으로써 PCIT가 정확하게 사용되는 것을 보장하는 데 도움이 될 수 있다.

예를 들어, 펜실베이니아의 OMHSAS에서는 서비스 회보를 제작하여 타임아웃 방과 같은 치료 프로그램의 구성요소가 효과 면에서 어떻게 중요하며, 기존 규정을 준수하여 어떻게 사용할 수 있는지를 알려 주었다(Hodas, Herschell, & Mrozowski, 2013).

사례 예시

사례 의뢰

골드(Gold) 가족은 최근 아동 신체 학대 신고가 있은 후 아동보호기관(CPS)의 관리를 받게 되었다. CPS(child protective services)가 제공한 기록에 의하면, 골드 부인이 자신의 힘을 사용해서 아들을 제압하고 수차례 얼굴을 때리는 것이 목격되었다. 가족의 CPS 안전 계획의 일부로 골드 부인은 부모교육에 의뢰되었다. CPS 사례관리자는 가족의 안전을 우려하여 어린 아동이 있는 가족을 평가하고 치료하는 전문기관으로써 PCIT를 제공하는 지역 클리닉에서 골드 부인과 아들 제이든(Jayden)과 약속을 잡았다. 사례관리자는 이전에 이 기관의 PCIT 클리닉에 의뢰됐던 다른 가족의 성공을 지켜본 적이 있다.

평가

초기 면접 약속에서 골드 부인은 CBCL(Archenbach & Rescorla, 2001), ECBI(Eyberg & Picus, 1999), 부모양육 스트레스 검사(PSI; Abidin, 1995)를 포함한 몇 가지 표준화된 검사를 작성했다. 또한 그녀는 임상 면접 및 세 가지의 5분 상황(아동주도 놀이, 부모주도 놀이, 정리)으로 구성된 DPICS-III을 사용하여 코딩한 구조화된 행동 관찰에 제이든과 함께 참여했다.

초기 면접에서 수집된 정보에서 PCIT 임상가는 제이든이 4세의 아프리카계 미국인 남아이고, 사남매 중 한 명이라는 것을 알게 되었다. 생물학적 어머니인 골드 부인(24세)과 3명의 형제자매, 조던(Jordan, 8세), 제러마이아(Jeremiah, 2세), 마카일라(Makayla, 7개월)와 함께 살고 있었으며, 최근까지 골드 부인의 약혼자도 함께 동거하였다. 부모에게 제이든은 항상 키우기 힘든 아이였다. 영아기에는 많이 울어 진정시키기가 어려웠고, 걸음마기에는 한밤중에 깨는 패턴으로 선잠을 잤다. 제이든은 2년 이상 과잉 활동, 공격성, 반항, 파괴적 행동을 보였다.

골드 부인에 의하면, 그녀와 다른 아동이 자는 동안 제이든이 집에서 나간 것을 훈육한 이후에 이 가족의 사례가 접수되었다. 초기 면접 시 골드 부인은 탈진을 하였고, 제이든의 까다로운 행동과 사남매 사이에서 양육 책임에 균형을 맞추려는 결과로 수면의 어려움을 호소했다. 그녀는 가족의 지원이 거의 없고, 자녀를 돌보는 데 어려움을 느꼈다. 언어발달 평가 결과 제이든은 언어발달 지연 결과가 보고되었음에도 불구하고, 발달전문 어린이집에서는 그의 파괴적 행동(예: 교사로부터 달아나기)과 공격성(예: 때리기와 깨물기)에 대한 우려로 입학이 허가되지 않았다. 골드 부인은 그의 행동문제로 여러 어린이집에서 퇴학 당했고, 가족과 친구들은 돌봐 주기를 거부했으며, 이는 더 큰 스트레스를 가중시켜 골드 부인은 직장을 그만두고 집에서 제이든을 돌봐야만 했다. 가정에서의 제이든의 행동에 대해 질문했을 때, 그녀는 제이든이 난리를 피우는 것을 방지하기 위해 화장실에까지 따라오게 할 만큼 '껌딱지' 같다고 묘사했다. 또한 제이든의 행동을 다루기 위해 잠자는 동안 부적절한 행동을 하지 않도록 붙잡고 있는 등 상당히 많은 신체적 통제에 의존한다고 설명했다.

또한 골드 부인은 제이든이 아무 이유 없이 자주 자신과 마카일라를 때리고, 화가 나면 자신의 장난감이나 집안의 다른 물건을 부순다고 이야기했다. 골드 부인은 제이든이 감정격분행동을 하거나 행동이 악화될 경우, 또는 제이든을 진정시키지 못하는 경우가 되면, 나머지 자녀의 필요와 안전을 확보하기 위해 보통 그들을 다른 방으로 이동시킨다고 말했다. 가족의 사례관리자가 염려를 표현하자, 골드 부인은 '부모로서 실패'하고 있고, 자신이 양육받은 '나쁜' 방식으로 똑같이 자녀를 양육하고 있는 것에 대해 많은 죄책감을 느꼈다고 보고했다. 그녀는 다루어야 할 필요가 있는 문제를 인식하고 있었지만 필수 부모교육 수업이 효과가 있을지에 대해서는 회의적이었다.

표준화된 평가 척도는 제이든이 임상적으로 유의미한 수준의 파괴적 행동을 보이고 있음을 확인해 주었다. 골드 부인의 CBCL T점수는 외현화(T=97)와 총 문제(T=92) 척도에서 임상적으로 높았다. 골드 부인은 ECBI에서 강도점수 203(T=80)과 문제점수 31(T=81)로 파괴적 행동이 임상적으로 유의미한 강도 및 문제임을 나타냈다. 치료 전 행동 관찰에서 골드 부인은 반영하기와 같은 긍정적 양육 행동을 보여 주었다. 아동주도 놀이 관찰에서 골드 부인은 칭찬 문장 0, 반영 문장 2, 묘사 문장 0, 질문 12, 간접 지시 9, 직접 지시 7개를 했다. 부모주도 놀이와 정리 상황의 관찰에서도 비슷한 패턴이 보였다. 제이든은 골드 부인의 지시에 30% 순응하였다. 그녀의 지시 중 약 40%는 제이든이 순응할 기회가 없었다. 이는 이 연령대의 아동의 순응 규준 수준(약 62%; Eyberg & Robinson, 1982)에 훨씬 미치지 못하는 것이다. 수집된 모든 정보를 고려하여 PCIT 임상가는 제이든에게 ODD 진단을 내렸고, V코드에 부모-아동 관계 문제를 기록했으며, 골드 부인과 제이든이 함께 PCIT에 참여할 것을 권장하였다.

아동주도 상호작용(CDI)

초기 면접에서 논의된 것처럼, 골드 부인은 그 다음 주에 PCIT 임상가와 CDI 교육회기에 참여하여 PCIT에 대해 배우기 위해 혼자 참석하였다. 이 한 시간의 미팅 동안 PCIT 임상가는 각 기술을 하나씩 제시하고, 그에 대한 설명과 이유를 제공하고, 제이든의 구체적인 행동에 각 기술을 적용하는 방법의 예시를 보여 주었다. 회기 내 PCIT 임상가는 골드 부인의 양육 강점을 강조하였다. 또한 PCIT 기술이 골드 부인의 기존 기술과 제이든과의 관계를 더 향상시키고, 가족으로서 더 안전하게 상호작용하는 방법을 제공하고, 제이든의 파괴적 행동을 감소시키며, 그의 언어를 향상시킬 것이라고 설명했다. 골드 부인은 가정에서 매일 제이든과 5분 동안 일대일 특별시간(child-directed interaction: CDI)을 갖는 것에 동의했다. 가정 내 연습을 실시한 것과 특별 시간이나 한 주 동안에 생긴 질문이나 염려스러운 것을 메모하도록 기록지가 제공되었다.

가정의 CPS 사례 관리자는 골드 부인과 제이든을 그다음 회기에 데려왔다. 제이든에게 간략하게 설명한 후 PCIT 임상가는 골드 부인과 함께 작성해 온 가정 내 연습기록지를 검토했다. 그녀는 7일 중 4일을 연습했고, 놀이할 때 제이든이 여전히 과격하다고 보고했다. PCIT 임상가는 행동의 개선은 이루어지겠지만 시간이 걸릴 것이라는 것을 골드 부인과 논의했다. PCIT 임상가는 골드 부인이 가정 내에서 연습을 하기 위해 노력한 점을 인정해 주었고, 규칙적으로 이러한 특별 시간을 가지는 것이 제이든의 행동을 더 빨리 개선하는 데 도움이 될 것이라는 것을 강조했다.

PCIT 임상가는 골드 부인이 이어폰 장치를 정확하게 착용하도록 도와준 후, 5분 DPICS−III 코딩을 실시하기 위해 놀이실을 떠나 관찰실로 이동했다. 이 코딩에서 초기 평가보다 골드 부인의 구체적 칭찬 사용이 증가했고, 지시는 약간 감소했다. 또한 골드 부인은 구체적 칭찬이 가장 어려울 것이라고 언급했기 때문에 그녀와 PCIT 임상가는 그 회기 동안 구체적 칭찬의 사용을 늘리기로 결정했다. PCIT 임상가는 이어폰 장치를 통해 개선된 점을 강조했고, 코칭하는 동안 골드 부인이 구체적 칭찬을 더 많이 사용하도록 돕는 데 중점을 두었다. 가족이 의뢰된 이유를 고려하고 제이든의 과격한 놀이가 관찰되었기 때문에 PCIT 임상가는 코칭 시간 내내 제이든과 골드 부인이 차분하고 부드럽고 안전하게 행동하는 것을 알아차리는 데 집중했다. 어느 날, 제이든은 골드 부인이 놀지 못하도록 장난감을 바닥에 내던지기 시작했다. PCIT 임상가는 골드 부인에게 선택적 관심을 사용하고, 파괴적 행동에는 관심을 주지 않고 자신이 모델링하는 놀이 행동에 관심을 보이면서 주의를 다른 곳으로 돌리도록 코칭했다. 제이든이 블록을 하나 집어 도와주기 시작하자마자 곧바로 골드 부인은 얌전한 손에 대한 구체적 칭찬을 하도록 코칭받았다. 30분 코칭을 마친 후 PCIT 임상가는 제이든에게 계속 장난감을 가지고 놀도록 하고 골드 부인과 잠시 만났다. 그 회기 및 부모가 숙달해야 하는 기술에 대해 골드 부인과 함께 그래프를 검토하고, 다음 주 가정 연습에 대해 논의했다.

그 회기 후 PCIT 임상가는 CDI 놀이 동안 제이든의 공격적인 행동에 대해 기관의 슈퍼바이저에게 슈퍼비전을 요청했다. 또한 격주로 이루어지는 PCIT 전화 자문에서 PCIT 트레이너와 훈련 그룹의 다른 PCIT 임상가로부터 피드백을 구했다. 임상가는 자신이 성공적으로 문제를 해결했으며, 첫 CDI 회기에서 부모에게 과격한 놀이 행동에 대한 관심을 거두고 다른 곳으로 관심을 돌리도록 한 자신의 코칭 접근에 다른 임상가들이 동의한다는 말에 격려를 받았다. 다른 사람들의 권고사항을 따라 PCIT 임상가는 제이든이 더 차분한 놀이 행동을 발전시킬 때까지 딱딱하지 않은 장난감을 선택하는 등 놀이실을 조정하였고, 계속해서 선택적 관심 기술을 사용하도록 골드 부인을 코칭했다. 골드 부인이 CDI 기술의 마스터 기준(5분 관찰 동안 구체적 칭찬 10, 행동묘사 10, 반영 10; 질문, 지시, 비난 3개 이하)에 도달할 때까지 골드 부인과 제이든은 추가적으로 다섯 번의 CDI 코칭 회기에 참여했다. 각 회기는 10~15분 체크인, 5분 행동 관찰, 30분 코칭, 회기에서 사용한 골드 부인의 기술 검토 및 과제 계획 10분을 포함하는 비슷한 형식을 따랐다.

부모주도 상호작용(PDI)

치료의 CDI 단계와 비슷하게 PDI는 골드 부인이 혼자 참석하는 대화식의 PDI 교육회기로 시작되었다. 이 시간 동안 PCIT 임상가는 PDI의 개관, 효과적인 지시 사용, 아동의 순응과 비순응 구분법을 설명했다. 순응에는 구체적 칭찬이 권장되었고, 비순응에는 간결하고 매우 구조화된 타임아웃 절차가 권장되었다. PCIT 임상가는 골드 부인과 PDI의 각 구성요소를 검토하고, 모델링하고, 역할놀이를 하면서 가정에서 연습하기 전에 회기 내에서 함께 이 절차를 연습하는 것의 중요성을 강조했다. 골드 부인이 훈육하는 동안 차분하게 자신감을 유지하도록 도와주고, 어려운 문제가 발생할 때 문제 해결을 지원할 수 있도록 처음 절차를 진행하는 동안 치료사가 골드 부인을 코칭하는 것의 유용성에 대해 함께 논의했다. 골드 부인은 다음 한 주 동안 제이든에게 PDI 기술을 사용하지 않는 것에 동의했다.

골드 부인은 그다음 주에 제이든과 함께 참석했다. 첫 PDI 코칭 회기를 시작할 때 PCIT 임상가는 골드 부인과 PDI 절차를 간략하게 복습했고, 그러고 나서 골드 부인이 제이든에게 PDI 절차를 설명하는 동안 이어폰 장치를 사용하여 그녀를 코칭했다. 골드 부인은 눈에 띄게 불안해했다. 그래서 PCIT 임상가는 골드 부인이 얼마나 잘 준비되었는지, 얼마나 빠르게 CDI 기술을 학습했는지, 그리고 PCIT 임상가가 그녀를 지지하기 위해 함께할 것이라는 것을 강조했다. 이 회기에서 PCIT 임상가의 코칭 스타일은 지지적이며, 지시적이고, 상황에 앞서 주도하고, 아동의 행동 수준에 맞추어 빠른 속도로 진행하여 아동과 부모가 성공할 수 있도록 불필요한 행동의 악화를 예방할 수 있어야 한다. 이 회기 동안 제이든은 타임아웃을 한 번 경험했으며, 회기를 마칠 때에는 어머니의 지시를 따르게 되었다. 회기를 마칠 때 PCIT 임상가는 골드 부인의 인내심을 축하해 주고 함께 회기를 검토했고, 제이든과 매일 CDI 연습을 지속하는 것의 중요성을 강조했다. 골드 부인이 더 자신감이 생길 때까지 가정에서 타임아웃을 연습하기 전에 다음 회기에서 계속 함께 연습하기로 결정했다.

다음 7회의 PDI 회기 동안 제이든의 행동, 특히 순응은 계속 개선되었고 타임아웃에 가는 일도 거의 없었다. 제이든이 더 순응적이고 그의 정서 조절을 잘할 수 있게 되자 골드 부인은 자신감이 생기고 기술을 잘 활용하였으며, PDI 회기는 '가정 규칙' 세우기, 제이든의 형제자매를 회기에 포함시켜 함께 나누기 연습하기, 공공장소에서 기술 사용하기와 같은 실제 생활 상황에서 연습하는 데 중점을 두었다.

치료 완료

16회기에서 골드 부인은 CDI와 PDI 기술의 마스터 기준을 충족했다. PCIT 임상가는 초기 평가 때 작성한 표준화된 검사(CBCL, ECBI, PSI)를 다시 작성하도록 요청했다. 골드 부인은 이전에 높은 점수였던 CBCL과 ECBI 점수 모두 정상범위라고 보고했다. 즉, CBCL 외현화(T=55), CBCL 총 문제척도(T=56), ECBI 강도 점수 108(T=53), ECBI 문제 점수 9(T=52)였다. 골드 부인과 제이든은 클리닉에 한 번 더 방문하여 '졸업 회기'에 참석하도록 초대되었다. PCIT 임상가, 골드 부인, 제이든은 초기와 마지막 회기의 행동 관찰을 시청하고(골드 부인은 비디오녹화에 동의했다.), 가족의 성공에 대해 돌아보았다. PCIT 임상가, 골드 부인, CPS 사례관리자, 제이든은 함께 부모 기술과 아동 행동의 눈에 띄는 개선을 보이는 비디오자료를 주목하며 변화된 것을 강조했다. 이에 골드 부인에게 치료 졸업장을 증정하고, 제이든에게는 좋은 행동상을 주었다.

결론
· · · · ·

PCIT는 유아기의 파괴적 행동 장애의 치료로 시작되었다. 과학자-임상가들은 임상적 적용과 경험적 조사를 통해 치료 프로그램을 연구했다. 그 후 PCIT는 아동 신체 학대 가정을 위한 증거기반 치료로 여겨진다. 시간이 흐르면서 PCIT는 의미 있는 연구 결과를 반영하기 위해 수정되었다. 그것은 여전히 부모-자녀 관계를 향상시키는 것과 동시에 아동의 행동에 일관되고 예측 가능한 결과를 제공하는 것에 집중하는 전문적인 기술을 가르침으로써 아동의 문제 행동을 다루도록 부모를 안내하는 12~20주 치료 프로그램이다. PCIT가 더 넓게 실행되고 적용됨에 따라 표준 PCIT 모델의 강력한 효과성이 입증되었다. 또한 지역사회 환경에서 PCIT를 사용하는 것은 가족의 치료 접근을 개선하고, 더 종합적이고 효과적인 돌봄(care)을 제공할 수 있는 가능성을 열어 준다.

▮▮▮ 참고문헌

Abidin, R. R. (1995). *Parenting stress index: Professional manual* (3rd ed.). Odessa, FL: Psychological Assessment Resources.

Abrahamse, M. E., Junger, M., Chavannes, E. L., Coelman, F. J. G., Boer, F., & Lindauer, R. J. L. (2012). Parent-child interaction therapy for preschool children with disruptive behaviour problems in the Netherlands [Advance online publication]. *Child and Adolescent Psychiatry and Mental Health, 6*, 24. http://dx.doi.org/10.1186/1753-2000-6-24

Achenbach, T. M., & Rescorla, L. A. (2001). *Manual for ASEBA school-age forms & profiles.* Burlington, VT: University of Vermont, Research Center for Children, Youth, & Families.

Bagner, D. M., & Eyberg, S. M. (2007). Parent-child interaction therapy for disruptive behavior in children with mental retardation: A randomized controlled trial. *Journal of Clinical Child & Adolescent Psychology, 36*, 418-429. http://dx.doi.org/10.1080/15374410701448448

Bagner, D. M., Fernandez, M. A., & Eyberg, S. M. (2004). Parent-child interaction therapy and chronic illness: A case study. *Journal of Clinical Psychology in Medical Settings, 11*, 1-6. http://dx.doi.org/10.1023/B:JOCS.0000016264.02407.fd

Bagner, D. M., Sheinkopf, S. J., Vohr, B. R., & Lester, B. M. (2010). Parenting intervention for externalizing behavior problems in children born premature: An initial examination. *Journal of Developmental and Behavioral Pediatrics, 31*, 209-216. http://dx.doi.org/10.1097/DBP.0b013e3181d5a294

Baumrind, D. (1967). Child care practices anteceding three patterns of preschool behavior. *Genetic Psychology Monographs, 75*, 43-88.

Bjørseth, A., & Wormdal, A. K. (2005). Parent-child interaction therapy in Norway. *Tidsskrift for Norsk Psykologforening, 42*, 693-699.

Boggs, S. R., Eyberg, S. M., Edwards, D., Rayfield, A., Jacobs, J., Bagner, D., & Hood, K. (2004). Outcomes of parent-child interaction therapy: A comparison of treatment completers and study dropouts one to three years later. *Child & Family Behavior Therapy, 26*(4), 1-22. http://dx.doi.org/10.1300/J019v26n04_01

Borrego, J., Jr., Anhalt, K., Terao, S. Y., Vargas, E., & Urquiza, A. J. (2006). Parent-child interaction therapy with a Spanish-speaking family. *Cognitive and Behavioral Practice, 13*, 121-133. http://dx.doi.org/10.1016/j.cbpra.2005.09.001

Borrego, J., Jr., Gutow, M. R., Reicher, S., & Barker, C. H. (2008). Parent-child interaction therapy with domestic violence populations. *Journal of Family Violence, 23*, 495-505. http://dx.doi.org/10.1007/s10896-008-9177-4

Brestan, E. V., Eyberg, S. M., Boggs, S., & Algina, J. (1997). Parent-child interaction therapy: Parent perceptions of untreated siblings. *Child & Family Behavior Therapy, 19*(3), 13-28. http://dx.doi.org/10.1300/J019v19n03_02

Brestan, E. V., Jacobs, J., Rayfield, A., & Eyberg, S. M. (1999). A consumer satisfaction measure for parent-child treatments and its relation to measures of child behavior change. *Behavior Therapy, 30*, 17-30. http://dx.doi.org/10.1016/S0005-7894(99)80043-4

Chadwick Center for Children and Families. (2004). *Closing the quality chasm in child abuse treatment: Identifying and disseminating best practices.* San Diego, CA: Author.

Chaffin, M., Funderburk, B., Bard, D., Valle, L. A., & Gurwitch, R. (2011). A combined motivation and parent-child interaction therapy package reduces child welfare recidivism in a randomized dismantling field trial. *Journal of Consulting and Clinical Psychology, 79*, 84-95. http://dx.doi.org/10.1037/a0021227

Chaffin, M., Silovsky, J. F., Funderburk, B., Valle, L. A., Brestan, E. V., Balachova, T., . . . Bonner, B. L. (2004). Parent-child interaction therapy with physically abusive parents: Efficacy for reducing future abuse reports. *Journal of Consulting Clinical Psychology, 72*, 500-510. Retrieved from http://www.ncbi.nlm.nih.gov/pubmed/15279533

Chase, R. M., & Eyberg, S. M. (2008). Clinical presentation and treatment outcome for children with comorbid externalizing and internalizing symptoms. *Journal of Anxiety Disorders, 22*, 273-282. http://dx.doi.org/10.1016/j.janxdis.2007.03.006

Children's Hospital of Philadelphia. (2009). *States billing parent-child interaction therapy to Medical.* Philadelphia, PA: PolicyLab.

Dombrowski, S. C., Timmer, S. G., Blacker, D. B., & Urquiza, A. J. (2005). A positive behavioural intervention for toddlers: Parent-child attunement therapy. *Child Abuse Review, 14,* 132-151.

Eisenstadt, T. H., Eyberg, S. M., McNeil, C. B., Newcomb, K., & Funderburk, B. (1993). Parent-child interaction therapy with behavior problem children: Relative effectiveness of two stages and overall treatment outcome. *Journal of Clinical Child Psychology, 22,* 42-51. http://dx.doi.org/10.1207/s15374424jccp2201_4

Eyberg, S. M. (2005). Tailoring and adapting parent-child interaction therapy to new populations. *Education & Treatment of Children, 28,* 197-201.

Eyberg, S. M., & Funderburk, B. (2011). *Parent-child interaction therapy protocol.* Gainesville, FL: PCIT International.

Eyberg, S. M., Funderburk, B. W., Hembree-Kigin, T. L., McNeil, C. B., Querido, J. G., & Hood, K. K. (2001). Parent-child interaction therapy with behavior problem children: One and two year maintenance of treatment effects in the family. *Child & Family Behavior Therapy, 23*(4), 1-20. http://dx.doi.org/10.1300/J019v23n04_01

Eyberg, S. M., Nelson, M. M., & Boggs, S. R. (2008). Evidence-based psychosocial treatments for children and adolescents with disruptive behavior. *Journal of Clinical Child & Adolescent Psychology, 37,* 215-237. http://dx.doi.org/10.1080/15374410701820117

Eyberg, S. M., Nelson, M. M., Duke, M., & Boggs, S. R. (2005). *Manual for the dyadic parent-child interaction coding system* (3rd ed.). Gainesville, FL: PCIT International.

Eyberg, S. M., & Pincus, D. (1999). *Eyberg child behavior inventory and Sutter-Eyberg student behavior inventory-revised professional manual.* Odessa, FL: Psychological Assessment Resources.

Eyberg, S. M., & Robinson, E. A. (1982). Parent-child interaction training: Effects on family functioning. *Journal of Clinical Child Psychology, 11,* 130-137.

Fernandez, M., Butler, A., & Eyberg, S. M. (2011). Treatment outcome for low socioeconomic status African American families in parent-child interaction therapy: A pilot study. *Child & Family Behavior Therapy, 33*(1), 32-48. http://dx.doi.org/10.1080/07317107.2011.545011

Franco, E., Soler, R. E., & McBride, M. (2005). Introducing and evaluating parent–child interaction therapy in a system of care. *Child and Adolescent Psychiatric Clinics of North America, 14*, 351–366. http://dx.doi.org/10.1016/j.chc.2004.11.003

Fricker-Elhai, A. E., Ruggiero, K. J., & Smith, D. W. (2005). Parent-child interaction therapy with two maltreated children in foster care. *Clinical Case Studies, 4*, 13–39. http://dx.doi.org/10.1177/1534650103259671

Funderburk, B. W., Eyberg, S. M., Newcomb, K., McNeil, C. B., Hembree-Kigin, T., & Capage, L. (1998). Parent-child interaction therapy with behavior problem children: Maintenance of treatment effects in the school setting. *Child & Family Behavior Therapy, 20*(2), 17–38. http://dx.doi.org/10.1300/J019v20n02_02

Funderburk, B. W., Ware, L. M., Altshuler, E., & Chaffin, M. (2008). Use and feasibility of telemedicine technology in the dissemination of parent–child interaction therapy. *Child Maltreatment, 13*, 377–382. Retrieved from http://cmx.sagepub.com/content/13/4/377.short

Gallagher, N. (2003). Effects of parent-child interaction therapy on young children with disruptive behavior disorders. *Bridges: Practice-Based Research Syntheses, 1*(4), 1–17. Retrieved from http://sc-boces.org/english/IMC/Focus/parent-child_interaction_theory.pdf

Hakman, M., Chaffin, M., Funderburk, B., & Silovsky, J. F. (2009). Change trajectories for parent–child interaction sequences during parent–child interaction therapy for child physical abuse. *Child Abuse & Neglect, 33*, 461–470. http://dx.doi.org/10.1016/j.chiabu.2008.08.003

Harwood, M. D., & Eyberg, S. M. (2004). Therapist verbal behavior early in treatment: Relation to successful completion of parent–child interaction therapy. *Journal of Clinical Child & Adolescent Psychology, 33*, 601–612. http://dx.doi.org/10.1207/s15374424jccp3303_17

Hatamzadeh, A., Pouretemad, H., & Hassanabadi, H. (2010). The effectiveness of parent–child interaction therapy for children with high functioning autism. *Procedia: Social and Behavioral Sciences, 5*, 994–997. http://dx.doi.org/10.1016/j.sbspro.2010.07.224

Henggeler, S. W., Melton, G. B., Brondino, M. J., Scherer, D. G., & Hanley, J. H. (1997). Multisystemic therapy with violent and chronic juvenile offenders and their families: The role of treatment fidelity in successful dissemination. *Journal of Consulting and Clinical Psychology, 65,* 821–833. http://dx.doi.org/10.1037/0022–006X.65.5.821

Herschell, A. D., Calzada, E. J., Eyberg, S. M., & McNeil, C. B. (2002). Parent–child interaction therapy: New directions in research. *Cognitive and Behavioral Practice, 9,* 9–16. http://dx.doi.org/10.1016/S1077–7229(02)80034–7

Herschell, A. D., Capage, L. C., Bahl, A. B., & McNeil, C. B. (2008). The role of therapist communication style in parent–child interaction therapy. *Child & Family Behavior Therapy, 30*(1), 13–35. http://dx.doi.org/10.1300/J019v30n01_02

Herschell, A. D., & McNeil, C. B. (2005). Parent-child interaction therapy for children experiencing externalizing behavior problems. In L. A. Reddy, T. M. Files–Hall, & C. S. Schaefer (Eds.), *Empirically based play interventions for children* (pp. 169–190). Washington, DC: American Psychological Association. http://dx.doi.org/10.1037/11086–010

Herschell, A. D., McNeil, C. B., & McNeil, D. W. (2004). Child clinical psychology's progress in disseminating empirically supported treatments. *Clinical Psychology: Science and Practice, 11,* 267–288. http://dx.doi.org/10.1093/clipsy.bph082

Herschell, A. D., McNeil, C. B., Urquiza, A. J., McGrath, J. M., Zebell, N. M., Timmer, S. G., & Porter, A. (2009). Evaluation of a treatment manual and workshops for disseminating, parent–child interaction therapy. *Administration and Policy in Mental Health and Mental Health Services Research, 36,* 63–81. http://dx.doi.org/10.1007/s10488–008–0194–7

Hodas, G., Herschell, A. D., & Mrozowski, S. (2013). *The use of time-out in parent-child interaction therapy in Pennsylvania: Policy statement clarification from Pennsylvania Office of Mental Health and Substance Abuse Services.* Unpublished manuscript.

Hood, K. K., & Eyberg, S. M. (2003). Outcomes of parent-child interaction therapy: Mothers' reports of maintenance three to six years after treatment. *Journal of*

Clinical Child & Adolescent Psychology, 32, 419-429. http://dx.doi.org/10.1207/
S15374424JCCP3203_10

Kaminski, J. W., Valle, L. A., Filene, J. H., & Boyle, C. L. (2008). A meta-analytic
review of components associated with parent training program effectiveness. *Journal
of Abnormal Child Psychology, 36,* 567-589. http://dx.doi.org/10.1007/s10802-007-
9201-9

Lanier, P., Kohl, P. L., Benz, J., Swinger, D., Moussette, P., & Drake, B. (2011). Parent-
child interaction therapy in a community setting: Examining outcomes, attrition, and
treatment setting. *Research on Social Work Practice, 21,* 689-698. http://dx.doi.
org/10.1177/1049731511406551

Lee, S., Aos, S., & Miller, M. (2008). *Evidence-based programs to prevent children from
entering and remaining in the child welfare system: Interim report.* Olympia, WA:
Washington State Institute for Public Policy.

Luby, J., Lenze, S., & Tillman, R. (2012). A novel early intervention for preschool
depression: Findings from a pilot randomized controlled trial. *Journal of Child
Psychology and Psychiatry, 53,* 313-322. http://dx.doi.org/10.1111/j.1469-7610.
2011.02483.x

Lyon, A. R., Gershenson, R. A., Farahmand, F. K., Thaxter, P. J., Behling, S., &
Budd, K. S. (2009). Effectiveness of Teacher-Child Interaction Training (TCIT)
in a preschool setting. *Behavior Modification, 33,* 855-884. http://dx.doi.org/
10.1177/0145445509344215

Matos, M., Bauermeister, J. J., & Bernal, G. (2009). Parent-child interaction therapy
for Puerto Rican preschool children with ADHD and behavior problems: A pilot
efficacy study. *Family Process, 48,* 232-252. http://dx.doi.org/10.1111/j.1545-5300.
2009.01279.x

McCabe, K., & Yeh, M. (2009). Parent-child interaction therapy for Mexican Americans:
A randomized clinical trial. *Journal of Clinical Child and Adolescent Psychology, 38,*
753-759. http://dx.doi.org/10.1080/15374410903103544

McDiarmid, M. D., & Bagner, D. M. (2005). Parent-child interaction therapy for children
with disruptive behavior and developmental disabilities. *Education and Treatment of*

Children, 28, 130-141.

McNeil, C. B., Eyberg, S., Eisenstadt, T. H., Newcomb, K., & Funderburk, B. (1991). Parent-child interaction therapy with behavior problem children: Generalization of treatment effects to the school setting. Journal of Clinical Child Psychology, 20, 140-151. http://dx.doi.org/10.1207/s15374424jccp2002_5

McNeil, C. B., & Hembree-Kigin, T. L. (2010). Parent-child interaction therapy (2nd ed.). New York, NY: Springer. http://dx.doi.org/10.1007/978-0-387-88639-8

Nelson, M. M., Shanley, J. R., Funderburk, B. W., & Bard, E. (2012). Therapists' attitudes toward evidence-based practices and implementation of parent-child interaction therapy. Child Maltreatment, 17, 47-55. http://dx.doi.org/10.1177/1077559512436674

Niec, L. N., Hemme, J. M., Yopp, J. M., & Brestan, E. V. (2005). Parent-child interaction therapy: The rewards and challenges of a group format. Cognitive and Behavioral Practice, 12, 113-125. http://dx.doi.org/10.1016/S1077-7229(05)80046-X

Nixon, R. D. V., Sweeney, L., Erickson, D. B., & Touyz, S. W. (2003). Parent-child interaction therapy: A comparison of standard and abbreviated treatments for oppositional defiant preschoolers. Journal of Consulting and Clinical Psychology, 71, 251-260. http://dx.doi.org/10.1037/0022-006X.71.2.251

Patterson, G. R. (1975). Families: Application of social learning to family life. Champaign, IL: Research Press.

Patterson, G. R. (1982). Coercive family process. Eugene, OR: Castalia.

PCIT International Training committee. (2013). Training guidelines for parent-child interaction therapy. Gainesville, FL: PCIT International. Retrieved from http://www.pcit.org/training-guidelines/

Phillips, J., Morgan, S., Cawthorne, K., & Barnett, B. (2008). Pilot evaluation of parent-child interaction therapy delivered in an Australian community early childhood clinic setting. Australian & New Zealand Journal of Psychiatry, 42(8), 712-719. http://dx.doi.org/10.1080/00048670802206320

Pincus, D., Santucci, L., Ehrenreich, J., & Eyberg, S. M. (2008). The implementation of modified parent-child interaction therapy for youth with separation anxiety disorder. *Cognitive and Behavioral Practice, 15,* 118-125. http://dx.doi.org/10.1016/j.cbpra.2007.08.002

Reddy, L. A., Files-Hall, T. M., & Schaefer, C. E. (Eds.). (2005). *Empirically based play interventions for children.* Washington, DC: American Psychological Association. http://dx.doi.org/10.1037/11086-000

Reitman, D., & McMahon, R. J. (2013). Constance "Connie" Hanf (1917-2002): The mentor and the model. *Cognitive and Behavioral Practice, 20,* 106-116.

Reynolds, C. R., & Kamphaus, R. W. (2002). *The clinician's guide to the Behavior Assessment System for Children (BASC).* New York, NY: Guilford Press.

Schuhmann, E. M., Foote, R. C., Eyberg, S. M., Boggs, S. R., & Algina, J. (1998). Efficacy of parent-child interaction therapy: Interim report of a randomized trial with short-term maintenance. *Journal of Clinical Child Psychology, 27,* 34-45. http://dx.doi.org/10.1207/s15374424jccp2701_4

Stokes, J. O., Tempel, A. B., Chengappa, K., Costello, A. H., & McNeil, C. B. (2011). Teacher-child interaction training: Description, historical underpinnings, and case example. In R. J. Newley (Ed.), *Classrooms, management, effectiveness and challenges* (pp. 77-92). New York, NY: Nova Science.

Thomas, R., & Zimmer-Gembeck, M. J. (2007). Behavioral outcomes of parent-child interaction therapy and triple p-positive parenting program: A review and meta-analysis. *Journal of Abnormal Child Psychology, 35,* 475-495. http://dx.doi.org/10.1007/s10802-007-9104-9

Timmer, S. G., Ho, L. K., Urquiza, A. J., Zebell, N. M., Fernandez, Y., Garcia, E., & Boys, D. (2011). *The effectiveness of parent-child interaction therapy with depressive mothers: The changing relationship as the agent of individual change.* Retrieved from http://www.ncbi.nlm.nih.gov/pubmed/21479510

Timmer, S. G., Urquiza, A. J., & Zebell, N. (2006). Challenging foster caregiver-maltreated child relationships: The effectiveness of parent-child interaction therapy. *Children and Youth Services Review, 28,* 1-19. http://dx.doi.org/10.1016/j.childyouth.2005.01.006

Timmer, S. G., Ware, L. M., Urquiza, A. J., & Zebell, N. M. (2010). The effectiveness of parent-child interaction therapy for victims of interpersonal violence. *Violence and Victims, 25*(4), 486-503. http://dx.doi.org/10.1891/0886-6708.25.4.486

Timmer, S. G., Zebell, N., Culver, M. A., & Urquiza, A. J. (2010). Efficacy of adjunct in-home coaching to improve outcomes in parent-child interaction therapy. *Research on Social Work Practice, 20*, 36-45. http://dx.doi.org/10.1177/1049731509332842

Wagner, S., & McNeil, C. B. (2008). Parent-child interaction therapy for ADHD: A conceptual overview and critical literature review. *Child & Family Behavior Therapy, 30*, 231-256. http://dx.doi.org/10.1080/07317100802275546

Wilsie, C. C., & Brestan-Knight, E. (2012). Using an online viewing system for parent-child interaction therapy consulting with professionals. *Psychological Services, 9*, 224-226.. http://dx.doi.org/10.1037/a0026183

Yu, J., Roberts, M., Wong, M., & Shen, Y. (2011). Acceptability of behavioral family therapy among caregivers in China. *Journal of Child and Family Studies, 20*, 272-278. http://dx.doi.org/10.1007/s10826-010-9388-1

아동 ADHD 다중양식 프로그램:
인지행동 집단 놀이치료

Linda A. Reddy

주의력결핍과잉행동장애(ADHD)는 이질적인 신경인지 장애로서, 정신건강 전문가에게 의뢰되는 아동에게서 가장 흔하게 볼 수 있는 장애 중 하나이다. 현재 모든 학령기 아동의 3~5%가 이 장애를 가지고 있는 것으로 추정되고, 이는 한 교실에 약 두 명의 아동에 해당된다고 볼 수 있다(DuPaul & Stoner, 2014). ADHD 아동은 가정과 학교에서 계획, 주의 집중, 조직 및 자기 통제에 있어 어려움을 경험하여 학업, 사회 또는 행동 기능에 부정적인 영향을 미친다(DuPaul & Stoner, 2014; Reddy, Weissman, & Hale, 2013b). ADHD는 특정 학습장애, 파괴적 행동장애, 기분장애, 불안장애 그리고 틱장애와 높은 공존율을 보여 혼동하

http://dx.doi.org/10.1037/14730-010
Empirically Based Play Interventions for Children, Second Edition, L.A. Reddy, T. M. Files-Hall, and C. E. Schaefer (Editors)

게 만든다(Perou et al., 2013). 또 이 장애의 복잡한 특성은 실무자들의 식별, 교육, 치료 과정을 어렵게 한다(Reddy, Weissman, & Hale, 2013a). 이에 대부분의 학자와 실무자는 아동, 교사, 부모를 포함하는 발달적으로 섬세한 다중양식 치료를 권장한다(Reddy, Newman, & Verdesco, 2015a, 2015b).

목적
· · · · ·

이 장에서는 ADHD를 진단받은 8세 반 미만의 아동에게 경험적으로 지지된 집단 개입인 아동 ADHD 다중양식 프로그램(Child ADHD Multimodal Program: CAMP)에 대해 설명한다. CAMP는 아동, 부모, 교사를 훈련하기 위해 고안되었다. CAMP 훈련은 90분 회기로 10주 연속 진행되며, 이 기간 동안 아동과 부모는 개별적이지만 동시에 훈련을 받는다. 아동 집단 훈련은 친사회적 기술과 자기 통제 기술을 목표로 하는 인지행동 기법과 집단 놀이치료(인지행동 집단 놀이치료, Cognitive-Behavioral Group Play Interventions: CB-GPI)을 통합한다(Reddy, 2012). 행동 자문(Behavioral Consultation: BC)은 가정과 학교에서 부모와 담임 교사에게 개별적으로 제공된다. 이 장에서는 집단 놀이치료의 가치와 증거의 개요, CAMP 개입의 구성 요소, 아동 집단훈련 회기의 예시 그리고 CAMP의 증거 및 재현(replication) 연구의 요약을 제공한다.

집단 놀이치료의 가치와 증거
· ·

학자들은 '특정 행동을 해야 하는 적절한 때와 장소에서 자연스럽게 그 행동을 수행하는 것'에 중점을 두는 ADHD 개입을 주장했다(Barkley, 1998, p. 65). 따라서 학교, 가정, 놀이터와 같이 아동이 공부하고 놀이하는 상황에서 기술을 가르칠 때 개입은 가장 효과적이다. 집단 놀이치료는 자연스러운 환경에서 중요한 기술을 가르치면서 ADHD 아동의 관심과 동기를 확보할 수 있는 효과적인 방법이다(Reddy, 2010, 2012). 집단 놀이치료[발달적으로 적절한 게임 또는 DAG(Developmentally Appropriate Game)라고도 함]는 아동에게 자연스럽게 또래와 상호작용하고 적절한 행동을 배울 수 있는 기회를 제공한다. DAG는 실무자에게 언제 그리고 어떻게 아동 사이에서 사회적 문제나 기회가 발생하는지에 대한 중요한 정보를 제공한다. 또한 자연스러운 놀이 환경에서 아동들을 치료하면, 시간이 경과한 후에도 치료 효과가 유지되고, 학교, 가정, 지역사회와 같은 다른 환경에서 치료 효과를 일반화할 가능성도 높아진다(Hoag & Burlingame, 1997; Reddy et al., 2005). DAG는 ADHD 아동이 새로운 기술을 습득하고, 이전에 학습한 내용을 연습하며, 다른 아동과 함께 즐거운 학습 환경을 경험하는 중요한 방법을 제공한다(Reddy, 2010, 2012).

DAG는 다음의 네 가지 원칙에 기반한 총체적 활동이다.

1. 각 아동은 자신의 능력 수준에서 참여할 수 있는 기회가 있다.
2. 각 아동이 게임을 하면 참여 기회가 증가된다.
3. 그룹 멤버를 제거하는 것은 불가능하다. 결과적으로 아동은 더욱 적극적인 그룹 구성원이 되어 더 큰 협력, 응집력 및 문제 해결 능력을 발휘한다.
4. 능력이 각기 다른 아동들은 서로 긍정적으로 상호작용할 수 있다(Reddy, 2012).

따라서 DAG에 참여하는 아동은 친밀하게 연합하게 되고 긍정적인 사회적 상호작용을 통해 타인의 성장을 격려할 수 있다. 또한 DAG는 아동이 끈기를 가지고 대안을 시도할 수 있도록 사회적·학업적·행동적/신체적으로 도전을 준다.

연구에 따르면, DAG는 정규 교육과정, 정서장애 및 지각장애 학생들의 참여, 협력, 사회기술, 자기 개념, 공격성, 시각 운동 기술을 향상시키는 데 전통적인 학교기반 게임보다 더 도움이 된다(Ferland, 1997; Reddy, 2012; Reddy et al.,

2005). DAG 범위에 대한 실무자의 인식을 높이기 위해 DAG에 대한 일부 증거를 통합하여 제시했다. 예를 들어, Baggerly와 Parker(2005)는 22명의 아프리카계 미국인 초등학교 남학생을 대상으로 아동중심 집단 놀이치료(9~11회기, 주 1회)를 연구했다. 그 결과, 자신감, 행동, 사회기술, 감정 표현, 자신과 타인을 수용하는 정도에서 개선을 나타냈다.

　　Bay-Hinitz와 Wilson(2005)은 공격적인 취학 전 아동 70명(4~5세)을 대상으로 협동게임 치료의 효과성을 조사했다. 이 치료는 공격적인 행동을 감소시키기 위해 교사주도의 협동 보드게임과 기타 협력 활동을 사용했다. 그 결과, 치료에 참여한 아동은 전통적인 경쟁 게임에 참여한 아동보다 높은 참여도 및 친사회적 행동을 더 많이 보였다. Orlick(1988), Garaigordobil과 Echebarria(1995)도 유사한 결과를 보고했다. Garaigordobil과 Echebarria는 6~7세 아동 178명을 대상으로 협동게임 프로그램(22회기)을 실시하여 교실 행동(예: 리더십, 쾌활함, 다른 사람에 대한 민감성/존중, 공격성, 무관심, 불안)에 큰 개선을 보였다. 또한 Schneider(1989)는 17회기 동안 36명의 유치원생의 자존감에 대해 DAG와 자유놀이의 효과를 비교했다. 교사와 아동의 자기보고에서 DAG에 참여한 학생들이 더 높은 수준의 사회적 행동과 자존감을 보였다.

　　소수 연구는 장애아동의 증상 개선을 나타냈다. Shen(2002)은 대만의 지진 피해 아동 30명(8~12세)을 대상으로 한 실험 연구에서 단기 아동중심 집단 놀이치료의 효과를 조사했다. 개입 집단의 아동은 통제 집단보다 훨씬 낮은 불안과 자살 위험 행동을 보였다. 또한 Rennie(2000)는 적응에 어려움(예: 위축, 불안, 우울)을 보이는 유치원생의 치료에서 개인 및 집단 놀이치료의 효과를 조사했다. 적응에 어려움을 보이는 유치원생들은 초등학교에서 12주 동안 12~14회, 45분의 집단 놀이치료를 받았다. 그 결과, 집단 및 개별 놀이치료에 참여한 아동이 통제 집단보다 행동 문제가 더 많이 감소한 것으로 나타났다. 또한 Hand(1986)의 연구에서는 집단 놀이치료(16주)가 전통적인 쉬는 시간의 게임에 비해 정서 장애가 있는 것으로 분류된 아동(10~12세)의 언어 및 신체적 공격성을 더 크게 감소시키는 것으로 나타났다. 지각장애 및 공격성을 보이는 아동(5~12세)을 대상으로 DAG(1시간 회기, 주 2회, 총 16주)를 사용한 부모-아동 집단 훈련 프로그램은 사회기술 및 특정 지각 운동 기술(예: 시각 운동 기술, 시력, 신체 인식)을 향상시켰다. 마찬가지로, 부모 평가에서 또래 상호작용, 그룹 참여, 가정과 학교에서의 규칙 준수의 향상을 나타냈다(Reed, Black, & Eastman, 1978).

이 책의 다른 프로그램은 DAG의 유용성에 대한 실질적인 증거를 보여 주었다(제2, 7, 10장 참조). 실험 및 유사 실험 연구를 사용한 Reddy와 동료들은 부모 및 교사 훈련 회기와 CB-GPI에 참여한 ADHD 아동의 파괴적이고 공격적인 행동이 감소된 것을 발견했다(CAMP; Reddy, 2010, 2012; Reddy, Spencer, Hall, & Rubel, 2001; Reddy et al., 2005; Springer & Reddy, 2010).

아동 ADHD 다중양식 프로그램(CAMP)의 구성 요소

CAMP는 별도(동시)의 아동 및 부모 집단 훈련과 개별 부모 및 교사 BC의 두 가지 훈련 요소를 포함한다. 지면의 제한으로 인해 이 장에서는 아동 집단 훈련 회기의 예시만 자세히 설명하고자 한다.

아동 집단 훈련

ADHD 아동 집단 훈련은 인지행동 기법과 집단 놀이기술 및 개입을 통합하여 사회기술, 자기 통제, 분노 및 스트레스 관리를 촉진하도록 고안되었다. 아동 프로그램은 사회학습이론과 결손행동 모델(Bandura, 1973), 공격성대체훈련(Goldstein, 1988; Reddy & Goldstein, 2001), 협동게임 문헌(Torbert, 1994)에 부분적으로 기반을 두고 있다.

아동 훈련은 회기당 90분, 주 1회, 총 11회의 훈련 회기로 진행한다. 각 집단에는 약 8~10명의 아동이 참여한다. 아동 2명당 성인 치료사 한 명을 권장한다. 아동 집단 훈련은 집단 구조 및 행동 동기부여 시스템 소개(교육) 및 강화,

집단 놀이 기술 시퀀스(sequence), 집단 놀이 개입 등이다. 마지막 회기는 프로그램에 참여한 아동과 부모를 위한 졸업식으로 진행된다. 이때 약 15명을 수용할 수 있는 카펫이 깔린 방을 사용한다.

각 회기가 시작될 때, 집단의 규칙(예: 말하기 전에 손을 들기)과 집단의 구조(예: 그룹 목표 검토, 스티커 시상, 타임아웃 또는 화장실 패스 사용)를 검토한다. 각 훈련 회기 동안 긍정적인 행동을 모니터링하고 강화하기 위해 토큰경제체제를 사용한다. 아동들은 ① 지시 따르기, ② 내 생각과 감정을 언어로 표현하기, ③ 손과 발을 가만히 두기의 세 가지 목표에 따라 보상을 받는다. 아동은 집단 회기에서 세 가지 목표의 하나를 달성할 때 각각 스티커/포인트 하나를 획득할 수 있다. 집단 스티커 차트를 공개한다. 집단을 마칠 때마다 각 아동은 치료사의 도움을 받아 회기 중에 각 목표를 얼마나 잘 달성했는지 평가한다. 아동이 각 목표를 달성하여 얻은 별표를 집단 스티커 차트의 아동 이름 옆에 붙인다. 그리고 아동은 달성한 목표의 수에 대응하는 스티커를 선택하여 자신의 스티커 북에 붙인다. 스티커 북은 프로그램 졸업식(11회기)에서 아동에게 수여한다.

타임아웃은 집단에서 긍정적인 자기 통제 기술로 사용된다. 아동에게 타임아웃을 취하는 것은 처벌이 아니라 오히려 자기 통제를 회복하기 위한 긍정적인 기술임을 설명해 준다. 이 프로그램에서는 아동을 정해진 시간(예: 아동의 나이×1분) 동안 타임아웃에 두지 않는다. 대신, 아동이 손, 발, 입을 통제를 할 수 있을 때까지 타임아웃 상태를 유지하도록 교육하는데, 예를 들어, 어떤 아동은 45~60초 동안 타임아웃에 있는 반면, 다른 아동은 2~3분 동안 타임아웃에 남아 있을 수 있다. 치료사는 타임아웃을 모델링한다. 아동에게 그들의 행동을 모니터링하고 스스로 타임아웃을 시작하도록 격려한다. 아동은 스스로 타임아웃을 주도하는 것과 어른이 타임아웃을 지시할 때 순응하는 것에 대해 언어적 칭찬을 받는다. 타임아웃의 절차에는 ① 손을 들기, ② 이름이 불릴 때까지 기다리기, ③ 타임아웃을 요청하기, ④ '타임아웃 패스'를 타임아웃 의자로 가져가기가 포함된다. 타임아웃 패스는 다른 사람에게 아동이 쉬고 있으며, 혼자 있게 두어야 한다는 것을 비언어적으로 알리기 위해 사용된다. 타임아웃에서 몇 분(1~2분)이 지나면 치료사는 아동에게 다가가 타임아웃을 하는 것에 대해 인정해 주고 집단으로 돌아올 준비가 되었는지 아동이 평가하도록 도와 준다.

이와 같은 타임아웃은 세 단계로 진행된다. 1단계 타임아웃은 집단 방의 먼 쪽에 위치한 특정 의자를 지정한다. 이 단계에서는 아동이 집단 활동에 직접적으로 관여하지 못하게 거리를 둔다. 2단계 타임아웃은 집단 방 바로 바깥에 위치한 의자이다. 이 단계에서는 아동을 집단 활동으로부터 더 멀리 떨어져 있게 하면서 아동에게 시각 및 청각 자극의 수준을 감소시킨다. 3단계 타임아웃은 다른 방에 있는 의자이다. 3단계 타임아웃은 집단 활동의 시각 및 청각 자극을 제거한다. 2단계 또는 3단계 타임아웃을 실행할 때에는 치료사가 아동과 동행한다. 2단계 또는 3단계 타임아웃을 하는 아동은 연속해서 몇 분 동안 더 낮은 단계의 타임아웃에 앉아 있어야 하며, 점진적으로 집단 활동으로 복귀해야 한다(예: 2단계 타임아웃에 있는 아동은 집단 활동으로 복귀하기 전에 1단계 타임아웃에 가야만 한다.).

집단 놀이 기술 시퀀스

집단 놀이 기술 시퀀스는 모델링, 역할놀이, 어른과 또래의 피드백을 통해 아동에게 친사회적 기술을 가르치는 데 사용되는 단계별 행동 접근법이다. 집단 놀이 기술 시퀀스는 집단 놀이치료에 성공적으로 참여할 수 있도록 아동을 훈련시키고 준비시키기 위해 만들어졌다. 총체적으로, 행동 단계는 기술 시행을 나타낸다(아동 집단 회기 부분의 도움 요청하기와 다른 사람을 도와주기 기술 시퀀스 참조).

집단 놀이 기술 시퀀스는 ① 서면 및 구두 설명, ② 모델링(성인의 기술 시범), ③ 역할놀이(기술 연습과 시연의 기회), ④ 수행 피드백(빈번한 구체적 칭찬과 기술 수행에 대한 교정 피드백)의 네 가지 방법을 통해 가르치고 강화된다. 각 기술의 행동 단계는 그룹 앞에 놓인 이젤에 기록된다. 아동 또는 치료사가 각 단계를 소리 내어 읽은 다음, 단계를 설명하고 논의한다. 각 기술 시퀀스는 세 가지 방식으로 모델링과 역할놀이를 하는데, 그것은 ① 두 명의 치료사가 모델링하기, ② 한 명의 치료사와 아동이 모델링하기, ③ 치료사의 도움을 받아 두 명의 아동이 모델링하기이다. 가르친 기술의 역할놀이는 가정, 학교 및 또래 집단의 사회적 맥락에서 실시한다. 역할놀이를 하는 동안, 아동이 역할놀이를 하는 다른 아동에게 박수를 치며 칭찬하도록 격려한다(Reddy, 2012의 기타 기술 이전 및 유지 보수 절차 참조).

집단 놀이치료

집단 놀이 기술 시퀀스는 집단 놀이치료(DAG)의 실행을 통해 습득된다. 집단 놀이치료는 이전에 설명한 네 가지 원칙을 준수한다. 아동 집단 훈련에는 사회 기술, 충동 조절, 분노/스트레스 관리를 촉진하기 위해 여러 가지 기술 시퀀스와 DAG를 포함한다. 기술 교육 주제에 포함되는 내용은 다음과 같다. 즉, 멋진 대화 사용하기, 지시 따르기, 다른 사람들과 함께 쓰기, 다른 사람들을 돕기, 도움을 요청하기, 자신과 타인의 두려움, 슬픔, 분노 감정을 알아차리고 대처하기, 자극 무시하기, 스트레스와 분노 관리하기, 지루함 다루기, 용감한 말 사용하기("안 돼."라고 말하기, "안 돼." 수용하기), 다른 사람을 방해하지 않기, 동참하기, 소외되는 것을 다루기, 스포츠맨십 발휘하기이다. 총 10개의 DAG가 10회기에 걸쳐 실행된다. 43개의 집단 놀이 기술 시퀀스와 67개의 집단 놀이 개입에 대한 설명은 Reddy(2012)를 참조하기 바란다.

훈련

이 프로그램은 적절한 슈퍼비전을 받는 교사, 보조 교사 또는 전문가가 실시할 수 있다. 집단 트레이너의 지식과 기술에 따라 훈련은 약 6시간이 소요되며, ADHD의 행동, 사회 및 신경인지 특성, 집단의 구조, 긍정적인 행동과 집단 협력을 촉진시키는 행동 기법, 집단 놀이 기술 시퀀스와 DAG의 실행, 타임아웃 절차, 행동 동기부여 체계, 훈련자 간의 팀워크 형성에 중점을 둔다. 집단 훈련 전에 모든 집단 훈련 요소를 논의하고, 모델링하며, 역할놀이를 하고, 집단 후에는 실행 과정과 집단의 반응을 논의하기를 권장한다. 다음은 60분 아동 집단 훈련 회기의 개요 예시이다.

아동 집단 훈련 회기의 예시

치료사는 아동들을 환영하고 자신을 소개한다. 모든 아동과 집단 치료사는 이름표를 사용한다. 치료사는 집단의 구조와 그날의 일정을 설명한다. 그리고 치료사는 ① 지시 따르기, ② 손과 발을 가만히 두기, ③ 자신의 생각과 감정을 언어로 표현하기의 집단 목표를 설명한다. 치료사는 또한 스티커를 보상으로 사용하는 것을 논의한다. 각 목표에 도달하면 스티커를 한 개 준다. 한 회기에서 3개의 스티커를 받게 되면, 아동에게 집에 가져갈 수 있는 스티커 하나를 추가로 준다. 논의에는 화장실 패스와 타임아웃 패스도 포함된다(타임아웃은 아동이 자기 통제 기술을 사용하는 긍정적인 시간이다.). 치료사는 집단이 진행되는 동안 아동을 위해 즉흥적으로 타임아웃을 하여 타임아웃을 시연한다. 치료사는 진행할 게임을 소개하고 검토한다.

아동에게 도움 요청하기와 다른 사람을 도와주기 집단 놀이 기술 시퀀스를 '연습' 게임으로 소개한다. 섬(Islands) 집단 게임을 소개하고, 놀이를 시작하기 전에 도움 요청하기와 다른 사람을 도와주기의 훈련, 모델링 및 실습을 끝마친다. 섬은 아동이 도움을 요청하고, 다른 사람을 돕고, 나누고, 협력하고, 그들의 손과 발을 통제(자기 통제)하고, 스트레스를 효과적으로 관리하도록 요구한다. 다음은 치료사가 집단 놀이 기술 시퀀스(도움 요청하기, 다른 사람을 도와주기) 및 집단 놀이치료(섬)를 실시하는 단계에 대한 구체적인 설명이다.

교수 모듈: 도움 요청하기 및 다른 사람을 도와주기

목적

이 모듈의 목적은 아동에게 도움이 필요한 상황을 식별하고, 적절한 도움을 받고, 다른 사람에게 도움이 필요한 상황을 파악하고, 도울 수 있는 방법을 가르치기 위한 것이다. 도움을 받거나 다른 사람을 돕는 것은 아동의 학업 및 사회적 성공과 관련된 중요한 보호 요인(강점)이다(Ryan & Patrick, 2001). 다음의 다섯 가지 교수 방법이 권장된다. ① 집단 놀이 기술 시퀀스는 특정한 친사회적 기술을 촉진하는 구조화된 놀이 활동을 제공한다. ② 성인 진행자가 특정 행동과 기술을 모델링하여 보여 준다. ③ 역할놀이는 적절한 대인관계 행동을 연습하고 시연할 수 있는 기회를 제공한다. ④ 성인 진행자는 아동을 칭찬하면서 시연한 기술과 행동을 통해 이들이 얼마나 잘 모델링했는지 수행 피드백(예: 코칭, 교정 피드백, 칭찬)을 제공하여, 아동의 실수를 시정하도록 도와준다. ⑤ 집단 놀이 개입은 아동이 즐거운 현실적인 실제 상황에서 기술과 행동을 사용하게 해 주어 기술의 사용과 일반화를 향상시키고 촉진시킨다.

집단 놀이 기술 시퀀스 제안: 도움 요청하기 및 다른 사람을 도와주기

필요한 자료 대형 포스터 보드, 화이트보드, 또는 칠판과 이젤
방 설정 보드에는 집단 놀이 기술 시퀀스를 기록하여 방 앞쪽에 설치한다. 아동들에게 보드를 향하여 앉게 한다.
집단 놀이 기술 시퀀스 '도움 요청하기' (밑줄 친 단어를 강조한다.) ① 문제가 무엇인지, 그리고 도움이 필요한지 결정한다. "나는 수학 숙제를 하는데 문제가 있다." ② 누구에게 부탁할 것인지 결정한다. "나는 엄마에게 부탁해야겠다." ③ 무엇을 말할 것인지 선택한다. "엄마, 저의 수학 숙제를 도와주실 수 있어요?" ④ 상대방이 주목할 때까지 기다린다. 그리고 "잠시만요."라고 말

한다. ⑤ 상대방에게 필요한 것을 친절하게 말한다. "엄마, 저의 수학 숙제를 도와주실 수 있으세요?"

고려할 수 있는 다른 예 ① 아동이 필요하거나 원하는 것(예: 책, 게임기, 간식)을 구할 수 없다. ② 누군가가 아동을 때렸는데 어떻게 해야 할지 모른다. ③ 시험 성적이 나쁘다. 다음 번에 더 잘할 수 있도록 도움이 필요하다.

집단 놀이 기술 시퀀스 '다른 사람을 도와주기' ① 문제가 무엇인지 결정한다. "한 친구가 농구 경기 중에 반칙을 한 제프(다른 친구)에게 화가 난다고 너에게 말한다." ② 누군가가 너의 도움이 필요한지 결정한다. ③ 네 친구에게 도움이 필요한지 물어본다. "내가 도와줄까?" ④ 친구가 "그래."라고 대답하면 도와준다. "네가 제프에게 규칙을 지키지 않으면 함께 놀지 않을 거라고 말해 줄 수 있어. 제프가 계속 반칙하면, 제프 대신 우리가 농구할 수 있어."

고려할 수 있는 다른 예 ① 어머니가 시장 본 물건을 들고 오는 데 어려움을 겪고 있다. ② 휴식 시간에 한 친구가 다른 친구에게 놀림을 당했다. ③ 여동생이 비디오 게임을 하는 데 어려워하고 있다.

집단 놀이 기술 시퀀스 실행 단계

[1단계] 각 기술 시퀀스를 대형 포스터 보드에 기록하여 각 단계가 순서에 따라 나열되도록 한다. 각 기술 시퀀스의 행동 단어에 밑줄을 긋는다.

[2단계] 집단 놀이 기술 시퀀스를 게임으로 집단에 소개한다. 집단 진행자가 즐겁게 집단놀이 기술 시퀀스를 소개하고 강화하는 것이 중요하다. 예를 들어, 집단 기술 시퀀스를 수행하기 전에 아동들에게 그것이 영화 세트인 것처럼 가장하는 것을 추천한다. 관찰하는 아동들은 감독이고, 역할놀이로 기술 시퀀스를 진행하는 아동과 집단 진행자는 배우라고 설명한다. 아동들에게 배우들이 준비가 되었음을 알리면 감독은 팔을 공중에 뻗으면서 "1-2-3-액션!"이라고 말하고, 액션이라는 단어에 팔과 손을 모으도록 알려 준다. 이 몸짓은 배우들이 기술 시퀀스로 역할놀이를 시작해야 하는 것을 나타낸다.

[3단계] 게임에서 각 멤버는 지시를 따르고, 차례를 지키고, 서로에게 박수를 쳐 주어야 한다고 설명한다. 또한 집단 멤버가 '연기'하는 동안, 각 멤버는 경청하고 조용하도록 요구한다.

[4단계] 처음에는 집단 진행자가 아동을 위해 집단 놀이 기술 시퀀스를 실행해 보인다. 다음으로 집단 진행자의 격려와 피드백을 통해 그룹에게 기술 시퀀스를 보여 주도록 1~2명의 아동 지원자를 초대한다. 기술 시퀀스를 몇 차례 시연 후에 진행자는 모든 아동이 기술 시퀀스를 연습하고 올바르게 시연할 수 있는 기회를 가질 수 있도록 소그룹으로 나눈다. 도움 요청하기와 다른 사람 도와주기 기술 시퀀스를 성공적으로 연습하면, 다음 집단 놀이치료를 아동에게 소개하고 실행할 수 있다. 집단 놀이치료는 목표하는 친사회적 기술을 배우고 다른 상황으로 기술을 일반화할 수 있도록 재미있는 실제 상황을 제공한다.

집단 놀이치료: 섬(Island) 게임

개요

섬 게임은 아동을 가상의 위험한 상황에 처하게 한다. 게임에서 아동이 도움을 요청하고, 다른 사람을 돕고, 나누고, 협력하고, 그들의 손과 발을 통제(자기 통제)하고, 스트레스를 효과적으로 관리하도록 한다.

집단 놀이치료 기술 가르치기 기술은 일차적으로 도움을 요청하고 다른 사람을 돕는 것이다. 이차적으로는 지시 따르기, 자기 통제, 스트레스 관리이다.
기술 전제 조건 이 게임을 하기 전에 아동은 일련의 간단한 지시를 따르고, 방향을 바꾸거나 이전 내용을 기억하는 등의 신체를 통제할 수 있는 기본적인 능력을 갖추어야 한다.
필요한 자료 3~4개의 목욕 수건과 라디오/테이프/CD 플레이어를 준비한다.

방 설정 수건은 집단 방의 바닥에 일정한 간격을 두고 펼쳐 놓는다. 아동들이 수건 사이를 편안하게 이동할 수 있도록 충분한 공간을 확보한다. 집단 진행자 근처에 라디오를 설치하여 진행자가 쉽게 볼륨을 높이거나 낮출 수 있도록 한다. 의자 뺏기 게임에서처럼 라디오를 갑자기 끄지 않는다. 아동들에게 불필요한 불안과 충동을 유발할 수 있기 때문이다. 연령대에 적절한 댄스 음악이 있는 라디오 방송/테이프/CD는 게임을 하기 전에 준비해 두어야 한다. 게임이 진행됨에 따라 수건을 점차 접어 두었다가 나중에는 제거한다.

게임 시놉시스 아동들이 섬에서 살고 있다고 상상하도록 하는 상호작용 게임으로, 수건은 섬을 나타낸다. 게임에는 상상 속의 악어가 등장하는데, 악어는 아동들과 섬과 물을 공유한다. 진행자는 아동에게 악어와 어떻게 평화롭게 살 수 있는지, 물리거나 잡아먹히는 것을 피할 방법을 알려 준다. 음악이 연주되는 동안, 악어는 섬에서 자고 있어 아동들이 물속에서 자유롭게 수영할 수 있게 해 준다. 그러나 음악의 볼륨이 서서히 줄어들면 악어가 깨어나 물에 들어가고 공격적으로 변한다. 결과적으로 아동들은 음악이 연주되는 동안 섬 주변에서 수영해야 하며, 음악 소리가 작아지고 멈추면 섬으로 가야 한다. 그러나 음악이 중단된 후 2초 이상 물에 빠져 있는 아동은 섬에 올라갈 수 있도록 다른 아동에게 도움을 요청해야 한다. 게임이 진행되면서 바닷물이 들어오고 섬은 점점 작아져서(수건을 접어 두었다가, 나중에는 제거한다.) 도움을 요청하는 아동의 수가 증가한다.

섬 실시 단계

[1단계] 긍정적이고 유쾌한 방식으로 섬 게임을 아동들에게 소개한다. 지시를 따르고, 도움을 요청하고, 다른 사람을 돕고, 손과 발을 통제하고, 스트레스를 관리해야 하는 특별한 게임을 할 것이라고 아동에게 이야기한다.

[2단계] 아동들에게 다음의 '섬 이야기'를 읽어 준다.

　당신은 아름다운 섬에 사는 섬 주민이며, 섬 주변의 물은 따뜻하고 푸른색입니다. 당신은 매일 수영하는 것을 좋아하지만 한 가지 문제가 있습니다. 악어가 물과 섬에 살면서 여행을 하고 있습니다. 물 위로 바람이 불고, 나무 사이로 흘러가면서 음악 소리가 납니다. 음악 소리가 나면 악어는 섬으로 이동해 잠이 들고 물은 평화로워집니다. 그러다가 음악 소리가 서서히 작아지면 악어가 일어나서는 (하품을 하는 모습과 소리를 내며) 물에 들어가서 먹이를 찾습니다. 따라서 음악이 연주될 때 여러분은 섬 주변을 천천히 걷거나, 떠 있거나, 춤을 추며 물속에서 헤엄쳐 가야 합니다. 음악이 연주될 때에는 평화로이 잠을 청하는 악어를 방해하지 않는 것이 좋으므로 여러분은 섬에 있지 않는 것이 중요합니다. 음악 소리가 작아지면 여러분은 물에서 나와 섬에 올라가야 합니다. 여러분이 바로 섬으로 가지 못했다면, 여러분은 섬에 있는 누군가에게 도움을 요청해야 합니다. 다른 섬 주민 중 한 명이 여러분을 섬으로 올라오게 도와줄 것입니다. 만약 여러분이 섬에 있는데 다른 사람이 도움을 요청하면 여러분은 손을 내밀어 그 사람이 섬에 올라오도록 도와주어야 합니다. 바닷물이 들어오면 섬의 해변 일부로 물이 차오르기 때문에 여러분은 더 많은 친구와 섬을 함께 사용하거나 머물 수 있는 다른 섬을 찾아야 합니다. 섬을 함께 사용하고 다른 사람을 돕는 것은 여러분을 안전하고 행복하게 해 줄 것입니다.

[3단계] 집단과 함께 섬 놀이를 하기 위한 규칙을 검토한다. 아동들에게 다음의 지시사항을 알려 준다. ① 다른 사람과 부딪히거나 다른 사람을 밀지 않도록 자신의 팔을 조심하고, ② 발을 통제하고 걸으며, 뛰지 않고, 물건이나 다른 집단 멤버와 부딪히는 것을 피하고, ③ 음악이 시작되거나 멈추는 것을 잘 듣고, ④ 음악이 멈추자마자 섬 쪽으로 걸어가 섬 위로 올라가고(아동은 섬으로 뛰거나 점프할 수 없다.), ⑤ 움직이지 말고(바로 섬에 올라가지 못한 경우) 섬에 있는 사람에게 도움을 요청하고, ⑥ (아동이 이미 섬에 있는 경우) 도움을 요청하는 사람에게 도움을 주어야 한다.

[4단계] 게임을 시작하기 전에 모든 사람이 지시사항을 소리 내어 반복해 읽는다.

[5단계] 음악을 들려 준다. 음악이 연주되는 동안, 아동들은 섬을 밟지 않고

섬 주변에서 천천히 걷거나, 수영을 하거나(하는 척을 하거나), 춤을 추도록 격려한다. 약 1분 후에 천천히 음악을 끈다. 음악이 멈추면 아동에게 꼼짝하지 말라고 말하고, 이제 그들은 섬에 있어야 한다는 것을 상기시킨다. 섬에 있지 않은 아동은 섬에 있는 사람에게 도움을 요청해야 한다. 섬 위에서 도움을 요청받은 아동은 다른 사람이 섬으로 올라올 수 있도록 팔을 내밀어 준다. 움직이지 말라는 말 이후에 섬으로 올라왔다면, 그 아동은 섬에서 내려오고 다른 사람에게 도움을 요청해서 올라올 수 있다고 말해 준다. 도움을 요청하는 아동은 그룹 전체가 들을 수 있도록 큰 소리로 요청해야 한다.

[6단계] 5단계를 반복한다. 몇 차례 후 수건을 접어 바닷물이 들어오고 있음을 나타낸다. 몇 번 더 수건을 접어 섬을 더 작게 만든다. 그런 다음 한 번에 수건 하나씩을 제거하여 수건 하나만 남게 한다. 모든 아동이 게임을 하는 동안, 다른 사람에게 도움을 요청할 수 있는 기회가 적어도 한 번은 있어야 한다.

[7단계] 그룹 프로세스: 아동들에게 이제 게임이 끝났다고 알려 준다. 아동들에게 방 앞쪽을 바라보며 의자 또는 바닥에 앉도록 하고, 이제 게임에 대해 논의할 시간이라고 말한다.

■ 그룹 프로세스 질문: 첫째, 아동들에게 게임을 하기 위해 무엇을 해야 했는지 질문한다. 도움을 요청하는 것과 다른 사람을 돕는 것의 중요성을 강조한다. 둘째, 음악이 연주될 때 어떻게 느꼈는지 질문한다. 셋째, 음악이 점점 작아졌을 때 어떻게 느꼈는지 질문한다. 넷째, 음악이 멈췄을 때 어떻게 느꼈는지 질문한다. 다섯째, 아동에게 다른 사람들의 도움이 필요했던 때가 언제였는지 질문한다. 여섯째, 그들에게 도움이 필요했을 때 어떻게 느꼈는지 질문한다. 일곱째, 다른 사람이 그들을 도왔을 때 어떻게 느꼈는지 질문한다. 여덟째, 그들이 다른 사람을 도왔을 때 어떻게 느꼈는지 질문한다.

■ 동기부여 시스템: 그룹 앞에서 세 가지 집단 목표에 대한 각 아동의 노력을 검토한다. 달성한 각 집단 목표에 스티커 하나를 상으로 수여한다(10분 허용). 이 활동에는 두 명의 치료사가 필요하다. 첫 번째 치료사는 각 아동을 호명하여 별

(1~3개의 별)을 수여하고, 그 별을 그룹별 차트에 붙이도록 돕는다. 그룹은 각 아동이 마칠 때 박수를 쳐 준다. 다른 치료사는 각 아동이 스티커 북에 붙일 스티커를 한 번에 하나씩 선택하도록 돕는다(더 많은 집단 회기의 예시는 Reddy, 2012 참조).

부모 훈련 집단

CAMP는 아동 집단 훈련과 동시에 부모 집단 훈련을 제공한다. 부모 훈련 집단 프로그램은 ADHD 행동 개입 문헌(Reddy et al., 2015a), Barkley(1997) 부모 훈련 모델, Hanf(1969)의 아동 비순응을 위한 2단계 프로그램을 기반으로 한다. 부모 집단은 집중적인 부모 훈련 및 지지 그룹의 경험을 제공하도록 고안되었다. 부모는 가정과 학교에서 아동의 사회 및 행동 욕구를 촉진시키는 기술에 대해 훈련 받는다. 이 프로그램의 다섯 가지 주요 목표는 ① ADHD에 대한 지식 및 자녀의 강점과 약점에 대한 부모의 인식을 높이고, ② 가정, 학교 및 공공장소에서 행동 기법을 사용하도록 가르치고 체계적으로 유지하며, ③ 부모와 자녀의 상호작용을 향상하고, ④ 부모에게 분노와 스트레스를 관리하는 효과적인 방법을 가르치고, ⑤ 학교 담당자와의 협력과 「특수 교육법」에 관한 지식을 증진하는 것이다.

집단 구조 및 회기

부모 집단은 10주 연속으로 아동 집단과 동시에 운영된다. 부모 훈련 집단에서 가르치는 개념과 기술은 서로 연관이 있으며, 아동 훈련 집단에서 가르치는 기술을 보완한다. 행동 기법과 전략을 요약한 유인물을 매주 배포하여 가르친 개념과 기술을 강화한다. 또한 주간 숙제를 내 주고 부모가 아동의 훈련을 보완하는 기술을 사용하도록 촉진한다. 부모가 메모하고, 질문하고, 다른 그룹의 구성원에게 조언과 지지를 제공하도록 격려한다. 각 회기가 끝날 때, 아동에게 가르친 기술에 대한 간략한 요약이 제공된다. 각 회기에 대한 간략한 설명은 다음과 같다.

1회기에서 부모들이 프로그램에 온 것을 환영하고 조기 개입 서비스에 참여하는 것을 칭찬한다. 프로그램의 목표와 비밀보장 이슈를 논의한다. ADHD와 관련된 사회 · 행동 · 학습 · 신경인지 과정의 개요를 제시한다. 아동 집단 훈련의 규칙, 행동 기법 및 구조를 설명한다. 각 회기가 끝날 때, 부모가 자녀의 수행(그룹 스티커 차트)을 검토하도록 격려한다. 또한 부모가 가족 주간 일정을 작성하고, 다음 회기를 위해 가족 규칙 목록을 만들도록 요청한다.

2회기에는 아동의 증상과 부모의 스트레스에 영향을 미치는 요인을 중심으로 가족의 주간 일정을 평가한다. 부모가 가족 규칙을 검토하고 행동적인 용어로 수정하도록 격려한다. 자세한 유인물로 **효과적인 지시하기** 기술을 가르친다 (Reddy, 2012 참조). 다음 회기를 준비하기 위해 부모에게 하루에 두 번 기술을 연습하도록 요청한다.

3회기에는 효과적인 지시하기 숙제를 검토한 후 일상생활(예: 아침, 저녁)을 구조화하고, 부모-자녀 상호작용을 향상시킬 수 있는 기술인 **게임 카드**(game cards)를 훈련한다. 부모들은 아동 관리의 핵심 개념을 배운다(예: 부정적 또는 긍정적 결과는 즉각적이고 구체적이며 일관성이 있어야 함). 또한 부모의 '최고 및 최악의 보스(boss)'의 특성에 대한 집단 연습을 실시하고, 그다음 부모(보스)의 특성과 비교한다. 부모는 또한 아동의 순응을 촉진하기 위해 **긍정적 관심 사용하기** 훈련을 받는다(Reddy, 2012 참조). 숙제로 부모는 하루에 두 번씩 10분간 긍정적 관심주기 기술을 사용해야 한다.

4회기에는 부모에게 이전의 모든 기술을 계속 실시하도록 격려하고, 자녀에게 **방해하지 않도록 가르치기** 기술을 훈련한다. 개선되기를 바라는 자녀의 행동 두 가지가 무엇인지 부모에게 물어보고 행동적 용어로 정의하도록 요청하며, 토큰경제 시스템의 이점을 검토한다. 다음 회기를 위해서 부모에게 가족 규칙을 수정한 후 아동이 얻을 수 있는 특권의 목록을 만들도록 요청한다. 또한 자기 통제를 하기 위한 긍정적인 기술로 **타임아웃 사용하기**를 소개한다. 부모가 가정에서 타임아웃 사용을 모델링하도록 격려하고, 다음 회기까지 자녀에게 방해하지 않도록 가르치기 기술을 매일 한 번씩 연습하도록 한다.

5회기와 6회기에서는 토큰경제 시스템을 설계하고 실시하는 단계를 검토한다. 부모에게 가정에서 토큰경제 시스템 실시를 시작하도록 요청한다(6회기가 끝날 때).

7회기에서 부모는 토큰경제 시스템의 초기 성공을 검토하고, 시간 경과에 따른 아동의 수행을 그래프로 표시하는 것의 이점과 구체적인 단계를 논의한다. 토큰경제 시스템의 연장선으로서, **공공장소에서 행동 다루기**와 **공공장소 타임아웃** 기술을 가르친다.

8회기에서는 숙제를 검토하고, 부모에게 스트레스 관리 방법을 소개하여 부모가 한 주 동안 스트레스 관리 기술 두 가지를 실시하도록 한다. 스트레스 관리 방법의 예로는 10분 동안 혼자 앉아 있기, 조용한 음악 듣기, 책 또는 잡지 읽기가 포함된다.

9회기에서는 숙제를 검토하고, **부모의 분노 다루기** 전략을 소개한다. 또한 성인이 감독하고, 구조화된 놀이 기회를 통해서 **긍정적 또래관계 형성하기** 전략을 설명한다. 부모가 다음 회기 전까지 자녀에게 구조화된 놀이 시간을 만들어 주도록 한다.

10회기에서는 종결을 논의하고, 가정과 학교의 협력을 촉진하기 위한 전략을 간략하게 설명한다. 「특수 교육법」 및 규정에 대한 간략한 개관을 제공한다.

훈련

부모 훈련 집단은 아동 발달, 아동 정신병리, 사회학습, 행동 수정을 교육받고 자격을 갖춘 전문가가 실시해야 한다. 이 프로그램에는 3세 이상의 언어나 일반적인 인지 기능의 행동장애 아동의 부모를 위해 고안된 기술이 포함되어 있다.

CAMP의 세 번째 구성 요소는 개별 부모와 교사 BC(behavioral consultation)

이다. 핵심 요소와 실행 과정의 요약은 다음과 같다.

가정과 학교의 행동 컨설팅(BC)

Bergan과 Kratochwill(1990)의 4단계 BC 모델의 수정된 버전이 사용되었다 (Reddy, Fabiano, Barbarasch, & Dudek, 2012). BC는 내담자(아동)와 직접 작업하는 컨설티(consultee; 부모, 교사)가 컨설턴트와 협업하는 간접적인 문제 해결 모델이다. BC 모델에는 다음과 같은 몇 가지 특징이 있다. ① 컨설티는 문제 해결 프로세스 전반에 걸쳐 적극적으로 참여한다. ② 내담자는 컨설팅 과정에 다양한 수준으로 관여한다. ③ 컨설턴트가 컨설티에게 지식과 기술을 제공한다. ④ 이 모델은 의사 결정의 모든 단계와 경험적 증거를 연결한다. ⑤ 문제는 기존 행동과 바람직한 행동 사이의 차이로 기술된다. ⑥ 환경적 요인은 행동에 영향을 준다. ⑦ 내담자의 결핍보다는 계획의 효과성과 목표 달성을 강조한다 (Bergan & Kratochwill, 1990).

CAMP에서는 부모에게 담임 교사와 동일한 컨설턴트를 배정한다. 부모는 가정에서, 교사는 학교에서 개별적으로 BC를 제공한다. 부모와 교사는 면대면 방문, 전화, 가정−학교 알림장 사용을 통해 의사소통하고 협업하도록 장려한다. 평균적으로 부모에게는 4~5회의 컨설팅 회기가 제공되고, 교사에게는 3~4회의 컨설팅 회기가 제공된다.

BC 모델의 4단계

CAMP의 BC 모델은 문제 식별, 문제 분석, 계획(치료) 실행, 문제 평가의 4단계를 포함한다. 문제 식별은 달성해야 할 목표를 정의하고, 내담자의 수행을 측정할 도구(예: 검사지, 직접 관찰)를 명시하고, 데이터 수집 절차를 설정 및 실행하고, 현재 수행과 원하는 수행 간의 차이 항목을 결정하는 과정을 수반한다. 문제 분석에는 분석 절차(기술 분석 또는 조건 분석)를 선택하여 실시하고, 계획 전략(폭넓은 행동 계획) 및 방법(특정 절차, 이벤트, 사용할 재료)을 개발하고, 계획을 실행하는 동안의 성과 평가 절차를 결정하는 것을 포함한다. **계획 실행**에는 계획을 수행하기 위한 준비와 계획 수행의 모니터링이 포함된다. 계획을 실행하는 데 관련된 자원과 제약 조건을 검토한다. **문제 평가**는 치료 데이터를 평가하고 목표를 달성했는지, 계획이 효과적인지 여부를 결정하는 것으로 구성된다. 그다음 사후 실행 계획(치료 이득을 유지하고 일반화하기 위한 전략)을 세운다.

훈련

BC에는 행동 기법, 컨설팅 방법, 데이터 수집에 대해 잘 알고 있고 훈련받은 전문가가 필수적이다. 컨설팅 교과목과 슈퍼비전을 받은 훈련 경험이 필요하다.

CAMP의 증거 및 재현 연구

CAMP는 실험 및 준실험설계 연구(Reddy, 2010, 2012; Reddy et al., 2001, 2005; Springer & Reddy, 2010)를 통해 평가되었다. 이 연구들은 다섯 가지 기준을 공통적으로 포함한다. ① $4\frac{1}{2}$~$8\frac{1}{2}$세의 아동, ② 어린이집/유치원 또는 초등학교에 등록, ③ 소아신경학자, 정신과 의사 또는 심리학자에 의한 ADHD 진단, ④ 정신질환의 진단 및 통계 편람(제4판, DSM-IV; American Psychiatric Association, 1994)의 ADHD 기준 충족, ⑤ 여러 표준화된 아동평가척도에서 임상적으로 상승된 척도 점수(평균보다 1.5 표준 편차 이상)를 보이는 것이다. 다음의 세 가지 경우에 해당하는 아동은 제외되었는데, 이는 ① 부모가 최근에 별거해서 이혼 과정에 있는 아동, ② 지난 12개월 내에 다른 중대한 상실을 경험한 아동(예: 형제 또는 부모의 사망), ③ 지난 18개월 내에 성적 또는 신체적 학대를 당한 아동이다.

행동평가척도(예: 경험기반 평가 시스템 아동행동평가척도; Achenbach, 2009), 부모 스트레스 검사(예: 부모양육 스트레스 검사; Abidin, 1995), 가족 효능감 척도, 아동 자기보고 도구를 포함하는 다중기법, 다중근거 평가 접근을 사용하여 CAMP의 효과성을 평가했다. 여러 연구에서 평가도구는 가정과 학교에서 프로그램 시작 전, 프로그램 종료 후 그리고 4개월 후 추적조사에서 실시되었다.

CAMP의 효능은 통계적 및 임상적으로 의미 있는 차이, 이 두 가지 접근을 통해 측정되었다. 첫째, 통계적 또는 신뢰 변화(reliable change)는 시간에 따른 개입 집단 내 차이 및 집단 간 차이(예: 반복 측정 공분산분석 및 Dunn-Bonferonni 교정과의 계획비교법)에서 관찰되었다. 둘째, CAMP의 임상적으로 유의미한 효과는 세 가지 방법, ① 집단 간 효과크기(Effect Size: ES; Glass, McGaw, & Smith, 1981), ② 집단 내 ES(Smith & Glass, 1977), ③ Jacobson과 Truax(1991)의 신뢰 변화 지수를 사용하여 평가되었다.

전반적으로 CAMP 결과는 부모의 기능(스트레스 감소)과 프로그램 종결 시 가정과 학교에서의 아동 행동에 통계적으로 유의미하고 임상적으로 의미 있는 향상을 나타냈다(Reddy, 2010, 2012; Reddy et al., 2005; Springer & Reddy, 2010). 세 가지 치료 조건(CAMP, 아동 및 부모 훈련 집단, 아동 집단 훈련만 포함)을 포함한 연구 결과, 세 가지 조건 모두에서 통계적으로 신뢰할 수 있고 임상적으로 유의미한 가정 내 아동의 외현화 행동 감소가 나타났다. 전반적으로 부모들은 자녀가 과잉 활동, 반항성, 또는 문제 행동을 덜 보였다고 보고했다. 예상대로, CAMP 참여자는 가장 큰 감소를 보여 주었고, 그다음 아동 및 부모 훈련 그룹 참여자 그리고 아동 집단 훈련만 참여한 참여자 순서였다. 4개월 추적 관찰 조사에서 치료 이득은 유지되었다. 또한 CAMP 교사들은 프로그램 완료 및 추적 관찰에서 학생의 외현화 행동은 다른 두 조건보다 더 크게 감소했다고 보고했다.

가정과 교실에서의 아동의 사회적 역량의 향상도 발견되었다. 가정에서 아동 집단 훈련 참여자는 작은 임상적 개선(ES .59)을 나타내었고, CAMP 참여자는 통계적으로 유의미하고 큰 임상적 개선(ES .80~1.84)을 보였다. 추적 관찰 시 치료 효과는 유지되었다. 효과가 교실로 일반화된 점도 주목했다. 집단은 통계적으로나 임상적으로(ES .22~1.31) 개선을 보였으며, CAMP에서 가장 큰 수준의 일반화가 나타났다. 또한 부모의 효능감이 향상되었다. 모든 조건은 부모의 양육스트레스를 감소시켰다.

프로그램 완료 시 CAMP 아동은 내재화 행동에 통계적으로 유의미한 개선 및 큰 긍정적인 임상효과(ES .90)를 나타냈다. 추적 관찰에서 아동 집단 훈련 조건은 작은 임상적 개선(ES .27)을 나타내었고, 아동 및 부모 훈련 집단 조건은 중간 정도의 임상적 개선(ES .40)을 나타내었으며, CAMP 조건은 큰 임상적 개선을 보였다(ES .90). 내재화 행동의 개선에 대한 이득이 교실로 일반화되지는 않았다. 마찬가지로, 프로그램 완료 시 결과에 대한 개별 치료의 임상적 중요성을 평가하기 위해 Jacobson과 Truax(1991)의 신뢰 변화 지수를 계산했다. CAMP 가족은 모든 측정에서 높은 신뢰 변화 또는 신뢰 변화 회복(임상적으로 높은 수준 이하) 비율을 보였다. 더욱이, CAMP 가정은 모든 측정에서 변화/악화 없음에 가장 적은 비율을 나타냈다.

Springer와 Reddy(2010)는 수정된 CAMP(부모/교사 BC 없음)에서 51명 아동($4{\sim}8\frac{1}{2}$세)을 대상으로 회기 간 부모의 충실성이 아동과 부모의 결과에 미치는 임상적 중요성을 평가했다. 세 가지 치료 조건, ① 아동만 치료(C1), ② 아동 및 부모 훈련(C2), ③ C2와 더불어 부모 충실성 측정(C3)을 비교하여 아동의 행동 문제, 사회기술, 부모의 효능감에 부모의 충실성 측정의 임상적 중요성을 평가했다. 부모의 훈련 충실성에 대한 자기 평가와 부모 및 아동 훈련(C3)이 다른 두 조건(C1과 C2)보다 아동과 부모 측정에 더 나은 결과를 나타냈다. 또한 어린 ADHD 아동에게 다중양식 집단 훈련 프로그램이 아동 집단 훈련만 하는 것보다 더 좋다는 결과를 시사했다.

어떤 프로그램의 재현 및 다른 환경에서의 적용 가능성은 부분적으로 임상적 연구 대상 및 치료 환경의 적합성에 의하여 예측된다. 종합적인 스크리닝 평가는 효과적인 프로그램의 재현 및 적용 가능성을 보장하는 데 매우 중요하다. CAMP 스크리닝 과정은 아동 및 가족이 프로그램에 적합한지, 또는 다른 치료 방법이 더 도움이 되는지 판단하는 데 사용되었다.

CAMP는 ADHD가 있는 어린 아동, 그들의 부모, 교사를 대상으로 집중적인 심리교육 훈련을 제공하기 위해 개발되었다. 언어기반 프로그램으로서 CAMP

는 말하기/언어장애, 작업 또는 물리 치료의 필요(예: 감각통합, 운동계획, 소/대근육 운동기술)와 같은 다른 과정의 장애 및 학습장애가 있는 ADHD 아동을 치료하기 위해 고안되었다. 그러므로 이 프로그램은 언어 능력이 제한적이거나 없는 아동에게는 적합하지 않을 수 있다. CAMP는 새로운 프로그램이기 때문에 결과 연구는 아동 또는 가족의 범위가 좁은 대상에 제한되어 왔다. 예를 들어, 이전의 연구는 백인, 대학교육 학력, 중산층 가정을 대상으로 수행되었다. 따라서 CAMP가 다양한 인종, 배경, 서민층 또는 중산층 가정의 ADHD 아동에게 똑같이 효과적인가에 대해서는 아직 알 수 없다. 또한 신체적 학대 또는 일반적인 학대를 경험한 ADHD 아동에 대한 CAMP의 효능은 알려져 있지 않다. 뿐만 아니라 CAMP는 가정과 학교에 컨설팅 서비스를 제공하는 대학기반의 클리닉에서 시행되었다. 이 프로그램을 위한 인력을 훈련시키는 데 도제식 접근이 사용되었다. 박사 과정에 있는 학생은 아동 훈련 집단, 부모 훈련 집단, 컨설팅 서비스를 도왔고, 매주 집중적인 개인 및 집단 슈퍼비전을 받았다. 훈련 및 보급을 위해 단계별 훈련 매뉴얼과 프로토콜이 개발되었다. CAMP는 학교, 기관(예: 헤드스타트) 또는 외래 클리닉에서 쉽게 실행할 수 있다.

결론

CAMP는 다른 환경에서 쉽게 재현하고 적용할 수 있는 아동, 부모, 교사를 위한 유망한 치료이다. 이 프로그램은 부분적으로 ADHD 아동의 사회 및 행동 기술을 향상시키기 위해 CB-GPI를 사용한다. ADHD 아동의 사회 · 행동 · 인지적 요구의 복잡성을 감안할 때, CB-GPI만으로는 이 복잡한 대상을 치료하기가 어렵다. 따라서 CAMP 또는 다른 프로그램의 성공은 프로그램 참여 가족의 신중한 스크리닝 및 선별, 행동 개입의 시퀀스, 훈련자와 훈련생의 치료 프로토콜 준수 및 포괄적인 결과 평가에 달려 있다.

▇▋ 참고문헌

Abidin, R. R. (1995). *Parenting stress index: Professional manual* (3rd ed.). Odessa, FL: Psychological Assessment Resources.

Achenbach, T. M. (2009). *The Achenbach system of Empirically Based Assessment (ASEBA): Development, findings, theory, and applications.* Burlington: University of Vermont, Research Center for Children, Youth, and Families.

American Psychiatric Association. (1994). *Diagnostic and statistical manual of mental disorders* (4th ed.). Washington, DC: Author.

Baggerly, J., & Parker, M. (2005). Child-centered group play therapy with African American boys at the elementary school level. *Journal of Counseling & Development, 83,* 387-396. http://dx.doi.org/10.1002/j.1556-6678.2005.tb00360.x

Bandura, A. (1973). *Aggression: A social learning analysis.* Englewood Cliffs, NJ: Prentice Hall.

Barkley, R. A. (1997). *Defiant children: A clinician's manual for assessment and parent training.* New York, NY: Guilford Press.

Barkley, R. A. (1998). Attention-deficit/hyperactivity disorder. In E. J. Mash & R. A. Barkley (Eds.), *Treatment of childhood disorders* (2nd ed., pp. 55-110). New York, NY: Guilford Press.

Bay-Hinitz, A. K., & Wilson, G. R. (2005). A cooperative games intervention for aggressive preschool children. In L. A. Reddy, T. M. Files-Hall, & C. E. Schaefer (Eds.), *Empirically based play interventions for children* (pp. 191-211). Washington, DC: American Psychological Association. http://dx.doi.org/10.1037/11086-011

Bergan, J. R., & Kratochwill, T. R. (1990). *Behavioral consultation and therapy.* New York, NY: Plenum Press.

DuPaul, G. J., & Stoner, G. (2014). *ADHD in the schools: Assessment and intervention strategies* (3rd ed.). New York, NY: Guilford Press.

Ferland, F. (1997). *Play, children with physical disabilities, and occupational therapy.* Ottawa, Canada: University of Ottawa Press.

Garaigordobil, M., & Echebarria, A. (1995). Assessment of peer-helping program on children's development. *Journal of Research in Childhood Education, 10,* 63-69.

http://dx.doi.org/10.1080/02568549509594688

Glass, G. V., McGaw, B., & Smith, M. L. (1981). *Meta-analysis in social research.* Beverly Hills, CA: Sage.

Goldstein, A. P. (1988). *The prepare curriculum: Teaching prosocial competencies.* Champaign, IL: Research Press.

Hand, L. (1986). *Comparison of selected developmentally oriented low organized games and traditional games on the behavior of students with emotional disturbance.* Unpublished master's thesis, Temple University, Philadelphia, PA.

Hanf, C. A. (1969, April). *A two-stage program for modifying maternal controlling during mother-child (M-C) interaction.* Paper presented at the meeting of the Western Psychological Association, Vancouver, Canada.

Hoag, M. J., & Burlingame, G. M. (1997). Evaluating the effectiveness of child and adolescent group treatment: A meta-analytic review. *Journal of Clinical Child Psychology, 26,* 234-246. http://dx.doi.org/10.1207/s15374424jccp2603_2

Jacobson, N. S., & Truax, P. (1991). Clinical significance: A statistical approach to defining meaningful change in psychotherapy research. *Journal of Consulting and Clinical Psychology, 59,* 12-19. http://dx.doi.org/10.1037/0022-006X.59.1.12

Orlick, T. (1988). Enhancing cooperative skills in games and life. In F. L. Smoll, R. Magill, & M. Ash (Eds.), *Children in sport* (pp. 149-159). Champaign, IL: Human Kinetics.

Perou, R., Bitsko, R. H., Blumberg, S. J., Pastor, P., Ghandour, R. M., Gfroerer, J. C., Centers for Disease Control and Prevention (CDC). (2013). Mental health surveillance among children-United States, 2005-2011. *Morbidity and Mortality Weekly Report, 62*(Suppl. 2), 1-35.

Reddy, L. A. (2010). Group play interventions for children with attention deficit/ hyperactivity disorder. In A. A. Drewes & C. E. Schaefer (Eds.), *School-based play therapy* (2nd ed., pp. 307-329). Hoboken, NJ: Wiley. http://dx.doi.org/10.1002/9781118269701.ch15

Reddy, L. A. (2012). *Group play interventions for children: Strategies for teaching prosocial skills.* Washington, DC: American Psychological Association. http://dx.doi.

org/10.1037/13093-000

Reddy, L. A., Fabiano, G., Barbarasch, B., & Dudek, C. (2012). Behavior management of students with attention-deficit/hyperactivity disorders using teacher and student progress monitoring. In L. M. Crothers & J. B. Kolbert (Eds.), *Understanding and managing behaviors of children with psychological disorders: A reference for classroom teachers* (pp. 17-47). New York, NY: Continuum International.

Reddy, L. A., & Goldstein, A. P. (2001). Aggressive replacement training: A multimodal intervention for aggressive children. In S. I. Pfeiffer & L. A. Reddy (Eds.), *Innovative mental health prevention programs for children* (pp. 47-62). New York, NY: Haworth Press.

Reddy, L. A., Newman, E., & Verdesco, A. (2015a). Attention-deficit hyperactivity disorder: Use of evidence-based assessments and interventions. In R. Flanagan, K. Allen, & E. Levine (Eds.), *Cognitive and behavioral interventions in the schools: Integrating theory and research into practice* (pp. 137-159). New York, NY: Springer.

Reddy, L. A., Newman, E., & Verdesco, A. (2015b). Use of self-regulated learning for children with ADHD: Research and practice opportunities. In T. J. Cleary (Ed.), *Self-regulated learning interventions with at-risk youth: Enhancing adaptability, performance, and well-being* (pp. 15-43). Washington, DC: American Psychological Association.

Reddy, L. A., Spencer, P., Hall, T. M., & Rubel, E. D. (2001). Use of developmentally appropriate games in a child group training program for young children with attention deficit hyperactivity disorder. In A. A. Drewes, L. J. Carey, & C. E. Schaefer (Eds.), *School-based play therapy* (pp. 256-274). Hoboken, NJ: Wiley.

Reddy, L. A., Springer, C., Files-Hall, T. M., Benisz, E. S., Hauch, Y., Braunstein, D., & Atamanoff, T. (2005). Child ADHD multimodal program: An empirically supported intervention for young children with ADHD. In L. A. Reddy, T. M. Files-Hall, & C. E. Schaefer (Eds.), *Empirically based play interventions for children* (pp. 145-167). Washington, DC: American Psychological Association. http://dx.doi.org/10.1037/11086-009

Reddy, L. A., Weissman, A. S., & Hale, J. B. (2013a). Neuropsychological assessment and intervention for emotion and behavior-disordered youth: Opportunities for practice. In L. A. Reddy, A. Weissman, & J. B. Hale (Eds.), *Neuropsychological assessment and intervention for youth: An evidence-based approach to emotional and behavior disorders* (pp. 3–10). Washington, DC: American Psychological Association.

Reddy, L. A., Weissman, A. S., & Hale, J. B. (Eds.). (2013b). *Neuropsychological assessment and intervention for youth: An evidence-based approach to emotion and behavioral disorders.* Washington, DC: American Psychological Association. http://dx.doi.org/10.1037/14091-000

Reed, M., Black, T., & Eastman, J. (1978). A new look at perceptual-motor therapy. *Academic Therapy, 14,* 55–65.

Rennie, R. L. (2000). A comparison study of the effectiveness of individual and group play therapy in treating kindergarten children with adjustment problems. *Dissertation Abstracts International: Section A: Humanities and Social Sciences, 63,* 3117.

Ryan, A. M., & Patrick, H. (2001). The classroom social environment and changes in adolescents' motivation and engagement during middle school. *American Educational Research Journal, 38,* 437–460. http://dx.doi.org/10.3102/00028312038002437

Schneider, L. B. (1989). *The effect of selected low organized games on the self-esteem of kindergartners.* Unpublished manuscript, Leonard Gordon Institute for Human Development Through Play, Temple University, Philadelphia, PA.

Shen, Y. J. (2002). Short-term group play therapy with Chinese earthquake victims: Effects on anxiety, depression and adjustment. *International Journal of Play Therapy, 11*(1), 43–63. http://dx.doi.org/10.1037/h0088856

Smith, M. L., & Glass, G. V. (1977). Meta-analysis of psychotherapy outcome studies. *American Psychologist, 32,* 752–760. http://dx.doi.org/10.1037/0003-066X.32.9.752

Springer, C., & Reddy, L. A. (2010). Measuring parental treatment adherence in a multimodal treatment program for children with ADHD: A preliminary investigation. *Child & Family Behavior Therapy, 32,* 272–290. http://dx.doi.org/10.1080/07317107.2010.515522

Torbert, M. (1994). *Follow me: A handbook of movement activities for children.* New York, NY: Prentice Hall.

제**4**부

발달장애를 위한 경험기반 놀이치료 및 기타 모델

제**10**장

조기 시작 덴버 모델: 자폐스펙트럼장애 어린 아동을 위한 놀이치료

제**11**장

통합 놀이집단 모델: 일반적인 또래와의 중요한 놀이 경험에서 자폐아동 지원

제**12**장

부모–자녀 관계치료: 이론, 연구 및 치료 과정

제 **10**장

조기 시작 덴버 모델: 자폐스펙트럼장애 어린 아동을 위한 놀이치료

Katherine S. Davlantis, Sally J. Rogers

1943년 미국의 저명한 정신과 의사 Leo Kanner는 '초기 유아 자폐증(early infantile autism)'에 대해 설명한 최초의 과학 논문을 출간했다. Kanner는 평생 발달장애와 정신장애가 있는 아동을 만난 경력을 바탕으로 13명의 아동 그룹에 대해 서술했는데, 이들의 증상은 서로 비슷해 보였고 그가 만난 다른 진단 그룹의 아동과는 달리 독특했다. 그는 이 그룹을 구분하는 주요한 차이점에 중점을 두었다. 그것은 타인과의 호혜적 사회 상호작용의 부족, 의사소통의 독특한 손상, 변화에 대한 저항 그리고 반복적인, 정형화된, 의례적인(ritualized) 놀이 패턴이다. 지난 60년 동안 진행된 다양한 경험적 연구는 자폐아동의 놀

http://dx.doi.org/10.1037/14730-011

Empirically Based Play Interventions for Children, Second Edition, L.A. Reddy, T. M. Files-Hall, and C. E. Schaefer (Editors)

이에서 보이는 추가적인 인지적 및 정서적 차이를 자세히 묘사했다. 자폐증이 상징놀이(symbolic play)의 발달에 미치는 영향은 매우 깊어서, 상징놀이의 발달 여부는 아동기 자폐장애의 중요한 특징 중 하나였다(American Psychiatric Association, 2000). Kanner가 강조한 동일성과 반복적인 일상을 고집하는 고전적 증상보다 놀이의 어려움은 매우 어린 시절의 자폐에서 더욱 두드러진 증상으로 밝혀졌다(Bernabei, Camaigni & Levi, 1998; Charman et al., 1997; Rutherford, Young, Hepburn, & Rogers, 2007; Williams, Reddy, & Costall, 2001).

이 장에서는 조기 시작 덴버 모델(Early Start Denver Model: ESDM)의 이론 및 연구기반에 대해 설명한다(Rogers & Dawson, 2010). 또한 ESDM 치료 구성 요소, 실행 과정, 적용 방법에 대한 설명이 구체적인 사례와 함께 제시된다.

자폐아동 놀이의 인지적 측면

자폐아동이 상징놀이에서 보이는 독특한 어려움은 Wing 등(Wing, Gould, Yeates, & Brierly, 1977)의 초기 연구에서 강조되었고, 캘리포니아주립대학교 로스앤젤레스의 Marian Sigman 연구소의 여러 연구에서 정교화되었다. 이 연구자들은 1980년대부터 어린 자폐아동이 상징놀이 부분에서 독특하게 손상되었다는 것을 보여 주었다(Mundy, Sigman, Ungerer, & Sherman, 1986; Sigman & Ungerer, 1984; Ungerer & Sigman, 1981). 이러한 놀이의 결핍은 언어 이해력 및 일반적인 발달 수준과 관련이 있는데, 동시에 그리고 예측이 가능하게 관련이 있으며(Sigman et al., 1999), 다수의 연구자가 비슷한 결과를 보고했다(Charman et al., 1997; Hobson, Lee, & Hobson, 2008; Lam & Yeung, 2012).

상징놀이보다 발달적으로 단순하다고 생각할 수 있는 기능적 놀이(functional play)에 대한 자폐증 특유의 영향은 연구 전반에서 덜 일관되게 보고되었다. 일부 그룹, 특히 가장 어린 자폐아동 집단을 연구한 그룹은 기능 측정에 있어 집단 차이가 없다고 보고했다(Charman et al., 1997; Naber et al., 2008). 그러나 나이가 많은 미취학 아동을 대상으로 한 연구에서는 집단 차이를 보고하는 경향이 있었다(Libby, Powell, Messer, & Jordan, 1998; Trillingsgaard, Sørensen, Nemec, & Jørgensen, 2005; Williams et al., 2001).

자폐증에서 볼 수 있는 놀이 결핍의 원인은 여전히 해결되지 않은 문제이다. 지난 20년 동안 자폐증 아동이 경험하는 상징놀이의 어려움은 마음이론(theory of mind)에서 말하는 발달과 관련된 메타표상(metarepresentation)의 인지적 어려움에 기인한 것으로 보았다(Lam & Yeung, 2012; Leslie, 1987, Varga 2011). 그러나 일부 결과는 메타표상적 결핍이론(metarepresentational deficit theory; 이러한 견해에 대한 자세한 논의는 Jarrold, 1997 참조)에 도전을 제기했다. 한 가지 도전은 자폐증의 기능적 놀이의 어려움과 관련된 것이다. 기능적 놀이에는 상징적 요소가 없고, 그 대신 문화적으로 정의된 방식으로 장난감을 다루는 것(예: 빗을 사용해서 머리를 빗는 것)이 포함되어 있기 때문에 이 어려움은 메타표상에 의해 설명될 수 없다. 기능적 놀이는 다른 사람의 정신 상태의 표상을 필요로 하지 않기 때문이다(Williams et al., 2001).

상징놀이에 관한 상충되는 결과도 메타표상 이론에 이의를 제기했다. 일부 연구자는 자폐 아동과 다른 발달 지체 아동 또는 일반적인 발달을 보이는 아동 간에 상징놀이의 즉흥적인 활동에 차이가 없다고 보고했다(Dominguez, Ziviani, & Rodger, 2006; Morgan, Maybery, & Durkin, 2003; Thiemann-Bourque, Brady, & Fleming, 2012). 다른 연구자는 자폐증이 있는 아동에게 다양한 사물을 제시하고 특정한 상징적 변형을 창조하거나 모방하거나 식별하도록 요구하는 패러다임을 개발했다(Charman & Baron-Cohen, 1997; Libby, Powell, Messer, & Jordan, 1997; McDonough, Stahmer, Schreibman, & Thompson, 1997). 이 연구들에서 자폐 아동은 임상 비교 집단과 동등한 수준의 상징적 능력을 발휘했다. 자폐증에서 보존된 상징적 능력은 공통 요소를 가지고 있으며, 이 요소는 자폐증의 상징놀이에 대한 다른 연구와는 다르다는 것을 나타냈다. 성인이 특정한 상징적 행동의 실시를 요구한다는 것이다. 이러한 상황에서 자폐아동의 수행은 인지적으로 상징적 표상이 가능하지만 즉흥적으로 가장 놀이(pretend play) 연기를 하는 데 어려움이 있는 것으로 보였다(Jarrold, 1997; McDonough et al., 1997).

자폐아동에게 현저하게 손상된 실행 기능의 하나는 즉흥적으로 새로운 행동을 창작해 내는 능력인 **생산성**(generativity)이다(Chan et al., 2009; Kleinhans, Akshoomoff, & Delis, 2005; Robinson, Goddard, Dritschel, Wisley, & Howlin, 2009). 상징적 과정 자체가 아니라 자폐증 특유의 생산성 문제가 상징놀이 결핍에 대한 대안적 설명을 해 준다. 그래서 즉흥적인 상징놀이에서 손상을 보이면서 유발된 상징놀이에서는 손상을 보이지 않는 이 차이를 설명할 수 있다(Jarrold, 1997). 생산성 가설은 또한 자폐증에서 뚜렷하게 나타나는 기능적 놀이의 차이를 설명할 수 있다(Jarrold, 1997; Williams et al., 2001). 두 그룹은 이 두 이론을 서로 비교하려고 시도해 왔으나 그 결과 결론을 내리지 못했다(Craig & Baron-Cohen, 1999; Rutherford & Rogers, 2003). 자폐스펙트럼장애(ASD) 아동의 놀이 수행과 관련된 복잡하고, 때로는 상반되는 결과를 감안할 때 현재 이론에 모든 증거가 포함되지 않았다는 점이 분명하며, 개념적이고 경험적인 연구가 추가적으로 필요하다.

자폐아동 놀이의 정서적 측면

자폐증에서의 놀이와 관련된 상호적 행동은 훨씬 더 적은 관심을 받았다. 환자의 무관심(aloofness)과 철회(withdrawal)에 대한 Kanner의 설명과 달리, 일부 연구자는 자폐아동이 학교 교직원(Jackson et al., 2003)과 부모(Kasari, Sigman, & Yirmiya, 1993)의 장난기 있는 시도에 긍정적인 반응을 보인다는 것을 발견했다. 그러나 자폐아동은 다른 장애가 있거나 일반적인 발달을 보이는 아동이 보이는 빈도만큼 사회적 상호작용을 시도하지 않으며(Landa, 2011), 다른 진단을 받은 아동처럼 다른 사람에게 미소나 긍정적인 표현을 자주 또는 분명하게 하지 않았다(Ozonoff et al., 2010). 플로어타임(floortime; Wieder & Greenspan, 2001), 관계개발 개입(Relationship Development Intervention: RDI;

Gustein, Burgess, & Montfort, 2007), 사회 의사소통, 정서 조절, 교류 지원(Social Communication, Emotion Regulation, Transactional Support: SCERTS; Prizant, Wetherby, Rubin, & Laurent, 2003), ESDM(Rogers & Dawson, 2010)과 같은 현 개입 접근은 신체적 유형의 사회적 게임을 특히 강조하는데, 이러한 놀이가 긍정적인 정서를 공유하고 의사소통의 교류를 촉진하기 때문이다.

조기 시작 덴버 모델

주요 치료 요소 및 설계

ESDM은 1981년 덴버 모델로 시작되었다. 콜로라도대학교 건강과학센터(University of Colorado Health Sciences Center)의 Rogers와 그녀의 동료들에 의해 발달기반 일일 집단 치료 프로그램으로 개발되었고, 자폐아동 및 다른 발달·언어·행동 장애가 있는 아동을 위한 놀이, 관계, 언어발달에 중점을 두었다. 덴버 모델 접근법의 주요 특징은 ① 대인관계적이며 건설적이고 상징적인 놀이 기술을 구체적으로 강조하는 모든 발달 영역에 대한 중점, ② 모방 기술 개발을 포함하여 타인과의 정서적으로 풍부하고 상호적인 관계 개발, ③ 말로 하는 언어에 특히 중점을 둔 상징 언어 개발, ④ 주당 25시간 이상 아동의 다양한 일상 환경에서 신중하게 계획된 교육 에피소드를 통해 소그룹 및 개별 교육 회기에서 고품질의 교수 전략 사용, ⑤ 바람직하지 않은 행동에 대한 긍정적인 행동 지원 접근이다. Rogers와 Pennington(1991)은 Stern(1985)에게 큰 영향을 받은 이론적 논문에서 기저가 되는 발달 모델을 설명했다. Rogers, Hall, Osaki, Reaven과 Herbison(2000)은 접근법의 이론적 배경과 원래 덴버 모델의 목표, 신념 및 치료 접근법을 자세하게 설명했으며, 초기 결과 보고서는 이 모델이 발달을 촉진하고 자폐 증상과 언어 발달을 개선한다고 제시했다(Rogers, Herbison, Lewis, Pantone, & Reis, 1986; Rogers & Lewis, 1989).

2002년 워싱턴대학교의 Rogers와 Dawson은 부모와 훈련받은 교직원을 통해 가정에서 일대일 치료를 제공하는 형태의 ASD가 있는 가장 어린 아동을 위한 치료 모델을 구체적으로 설계하기 위해 협력하기 시작했다. Dawson의 자폐증 연구 및 치료 증진 연구(Studies to Advance Autism Research and Treatment: STAART) 센터 프로그램의 하나로 개발되었고, 공동개발자들은 덴버 모델의 원리와 실천을 통합하고 응용행동분석의 원리와 중심축반응훈련(pivotal response training)의 실천을 모델에 융합했다. 치료 회기 내에서 진행 데이터를 수집하기 위한 간격기반(interval-based) 시스템은 상호작용의 흐름을 방해하지 않으면서 놀이 및 관계기반 형태에 맞게 개발되었다. 또한 공동개발자들은 치료 결정을 하기 위한 체계적인 절차를 개발하였고, 실행 충실도를 측정할 수 있도록 설정하였으며, 교직원들을 위한 체계적인 훈련 절차를 개발하였다. 새로운 모델은 조기 시작 덴버 모델(Early Start Denver model)이라고 명명되었으며, ASD가 있는 걸음마기 아동을 위한 개입으로 12개월의 어린 나이부터 시작할 수 있다.

ESDM을 제공하기 위한 주요 수단은 '공동 활동 루틴(joint activity routine; Rogers & Dawson, 2010)', 두 사람(쌍)의 활동이다. 이것은 공동개발자들이 개발했고, 네 가지 부분(설정, 주제, 변형, 종료)을 포함하고 있으며, 두 파트너가 서로 시도하고 상대방의 지시에 반응하는 많은 호혜적 사회적 의사소통을 한다는 특징이 있다. 성인은 각 공동 활동 내에서 아동에게 많은 학습 기회를 제공하고, 이러한 기회는 구체적으로 아동의 발달적 목표에 따른다. 공동 활동은 사회적, 의사소통적, 소근육 운동, 대근육 운동, 자기관리(self-care) 기술을 포함한 모든 종류의 기술을 가르치는 데 사용된다(이 접근의 모든 면에 대한 자세한 설명은 ESDM 매뉴얼, Rogers & Dawson, 2010 참조).

모든 공동 활동이 놀이기반은 아니지만(예: 식사 기술), ESDM에서의 교육 기회의 대부분은 사회적 또는 사물기반(object-based) 놀이 활동 내에서 제공된다. 놀이가 초기 아동 발달에 근본적인 기반이 되기 때문이다. ESDM에서는 두 가지 놀이 유형, 즉 사회적 의사소통 및 상징놀이가 자폐증의 영향을 받는다고 인정하기 때문에 매우 어린 아동의 자폐증 치료의 핵심으로 놀이를 사용한다. 일반적으로 생후 첫 해 동안 영아와 성인이 무릎 게임(lap games)을 통해 정서를 교류하면서 사회적 의사소통이 놀이에서 나타난다. Bruner(1975)는 이러한 의례적인 사회적 교류가 언어 발달의 중요한 실용적 토대를 제공하는 것으로 보았다. ESDM에서는 놀이의 이러한 측면을 강조하여 자신과 타인을 정신적 상태와 마음을 가진 주관적인 존재로 인식하도록 하고, 언어와 비언어적 행동으로 의도적인 의사소통을 개발하는 데 필요한 기본 요소를 제공한다.

　ESDM에서는 사물 놀이보다 파트너십에 초점을 두고 있다. 정서적으로 풍부한 두 사람의 놀이 에피소드는 치료의 중요한 부분이며, 아동의 하루 생활 전체에 걸쳐 발생한다. '감각적 사회적 루틴(sensory social routine)'으로 알려진 이 치료법은 특히 치료 초기에 아동과 성인 사이에 긍정적인 정서적 관계를 수립하고, 사회적 관심과 방향성을 향상하고, 대인관계의 동기화(interpersonal synchrony) 기회를 만들고, 시도, 반응, 사회적 상호작용의 유지와 같은 사회적 목표를 가지고 의도적인 의사소통을 하도록 몸짓 및 언어적 의사소통을 구축하기 위해 대대적으로 사용된다.

사례 예시: 사회-정서적 놀이

　이것은 첫 치료 시간의 한 예이다. 20개월 된 에이미(Amy)와 그녀의 부모는 처음으로 치료실에 들어왔다. 에이미는 언어를 전혀 사용하지 않았고, 매우 바빴으며, 파란 눈과 아름다운 금발의 곱슬머리를 가진 아이였다. 에이미는 즉시 나가자고 보채며 부모를 잡아당기기 시작했다. 그녀의 새로운 치료사는 부모에게 앉도록 했고, 한 시간 동안 매우 지루하게 있도록 요청했다. 치료사는 에이미의 허리까지 올라오는 큰 고무공을 꺼냈고, 활기찬 소리가 나도록 공을 치면서 에이미에게 다가갔다. 에이미는 공으로 손을 뻗었고, 치료사는 에이미를 안아서 공 위에 앉혔다. 치료사는 안전하게 에이미의 허리를 붙잡고는 에이미와 마주 보면서 상당히 큰 움직임이 되도록 리드미컬하게 위아래로 튕겨 주었다. 에이미가 미소 짓고 웃었다. 에이미가 미소 지을 때 치료사는 성공적인 눈 맞춤을 할 수 있었다. 그런 다음 치료사는 '바운스, 바운스, 바운스, 스톱'이라는 간단한 노래를 소개하고, 에이미를 멈추었다. 에이미는 몸을 움직여 동작을 반복했다. 치료사는 "오, 너는 바운스를 더 하고 싶구나. 좋아, 바운스를 하자."라고 말했다. 그리고 나서 치료사는 몇 초간 미소와 눈 맞춤을 공유하며 바운스하면서 노래를 하더니 멈추고는 에이미의 반응을 기다리기를 반복했다. 그렇게 두 번을 반복할 때 치료사는 에이미가 게임을 계속하기 위해 몸을 움직이면 루틴을 재개했다. 그런 다음 치료사는 변화를 추가했다. 게임을 계속하려면 에이미는 몸을 움직이면서 눈 맞춤을 하고 유지해야만 했다. 치료사는 에이미가 잠시 멈추는 동안에는 단순히 기다렸다. 에이미가 몸을 위아래로 움직인 후 치료사의 반응이 없자 에이미는 치료사를 쳐다봤다. 치료사는 즉시 "바운스하고 싶니?"라고 반응하며 그녀를 바운스해 주었다.

이제 에이미는 바운스하는 동안, 즐거움을 나누고 이 활동이 계속되도록 요청하기 위해 눈 맞춤을 사용하고 있었다. 몇 분 이내로 치료사는 두 파트너가 서로 미소 짓고 눈을 맞추는 사랑스럽고 정서적으로 풍부한 상호적인 루틴을 만들었다. 그것은 매우 즐거운 활동이었다. 아동이 루틴의 시작과 계속 진행하는 것의 주도권을 잡았고, 그렇게 하기 위해 눈 맞춤과 몸짓을 사용했다. 사물이 사용되기는 했지만, 이 활동은 두 파트너가 서로 상호작용하는 것에 초점을 맞추었고, 사물은 두 명의 상호작용의 확장에 보조적 역할을 했기 때문에 감각적 사회적 루틴으로서 기능했다.

사회-정서적 놀이가 관계 형성에도 매우 중요하지만, 두 사람의 참여, 의사소통 개발, 사물을 이용한 건설적인 놀이, 사물을 사용한 상징놀이는 인지 발달에도 중요한 공헌을 하고, 특히 상징놀이는 자신과 타인을 이해하는 데 중요한 것으로 보인다. Vygotsky(2000)는 상징놀이가 어린 아동들에게 마음의 힘과 생각이 환경을 지배하는 능력을 경험하게 한다고 말했는데, 이는 추상적 사고가 발전하는 데 필요한 중요한 특성이다. Piaget(1962)는 상징놀이의 역할을 강조하면서, 반복적인 놀이를 통해 삶의 사건, 사회적 역할, 의례(rituals)를 검토하고 숙달할 수 있는 기회를 제공한다고 보았다. 상징놀이의 이러한 두 가지 특성은 자폐아동이 사물과 감각의 세계에 묶여 있지 않고 언어 및 경험을 표현하고 생각하는 능력을 개발하는 데 도움이 될 것이다. 상징놀이 루틴은 언어 기능이 되는 미취학 자폐아동에게 사회적 언어 관습과 사회적 역할 행동을 교육하는 데 도움이 될 수 있다. 또한 상징놀이 루틴은 유치원 환경에서 일반적인 발달을 보이는 아동의 주요한 놀이 자원이며 교육적 활동이다. 자폐아동에게 주제극 놀이(thematic play)를 적절하게 할 수 있도록 언어적 및 비언어적으로 교육하는 것은 또래와 상호적인 놀이를 할 수 있게 하는 중요한 수단을 제공한다. ESDM에서 놀이의 대인관계 측면과 상징적 측면은 교육과정의 필수적인 부분이다.

사례 예시: 상징놀이

타일러(Tyler)는 건강하고 미소를 잘 짓는, 자폐증이 있는 4세의 밝고 활기찬 아프리카계 미국인이다. 그는 문장이 아닌 구(句)로 말을 했고, 감각운동 기술이 뛰어났다. 그는 사물을 사용하여 다른 것을 표현하지 않았기 때문에 상징놀이 기술을 개발하는 것이 당면한 목표였다. 치료사가 인형을 사용하여 그의 유치원에서의 일상생활을 행동화하기 시작했을 때 타일러의 상징놀이는 활기를 띠기 시작했다. 치료사는 타일러와 다섯 명의 급우에 해당하는 작은 어린 아이 인형의 이름을 지어 주었고, 어른 인형에게는 교사의 이름을 붙여 주었다. 그다음 치료사는 인형들을 서클에 놓고, 타일러가 수업을 통해서 잘 알고 있는 '헬로 서클' 루틴을 시작했다. 타일러는 두 개의 인형을 집으며 흥분과 기쁨으로 반응했고, 노래를 부르기 시작하면서 인형에게 서클타임 루틴을 행동화하게 했다. 그리고 나서 타일러는 인형을 가지고 수업의 다른 그룹 루틴을 시작했으며, 치료사에게 교사의 역할을 하도록 유도했다["샐리(Sally) 박사님, 당신이 진(Jean)을 하세요."]. 가상 인물을 사용해서 자신의 삶의 경험을 실연하는 것은 타일러에게 매우 즐거운 경험이었다. 치료사는 비슷한 시나리오를 사용해서 치과에 처음 가는 날과 같은 새로운 사건에 타일러를 준비시킬 수 있음을 발견했다.

타일러에게 가장 중요한 상징놀이의 하나는 공포에 대한 작업이었다. 그는 헤어드라이어에 대한 공포를 포함하여 여러 가지에 공포를 가지고 있었다. 인형의 집, 가족 인형과 고무찰흙으로 만든 도구를 사용하여 치료사는 타일러의 공포와 관련된 주제를 가상 놀이에 짜 넣기 시작했다. 그래서 인형의 집에서 목욕 루틴을 마친 후 강아지를 말리기 위해, 그리고 타일러 인형의 머리를 말리기 위해 헤어드라이어가 필요했다. 이 장면을 위해 헤어드라이어 소음은 목소리로 냈고, 타일러와 치료사는 헤어드라이어의 기능을 흉내 내기 위해 바람을 불었다. 치료사는 인형으로 헤어드라이어에 공포 반응을 보였고, 타일러는 정해진 대사를 말하게 했다. 그런 다음 엄마 인형이 타일러를 위로하기 위해 움직였고, 엄마가 할 말을 타일러에게 하도록 요청했다. 타일러는 엄마 인형이 위로의 말을 하도록 했다. "괜찮아. 그건 그냥 머리를 말리기 위한 따뜻한 바람이야. 너를 아프게 하지 않을 거야."라고 타일러가 말했다. 그다음 몇 주 동안 이 놀이는 타일러가 가장 좋아하는 놀이 주제가 되었고, 그의 부모는 이제 집에서 타일러가 헤어드라이어를 만지고, 켜고, 끄며, 머리에 사용하고 싶어 한다고 했다. 그의 부모는 이 놀이를 따라갔다. 머리에 물을 조금 축이고 타일러가 직접 드라이를 하도록 했다. 또한 그들은 어떤 것이 젖을 때마다 기회를 놓치지 않고 타일러에게 헤어드라이어를 주었다. 타일러의 소매가 젖었거나 물을 쏟았을 때, 손이 젖었을 때, 부모는 헤어드라이어를 꺼냈다. 첫 번째 놀이 주제가 시작된 지 2주 만에 타일러는 헤어드라이어의 작동에 더 이상 울거나 소리 지르지 않았으며, 부모가 그의 머리를 말릴 수 있도록 해 주었다. 놀이 장면에서와 같이 그는 스스로 진정할 수 있었다. "괜찮아. 이것은 단지 따뜻한 바람이야."

설정 및 회기

덴버 모델은 원래 매일, 12개월 내내 운영되는 치료 유치원(therapeutic preschool)을 위해 개발되었다. 이 모델은 6명의 아동과 3명의 성인으로 구성된 소그룹으로 하루 몇 시간 동안 제공되고, 목표 영역에 대한 부모의 개입이 가정에서 동반되도록 개발되었다. 지난 15년 동안 이 접근 방식은 소수의 다른 환경에서도 사용될 수 있도록 조정되었다. 여기에는 일반적인 발달을 보이는 아동과 자폐아동이 함께 참여하는 통합 유치원, ESDM 제너럴리스트로 훈련 받은 전문가가 제공하는 매주 1시간의 치료 회기와 함께 ESDM 기술을 훈련 받은 부모가 가정에서 제공하는 매일의 놀이, 훈련 받은 치료사와 부모가 제공하는 집중적인 가정 치료 프로그램 등이 있다. 아동이 3세가 되면 신중하게 계획된 (통합) 유치원 경험은 전체 치료 패키지의 중요한 부분이다. 제공 방식과 관계없이, 목표는 어린 자폐아동의 다양한 생활 환경에서 ESDM 실천 방법에 따라 신중하게 구조화된 치료를 최소 주 25시간 제공하는 것이다. 이 치료는 유지 및 일반화하기 위해, 그리고 가정에서만 진행하는 기술을 연습하기 위해 항상 부모가 제공하는 가정 개입을 동반한다. 일대일 교육을 위한 ESDM 실천 방법이 매뉴얼(Rogers & Dawson, 2010)에 잘 설명되어 있지만, 집단 환경에서 ESDM을 실시하려는 사람들을 위해 실행 충실도의 측정과 자세한 절차는 현재 개발 중이다(Vivanti, Dissanayake, Zierhut, Rogers, & Victorian ASELCC Team, 2013).

자원

각 아동의 개별 학습 계획을 평가하고 구축하기 위해 ESDM 개입에는 유아 특수교육, 작업치료, 언어치료, 임상아동심리, 행동분석과 같은 분야를 포함하는 다학제 팀과 부모를 포함한다. 유치원에서는 교육팀이 대부분의 치료를 제공하고, 다른 팀에서 컨설팅과 개인 치료 일부를 제공한다. 치료 및 가정 기반 모델에서는 한 분야의 전문가 한 명이 팀을 이끌고, 다른 분야는 주 치료사 또는 팀 리더에게 자문 역할을 하며, 치료의 상당 부분은 15시간 이상의 집중적인 치료 모델로 제공되고 보조 팀원에 의해 진행된다. 보조 팀원은 교실과 집중적인 가정 모델에 크게 기여한다. 모든 시나리오에서 부모는 매주 또는 격주의 부모 코칭 회기에 참석하고, 아동의 진행을 검토하고, 일상생활에서 가장 중요한 개입 부분을 파악하도록 팀을 돕고, 매일 부모와 어린 아동 사이에서 일어나는 많은 자연 활동과 공동 활동 루틴에서 가정 치료를 제공하는 치료팀의 필수적인 부분이다.

치료 전달

치료는 다학제 팀 전체의 의견을 반영하여 주 치료사와 부모가 개발한 단기 학습 목표 세트들을 중심으로 구성한다. 이 목표들은 ESDM 교육과정 도구에 기반하며, 인지, 놀이, 수용 및 표현 언어, 사회적 상호작용, 소그룹 및 대그룹 운동 기술, 셀프케어와 같은 발달 영역의 전체 범위를 포함한다. 각 아동은 12주 동안 약 16~20개의 기록된 목표를 성취해야 한다. 기저선(baseline)의 기술에서부터 학습 목표에 이르는 학습 단계를 각 목표에 따라 개발하는데, 이 단계는 교육 계획과 매일 성과를 측정하는 데이터 시스템이 된다. 유치원에서는 교육 계획을 그룹 활동과 관련하여 개발하고 그룹 및 개별 수업에 포함시킨다. 가정 프로그램에서는 교육 계획이 일대일 회기로 제공되고 자연스러운 보육 및 놀이 루틴에 포함된다.

치료 전달의 과정 및 유연성

ESDM의 전달 과정은 유연하다. 기본 원리는 부모와의 파트너십, 놀이, 의사소통, 긍정적 정서, 두 사람의 관계, 많은 학습 기회, 아동이 선호하는 활동, 발달영역에서의 교육, 신중하게 계획되고 조직화된 학습 환경에 중점을 두는 것이다. 그러나 사용된 자료와 활동 및 구조 유형은 각 아동의 특수한 필요에 따라 아동마다 크게 다를 수 있다. 따라서 교육의 스타일은 다양할 수 있지만, 평가에서 목표, 교육 단계, 전달 및 데이터 수집에 이르기까지의 치료 조직은 변함이 없다. 전달 절차 및 전달 충실성의 측정은 ESDM 치료 매뉴얼에 자세하게 설명되어 있다(Rogers & Dawson, 2010).

성과 연구

모델의 효능을 검증하기 위해 사전-사후 집단 설계, 단일대상 설계, 무작위 통제 연구를 포함한 다양한 연구 설계를 사용하였다. 여기서는 각 유형의 예를 살펴볼 것이다.

Rogers 등(1986)

이 연구는 첫 번째 성과 연구였다. 연구 대상은 자폐증, 다른 전반적 발달장애(PDD) 또는 다른 정신과 진단을 받은 26명의 취학 전 아동이었다. 유아특수교육교사 1명, 보조원 2명, 자문 언어병리학자 1명, 아동임상심리학자 1명이 교실 환경에서 하루 2¾시간, 주 4일 치료를 제공했다. 심리평가는 등록 전과 매일 개입을 진행한 6개월 후에 실시했다. 평가 배터리는 미시간 척도(Michigan Scales; Rogers et al., 1981), 놀이관찰척도(Play Observation Scale; Rogers et al., 1986), 모-아동 놀이 상호작용 척도(Mother-Child Play Interaction Scale; Rogers & Puchalski, 1984)로 구성되었다. 치료 후, 아동들은 미시간 척도의 인지 · 언어 · 사회/정서적 · 소근육 운동 기술에서 상당한 발전을 보였다. 놀이와 관련해서 그들은 상징놀이 기술에서 유의미한 호전을 보였으며, 특히 놀이에서 상징물을 복잡하게 사용하거나, 물체를 상징적으로 제시하거나, 상징적 스키마가 결합된 경우에 통계적으로 유의미하게 증가했다. 또한 아동들은 실험자와 놀이 상호작용을 계속하는 것, 순서를 따르는 것, 놀이 스키마를 공유하는 것에서 통계적으로 유의미한 호전을 보였다. 부모와의 사회적 상호작용과 관련해서 아동들은 긍정적인 정서와 모에게 보인 사회적 관계 시도 횟수에 통계적으로 유의미한 증가를 보였고, 모의 시도에 대한 부정적인 정서 반응 에피소드에 유의미한 감소를 보였다. 또한 모의 사회적 시도에 대한 긍정적인 정서 반응 에피소드와 중요한 언어 표현의 횟수는 유의미하게 증가되었다. 덴버 모델 개입 이후 20명의 아동의 교육 배치에 대한 조사 결과, 그룹의 35%는 모든 척도에서 정상 범위에서 기능했고, 일반 환경으로 배치되었으며(1980년대 중반에는 통합교육이 일반적이지 않다.), 30%는 발달적 어려움을 보였지만 사회정서적 또는 구체적인 자폐 관련 어려움을 보이지 않았고, 35%는 계속 자폐증을 포함하여 사회적 또는 정서적 영역에 집중된 어려움을 보였다.

Vismara, Colombi와 Rogers(2009)

Vismara, Colombi와 Rogers(2009)는 8명의 자폐 아동을 대상으로 한 12주, 개별화된 ESDM 부모훈련 프로그램(P-ESDM)의 효과를 조사하기 위해 비동시적 다중 기초선 연구를 실시했다. 이 프로그램에는 주 1회, 1시간, 12주 과정의 클리닉기반 부모훈련 회기와 이후 3개월 동안 4차례의 후속 회기가 포함되었다. 참여자들은 최근에 자폐증 진단을 받은 10~36개월 사이의 아동이었다. 연구 목표는 부모의 ESDM 기술 습득을 평가하고, 프로그램 결과로 아동의 사회적 의사소통 행동의 변화를 평가하는 것이었다. 매주 훈련 회기를 통해 부모들은 부모-아동 놀이와 보육 활동을 포함하여 가족의 일상생활에 P-ESDM 기술을 포함시키는 법을 배웠다.

자료는 매주 부모와 아동의 놀이 활동 비디오와 치료사와 아동의 놀이 활동 비디오, 이 두 개의 10분짜리 비디오 샘플 조사를 통해 수집되었다. 부모의 ESDM 기술 숙련도는 ESDM 충실성 척도를 사용하여 평가되었다. 이 척도는 주요 교육 기법의 사용을 평가하는 14문항 리커트기반 평가 시스템이다.

아동의 사회적 의사소통 행동은 자발적·기능적 언어 발화의 수와 아동이 보여 주는 모방 행동의 수를 조사함으로써 평가되었다. 연구는 아동의 참여를 평가하기 위해 아동행동 평가척도(child behavior rating scale: CBRS; Mahoney & Wheeden, 1998)의 5점 리커트 평가 시스템을 사용했다.

연구자는 훈련 프로그램을 마친 부모의 경우, 한 명을 제외한 모든 부모가 다섯 번째 또는 여섯 번째 훈련 회기에서 85% 기준 이상의 ESDM 숙련도를 습득한 것을 발견했다. 또한 추적 조사 시 높은 수준의 정확한 ESDM 실행이 유지되었다. 아동의 변화와 관련해서 치료가 시작되면 아동의 기능적 언어 반응의 생성과 모방 행동의 사용이 증가되는 것을 발견했다. 이러한 변화 역시 추적 기간 동안 유지되었다. 또 부모가 ESDM의 마스터 기준에 도달했을 때 아동의 자발적인 언어 발화 횟수가 가장 많았으며, 치료 과정 동안 CBRS에서 아동의 집중 수준과 사회적 행동이 증가하였다.

Dawson 등(2010)

Dawson 등(2010)은 ASD 진단을 받은 걸음마기 아동의 결과 개선을 위하여 ESDM의 효능을 조사하는 무작위 비교시험을 실시했다. 이 연구에는 ASD 진단을 이미 받은, 등록 당시 18~30개월의 아동 48명이 포함되었다. 참여자는 ESDM 개입 또는 대조 그룹 중 하나에 무작위로 배정되었다. ESDM 그룹에 배정된 참여자는 연간 평가, 훈련 받은 임상가가 제공하는 가정 ESDM 개입 20시간, ESDM 기술 사용에 대한 지속적인 부모 훈련을 받았고, 매주 최소 5시간 이상 부모가 ESDM을 실시할 것으로 기대되었다. 대조 그룹의 참여자는 연간 평가와 개입에 대한 권장 및 의뢰 그리고 지역사회에서 제공이 가능한 서비스를 받았다. 모든 아동은 치료 1년과 2년 후에 이들이 속한 그룹에 대해 눈가림한 평가자에 의해 평가되었다.

치료 2년 후, ESDM 그룹에 배정된 아동은 대조 그룹에 배정된 아동과 비교해서 Mullen의 초기 학습 척도(Mullen Scales of Early Learning: MSEL; Mullen,

1995)로 측정한 인지 능력이 현저하게 개선되었다. ESDM을 받은 아동은 MSEL 점수에서 17.6점이 상승한 반면, 지역사회 치료를 받은 아동은 7.0점이 상승했다. 또한 ESDM과 대조 그룹은 바인랜드 적응행동척도(Vineland Adaptive Behavior Scales: VABS; Sparrow, Balla & Cicchetti, 1984)의 측정에 의하면, 개입 2년 후 적응행동에 큰 차이를 보였다. ESDM 그룹의 참여자는 1년 및 2년 결과에서 비슷한 표준 점수를 보였지만, 대조 집단의 참여자는 평균적으로 11.2점이 감소한 것으로 나타났다. ESDM을 받은 아동은 대조군 아동과 비교하여 자폐증에서 PDD-NOS(달리 명시되지 않음)로 진단의 변화를 경험함으로써 진단 상태의 향상 가능성이 더 높았다.

참여자와 동일 연령의 일반적인 발달을 보이는 아동 집단의 사회적 및 비사회적 자극에 대한 반응을 비교한 뇌전도 연구(Dawson et al., 2012)에서는 ESDM을 받은 아동이 비사회적인 자극보다 사회적인 자극에 더 강한 반응을 보이는 정상적인 패턴을 보였다. 지역사회 개입을 받은 자폐아동은 ESDM 그룹 및 일반 집단 모두에 비해 반대의 패턴을 보였다. 지역사회 그룹은 사회적 자극보다 비사회적 자극에 더 강한 반응을 보였고, 이전의 자폐아동 연구에서 나타난 패턴을 보였다.

다른 환경에서의 재현과 적용 가능성

ESDM은 다중 현장 효능연구의 일부로, 그리고 새로운 치료 및 연구 센터의 일부로 몇몇 다른 장소에서 재현되었다. Vismara, Young, Stahmer, Griffith와 Rogers(2009)가 보고한 바와 같이, 가정에서의 일대일 개입은 몇 개의 대학 환경에서 재현되었다. 다중 현장에서는 훈련받은 치료사들이 뛰어난 실행 충실도를 보였고, 재현 현장에서는 치료사가 훈련한 부모들이 뛰어난 실행 충실도를 나타냈다. 호주의 두 그룹도 ESDM을 집단기반 모델로 개발했으며, 그 환경에서도 아동의 발달 속도에 긍정적인 영향을 보여 주는 연구가 나타나기 시작했다(Vivanti et al., 2013). 이 모델은 서류 작업에 할당된 시간이 적고, 비용을 청구할 수 있는 시간을 극대화할 필요가 있는 병원기반 언어클리닉과 같은 임상적 환경보다 조기개입 환경에서 재현하기가 다소 쉬워 보인다. 데이터 관리, 아동 발전 평가, 학습 목표 작성과 관련된 일반적인 개입 업무는 전문적 실천 활동의 일상적인 부분이다. 임상적 환경에서는 때로 교육과정 평가, 부모 코칭, 목표 개발, 회기 후 자료 요약에 필요한 시간을 따로 확보하는 것이 어렵다.

ESDM은 아동을 평가하고 조기 개입 프로그램을 개발 및 제공하기 위한 구체적인 절차를 포함한다. 실행 충실도가 높은 수준에서 모델을 사용하고, 핵심 개입 실행의 질과 빈도를 측정하고, 재현 현장의 교직원이 모니터링하고 새로운 절차의 사용을 평가하도록 교육하며, 아동 행동에 주는 영향과 부모가 가정에서 사용하는 기술을 측정하도록 훈련하는 다양한 절차가 개발되었다.

Vismara, Young 등(2009)은 훈련 패키지가 다른 사람에게 모델을 얼마나 잘 사용하도록 가르치는가를 알아보는 연구를 수행했다. ESDM의 지역사회기반 치료사 훈련에서 원격 교육과 실제 교육의 효과를 비교한 결과, 두 가지 교육 방법 모두 치료사가 모델을 실행하고 부모를 훈련하도록 교육하는 데 효과적이라는 것을 발견했다. 치료사의 모델 사용 개선과 함께 두 가지 교육 방법 모두 시간이 지남에 따라 아동과 부모의 기술이 향상되었다. 따라서 여러 조기 개입 현장에서 ESDM을 보급하기 위해 유연한 훈련 방법이 다양하게 개발되었다.

결론
· · · · ·

이 장에서 몇 가지 중점 사항에 대해 논의했다. 첫째, 자폐증은 놀이 파트너와의 풍부한 정서적 교환, 사물놀이(object play)의 참신함과 융통성, 개인적인 삶의 사건을 행동화하고 추상적인 생각을 점점 발전시키는 상징놀이의 사용과 같은 몇 가지 측면에서 놀이의 발전을 저해한다. 따라서 놀이의 사회정서적 및 인지적 측면이 영향을 받는다. 둘째, 놀이는 아동의 정서적 · 인지적 · 사회적 발달에 매우 중요하며, 놀이 개발에 초점을 두는 것은 어린 자폐아동을 위한 적절한 교육 및 개입의 핵심이다. 어린 자폐아동을 위한 가장 잘 알려진 치료 접근법은 치료 과정의 일부로 놀이를 직접 다루며, 자폐아동은 놀이 기술을 배우고 성장할 수 있는 능력을 일관되게 보여 주었다.

조기 자폐증에 대한 포괄적인 치료 접근인 ESDM은 특히 놀이를 목표로 한다. ESDM은 구체적인 목표 설정을 통해 놀이의 인지 및 사회정서적 측면의 개발을 목표로 하며, 이 목표들은 직접적이고 자연스러운 교수법을 사용하여 그룹, 가정 및 일대일 작업에서 직접 다룬다. ESDM을 통해 치료 받은 어린 자폐아동에 대한 성과 연구는 대조군과 비교하여 언어, 인지, 적응행동에서 유의미한 향상을 보인 것 외에도 상징놀이의 유의미한 향상, 부모와의 놀이에서 유의미한 정서 및 상호 교류의 변화를 보였다.

자폐증은 어린 아동의 인지적·정서적·사회적 의사소통 측면의 놀이를 개발하는 데 큰 장애가 된다. 그러나 장애는 절대적인 것이 아니며, 자폐증이 어떤 방식으로 놀이 발달을 저해하는지는 아직 밝혀지지 않았다. 경험적 자료는 어린 자폐아동의 기능 수준과 상관없이 이들의 놀이 기술이 향상될 수 있음을 보여 주었다. 따라서 아동의 능력이 아니라 치료의 질이 발전을 촉진하는 핵심 변수로 보인다. 그러나 오직 놀이에만 초점을 두는 것이 어린 자폐아동의 발달 패턴 또는 속도에 유의미하고 포괄적인 변화를 가져온다는 결과를 입증하는 연구는 없다. 놀이는 단지 포괄적인 치료의 한 부분일 뿐이다.

▮▮▮ 참고문헌

American Psychiatric Association. (2000). *Diagnostic and statistical manual of mental disorders* (4th ed., text rev.). Washington, DC: Author.

Bernabei, P., Camaigni, L., & Levi, G. (1998). An evaluation of early development in children with autism and pervasive developmental disorders from home movies: Preliminary findings. *Autism, 2,* 243–258. http://dx.doi.org/10.1177/1362361 398023003

Bruner, J. S. (1975). The ontogenesis of speech acts. *Journal of Child Language, 2,* 1-19. http://dx.doi.org/10.1017/S0305000900000866

Chan, A. S., Cheung, M. C., Han, Y. M. Y., Sze, S. L., Leung, W. W., Man, H. s., & To, C. Y. (2009). Executive function deficits and neural discordance in children with autism spectrum disorders. *Clinical Neurophysiology, 120,* 1107-1115. http://dx.doi.org/10.1016/j.clinph.2009.04.002

Charman, T., & Baron-Cohen, S. (1997). Brief report: Prompted pretend play in autism. *Journal of Autism and Developmental Disorders, 27,* 325-332. http://dx.doi.org/10.1023/A:1025806616149

Charman, T., Swettenham, J., Baron-Cohen, S., Cox, A., Baird, G., & Drew, A. (1997). Infants with autism: An investigation of empathy, pretend play, joint attention, and imitation. *Developmental Psychology, 33,* 781-789. http://dx.doi.org/10.1037/0012-1649.33.5.781

Craig, J., & Baron-Cohen, S. (1999). Creativity and imagination in autism and Asperger syndrome. *Journal of Autism and Developmental Disorders, 29,* 319-326. http://dx.doi.org/10.1023/A:1022163403479

Dawson, G., Jones, E. J. H., Merkle, K., Venema, K., Lowy, R., Faja, S., ⋯ Webb, S. J. (2012). Early behavioral intervention is associated with normalized brain activity in young children with autism. *Journal of the American Academy of Child & Adolescent Psychiatry, 51,* 1150-1159. http://dx.doi.org/10.1016/j.jaac.2012.08.018

Dawson, G., Rogers, S., Munson, J., Smith, M., Winter, J., Greenson, J., . . . Varley, J. (2010). Randomized, controlled trial of an intervention for toddlers with autism: The Early Start Denver Model. *Pediatrics, 125,* e17-e23. http://dx.doi.org/10.1542/peds.2009-0958

Dominguez, A., Ziviani, J., & Rodger, S. (2006). Play behaviours and play object preferences of young children with autistic disorder in a clinical play environment. *Autism, 10,* 53-69. http://dx.doi.org/10.1177/1362361306062010

Gutstein, S. E., Burgess, A. F., & Montfort, K. (2007). Evaluation of the relationship development intervention program. *Autism, 11,* 397-411. http://dx.doi.org/10.1177/1362361307079603

Hobson, R. P., Lee, A., & Hobson, J. A. (2008). Qualities of symbolic play among children with autism: A social-developmental perspective. *Journal of Autism and Developmental Disorders, 39,* 12-22. http://dx.doi.org/10.1007/s10803-008-0589-z

Jackson, C. T., Fein, D., Wolf, J., Jones, G., Hauck, M., Waterhouse, L., & Feinstein, C. (2003). Responses and sustained interactions in children with mental retardation and autism. *Journal of Autism and Developmental Disorders, 33,* 115-121. http://dx.doi.org/10.1023/A:1022927124025

Jarrold, C. (1997). Pretend play in autism: executive explanations. In J. Russell (Ed.), *Autism as an executive disorder* (pp. 101-140). Oxford, England: Oxford University Press.

Kanner, L. (1943). Autistic disturbances of affective contact. *Nervous Child, 2,* 217-250.

Kasari, C., Sigman, M., & Yirmiya, N. (1993). Focused and social attention of autistic children in interactions with familiar and unfamiliar adults: A comparison of autistic, mentally retarded, and normal children. *Development and Psychopathology, 5,* 403-414. http://dx.doi.org/10.1017/S0954579400004491

Kleinhans, N., Akshoomoff, N., & Delis, D. C. (2005). Executive functions in autism and Asperger's disorder: Flexibility, fluency, and inhibition. *Developmental Neuropsychology, 27,* 379-401. http://dx.doi.org/10.1207/s15326942dn2703_5

Lam, Y. G., & Yeung, S. S. (2012). Cognitive deficits and symbolic play in preschoolers with autism. *Research in Autism Spectrum Disorders, 6,* 560-564. http://dx.doi.org/10.1010/j.rasd.2011.07.017

Landa, R. J. (2011). Developmental features and trajectories associated with autism spectrum disorders in infants and toddlers. In D. G. Amaral, G. Dawson, & D. H. Geschwind (Eds.), *Autism spectrum disorders* (pp. 213-228). New York, NY: Oxford University Press. http://dx.doi.org/10.1093/med/9780195371826.003.0014

Leslie, A. M. (1987). Pretense and representation: The origins of "theory of mind". *Psychological Review, 94,* 412-426. http://dx.doi.org/10.1037/0033-295X.94.4.412

Libby, S., Powell, S., Messer, D., & Jordan, R. (1997). Imitation of pretend play acts by children with autism and Down syndrome. *Journal of Autism and Developmental Disorders, 27,* 365-383. http://dx.doi.org/10.1023/A:1025801304279

Libby, S., Powell, S., Messer, D., & Jordan, R. (1998). Spontaneous play in children with autism: A reappraisal. *Journal of Autism and Developmental Disorders, 28,* 487-497. http://dx.doi.org/10.1023/A:1026095910558

Mahoney, G., & Wheeden, C. A. (1998). Effects of teacher style on the engagement of preschool aged children with special learning needs. *Journal of Developmental and Learning Disorders, 2,* 293-315.

McDonough, L., Stahmer, A., Schreibman, L., & Thompson, S. J. (1997). Deficits, delays, and distractions: An evaluation of symbolic play and memory in children with autism. *Development and Psychopathology, 9,* 17-41. http://dx.doi.org/10.1017/S0954579497001041

Morgan, B., Maybery, M., & Durkin, K. (2003). Weak central coherence, poor joint attention, and low verbal ability: Independent deficits in early autism. *Developmental Psychology, 39,* 646-656.

Mullen, E. M. (1995). *Mullen scales of early learning: AGS edition.* Circle Pines, MN: American Guidance Service.

Mundy, P., Sigman, M., Ungerer, J., & Sherman, T. (1986). Defining the social deficits of autism: The contribution of non-verbal communication measures. *Journal of Child Psychology and Psychiatry, 27,* 657-669. http://dx.doi.org/10.1111/j.1469-7610.1986.tb00190.x

Naber, F. B. A., Bakermans-Kranenburg, M. J., van IJzendoorn, M. H., Swinkels, S. H. N., Buitelaar, J. K., Dietz, C., ··· van Engeland, H. (2008). Play behavior and attachment in toddlers with autism. *Journal of Autism and Developmental Disorders, 38,* 857-866. http://dx.doi.org/10.1007/s10803-007-0454-5

Ozonoff, S., Iosif, A. M., Baguio, F., Cook, I. C., Hill, M. M., Hutman, T., ··· Young, G. S. (2010). A prospective study of the emergence of early behavioral signs of autism. *Journal of the American Academy of Child & Adolescent Psychiatry, 49,* 256-66.e1, 2.

Piaget, J. (1962). *Play, dreams, and imitation in childhood.* New York, NY: Norton.

Prizant, B. M., Wetherby, A. M., Rubin, E., & Laurent, A. C. (2003). The SCERTS model: A transactional, family-centered approach to enhancing communication and socioemotional abilities of young children with autism spectrum disorder. *Infants*

& *Young Children, 16*, 296-316. http://dx.doi.org/10.1097/00001163-200310000-00004

Robinson, S., Goddard, L., Dritschel, B., Wisley, M., & Howlin, P. (2009). Executive functions in children with autism spectrum disorders. *Brain and Cognition, 71*, 362-368. http://dx.doi.org/10.1016/j.bandc.2009.06.007

Rogers, S. J., & Dawson, G. (2010). *Early start Denver model for children with autism: promoting language, learning, and engagement.* New York, NY: Guilford Press.

Rogers, S. J., Donovan, C. M., D'Eugenio, D., Brown, S. L., Lynch, E. W., Moersch, M. S., & Schafer, D. S. (Eds.). (1981). *Developmental programming for infants and young children* (Vol. 2). Ann Arbor: University of Michigan Press.

Rogers, S. J., Hall, T., Osaki, D., Reaven, J., & Herbison, J. (2000). The Denver model: A comprehensive, integrated, educational approach to young children with autism and their families. In S. L. Harris & J. S. Handleman (Eds.), *Preschool education programs for children with autism* (2nd ed., pp. 95-135). Austin, TX: Pro-Ed.

Rogers, S. J., Herbison, J. M., Lewis, H. C., Pantone, J., & Reis, K. (1986). An approach for enhancing the symbolic, communicative, and interpersonal functioning of young children with autism and severe emotional handicaps. *Journal of Early Intervention, 10*, 135-148.

Rogers, S. J., & Lewis, H. (1989). An effective day treatment model for young children with pervasive developmental disorders. *Journal of the American Academy of Child & Adolescent Psychiatry, 28*, 207-214. http://dx.doi.org/10.1097/00004583-198903000-00010

Rogers, S. J., & Pennington, B. F. (1991). A theoretical approach to the deficits in infantile autism. *Development and Psychopathology, 3*, 137-162. http://dx.doi.org/10.1017/S0954579400000043

Rogers, S. J., & Puchalski, C. B. (1984). Social characteristics of visually impaired infants' play. *Topics in Early Childhood Special Education, 3*, 52-56. http://dx.doi.org/10.1177/027112148400300409

Rutherford, M. D., & Rogers, S. J. (2003). Cognitive underpinnings of pretend play in autism. *Journal of Autism and Developmental Disorders, 33*, 289-302. http://dx.doi.

org/10.1023/A:1024406601334

Rutherford, M. D., Young, G. S., Hepburn, S., & Rogers, S. J. (2007). A longitudinal study of pretend play in autism. *Journal of Autism and Developmental Disorders, 37,* 1024-1039. http://dx.doi.org/10.1007/s10803-006-0240-9

Sigman, M., Ruskin, E., Arbelle, S., Corona, R., Dissanayake, C., Espinosa, M., ⋯ Zierhut, C. (1999). Continuity and change in the social competence of children with autism, Down syndrome, and developmental delays. *Monographs of the Society for Research in Child Development, 64,* 1-114. http://www.jstor.org/stable/3181510

Sigman, M., & Ungerer, J. A. (1984). Cognitive and language skills in autistic, mentally retarded, and normal children. *Developmental Psychology, 20,* 293-302. http://dx.doi.org/10.1037/0012-1649.20.2.293

Sparrow, S. S., Balla, D. A., & Cicchetti, D. V. (1984). *The Vineland adaptive behavior scales: Interview edition.* Circle Pines, MN: American Guidance Service.

Stern, D. N. (1985). *The interpersonal world of the human infant.* New York: Basic Books.

Thiemann-Bourque, K. S., Brady, N. C., & Fleming, K. K. (2012). Symbolic play of preschoolers with severe communication impairments with autism and other developmental delays: More similarities than differences. *Journal of Autism and Developmental Disorders, 42,* 863-873. http://dx.doi.org/10.1007/s10803-011-1317-7

Trillingsgaard, A., Sørensen, E. U., Nemec, G., & Jørgensen, M. (2005). What distinguishes autism spectrum disorders from other developmental disorders before the age of four years? *European Child & Adolescent Psychiatry, 14,* 65-72. http://dx.doi.org/10.1007/s00787-005-0433-3

Ungerer, J. A., & Sigman, M. (1981). Symbolic play and language comprehension in autistic children. *Journal of the American Academy of Child Psychiatry, 20,* 318-337. http://dx.doi.org/10.1016/S0002-7138(09)60992-4

Varga, S. (2011). Winnicott, symbolic play, and other minds. *Philosophical Psychology, 24,* 625-637. http://dx.doi.org/10.1080/09515089.2011.559621

Vismara, L. A., Colombi, C., & Rogers, S. J. (2009). Can one hour per week of therapy lead to lasting changes in young children with autism? *Autism, 13*, 93–115. http://dx.doi.org/10.1177/1362361307098516

Vismara, L. A., Young, G. S., Stahmer, A. C., Griffith, E. M., & Rogers, S. J. (2009). Dissemination of evidence-based practice: Can we train therapists from a distance? *Journal of Autism and Developmental Disorders, 39*, 1636-1651. http://dx.doi.org/10.1007/s10803-009-0796-2

Vivanti, G., Dissanayake, C., Zierhut, C., Rogers, S. J., & Victorian ASELCC Team. (2013). Brief report: Predictors of outcomes in the early start Denver model delivered in a group setting. *Journal of Autism and Developmental Disorders, 43*, 1717-1724.

Vygotsky, L. S. (2000). Play and its role in the mental development of the child. In J. Bruner, A. Jolly, & S. Sylva (Eds.), *Play: Its role in development and evolution* (pp. 537-554). New York, NY: Basic Books.

Wieder, S., & Greenspan, S. I. (2001). The DIR (developmental, individual-difference, relationship-based) approach to assessment and intervention planning. *Zero to Three, 21*, 11-19.

Williams, E., Reddy, V., & Costall, A. (2001). Taking a closer look at functional play in children with autism. *Journal of Autism and Developmental Disorders, 31*, 67-77. http://dx.doi.org/10.1023/A:1005665714197

Wing, L., Gould, J., Yeates, S. R., & Brierly, L. M. (1977). Symbolic play in severely mentally retarded and in autistic children. *Journal of Child Psychology and Psychiatry, 18*, 167-178. http://dx.doi.org/10.1111/j.1469-7610.1977.tb00426.x

제 11 장

통합 놀이집단 모델: 일반적인 또래와의 중요한 놀이 경험에서 자폐아동 지원

Pamela Wolfberg

통합 놀이집단(Integrated Play Groups: IPG) 모델은 놀이 경험을 통해 얻을 수 있는 기쁨과 혜택을 놓치고 있는 자폐 범주에 속하는 많은 아동에 대한 깊은 관심에서부터 생겨난 경험기반의 치료이다. 지난 반세기 동안 아동 발달, 사회화, 문화 참여에 있어서 놀이의 중요한 역할은 상당한 주목을 받았다(Elkind, 2007; Miller & Almon, 2009). 놀이는 대체로 불필요하고, 아동이 단지 시간을 보내기 위해 하는 것이라는 통념과는 달리, 연구자들은 놀이가 수면과 같은 자연 현상처럼 근본적이며 보편적이라고 이야기했다(Brown & Vaughn, 2009). 사물이나 사람들과 함께하는 놀이는 아동이 일상 생활에서 접하는 감각적·신

http://dx.doi.org/10.1037/14730-012

Empirically Based Play Interventions for Children, Second Edition, L.A. Reddy, T. M. Files-Hall, and C. E. Schaefer (Editors)

체적 · 사회적인 접촉을 이해할 수 있게 하는 기본이 된다. 어린 나이부터 다른 아동과 함께 놀이하는 것은 또래 집단에 들어가고 놀이 문화에 참여하는 것과 깊은 관련이 있다. 성인과는 다르게 아동들이 함께 만드는 사회적 상상의 세계는 놀이 문화의 본질이다. 이런 세계 안에서 다양한 연령대의 다양한 능력을 가진 아동들은 사회적 의사소통의 유능감과 언어적 · 인지적 · 정서적 · 창의적 성장을 지원하는 매우 중요한 기술을 습득한다(Corsaro, 2004; Wolfberg, 2009; Wolfberg et al., 1999).

자폐아동이 겪는 놀이의 난제

명백한 지침이 없다면 자폐아동은 발달의 성장과 의미 있는 또래 관계를 촉진하는 일관된 놀이 경험을 박탈 당할 위험이 높다. **자폐증은 자폐스펙트럼장애**(Autism Spectrum Disorder: ASD)의 광범위한 정의를 의미하는데, 이는 신경발달장애의 하나로 제한적이고 반복적인 활동과 관심을 보이는 패턴을 수반하며, 사회적 의사소통과 상호작용에서 임상적으로 유의하고 지속적인 문제를 보이는 특성이 있다(American Psychiatric Association, 2013). 자폐스펙트럼은 다양한데, 증상의 범위는 경증에서 중증까지이며 일생 동안 변화될 수 있다.

자폐아동의 개별적인 독특한 차이점을 인정하지만 이들은 전반적으로 (혼자 또는 다른 아동과 함께하는 측면에서) 놀랍도록 유사한 어려움을 공통적으로 보이며, 이 때문에 놀이에 있어서 뚜렷한 난점을 가진다. 현재 진단 기준과 일치하는 Wing(1978)의 영향력 있는 연구에서 자폐증의 전형적인 특징으로 사회적 상호작용, 의사소통, 상상력의 장애를 지적했다. 이러한 핵심 특징은 표상 및 사회적 형태의 놀이가 자발적으로 발전하는 데 필요한 과제와 밀접한 관련이 있다(자폐증 놀이 연구에 대한 개요는 Wolfberg, 2009 참조).

표상 영역 내에서 자폐아동은 기능적 놀이로 확장되는 가상 놀이의 상징적 차원에서 분명한 손상을 나타낸다. 같은 발달 단계의 또래와 비교했을 때, 그들의 놀이는 덜 다양하고 덜 복잡한 형태로 나타난다. 그들은 반짝이는 표면을 응시하고, 크기에 따라 병을 모으거나 일렬로 세우고, 텔레비전 광고를 반복하거나, 세탁기의 내부 동작을 설명하는 것과 같이, 물건, 활동 또는 주제에 대한 강렬한 집착을 포함하여 독특한 것에 심취한다. 그들은 거의 변함없이 그러한 정형화된 놀이를 반복하기 때문에 목적과 의미가 없는 것처럼 보인다.

또래와의 놀이의 사회적 영역에서도 지속적인 어려움이 분명하게 나타난다. 이들의 의사소통의 어려움으로 인해 또래와의 사회적 놀이를 시작하고, 조정하고, 유지하는 능력은 분명한 손상을 보인다. 또래와의 자유 놀이라는 맥락에서 만연한 패턴이나 특성이 드러난다. 무관심한 특성을 가진 자폐아동은 또래로부터 철수하거나 피하는 경향이 있다. 수동적인 특성을 가진 자폐아동은 때로는 멀리서 보거나 모방하면서 또래에 대해 드러나지 않게 관심을 보인다. 적극적이지만 독특한 특성을 보이는 자폐아동은 특이한 방식으로 접근함으로써 또래와 어울리는 것에 대한 명백한 관심을 보인다.

이는 스웨덴의 연구자이자 자폐아동의 어머니인 Jonas(2012)가 호소력 있게 묘사한 바와 같다.

> 일반적인 발달을 보이는 아동들의 사회적 및 상상 놀이는 독려하기가 어렵다는 것을 보여 줍니다. 당신의 [자폐증이 있는] 자녀를 어린이집이나 학교… 생일파티에 보냈을 때, ……거의 모든 아이가 그룹으로 함께 놀고 있는 것을 봅니다. 그리고 당신의 자녀가 혼자 있는 것을 보게 됩니다. 마당에서 자전거를 타거나, 카드를 분류하거나, 어른과 함께 있거나, 무엇을 하든지 혼자 있는…… 당신은 당신의 자녀가 소외되었고, 외부인이라고 느낍니다(p. 1).

자폐아동의 놀이 잠재력 극대화

자폐아동은 또래와 놀이하고 어울릴 수 있는 타고난 능력이 없으며 성향도 결여되어 있다는 근거 없는 믿음이 지속되고 있지만, 그렇지 않다는 점을 나타내는 강력한 증거가 있다. 사실 이 아동들은 일반적인 아동과 마찬가지로 놀이와 사회화에 동일한 내재적 욕구(intrinsic drive)와 그들과 유사한 능력을 많이 가지고 있다. 일반적인 아동과 다른 점은 자신의 관심과 능력을 그들만의 고유한 방식으로 전달한다는 것이다(Boucher & Wolfberg, 2003; Jordan, 2003).

자폐아동 놀이의 특이성은 종종 다른 사람이 건설적인 방식으로 인식하고 해독하기에는 너무 모호하다. 제한된 사회적 관심이나 독특한 행동을 나타내는 것으로 인식되어 자폐아동은 이들에 대한 지식이나 경험이 부족한 또래에 의해 무시되거나 거부될 수 있다(Sterzing, Shattuck, Narendorf, Wagner, & Cooper, 2012). 연구 결과에 따르면, 또래놀이 참여 시도에서 반복적인 실패를 경험하면 자폐아동은 시도를 중단하고 단독 활동으로 철회한다(Wolfberg, 2009; Wolfberg & Schuler, 1993, 2006). 따라서 또래와의 교류 경험은 자폐아동이 또래 문화에 진입하여 놀이로부터 얻게 되는 이익의 정도에 영향을 준다. 이는 Jonas(2012)가 말한 바와 같다.

> 놀이, 아동들 사이의 상호작용은 춤과 같을 수 있다. "반복되는 순서, 기준, 실수가 있으며, 주고받음이 있고, 학습이 있고, 종종 동기와 기술 수준에 큰 차이가 있다." 아동은 능숙한 파트너가 되는 것을 배워야 하며, 다른 아동의 필요와 의도에 민감해야 한다. 그래야 재미와 즐거움, 발달이 일어날 수 있다. "이 춤은 아름다울 수 있다. 어색할 수도 있다. 어려울 수도 있다." 이 춤을 배우는 것은 자폐스펙트럼장애 아동에게 지극히 중요하다(Barrett & Fleming, 2011, p. 1).

자폐아동의 놀이 잠재력을 충족시키기 위해서는 그들의 발달과 사회문화적 경험의 독특한 특성을 면밀히 고려하는 특별한 개입이 필요하다. IPG 모델은 일반적인 또래와의 상호적인 놀이 경험을 통해서 자폐아동의 발달과 내재적 동기를 극대화함으로써 핵심 난제를 다루는 것을 목표로 한다. 개념적으로 사회문화적 이론의 틀 안에 포함되어 있지만, 개입은 발달적 및 생태학적 특징을 망라한다(Vygotsky, 1966, 1978). Rogoff(1990)의 비교문화연구에서 영감을 얻은 '지침에 따른 참여(guided participation)'의 개념은 기술과 위상이 다른 사회적 파트너의 안내, 지지, 노력과 함께 문화적으로 가치 있는 활동(이 경우는 놀이)에 참여하는 것의 상호 이익을 나타낸다. 따라서 IPG 개입의 또 다른 목표는 자폐아동이 놀이에서 자신을 표현하고 다른 사람과 관계하는 독특한 방식에 대해 일반적인 또래가 공감, 이해, 수용을 하는 것이다.

IPG 모델의 핵심적 치료 요소

IPG 치료의 범위

IPG의 치료는 성인 촉진자(IPG 안내자)가 인도하는 소그룹에 자폐아동(초보 참여자)과 일반적 발달을 보이는 또래(능숙한 참여자)를 함께 어울리게 한다. 본래 유아기부터 초등학생(약 3~11세)을 대상으로 만들어졌고, 확장된 IPG 모델은 동작, 드라마, 미술, 영화 제작 및 기타 문화적으로 가치 있는 혁신적인 활동을 통합하면서 다양한 연령층에 적용되고 있다.

각 IPG는 자폐아동의 교육, 치료 계획과 조율하여 개별 아동을 위해 맞춤 설정된다. 부모와 주요 전문가는 이 과정에서 하나의 팀으로서 협력한다. 이 팀은 확인된 아동에게 IPG 치료가 적절한지 여부를 결정한다. 자격 요건을 충족시키려면 아동은 최소 3세 이상이어야 하고, 개별 가족지원 프로그램, 개별 교육 프로그램 또는 이와 동등한 지역 서비스를 받고 있는 지원 서비스 대상자이어야 한다. 아동이 ① 발달 지연이나 차이를 보여서 또래와 자발적으로 놀고 어울리는 능력에 영향을 미치고, ② 이러한 영역의 어려움을 다루기 위해 집중적·통합적 또래 놀이치료로부터 혜택을 받을 가능성에 팀이 동의한다면 IPG 치료가 적절하다고 볼 수 있다.

각 IPG는 3~5명의 참여자를 포함한다. 능숙한 참여자의 수는 초보 참여자의 수보다 많다. 자폐스펙트럼 내의 다양한 능력을 가진 아동이 초보 참여자로 포함되며, 능숙한 참여자는 사회적 의사소통과 놀이에 유능하고 프로그램에 참여하고 싶어 하는 형제자매나 일반적인 또래로 구성된다. 이때 IPG 환경 밖에서도 오랫동안 우정을 쌓을 가능성이 있는 참여자인지를 고려하여 선정한다. 따라서 자연스럽게 아동의 사회 연결망에서 또래를 모집하는 것이 이상적이다. 익숙한 또래를 모집하는 것은 시작부터 유리한 점을 제공하며, IPG 경험의 일부로서 친숙함이 발전할 수도 있다. 집단에는 유사한 연령대나 여러 연령대의 아동이 포함될 수 있으며, 두 집단 모두 이점이 있다. 다른 사회문화적 경험을 제공하는 것 이외에는 동일 또는 혼합 성별 집단의 분명한 이점은 없다.

IPG 치료 프로그램은 통합놀이의 기회를 자연스럽게 지원하는 환경에서 제공된다. 지금까지 학교, 가정, 지역사회, 임상 장소에서 성공적으로 운영되었다. 연속성과 안정 애착을 조성하기 위해 같은 그룹의 아동들이 정기적으로 자주 만나게 된다. 각 프로그램은 일반적으로 12주 동안 실시되며, 30분 또는 60분 회기로 일주일에 두 번 만난다. 많은 학교는 점심시간이나 휴식 시간에 자연스럽게 30분 동안 프로그램을 운영하며, 방과 후 프로그램이나 또는 다른 장소에서 열리는 프로그램은 더 긴 시간 동안 운영된다.

각 장소 내에 특별히 고안된 놀이 공간을 마련하여 IPG의 주 모임 장소로 사용한다. 정기적으로 사용이 가능하고 확장해서도 사용할 수 있는 영구적인 장소를 지정하는 것이 가장 좋다. 놀이 공간은 교실, 치료실 또는 따뜻한 지역의 실외 놀이 집(playhouse)에 설정할 수 있다. 놀이 공간은 의도적으로 명확하게 경계를 설정하여 크기를 제한하고, 그 안에 시각적인 지원 자료(그림 단어 표식, 일정, 표)를 분명하게 준비하여 주제별로 나열한다. 놀이 공간에는 특정 자폐아동의 강한 흥미를 끌 수 있고, 사회성이나 창의력을 자극할 수 있으며, 모든 참여자의 관심에 부합하는 발달 및 연령에 적절한 다양한 놀잇감을 준비한다. 놀이 활동에는 가장하기, 만들기, 움직이기, 상호 게임, 미술, 음악, 드라마, 비디오 및 기타 창조적인 활동이 포함될 수 있다.

한편, IPG 프로그램을 준비하기 위해 아동(초보와 능숙한 참여자)과 성인이 '자폐증 이해하기' 활동에 참여할 수 있는 기회를 제공한다(Wolfberg, McCracken, & Tuchel, 2014, p. 177). 이 활동의 목적은 연령에 적절한 방식으로 자폐증이 있는 사람을 이해, 수용 및 공감하도록 촉진하기 위함이다. 다양성과 통합을 존중하는 철학에 맞게 통합된 집단에 이러한 활동을 제공하고, 특정 아동이 자폐증을 가지고 있다는 것을 그룹에 밝히지 않는다. 어린 아동을 위한 퍼펫을 통한 설명과 더 나이 많은 아동을 위한 시뮬레이션 게임은 협력 기관인 '프렌드 투 프렌드 사회학습회(Friend 2 Friend Social Learning Society)'를 통해서 제공한다. 개입 과정에서 개념을 강화하기 위해 책을 공유하고, 토론, 역할놀이 및 관련 게임과 같은 보충 활동을 수행한다.

IPG 전문가 자격 및 준비

자격을 갖춘 IPG 제공자는 교사, 심리학자, 언어병리학자, 작업치료사 및 가정기반 치료사와 같은 숙련된 전문가를 포함하는데, IPG 숙달된 안내자(master guide)로서 고급 준비 과정을 거친다. 이들은 독립적으로, 또는 학교, 지역사회 기관, 클리닉의 일원으로 치료한다. 훈련은 또래 사회화 및 놀이에 관한 자폐연구소(Autism Institute on Peer Socialization and Play, http://www.autisminstitute.com 참조)에서 제공하는 IPG 숙달된 안내자 견습 프로그램에 참여함으로써 제공된다. 이러한 기업에 속하지 않은 독립적인 전문가 및 가족 구성원은 훈련, 연구 및 글로벌 홍보를 통해 IPG 모델의 원칙과 실천을 발전시키는 데 전념하고 있다.

IPG 숙달된 안내자 견습 프로그램은 IPG 현장 매뉴얼(Wolfberg, 2003)에 설명된 대로 종합적이고 역량기반의 교육과정을 기초로 한다. 이틀간의 입문 IPG 세미나를 마친 후, 후보자는 2개의 15주 세미나를 통해 고급 교육 및 현장 슈퍼비전에 참여한다. 매 학기마다 자폐스펙트럼장애 아동 한두 명을 포함하는 IPG를 최소 12주간 실시한다. 매 학기는 각 현장에서 IPG 치료를 시작하기 위한 착수 지원, IPG 모델의 각 단계에 대한 심층적인 교육을 제공하는 집단 훈련, 자격을 갖춘 IPG 현장 슈퍼바이저에 의한 개별 교육생 슈퍼비전, 비디오 테이프 관찰과 독립적인 충실도 확인에 따른 평가(중간 및 최종)로 구성된다.

견습 과정을 통해 교육생은 반영 기록, 실습 완료, 각 자폐아동에 대한 IPG 평가와 요약 보고서로 구성된 데이터 바인더, 개별 슈퍼비전에서 슈퍼바이저로부터 받은 서면 피드백, 중간 및 최종 평가의 결과를 포함하는 상세한 문서를 제공하는 포트폴리오를 개발하면서 그들의 진도를 확인 받는다. 온라인 블로그는 교육생이 생각할 수 있게 하고, 이야기를 공유하고, 아이디어, 전략, 자원 및 자료를 교환하고, 동일 기관 및 다른 기관의 사람들과 대화하는 단체 공간을 제공한다.

견습 과정이 성공적으로 끝나면 IPG 숙달된 안내자는 다양한 연령, 능력, 사회경제적 그룹, 언어와 문화를 대표하는 아동을 지원하는 IPG 치료를 설계하고 제공하는 지식과 기술을 보여 준다. 자격을 갖춘 IPG 제공자로서 개인과 기관은 전체의 구성원으로서 전문가 파트너가 된다.

IPG 치료 전달 절차

IPG 치료의 효과적인 전달은 민감한 평가에 달려 있고, 이 평가는 IPG 안내자에게 각 초보 참여자의 고유한 잠재력을 상세히 이해할 수 있도록 해 준다. IPG 모델은 종합적인 평가 도구 세트를 포함하고 있어 현실적이고 의미 있는 목표를 식별하고, 적절한 치료 전략을 선택하며, 아동의 발전을 평가하는 데 길잡이 역할을 한다. 시간 경과에 따른 아동의 발달과 경험을 문서화하기 위해 양적 · 질적 데이터를 수집하고 분석한다. 데이터 자료에 포함되는 것은 실시간 관찰 및 녹화테이프 관찰, 부모, 주요 전문가, 아동과의 인터뷰, 그리고 IPG 맥락에서 얻어진 산출물이다. 평가 체계에는 사회 및 상징 차원의 놀이, 또래와의 사회적 의사소통, 놀이의 선호도, 놀이의 다양성에 대한 아동의 발달적 프로필을 포함한다. 또한 평가 과정의 일부로 다양한 환경과 놀이 파트너와 획득한 기술의 사회적 타당성과 일반화를 평가한다.

IPG 치료는 사회 및 상상 놀이 경험에서 아동을 안내하기 위한 다층의 체계적인 지원으로 진행된다. 루틴, 의례(ritual) 및 시각적 지원은 자폐아동이 생각하고 배우는 독특한 방식을 활용하기 위해 통합된다. 놀이 회기는 매우 예측 가능한 방식으로 시작하고 종료되도록 구성되어 아동중심 놀이의 '지침에 따른 참여' 시간 전후에 제공된다. 이 지침에 따른 놀이 시간은 아동에게 통합 놀이문화를 형성하면서 자유롭게 놀이하는 기회를 강화한다. 놀이 경험은 상호 간에 협력하는 소재, 활동, 주제를 중심으로 이루어지며, 초보 참여자와 능숙한 참여자의 독특한 관심사, 발달 역량 및 사회문화적 경험을 반영한다.

'지침에 따른 참여'의 전제는 초보 참여자와 능숙한 참여자가 원하는 활동을 사회적으로 조율된 놀이로 시작하고 통합시킬 수 있도록 하는 동시에 초보 참여자가 새로운 놀이를 시도하고 점점 복잡한 놀이 형태를 연습하도록 독려하는 것이다. 궁극적으로, 초보 참여자와 능숙한 참여자가 성인의 안내를 최소한으로 받으면서 자신의 놀이 활동을 조정하도록 격려한다. 연꽃의 겹치는 꽃잎처럼, '지침에 따른 참여'는 주요 실천의 적용에 중요하다.

아동은 놀이에서 자신의 관심을 관습적이고 미묘하고 모호한 방식으로 표현할 수 있는데, **시도 격려하기**(nurturing initiations)가 이런 아동의 놀이 방식과 조화를 이루는지에 달려 있다. 놀이 시도가 행동과 대화를 통해 전달되는 동안 그 방향은 자신, 또래, 재료를 향할 수 있다. 아무리 이상해 보이더라도 모든 표현은 놀이 참여의 목적이 있고, 적응적이며, 의미 있는 시도로 해석된다. 예를 들어, 상자 안에 들어갔다 나오기를 반복하는 아동은 다른 아동들과 함께 숨바꼭질을 하는 것에 대한 관심을 나타내는 것일 수 있다. 그러한 시도를 인식하고, 해석하고, 대응하는 것이 필요하다. 이런 방식으로, 아동의 시도는 초보 참여자의 사회 및 상징 놀이 레퍼토리를 만들어 가면서 동시에 초보 참여자와 능숙한 참여자가 놀이에서의 공통 영역을 찾는 촉진제가 된다.

비계 놀이(scaffolding play)는 Vygotsky(1978)가 **근접발달영역**(Zone of Proximal Development: ZPD)이라고 언급한 것 내에서 또래와 독립적으로 놀이할 수 있는 아동의 능력과 동등하거나 약간 능가하게 지원을 조절하는 것을 말한다. 비계 놀이의 예술적인 면은 놀이 경험의 자연스러운 흐름을 방해하기보다 언제 개입하고 빠질 것인지, 언제 말을 하고 침묵하며 지지할 것인지를 아는 섬세한 균형을 유지하는 것이다. 때로 무대 감독과 매우 흡사한 강력한 수준의 지원을 하는 어른 역할이 필요하다. 이는 아동이 놀이에 참여할 수 있도록 방법을 지시하고 모델링을 해 줄 수 있다. 아동이 함께 놀이하는 데 점점 더 능숙해지면서 역할은 은근한 제안, 질문, 코멘트, 몸짓과 시각적 지원을 제공하는 통역사와 코치의 역할로 바뀐다. 아동이 상호적인 놀이에 전적으로 참여하게 되면 어른은 주변으로 물러나 아동들이 스스로 놀 수 있도록 하고 안전기지에서 대기한다.

아동이 타인의 관심을 효과적으로 이끌어 내고 함께 참여를 유지하도록 지지하는 것은 **사회적 의사소통 안내하기**(guiding social communication) 실천의 핵심이다. 언어적 · 비언어적 의사소통 방식 모두가 전략으로 사용된다. 무엇을 할 것인지, 무엇을 말할 것인지에 대한 시각적 단서 카드와 포스터, 토론, 역할놀이, 부수적인(바로 그 당시에) 기술을 사용하는 것은 아동에게 또래를 초대하고 함께 놀이를 하는 방법과 놀이 상호작용을 유지하고 확장하는 방법을 배울 수 있도록 돕는다. 아동이 서로의 언어 및 비언어적 단서를 의미 있고 목적 있는 행동으로 식별하고, 해석하고, 반응하도록 안내한다. 능숙한 참여자는 자폐아동이 표현하는 의사소통 뉘앙스에 맞추는 방법을 배운다. 동시에 초보 참여자는 보다 효과적이고 일반적인 방식으로 의사소통하는 기술을 습득한다. 이러한 기술이 어른의 안내나 시각적 단서에 의존하지 않고 자연스럽게 아동 레퍼토리의 일부가 되는 것을 의도한 것이다.

ZPD에서 놀이를 안내하는 것은 초보 참여자가 또래와의 놀이 경험에 참여할 수 있는 발달 능력을 최대화하는 다양한 기술을 포함한다. 그것은 ZPD 내에서 아동이 자신의 현재 능력을 약간 넘어설 수 있도록 하는 방안으로, 아동을 안내하는 방법에 발달의 연속선이 반영된다. 즉, 오리엔테이션, 모방과 거울반응, 평행놀이, 공동의 집중, 행동 참여, 역할 연기, 역할놀이 방법이다. 이는 초기에 최소한의 참여만 했더라도, 아동이 또래와의 놀이 경험에 전적으로 몰두하게 하려는 의도이다. 초보 참여자는 점진적으로 발전하여 완전히 이해하기까지 반복 노출을 통해 활동과 역할을 수행할 수 있다. 예를 들어, 물건을 줄 세우는 경향이 있는 아동은 가상놀이에서 또래가 쇼핑하는 역할을 하는 동안 선반에 물건을 쌓는 상점 점원의 역할을 할 수 있다.

IPG 회기 사례 예시

다음의 IPG 회기에서는 공식적으로 ASD로 진단 받은 7세 여아 비아트리스(Beatrice)를 소개한다. 비아트리스는 방과 후 프로그램의 일환으로 IPG 치료에 참여했다. IPG는 매주 두 번씩 1시간 동안 만난다. 임상 심리학을 전공한 IPG 숙달된 안내자인 리나(Lina)가 회기를 진행한다. 유일한 초보 참여자인 비아트리스는 4명의 능숙한 참여자, 프랑코(Franco), 제시카(Jessica), 키키(Kiki), 롤로(Rollo)와 함께 집단에 참여했다. 이들은 모두 비아트리스의 나이와 비슷하다.

평가에 의하면, 비아트리스는 제한된 수의 기능적 놀이 활동에 주로 참여하는 것으로 관찰되었다. 그녀는 수동적인 사회적 놀이 스타일을 보였고, 많은 시간을 구경하면서 또는 평행 놀이를 하면서 보냈다. 그녀의 자발적 의사소통은 상대적으로 제한되어 있었기 때문에 타인에게 언어 및 비언어적으로 시도하고 반응하는 것을 기억하도록 다른 사람이 도와줘야 했다. 개입의 초점은 다음 영역에서 비아트리스의 발전을 확장시키는 데 있었다. 인형, 자신, 또래 또는 상상 속의 인물과 함께 실제적으로 만들어진 스크립트를 역할놀이 하는 상징적 가장(symbolic-pretend) 영역, 공동 행동, 상호 모방, 또래와의 상호 교류에 참여하는 일상적인 집중 놀이 영역, 보다 효과적인 언어 및 비언어적 수단을 사용하여 자발적인 시도와 반응의 빈도와 질을 향상하는 사회적 의사소통 역량 영역, 놀이 관심사의 수 또는 다양성 증가 영역이다.

개회 의식

회기를 시작하기 위해 각 아동이 놀이실에 입장하면 아동은 IPG를 상징하는 그림 아이콘 옆에 자신의 사진이 있는 개별 이름표를 집는다. 한쪽 벽에는 이전 회기에서 아동들이 스스로 '멋진 아이들 그룹(Awesome Kids Group)' 이름을 선택하고 그림을 그려 놓은 포스터가 걸려 있다. 리나는 아동들을 카펫 위에 동그랗게 불러 모으고는, 익숙한 개회 의식에 체계적으로 아동들을 안내한다. 플라스틱 마이크는 '말하기 봉(talking stick)'으로 사용되는데, 아동이 말할 기회라는 것을 알리기 위해 한 아동에게서 다른 아동으로 전달된다. 리나는 깔끔하게 나열된 시각적 자료들을 검토하면서 아동을 단계별로 안내한다. '체크인 보드'에 각 아동이 자신의 이름표를 붙이고 "안녕"이라고 말한다. '놀이 집단에서 기억해야 할 것' 포스터에는 기대하는 행동에 대한 지침을 나열한다. '서로에게 친절하게 대하기' '장난감을 소중하게 다루기' '놀이 공간에 머무르기' '휴식이 필요하면 요청하기' '서로 포함시키기'이다. '일정표' 보드에는 회기 순서를 나열한다. 안녕, 놀이, 정리, 간식, 안녕(작별 인사)이다. 그다음 리나는 아동들이 함께 가지고 놀고 싶은 것이 무엇인지 토의하도록 요청한다. 그러고 나서 그들은 노래를 부르고, '멋진 아이들 그룹'에 대해 만든 응원의 구호를 외친다.

지침에 따라 놀이에 참여하기

이 회기에서 프랑코와 롤로는 짝을 지어 퍼펫을 가지고 놀기로 선택하고, 제시카, 키키, 비아트리스는 상점과 집을 만들며 노는 것에 동의했다. 비아트리스는 제시카와 키키가 준비하기 시작할 때 먼 거리에서 수동적으로 이들을 바라보고 있다. 제시카는 비아트리스에게 빨리 다가가서 상점놀이를 하고 싶은지 물어본다. 비아트리스가 미소 지으며 "상점놀이"라고 반복하며 긍정적으로 반응한다.

리나는 다양한 식료품 가게의 역할을 묘사하는 '역할 표' 세트를 제시하고,

세 명의 소녀에게 그들이 원하는 것을 선택하도록 요청한다. 제시카는 갑작스럽게 계산원을 선택한다. 키키는 역할을 거부하고 집에서 식료품이 배달될 때까지 기다릴 것이라고 말한다. 공교롭게도 키키는 그날 감기에 걸려서 쉬기를 결정한다. 어떤 선택권이 있는지 명확하지 않은 것처럼 보여 리나는 비아트리스에게 쇼핑객이나 물건을 담는 사람 역할을 선택하도록 제시한다. 제시카는 리나의 역할 표를 가져와서 비아트리스에게 보여 주고 "물건 담는 사람"이라고 말하면서 중재한다. 비아트리스는 역할 표를 가져와 붙이면서 "물건 담는 사람."이라고 말하면서 반응한다. 리나는 아마도 퍼펫이 쇼핑객이 될 수 있을 것이라고 제안하고, 프랑코와 롤로도 이에 동의하며 식료품 장바구니에 음식 장난감을 담기 시작한다.

리나는 금전 등록기와 쇼핑백으로 채워져 있는 계산대로 사용될 테이블을 배치하는 것을 도와준다. 제시카는 금전 등록기 바로 앞에 자리를 잡는다. 비아트리스는 따라가다가 다른 아동들을 보기 위해 자리를 벗어난다. 제시카는 "비아트리스, 비아트리스!"라고 부르지만 비아트리스는 대답하지 않는다. 리나는 두 명의 아동이 함께 있는 그림과 '가까이 서시오'라는 글귀가 적힌 사회적 의사소통 큐 카드를 든다. 제시카가 일어나서 비아트리스에게 가까이 간다. 그녀는 비아트리스의 역할 표를 가리키며 "비아트리스, 넌 누구야?"라고 묻자 비아트리스는 "물건 담는 사람."이라고 대답한다. 제시카는 비아트리스의 손을 잡고 계산대의 자리로 인도하며 "좋아, 그러면 너는 여기 서서 담아야 해."라고 말한다.

다음으로, 소년들은 테이블 위에 식료품을 꺼내기 시작한다. 제시카는 금전 등록기 건너편으로 식료품을 스캔한다. 비아트리스는 수동적으로 지켜보다가 다시 자리를 벗어난다. 제시카는 이를 알아차리고 "이런, 물건 담는 사람이 없어졌어."라고 말한다. 참여자들에게 방향을 제시하기 위해 리나는 마이크를 도구로 사용하여 "우리는 물건 담는 사람이 필요합니다. 우리는 물건 담는 사람이 필요합니다." 모델링을 한다. 비아트리스는 알아차리고 이전 자리로 돌아간다.

한편, 프랑코는 계산원의 역할을 이어받아 식료품을 스캔하여 제시카에게 건네준다. 그러면 제시카는 비아트리스에게 물건을 담도록 전달한다. 비아트리스는 첫 번째 물건을 봉투에 담는다. 그렇지만 새로운 계산원의 빠른 속도를 따라갈 수 없다. 리나는 제시카에게 비아트리스가 따라잡을 수 있도록 물건을 하나씩 테이블에 놓으라고 제안한다. 제시카는 새 물건을 놓을 때마다 마이크에 대고 이야기한다. "물건 담는 사람은 집어넣으세요. 물건 담는 사람은 집어넣으세요." 비아트리스는 이에 대해 봉투에 물건을 넣으면서 "완성!"이라고 말하며 반응한다. 아동들은 박자를 맞추면서, 롤로는 식료품을 꺼내고, 프랑코는 스캔을 하고, 제시카는 비아트리스에게 물건을 전달하고, 비아트리스는 봉투에 담는다. 몇 분 후에 프랑코는 가격을 발표한다. "100달러!" 잠시 후 비아트리스가 "100달러!"라고 반응한다. 롤로가 돈을 지불한 후 아동은 흩어지고, 키키 주변에서 새로 산 물건들을 살펴보기 시작한다.

아직까지 집에서 쉬고 있는 키키는 "이제 곧 내 생일이야, 알았지?"라고 소리친다. 동시에 비아트리스는 선반으로 가서 의사놀이 박스를 가지고 와 키키 옆에 앉는다. 리나는 "생일 친구가 아프구나? 네가 의사니?"라고 말한다. 비아트리스는 의사놀이 박스를 열고 병원 용품을 바닥에 쏟는다. 청진기를 귀에 대고는 키키에게 가까이 간다. 키키는 청진기 끝을 자신의 가슴에 대는 동작을 한다. 비아트리스는 그대로 따라 한다. 키키와 비아트리스는 서로 미소를 나누며 키득거린다. 제시카와 프랑코는 비아트리스 옆에 앉는다. 그들은 교대로 다른 병원 도구들의 사용 방법을 모델링한다. 롤로는 장난감 주사기를 들고 자신에게 주사를 놓는 척하며 소리친다. "오우, 오우, 오우!" 비아트리스는 다른 장난감 주사기를 집어 의사놀이 박스에다 힘 주기 시작한다. 이 행동을 보고 제시카는 비아트리스의 손을 잡고는 키키의 팔로 가져가며 "아니야, 그건 여기로 가야 해. 키키에게 주사를 놔."라고 말하며 안내한다. 비아트리스는 이 행동을 모방하며 장난감 주사를 키키의 팔에 여러 번 놓는다. 그러는 동안 세 명의 소녀들은 키득거린다.

얼마 후, 키키는 생일 파티 시간임을 알린다. 이 에피소드에서 비아트리스는 조용히 앉아 그녀를 사방에서 둘러싸고 있는 아동들을 바라보고 있다. 제시카와 키키는 플라스틱 용기를 사용하여 가상 케이크를 만들기 시작한다. 프랑코와 롤로는 "생일 축하합니다…. 차차차!"라고 노래하기 시작한다. 노래가 끝나자 키키는 촛불을 끄는 흉내를 낸다. 그다음 제시카, 프랑코, 롤로는 큰 소리로 소리친다. "생일 축하해!" 잠시 후, 비아트리스는 빙긋이 미소를 지으며 큰 소리로 소리친다. "생일 축하해!"

폐회 의식

놀이 회기는 정리, 공동 간식 및 토론으로 마친다. 각 아동은 차례대로 마이크를 사용하여 자신이 즐거웠던 놀이가 무엇인지 그룹에게 알려 주기 위해 말한다. 제시카는 그룹에게 "나는 식료품 가게 놀이가 재미있었어. 비아트리스, 다음은 네 차례야. 좋은 하루 보내."라고 말한 다음 마이크를 비아트리스에게 전달한다. 비아트리스는 마이크를 잡고 있고, 리나는 그녀에게 "오늘 놀이가 재미있었니?"라고 돕는다. 비아트리스는 "네, 그런 것 같아요. 정말 그래요……." 잠시 후 리나는 다음과 같이 묻는다. "어떤 놀이가 좋았어?" 제시카가 끼어든다. "식료품 가게이지?" 비아트리스가 반복한다. "식료품 가게." 그리고 덧붙여 "의사! 제시카 네 차례야." 비아트리스는 마이크를 다시 제시카에게 전달하려고 시도한다. 그녀에게 방향을 제시하기 위해 리나는 롤로를 가리키며 "누구의 차례지?"라고 비아트리스에게 묻는다. 비아트리스는 "롤로 차례."라고 말하고 롤로에게 마이크를 전달한다. 토론은 다음에 무엇을 가지고 놀고 싶은지에 대한 이야기로 마친다. 비아트리스는 의사를 선택하고, 다른 사람들은 만장일치로 동의한다. 능숙한 참여자들은 동물들을 위한 응급 병원을 포함하여 주제를 다양하게 변형한다. 비아트리스는 키키가 강아지 인형을 건네주자 신이 난다. 회기는 '멋진 아이들 그룹'의 작별 인사로 마무리된다.

IPG 치료 연구 개요

다양한 연령, 능력, 언어, 문화 및 사회경제적 그룹의 자폐아동을 위한 IPG의 치료적 이점은 20년이 넘는 연구를 통해 증명되었다. 이 연구에는 Wolfberg와 동료의 연구뿐만 아니라 이들의 작업을 재현하고 확장한 실험 및 탐색적 연구 시리즈를 포함한다. 대부분은 동료 심사(peer-reviewed)를 거쳐 학술지와 연구 보고서에 발표되었지만(Bottema-Beutel, 2010; Julius et al., 2012; Lantz, Nelson, & Loftin, 2004; Mahnken, Baiardo, Naess, Pechter, & Richardson, 2004; Richard & Goupil, 2005; Wolfberg, 2009; Wolfberg, DeWitt, Young, & Nguyen, 2014; Wolfberg & Schuler, 1992; Yang, Wolfberg, Wu, & Hwu, 2003; Zercher, Hunt, Schuler, & Webster, 2001), 발표되지 않은 연구 또한 유망한 결과를 나타냈다(Antipolo & Dichoso, 2003; Gonsier-Gerdin, 1993; Mikaelan, 2003; O'Connor, 1999; Schaefer & Atwood, 2003). 이 연구에 대한 외부 검토는 증거기반의 치료로 IPG 모델에 대한 지원을 추가로 확보했다(American Speech-Language-Hearing Association, 2006; Disalvo & Oswald 2002, Iovannone, Dunlop, Huber & Kincaid, 2003; National Autism Center, 2009).

대체로 실험 연구는 초보 참여자의 사회적 의사소통, 놀이 발달에 대한 IPG 치료의 효과를 조사한 반면, 탐색적 연구는 아동 성장 발달과 사회문화적 경험에 미치는 영향을 조사했다. 또한 일부 연구에서는 능숙한 참여자의 태도, 인식 및 경험을 조사한 반면, 사회적 타당성 측정은 IPG 개입에 대한 부모의 인식 및 자녀에 대한 영향을 평가했다.

종합적으로 연구 결과는 자폐아동이 IPG 치료 과정에서 자발적이고 다양하며 복잡한 놀이를 만들어 냈다는 일관된 증거를 보여 주었다. 초기 발달 수준에 비해 고립 및 정형화된 패턴의 놀이가 감소하였고, 이는 보다 사회적으로 조정되고(평행, 공통 초점, 공통 목표), 표상 놀이(기능적·상징적 가상)의 발전에 상응하는 것이다. 또한 의사소통과 언어의 향상도 나타났는데, 이는 사회적 발전에 상응한다. 연구 결과, 성인의 지원을 철회한 후에도 사회적 상호작용, 의사소통 및 놀이의 발전이 유지되는 것으로 나타났다. 또한 축적된 증거에 따르면, 이 치료에서 나타난 개선이 다른 환경, 사회적 파트너 및 활동 상황으로 이어져 일반화되고, 사회적으로 가치 있는 이익을 창출한 것으로 보였다. 능숙한 참여자는 자폐아동에게서 볼 수 있었던 개별 아동의 차이에 대한 인식, 연민(compassion), 수용을 보여 주었으며, 이들에 대한 혜택 또한 지지되었다. 또한 일부 초보 참여자와 능숙한 참여자 상호 간에 우정이 형성되고, 학교, 가정 및 지역사회 내의 다른 사회적 맥락으로 이어지는 것으로 나타났다.

Wolfberg와 Schuler(2006)는 이전에 IPG 모델 연구에 대해 다음과 같이 논의한 바 있다.

> (다른) 놀이 관련 개입 연구와 일관되게······ 이러한 누적된 결과는 ASD 아동이 직접적인 성인의 안내와 동료 중재 지원을 통해 사회적 상호작용, 의사소통 및 놀이를 향상시킬 수 있는 능력이 있음을 시사한다. 일반적인 또래와의 놀이에 '지침에 따른 참여'를 통해 제공된 지원 시스템은 아동의 사회적 및 상징적 성장이 일어나도록 도움을 주었다. 더 유능한 또래와 공동 놀이에 몰입함으로써 모방 기술의 섬세한 조정, 보다 발전된 형태의 놀이와 언어 연습, 그리고 정상에서 벗어난 것으로 인식되었을 정형화된 행동(반향어 포함)의 맥락화가 가능해졌······. Vygotsky(1978)와 Bruner(1990)의 주장과 상응하게, 사회적 호혜성은 문화적으로 적절한 활동의 맥락에서 상징의 성장을 추진한다고 추측할 수 있다. IPG 모델은 제한적 사회 경험의 ASD 아동에게 이차적일 수 있는 상상력과 상징적 사고의 결핍을 막을 잠재력을 가진 문화적 환경을 조성했다(p. 214).

IPG 모델의 재현과 적용 가능성

지금까지의 연구와 실천을 바탕으로 IPG 모델은 꾸준히 발전해 왔고, 끊임없이 확장되는 자폐증 분야의 새로운 발전에 의해 변화되어 왔다. IPG 치료를 광범위한 연령대의 다양한 치료 환경과 대상자에게 적용한 노력의 결과이다. 이러한 접근 방식의 공통점은 본질적으로 또래 문화에서 가치 있는 상호 간에 즐거운 경험을 하는 공동 참여라는 점이다. 다음은 현재까지의 연구기반 접근에 대한 개요이다.

감각통합(Sensory Integration: SI) 치료와 IPG 치료를 결합한 접근법이 임상 환경에서 직업 및 물리 치료사가 사용할 수 있도록 개발되었다(Fuge & Berry, 2004). SI 치료는 다양한 자극 방법(예: 전정감각, 촉각, 고유 수용성 감각, 시각, 청각, 미각, 후각)을 사용하여 아동의 감각 정보를 조직화하고 처리를 향상시키는 것을 기능적 기술(functional skills)의 구성 요소로 보고 중점을 둔다. 이러한 기술은 가르치지 않아도 기초가 개발됨에 따라 자발적으로 나타나게 된다. 결합되어 사용된 접근법이 편안하고 상호지지적이며 즐거운 분위기를 조성할 때 가장 좋은 치료 성과가 나타난다. 즐거운 경험을 통해 움직이고, 탐구하고, 학습하는 아동의 선천적인 욕구와 이들의 관심과 동기를 활용하기 위해 활동은 내적 동기를 부여하도록 아동중심적으로 설계되었다. 이 치료에서는 놀이에 초점을 두는 것 외에도 자세 반응, 개념 개발, 소근육 운동 개발과 같은 영역에 중점을 두는 것을 목표로 한다. 적절한 공간과 장비는 성공에 매우 중요하며, 이에 따라 나이와 능력이 다른 아이들을 위해 선정된 활동은 자연스런 관심사를 중심으로 돌아간다.

IPG 모델의 변형인 통합 드라마 그룹(Integrated Drama Groups: IDG)의 치료를 다양한 연령층을 대상으로 개발되었다(Neufeld & Wolfberg, 2009). IPG와 마찬가지로 IDG는 초보 참여자와 능숙한 참여자로 구성되며, 아동들이 서로 가르치고 배운다는 전제가 바탕이 된다. 각 그룹은 자폐스펙트럼 대상과 함께 일한 경력이 있고, 연극에 참여한 경험이 있는 훈련된 진행자가 이끈다. 각 1시간의 회기는 드라마 놀이, 즉흥 연기, 선택된 재료와 소품을 사용한 무대 작업 시간, 차분하게 진정시키는 시간 그리고 회기 동안과 이후의 자유 놀이/비구조화된 활동 시간에 일어난 일에 대해 토론하는 반영 시간으로 구성된다. 그룹을 촉진하는 것은 성인이지만, 그룹의 일부로 즉흥 연기, 드라마 역할, 놀이 게임에 대한 아이디어는 아동 스스로가 만들어 낸다. 아이디어는 초보 참여자와 능숙한 참여자의 독특한 관심과 능력에서 비롯된다. 즉흥 연기 장면에서 아동은 씨앗이 되는 아이디어를 생성한다(이야기, 영화, 실제 어려움). 그런 다음 성인이 아동에게 장면이 어떻게 진행될 것인지 기본 아이디어를 제공하고, 아동이 어떤 말을 할 것인지 어떻게 이야기를 끝까지 전개할 것인지 스스로 결정할 수 있도록 한다. IPG에서와 마찬가지로, IDG에서도 초보 참여자와 능숙한 참여자가 공유하는 경험의 핵심은 놀이와 상상력이다.

IPG 모델의 또 다른 변형은 **통합 청소년 사회그룹**(Integrated Teen Social Groups: ITSGs)으로, 여러 환경과 다양한 참여자 및 주제에 적합한 약간의 구조를 제공하는 틀 안에서 고품질의 사회적 경험을 지원하도록 설계되었다 (Bottema-Beutel, 2010).

참여자는 자폐스펙트럼의 청소년보다 일반적인 발달을 보이는 청소년을 더 많이 포함하지만, 중심 전제는 같다. 성인 촉진자는 청소년 또래 문화를 존중하는 균형 잡힌 역할을 유지한다. 이는 본질적으로 성인 세계의 기대에 어긋날 수 있다. 진행자는 참여자들이 만화책 만들기, 보석 만들기, 보드게임하기, 비디오 편집하기와 같이 그룹이 사전에 동의한 공동 주제와 관련된 활동을 계획하고 실행하는 것을 지지하기 위한 전략을 적용한다. 초기 단계에서 성인은 제안을 하고 활동을 설계하는 데 도움을 줄 수 있지만, 그룹에서 응집력이 생기기 시작하면 참여자들이 점차적으로 더 많은 책임을 갖게 된다. 활동은 참여자의 관심사를 반영하여 다양한 역할을 포함하기 때문에 서로 다른 강점을 가진 참여자가 의미 있게 참여할 수 있는 방법을 찾을 수 있다. 또한 활동은 각 환경의 문화적 기대와 일관된다. 예를 들어, 여름 캠프에서 ITSG가 개최되는 경우, 활동은 캠프에서의 게임, 스포츠, 팀 빌딩 경험의 변형을 포함할 수 있다. ITSG 경험의 핵심은 참여자들이 함께 계획하고 수행하는 활동에 있어서 서로 다른 기여를 이해하고 인정하는 것이다.

결론

·····

지금까지 IPG 프로그램은 지역, 국가 및 국제적으로 다양한 환경(학교, 집, 지역사회)에서 성공적으로 자리를 잡아 왔다. 최선의 노력에도 불구하고, 전 세계적으로 증가하는 자폐아동과 그 가족을 지지하기 위해 계속적으로 늘어나는 요구를 충족시킬 수 있도록 프로그램 개발 확대에 대한 수요가 증가하고 있다. 발달적·사회문화적·인권적 관점에서 가장 중요한 것은 효과적인 연구기반 치료를 실행할 수 있는 지식과 기술을 갖추도록 준비하는 것인데, 교육자, 치료자, 부모와 다른 사람들은 자폐아동이 또래와의 통합 놀이 경험에 성공적으로 참여할 수 있도록 분명하게 지원할 수 있다. 따라서 IPG 모델의 재현 및 확장에 대한 앞으로의 방향은 국제적인 노력에 초점을 두는 것이다. 이러한 노력이 일반 또래와의 필수적인 놀이 경험에서 자폐아동을 지원하면서 동시에 그에 대한 인식을 높이는 데 도움이 되기를 희망한다.

▊▋ 참고문헌

American Psychiatric Association. (2013). *Diagnostic and statistical manual of mental disorders* (5th ed.). Arlington, VA: Author.

American Speech-Language-Hearing Association. (2006). *Guidelines for speech-language pathologists in diagnosis, assessment, and treatment of autism spectrum disorders across the life span.* Retrieved from http://www.asha.org/policy

Antipolo, L., & Dichoso, D. (2003). *The effects of integrated play groups with sensory integration on the play and social skills of children with sensory integrative dysfunction* (Unpublished master's thesis). San Jose State University, San Jose, California.

Barrett, J., & Fleming, A. S. (2011). Annual research review: All mothers are not created equal: Neural and psychobiological perspectives on mothering and the importance of individual differences. *Journal of Child Psychology and Psychiatric, 52*, 368-397. http://dx.doi.org/10.1111/j.1469-7610.2010.02306.x

Bottema-Beutel, K. (2010). The negotiation of footing and participation structure in a social group of teens with and without autism spectrum disorder. *Journal of International Research in Communication Disorders, 2*, 61-83.

Boucher, J., & Wolfberg, P. J. (2003). Play [Editorial]. *Autism, 7*, 339-346. http://dx.doi.org/10.1177/1362361303007004001

Brown, S., & Vaughn, C. (2009). *Play: How it shapes the brain, opens the imagination, and invigorates the soul.* New York, NY: Penguin.

Bruner, J. S. (1990). *Acts of meaning.* Cambridge, MA: Harvard University Press.

Corsaro, W. A. (2004). *The sociology of childhood* (2nd ed.). New York, NY: Sage.

DiSalvo, C. A., & Oswald, D. P. (2002). Peer-mediated interventions to increase the social interaction of children with autism: Consideration of peer expectancies. *Focus on Autism and Other Developmental Disabilities, 17*, 198-207. http://dx.doi.org/10.1177/10883576020170040201

Elkind, D. (2007). *The power of play: How spontaneous, imaginative activities lead to happier, healthier children.* Cambridge, MA: Da Capo Press.

Fuge, G., & Berry, R. (2004). *Pathways to play: Combining sensory integration and integrated play groups.* Shawnee Mission, KS: AAPC.

Gonsier-Gerdin, J. (1993). *Elementary school children's perspectives on peers with disabilities in the context of integrated play groups: "They're not really disabled, they're like plain kids."* Unpublished manuscript prepared as a pilot study in the context of the joint doctoral program in Special Education, in the Department of Graduate Studies in Education at the University of California, Berkeley, and the Department of Special Education at San Francisco State University, San Francisco, California.

Iovannone, R., Dunlop, G., Huber, H., & Kincaid, D. (2003). Effective educational practices for students with autism spectrum disorders. *Focus on Autism and Other Developmental Disabilities, 18*, 150-165.

Jonas, W. (2012, September 20-21). *Welcoming address.* Paper presented at the meeting of the Integrated Play Groups Research Seminar, Autism Foundation with the University of Stockholm, Sweden.

Jordan, R. (2003). Social play and autistic spectrum disorders: A perspective on theory, implications and educational approaches. *Autism, 7*, 347–360. http://dx.doi.org/10.1177/1362361303007004002

Julius, H., Wolfberg, P., Losch-Jahnke, I., Neufeld, S., Matthes, E., Nguyen, T., & Schade, F. (2012). *Integrated play and drama groups for children and adolescents on the autism spectrum* [Final report submitted to the TransCoop Research Project, Alexander von Humboldt Foundation with the Flora Family Foundation and Mendelson Family Foundation]. Unpublished manuscript, San Francisco State University, San Francisco, California, and University of Rostock, Rostock, Germany.

Lantz, J. F., Nelson, J. M., & Loftin, R. L. (2004). Guiding children with autism in play: Applying the integrated play group model in school settings. *Exceptional Children, 37*(2), 8–14.

Mahnken, H., Baiardo, C., Naess, M., Pechter, R., & Richardson, P. (2004, May). *Integrated play groups and sensory integration for a child diagnosed with ASD: A case study.* Poster presented at the American Occupational Therapy Association annual conference, Minneapolis, MN.

Mikaelan, B. (2003). *Increasing language through sibling and peer support play* (Unpublished master's thesis). San Francisco State University, San Francisco, California.

Miller, E., & Almon, J. (2009). *Crisis in the kindergarten: Why children need to play in school.* College Park, MD: Alliance for Childhood.

National Autism Center. (2009). *National standards project report–Findings and conclusions: Addressing the need for evidence-based practice guidelines for autism spectrum disorder.* Randolph, MA: Author.

Neufeld, D., & Wolfberg, P. J. (2009). From novice to expert: Guiding children on the autism spectrum in integrated play groups. In C. E. Schaefer (Ed.), *Play therapy for preschool children* (pp. 277–299). Washington, DC: American Psychological Association.

O'Connor, T. (1999). *Teacher perspectives of facilitated play in integrated play groups*

(Unpublished master's thesis). San Francisco State University, San Francisco, California.

Richard, V., & Goupil, G. (2005). Application des groupes de jeux integres aupres d'eleves ayant un trouble envahissant du development [Implementation of integrated play groups with PDD students]. *Revue Québécoise de Psychologie, 26*(3), 79–103.

Rogoff, B. (1990). *Apprenticeship in thinking: Cognitive development in social context.* New York, NY: Oxford University Press.

Schaefer, S., & Atwood, A. (2003). *The effects of sensory integration therapy paired with integrated play groups on the social and play behaviors of children with autistic spectrum disorder* (Unpublished master's thesis). San Jose State University, San Jose, California.

Sterzing, P. R., Shattuck, P. T., Narendorf, S. C., Wagner, M., & Cooper, B. P. (2012). Bullying involvement and autism spectrum disorders: Prevalence and correlates of bullying involvement among adolescents with an autism spectrum disorder. *Archives of Pediatrics & Adolescent Medicine, 166,* 1058–1064.

Vygotsky, L. S. (1966). Play and its role in the mental development of the child. [Original work published 1933]. *Soviet Psychology, 5*(3), 6–18.

Vygotsky, L. S. (1978). *Mind in society: The development of higher psychological processes.* Cambridge, MA: Harvard University Press.

Wing, L. (1978). Social, behavioral, and cognitive characteristics: An epidemiological approach. In M. Rutter & E. Schopler (Eds.), *Autism: A reappraisal of concepts and treatment* (pp. 27–45). New York, NY: Plenum Press.

Wolfberg, P. J. (2003). *Peer play and the autism spectrum: The art of guiding children's socialization and imagination.* Shawnee Mission, KS: Autism Asperger.

Wolfberg, P. J. (2009). *Play and imagination in children with autism* (2nd ed). New York, NY: Teachers College Press, Columbia University.

Wolfberg, P. J., DeWitt, M., Young, G. S., & Nguyen, T. (2014). Integrated play groups: Promoting symbolic play and social engagement with typical peers in children with ASD across settings. *Journal of Autism and Developmental Disorders.* http://psycnet.apa.org/doi/10.1007/s10803-014-2245-0

Wolfberg, P. J., McCracken, H., & Tuchel, T. (2014). Fostering play, imagination and friendships with peers: Creating a culture of social inclusion. In K. D. Buron & P. J. Wolfberg (Eds.), *Learners on the autism spectrum: Preparing highly qualified educators and related practitioners* (2nd ed., pp. 174–201). Shawnee Mission, KS: AAPC.

Wolfberg, P. J., & Schuler, A. L. (1992). *Integrated play groups project: Final evaluation report* (Contract No. HO86D90016). Washington, DC: Department of Education, Office of Special Education and Rehabilitative Services.

Wolfberg, P. J., & Schuler, A. L. (1993). Integrated play groups: A model of promoting the social and cognitive dimensions of play in children with autism. *Journal of Autism and Developmental Disorders, 23,* 467–489.

Wolfberg, P. J., & Schuler, A. L. (2006). Promoting social reciprocity and symbolic representation in children with ASD: Designing quality peer play interventions. In T. Charman & W. Stone (Eds.), *Social & communication development in autism spectrum disorders: Early identification, diagnosis, & intervention* (pp. 180–218). New York, NY: Guilford Press.

Wolfberg, P. J., Zercher, C., Lieber, J., Capell, K., Matias, S. G., Hanson, M., & Odom, S. (1999). "Can I play with you?" Peer culture in inclusive preschool programs. *Journal for the Association of Persons With Severe Handicaps, 24,* 69–84.

Yang, T.-R., Wolfberg, P. J., Wu, S.-C., & Hwu, P.-Y. (2003). Supporting children on the autism spectrum in peer play at home and school: Piloting the integrated play groups model in Taiwan. *Autism, 7,* 437–453.

Zercher, C., Hunt, P., Schuler, A. L., & Webster, J. (2001). Increasing joint attention, play and language through peer supported play. *Autism, 5,* 374–398.

부모-자녀 관계치료:
이론, 연구 및 치료 과정

Natalya A. Lindo, Sue C. Bratton, Garry L. Landreth

1960년대 초반 Bernard와 Louise Guerney가 개발한 부모-자녀 놀이치료
(filial therapy)는 놀이치료 분야에 중대한 변화를 가져왔다(Guerney, 1964). 아동
과 가족을 위한 효과적인 정신건강 서비스가 부족하던 상황에서 Guerney 부부
는 부모가 슈퍼비전을 받으며 진행되는 놀이 회기에서 훈련받은 놀이치료 기
술을 자녀에게 사용하는 모델을 개발했다(Guerney, 2000). Guerney 부부는 부
모가 자녀의 발달에 미치는 영향을 인식하고, 자녀의 치료를 촉진시키며 전반
적인 가족 기능을 향상시키기 위한 전략을 부모에게 가르치는 부모-자녀 놀이
치료를 확립했다(Andronico, Fidler, Guerney, & Guerney, 1967; Guerney, 1964).

http://dx.doi.org/10.1037/14730-013

Empirically Based Play Interventions for Children, Second Edition, L.A. Reddy, T. M. Files-Hall, and
C. E. Schaefer (Editors)

Guerney 부부의 부모–자녀 놀이치료 초기 모델에 6~8명의 부모 그룹이 회기 수를 정하지 않고, 1년 이상 훈련된 놀이치료사와 매주 만났다(Andronico et al, 1967; Guerney, 1964). 부모의 참여를 증가시키고 비용과 시간의 제약을 줄이기 위한 노력의 하나로, Landreth는 Guerney 부부의 모델을 개선하여 시간 제한이 있는 구조화된 10회기 훈련 프로그램을 개발했다(Landreth, 2012). Landreth와 Bratton(2006)은 다른 부모–자녀 놀이치료 접근과 구별이 되도록 그들의 저술서『놀이치료를 통한 부모–자녀 관계치료: 10회기 부모–자녀 놀이치료 모델[Child Parent Relationship Therapy(CPRT): a 10-Session Filial Therapy Model]』에서 10회기 훈련 형식을 공식화했다. CPRT 프로토콜은 임상가와 연구자에게 치료 실행 시 충실성을 보장하기 위한 도구를 제공하기 위해 Bratton, Landreth, Kellam과 Blackard(2006)에 의해 매뉴얼로 만들어졌다.

CPRT(Landreth & Bratton, 2006)는 광범위한 문제를 보이는 아동에게 경험적으로 지지된 치료법이며, 부모가 자녀의 사회적 · 정서적 · 행동적 필요를 더 잘 이해하고 대응할 수 있도록 부모–자녀 관계를 강화하는 데 중점을 둔다. Guerney 부부의 모델과 마찬가지로, 양육자에게 아동중심 놀이치료(Child-Centered Play Therapy: CCPT)의 원칙, 태도, 기술을 가르쳐 매주 사용하도록 하고, 놀이 회기에서 슈퍼비전을 제공한다. CPRT는 부모가 치료사보다 정서적으로 더 중요하다는 사실을 전제로, 부모가 자녀의 삶에서 치료적 요원이 될 수 있다고 믿는다. 대부분의 자녀양육 프로그램이 아동의 행동 변화에 초점을 두는 반면, CPRT는 부모의 자신감과 효능감을 향상시켜 부모를 변화시키는 데 중점을 둔다.

치료의 중요한 구성 요소

성공적인 CPRT의 핵심은 치료 제공자가 CCPT 원칙과 기술을 먼저 훈련을 받고, 그다음 치료의 충실성을 보장하기 위해 10회기 CPRT 치료 프로토콜

(Bratton et al., 2006)에 대한 훈련과 슈퍼비전을 받는 데 있다. 치료 매뉴얼에는 훈련 프로토콜, 치료사 지침서, 부모 노트, 보충 자료 및 각 CPRT 그룹에서 인쇄가 가능한 모든 부모훈련 자료가 들어 있는 CD-ROM이 포함되어 있다.

　　보다 집중적인 형식의 CPRT가 시행되기도 하지만, 일반적인 CPRT에서는 6~8명의 부모 그룹이 일주일에 한 번 2시간 동안 만난다. CPRT 모델의 소그룹 형식은 CPRT 기술을 배우고 적용하는 데 있어 부모의 성공을 극대화하기 위한 직접교육과 지지그룹 요소를 정교하게 균형을 맞추어야 한다. 초기 치료 목표로는 안전, 수용, 격려 환경 조성 등이 있으며, 동시에 다른 그룹 구성원과의 공유를 통해 부모들이 자신의 경험을 일반화하도록 돕는다. 부모에게 아동 발달, CCPT 철학, 그리고 부모-자녀 관계에 긍정적인 영향을 미치는 기술에 대한 정보를 제공한다. 또한 부모에게 학습을 촉진하고 새로운 기술을 연습할 수 있는 구체적인 과제를 내 준다(Landreth & Bratton, 2006). 발달적으로 반응적인 의사소통 방식을 갖추면 부모는 그들의 자녀와의 관계를 강화할 수 있다.

　　CPRT 모델은 부모가 자녀와 30분간의 놀이 회기를 녹화하고 치료사와 그룹 구성원으로부터 피드백을 받는 슈퍼비전으로 구성된다. 이러한 특별 놀이 시간 동안, 부모는 가정 내의 지정된 장소에 특정 부류의 장난감을 준비하고 매주 아동주도 놀이 회기를 진행한다(Guerney, 1964; Landreth & Bratton, 2006). CPRT의 그룹 프로세스를 통해 부모는 자신이 자녀에게 사용하기 위해 배우고 있는 대인관계 기술(예: 공감, 격려, 반영적 반응)을 직접 경험한다(Landreth & Bratton, 2006).

치료 과정: 사례 예시

　　CPRT는 다양한 사회적 · 정서적 행동 문제를 보이는 아동을 위한 예방적 접근과 치료 개입으로 고안되었다. 연구자는 CPRT가 다양한 대상에 효과가 있음을 발견했다. 다음의 사례 예시는 특화된 대상에 CPRT를 적용하는 과정을 보여 준다. 특정 부모 집단의 필요를 충족시키기 위한 치료 모델로서 CPRT가 유연하게 사용될 수 있음을 보여 주기 위해 성학대를 받은 아동의 비학대 부모들을 대상으로 선정하였다. 1회기에서 10회기까지 CPRT 그룹의 전반적인 기록을 포함한 전통적인 CPRT 훈련 내용과 치료 과정에 대한 자세한 설명은 Landreth와 Bratton(2006), Bratton 등(2006)을 참조할 수 있다.

배경 정보

CPRT 접수 당시, A부인은 28세의 백인 어머니로 $5\frac{1}{2}$ 세의 딸 로라(Laura)가 성적 학대를 당한 것으로 보였다. 유치원에서는 로라가 5세 때 학대를 당한 것으로 의심된다고 아동보호서비스(CPS)에 보고했다. 건강검진과 초기 법의학 인터뷰로 명확한 결론을 내리지 못했지만 CPS는 로라가 최소한 구강성교 특징을 보이는 성적 학대를 경험했다고 결론지었다. CPS는 2세 때부터 로라의 삶에 관여한 계부를 가해자로 의심했지만 사실 관계를 확인하지 못했다. A씨는 학대를 부인했다. 3개월 후에 법원 명령으로 A씨와 로라의 접촉이 금지되어, 그가 집에서 나가야 했을 때까지 A부인은 A씨가 그들과 함께 사는 것을 허용했다.

로라는 CPS의 권고에 따라 아동기의 성적 학대를 전문으로 하는 기관에서 놀이치료를 시작했다. 6개월 동안 개별 놀이치료를 받았고, 이 기간 동안 A부인은 정기적으로 부모상담에 참여했다. 이후 로라의 치료사는 A부인에게 동일한 기관의 CPRT를 추천했다. 그녀는 로라가 놀이치료에서 진전을 보였음에도 불구하고, 어머니와의 긴장된 관계가 최적의 성장을 가로막는 장애물이라고 믿었다. 특히, A부인은 정서적 지지와 위안을 제공하는 능력이 부족했는데, 이는 로라가 느끼는 고통의 주원인인 것으로 보였다. A부인은 학대에 대처하기 위해 상담을 받고 싶지는 않다고 주장했고, 로라의 치료사는 이를 염려했다. 그러나 치료사는 그녀가 로라를 일관되게 놀이치료에 데려오고 기꺼이 참여하는 것으로 미루어 그녀가 CPRT에서 요구하는 상당한 수준의 부모 헌신을 수행할 수 있을 것이라고 믿었다. A부인에게 CPRT가 적합하다고 생각된 다른 요소로는 자녀를 돕는 데 무력하다는 느낌, 처음에 로라를 믿지 않았던 것에 대한 죄책감, 사회적 지지가 부족한 것(A부인은 가족과 연락을 하지 않았고, 직장 외에는 다른 친구가 없었다.)도 있었다. 따라서 CPRT 치료사는 놀이 관찰을 포함한 초기 평가를 통해 엄마와 아동이 CPRT에 참여할 준비가 되어 있는지 결정했다. 로라가 계속 놀이치료를 받는 동안, A부인은 5명의 다른 어머니들과 성적 학대를 경험한 이들의 자녀와 함께 CPRT를 시작하기로 했다. 일반적으로 CPRT에 참여하는 아동의 경우와 달리 로라는 놀이치료를 계속 받는 것이 필요하다고 판단되었다.

1~3회기: CPRT 원리와 기술 습득

1~3회기의 최우선의 과제는 안전, 수용, 격려의 분위기를 조성하는 것이다. 자신들의 경험을 공유하고 일반화할 기회가 필요한 이 부모들에게는 특히 그렇다. 그러나 CPRT 모델은 3주차 이후에 부모가 자녀와의 놀이 회기를 시작할 수 있도록 준비하기 때문에 치료사가 기초적인 CCPT 태도와 기술을 교육하는 것과 부모에게 필요한 지지를 해 주는 것 사이에서 균형을 맞추어야 함을 염두에 두어야만 한다. CPRT는 성공적인 기술 달성을 위해 기술의 시연과 역할놀이를 집중적으로 사용한다. 초보적인 기술로는 자녀가 주도하는 것을 따라가기, 감정을 반영하기, 아동 놀이의 언어와 비언어적인 내용을 반영하는 것 등이 있다. 더 중요하게, 부모는 자녀와 함께 매주 30분간 특별 놀이 시간을 가지면서 다음의 네 가지 메시지를 전달함으로써 자녀에게 모든 관심을 집중시키고 자녀에게 진정한 관심과 수용을 전달하도록 배운다. 그것은 ① '나는 여기 있어.' ② '나는 너의 말을 듣고 있어.' ③ '나는 이해해.' ④ '나는 관심을 가지고 있어(I care).' (Landreth & Bratton, 2006) 등이다. 부모 입장에서의 이러한 태도와 수용의 표현은 보다 친밀하고 안전한 부모-자녀 간의 유대감을 형성하고 아동의 내적 치유를 촉진하는 핵심이다.

1회기 동안, A부인은 그룹에서 자신의 이야기를 거의 나누지 못했지만 회기가 진행됨에 따라 불안감이 감소되는 것처럼 보였다. 그녀의 비언어적인 의사소통은 다른 부모의 경험과 감정에 연결될 수 있음을 시사했다. A부인은 직접적인 교육 활동에 더 많이 참여했다. 그녀가 말하는 것이 안전하다고 느끼기 위해서는 치료사가 구조화를 해야 할 필요가 있어 보였다.

2회기는 부모가 지난주 동안 자녀가 표현한 네 가지의 다른 감정을 알아차리고 반영하는 숙제에 대해 이야기를 나누면서 시작되었다. A부인은 지난주 감정 연습에 참여했지만, 그녀는 로라가 '행복' 이외의 감정은 표현하지 않았다고 보고했다. A부인은 로라의 부정적인 감정을 인정하는 것이 어려웠는데, 이는 계속해서 문제가 되었다. 다른 부모들이 자녀가 분노와 슬픔을 표출했을 때를 묘사할 때 그녀는 가만히 듣고만 있었고 마치 자신을 차단한 것처럼 보였다. 나중에 CCPT 기술 역할놀이를 할 시간이 되었을 때, A부인은 불편한 기색을 보였고, 특히 그녀가 아동 역할을 할 차례가 되었을 때에는 더욱 심했다.

3회기에서 A부인과 다른 어머니 한 명이 일찍 도착했다. 유사한 학대 이야기를 가지고 있는 아동의 어머니였다. 두 명 모두 초기에는 남편이 자녀를 학대했을 거라고 믿지 않았다. A부인은 처음으로 언어를 사용하여 그녀의 죄책감을 인정했다. 다른 어머니는 A부인의 감정을 수용해 주면서, 자신은 수치스럽게 느꼈고 아동과의 관계가 망가질까 봐 걱정했지만 관계를 회복하고 자신을 용서하기 위해 열심히 노력했다고 말했다. 이 시점에서 다른 부모들이 그룹에 도착하여 비슷한 감정을 이야기했다. 이 교류는 A부인에게 결정적인 시점인 것으로 보였다. 그녀는 이제 그녀의 취약성과 감정을 그룹에서 더 개방적으로 나누게 된 것 같았다. 그리고 "내가 로라를 믿지 않았다는 것이 얼마나 수치스러운지 다른 사람에게 이야기할 수 있어서 안도감이 드네요. 나만 그런 것이 아니라는 것을 알게 되니 어쩌면 '나는 그렇게 끔찍한 엄마가 아니구나.'라는 느낌을 갖게 됩니다."라고 말했다.

이 경험이 A부인에게 유익했지만 그녀가 억압하고 있던 감정을 불러일으킨 것처럼 보였다. 그녀는 3회기의 대부분 동안 뭔가에 사로잡혀 있는 것처럼 보였고, 기술로 역할놀이를 하는 동안 또다시 어려움을 겪었다. 특히, 아동 역할을 힘들어했다. 일반적으로 3회기와 4회기 사이의 주간에 자녀와 함께 첫 번째 놀이 회기를 진행하기 때문에 3회기에서 CCPT 기술을 검토하고 역할놀이를 점검하는 것은 매우 중요하다. 치료사는 회기가 끝난 후 A부인을 따로 만나서 그날 저녁 회기가 A부인에게 힘들었다는 것을 알고 있다고 알려 주었다. 그들은 A부인의 감정에 대해 이야기한 후, 다음 몇 주 동안 치료사의 지원과 피드백을 받을 수 있는 클리닉에서 A부인이 로라와 놀이회기를 실시하는 것에 동의했다. 이를 통해 치료사는 A부인과 함께 CCPT 기술을 일대일로 검토해 주었다.

A부인은 예정대로 놀이회기에 로라를 데려왔다. 이전처럼 로라가 공격적인 행동을 하는 것에 대해 염려하기는 했지만, 그녀는 치료사가 그곳에 있다는 것을 알고 있었기 때문에 덜 불안해하는 것처럼 보였다. 놀이회기에서 A부인은 로라가 주도하는 대로 따라갈 수 있었고, 진정으로 관심이 있는 것처럼 보였다. 그녀는 계속해서 감정을 반영해 주는 데 어려움을 겪었지만, 로라는 엄마와 함께 즐거운 시간을 보냈기 때문에 공격성을 거의 보이지 않았고 엄마를 향한 공격성은 전혀 나타나지 않았다. 한번은 로라가 샌드백을 여러 번 때렸는데 A부인은 이 활동을 어려워했지만 비교적 침착하게 대응했다. 치료사는 A부인이 보여 주었던 CCPT 기술(예: 로라가 놀이를 주도하도록 하고, 관심을 갖고 주의를 집중했고, 로라의 분노 감정을 더 잘 수용하는 것처럼 보인 것)을 강조함으로써 그녀를 격려했다. 또한 치료사는 로라가 엄마의 전적인 관심을 받는 것을 즐거워하고, 이로 인해 부적절한 행동이 감소되었으며, 이러한 것들이 연관성을 지니고 있음을 A부인이 깨달을 수 있도록 도와주었다. 로라가 샌드백을 치고 있을 때 치료사는 잠시 A부인의 반응을 탐색하려고 시도했지만 A부인은 저항적이었고, 신경 쓰이지 않았다고 말했다. A부인은 다른 엄마들처럼 자신의 CCPT 기술이 좋지 않다고 우려했기 때문에 6회기까지 기다렸다가 그녀의 비디오를 전체 그룹에게 보여 주고, 치료사가 계속해서 그녀를 클리닉에서 만나 매주 로라와 놀이 회기를 하는 데 합의했다.

4~10회기: 슈퍼비전을 받는 놀이 회기의 그룹 프로세스

4회기에서 10회기까지의 주요 활동은 부모-자녀 놀이회기의 슈퍼비전과 프로세스를 통해 기술을 숙련하는 것이다. 각 회기는 모든 부모가 자녀와의 특별 놀이 시간의 경험을 공유하면서 시작된다. 대부분의 시간 동안 동영상을 시청하고 매주 두 부모에게 중점적으로 피드백을 해 준다. 비디오를 사용하면 부모가 책임감 있게 스스로를 보면서 더 많은 통찰력을 갖게 되며, 대리 학습의 기회가 늘어나고, 자녀에게 나타나는 놀이회기의 효과를 부모가 볼 수 있게 해 준다. 치료사는 사용된 기술을 강화하고, 필요한 경우 대안적인 반응과 행동을 제안할 수 있다. 아마도 더 중요한 것은 그룹 형태로 놀이 회기를 시청함으로써 치료사가 부모에게 보다 구체적이고 의미 있는 방식으로 지원과 격려를 제공하고, 부모가 자신의 어려움을 공유하며 다른 부모로부터 지원을 받을 수 있기 때문에 집단 응집력을 형성할 수 있는 기회가 된다는 것이다. 4회기에서 8회기까지는 기본 기술이 계속해서 강조되며, 이와 함께 한계 설정, 선택권 주기, 격려, 자존감 형성 반응 기술이 추가된다. 이 실습 단계를 성공적으로 마치기 위해 부모에게 30분의 놀이회기에서만 CCPT 기술을 연습하도록 제한을 둔다. 따라서 부모는 너무 빨리 일상적인 문제에 새로운 기술을 적용하려고 할 때 필연적으로 발생하는 실패감을 피할 수 있다. 마지막 두 회기에서 부모는 자녀와의 일상적인 상호작용에 새로운 기술을 일반화하고 적용하도록 도움을 받는다.

4회기에서 A부인은 다른 부모들이 첫 번째 놀이회기에서 긴장감을 표현하는 것을 들었을 때, 특히 그들이 새로운 기술을 사용하는 데 어려움을 겪는 것을 보았을 때 안도감을 느끼는 것 같았다. 그녀는 자신의 회기에 대해 최소한의 피드백만을 제공했지만, 다른 사람들이 어려움을 겪고 있을 때 지지받는 것을 보면서 힘을 얻는 것처럼 보였다. 로라와의 주간 놀이회기에서 A부인은 로라의 언어와 비언어적인 놀이 내용을 반영하는 데 진전을 보였다. 그녀는 조금 더 편안해 보였지만, 감정은 계속해서 어려움의 근원이 되었다.

A부인에게 CPRT 5회기는 특히 어려웠다. 사적인 대화 시간에 한 어머니가

본인의 아동기의 성적 학대 경험이 자녀의 학대 이야기에 건강하게 반응하지 못하도록 한다는 두려움을 나누었다. 그 부모는 자신의 심리치료에서 이 이슈에 대한 작업을 했기 때문에 높은 수준의 통찰력을 보여 줄 수 있었다. A부인은 이 상호작용 시간 이후로 눈에 띄게 조용해졌다. 치료사는 A부인의 정서 변화를 알아차렸지만 자신의 감정을 공개적으로 다룰 준비가 되기까지 시간이 더 필요함을 감지했다.

A부인은 CPRT 6회기 이전에 로라와 세 번째 놀이회기를 진행하기 위해 약속 시간에 왔다. 치료사는 10분 동안 감정의 반영, 특히 로라의 분노 또는 슬픔을 반영하는 것의 중요성을 복습했다. 치료사는 로라가 정말로 분노를 느낄 때에도 엄마가 자신을 수용한다는 것, 학대에 대해 화가 나는 것, 이전 동네의 친구들을 보지 못해서 슬픈 것, 계부가 한 일에 대해 화가 나면서도 함께했던 일을 기억해 보고 싶기도 해서 혼란스럽게 느끼는 것까지도 괜찮다는 것을 알 필요가 있다고 설명했다. A부인은 생각에 잠겼다가 대답했다. "나는 한 번도 그런 식으로 생각하지 않았어요… 나는 그 아이가 부정적인 것에 머물지 않는 것이 최선이라고 생각했어요."

로라와의 놀이회기에서 A부인은 CCPT 기술을 마스터하는 데 지속적인 발전을 보여 주었다. 처음으로 A부인은 로라의 감정을 일부 반영할 수 있었다. 로라의 놀이는 눈에 띄게 더 집중되었다. 회기가 약 15분 정도 진행되었을 때, 로라는 인형의 집을 가지고 놀기 시작했다. 그녀는 아기 인형을 혼자 침실에, 엄마 인형은 거실에 두고, 아기가 울고 있다고 말했다. A부인은 "아기가 슬프구나."를 비롯한 몇 가지 적절한 반응을 했다. 로라의 놀이가 점점 더 진지해짐에 따라 A부인의 몸짓 언어는 로라와 그녀의 놀이에 대한 수용과 진정한 관심을 전달했다. 그녀의 반응 속도는 기대치보다 느렸지만, A부인은 놀이하는 동안 로라의 감정에 여러 번 반응할 수 있었다. 치료사는 이 놀이회기가 엄마와 아동 모두에게 중요하다는 사실을 알았고, 나중에 그 이야기를 A부인에게 반영했다. A부인은 로라와의 경험으로부터 분명히 영향을 받았다. 그녀는 왜 그런지 이유를 설명할 수는 없었지만, 로라의 놀이가 의미가 있었다는 것을 알았다. 그녀가 다음에 말한 것은 의미심장했다. "나는 아이의 슬픔을 느낄 수 있었어요… 그녀가 얼마나 혼자라고 느꼈을지." 치료사는 A부인이 딸과의 매우 중요한 순간이라고 여겨지는 그 시간을 다시 생각해 볼 수 있도록 몇 분을 함께 더보냈다. 로라는 학대 사실을 공개한 이래 처음으로 그녀의 감정이 수용받고 있으며 타당하다는 것을 알게 되었고, 엄마 앞에서 자신의 감정을 표현하기 시작했다. 이와 마찬가지로, 로라가 자신의 경험에 대해 지각하는 것을 보면서 A부인은 자신이 어떻게 느끼는지 더 잘 이해할 수 있었다. A부인에게 추가 지원을 제공하기로 한 계획이 결실을 맺는 것 같았다.

6회기는 A부인이 자신의 비디오를 보여 주는 것이 두렵다고 표현하면서 시작되었다. 그룹 멤버들은 자신들도 어떻게 반응해야 하는지 기억하는 것이 어려웠다고 언급하며 A부인을 격려했다. A부인은 로라가 인형의 집 놀이를 시작하는 시점에 비디오를 설정해 놓고는, 로라의 이 놀이가 중요하다는 것을 알았다고 말했다. 그룹 멤버들도 로라의 놀이가 의미 있다는 것을 알 수 있었고, 놀이하는 내내, A부인이 온전히 로라와 함께하고 있음을 피드백하였다. 치료사가 그 경험을 다루고 다른 어머니들이 지지적으로 이해해 주자 A부인은 다시 "나는 아이의 슬픔을 정말로 느낄 수 있었어요… 얼마나 혼자라고 느꼈을지."라고 말했다. 그 시점에서 그녀는 울기 시작하며 '그 아이가 어떻게 느끼고 있었는지'를 알았다고 말했다. 그것은 자신이 어렸을 때 느꼈던 느낌이었다는 것을 깨달았기 때문이다. 그녀는 자세한 내용을 말하지는 않았지만 아동기에 성적 학대를 당했다고 그룹에 공개하며, 한 번도 다른 사람에게 이 사실을 말한적이 없다고 했다. 치료사는 그녀의 사생활을 존중하기 위해 조심스럽게 노력했고, 동시에 A부인의 감정과 경험을 공유하는 데 필요한 용기를 수용하고 타당화해 주었다.

그룹 회기 후에 A부인은 개인적으로 치료사와 이야기하기 위해 남아 있었다. 그리고 어린 시절 자신에게 일어난 일에 대한 작업을 할 필요가 있음을 알았다고 했다. A부인은 매주 딸이 놀이치료를 받는 동안 개인 상담을 시작했다. A부인이 공개한 내용과 다음 몇 주간 동안 어려움을 경험할 가능성이 높다는 점을 감안하여 치료사는 매주 놀이회기를 계속 모니터링하기로 결정했다.
그 후 CPRT 회기에서 A부인은 자신이 로라의 감정을 두려워한다는 사실을 깨
닫게 되었다. 로라의 감정은 타당하거나 수용할 만하다고 믿지 않았던 그녀 자
신의 억압된 감정을 그대로 반영하고 있었다. 그녀는 자기 수용과 딸의 감정과
욕구를 수용할 수 있는 자신의 능력이 로라의 행동에 미치는 영향의 상호 효과
를 인식하고 있었다.

10회기에서 부모가 그들 자신과 자녀의 변화를 설명할 때 A부인이 가장 먼
저 나누었다.

> 로라가 나를 필요로 할 때 나는 그녀를 위해 여기 있다는 것을 알고 있습니
> 다……. 내가 그렇게 말할 수 있다는 것은 나에게는 큰 의미가 있습니다…….
> 놀이회기를 시작한 이후로 로라는 마음을 열고 이전에 나에게 말하기 두려워했
> 던 것들을 말하게 되었습니다…… 내 딸이 학대로부터 회복하는 것을 내가 도
> 울 수 있고…… 그녀가 건강하고 정상적으로 성장할 것이라는 느낌이 듭니다.

로라의 변화를 설명하면서 A부인은 로라의 공격성과 그들의 힘겨루기가 크
게 감소했다고 보고했다. 그녀는 한계 설정 및 선택 제공하기 전략이 도움이
되었지만 딸의 감정을 인정하고 수용하는 것을 배우는 것이 '진정한 변화'를 가
져왔다고 했다. 그녀는 로라를 얼마나 더 가깝게 느꼈는지에 관해 언급했다.
그녀는 눈물이 고인 채로 로라가 '포옹 시간'이라고 부르는, 잠자리에 들기 전
새로운 의식에 대해 이야기했고, 누가 그것을 더 좋아하는지를 말하기 어려울
만큼 좋아한다고 했다. 이것은 A부인이 그룹 멤버들과 첫 회기에서 함께 나누
었던 취침 시간의 힘겨루기와는 현저하게 대조되는 것이다.

의심할 여지없이 A부인의 개인 상담은 자신과 딸 그리고 그들의 관계에 대
해 통찰력을 갖게 해 주었다. 그녀가 집단 구성원들로부터 받은 지지는 A부인
자신의 학대 경험에 대한 자신의 감정을 수용하는 데 중요한 역할을 한 것으로
보였다. 그녀가 교육받아 로라와의 놀이회기에서 적용한 기술은 로라의 필요

를 이해하고 반응하는 능력에 대한 자신감 향상에 중요한 역할을 했다. 이 복잡한 사례에서 몇 가지 치료 요소가 성공적인 결과에 영향을 미쳤을 가능성이 크다. 그러나 A부인은 무엇이 가장 큰 차이를 가져왔다고 믿는지에 대한 질문에 즉각 대답했다. "나와 로라와의 관계… 로라에게 이제 무슨 일이 있더라도 내가 로라를 사랑한다는 것을 알고 있습니다."

앞의 사례 예시는 어떻게 견고한 부모–자녀 관계가 부모와 아동 모두를 변화시키는 통로로 사용되는지 보여 주고, CPRT 프로토콜의 내용과 치료 과정을 살펴볼 수 있게 해 준다. 본 저자의 경험으로는 아동의 성장과 치유에서 부모의 내적 변화가 종종 가장 중요한 요소가 된다. 따라서 우리는 그룹 프로세스와 부모–아동 놀이회기를 통해 부모의 변화가 어떻게 촉진되었는지에 주로 초점을 두기로 결정했다. 이 사례 연구에서 특별히 다루지 않은 다른 요소로는 로라의 놀이치료사와 CPRT 치료사의 협력, 교사 컨설팅과 같은 보조 시스템 서비스, 후속 조치가 포함된다. 우리는 CPRT 치료사가 총체적인 방식으로 개입하여 부모와 자녀 모두의 다양한 맥락을 고려할 것을 권장한다.

CPRT를 위한 증거 자료

CPRT는 연구기반이 탄탄한 아동 치료 모델이다. 다양한 아동 및 양육자 집단에 미치는 영향을 조사한 40개 이상의 연구가 있다. 이 연구들 중 35개는 통제 결과 연구이며, 종합적으로 프로토콜에 대한 강한 경험적 지지를 제공한다. 대다수의 연구에서 통계적으로 유의미한 유익한 결과와 아동의 행동 문제 감소, 부모의 양육 스트레스 감소, 부모의 공감능력 강화에 대한 치료가 중간 정도부터 큰 효과를 가져왔다고 보고했다(Bratton, Landreth, & Lin, 2010). 메타분석 결과는 전반적으로 CPRT의 치료 효과를 검증해 주었고, 전통적인 놀이치료와 비교할 때 부모가 놀이치료의 과정에 전적으로 참여할 때 더 큰 치료 결과가 나타났다(Bratton, Ray, Rhine, & Jones, 2005; Landreth & Bratton, 2006).

CPRT 결과, 연구의 대부분은 사회정서적 또는 행동 문제를 나타내는 아동을 위한 치료 요원으로서 부모를 훈련시키는 것의 효과에 중점을 두었다. 교사가 어린 아동의 삶에서 갖는 중요성을 인식하면서 점점 더 많은 연구가 교사적용 CPRT 모델인 아동-교사 관계 훈련(CTRT; Morrison & Bratton, 2010)의 효과를 보여 주었다. 몇 가지 연구는 학업 실패의 위험에 처한 아동에게 CCPT 기술을 사용하는 학생 멘토 훈련의 효과를 조사했다. CPRT는 다양한 대상에 긍정적인 효과를 나타낸다. 성적 학대를 받은 아동, 어머니나 아버지가 수감된 아동, 가정 폭력 보호소에서 살고 있는 아동, 학습 문제, 애착 장애, 전반적 발달장애, 만성질환, 적응장애로 진단받은 아동에게 효과가 있다. 또한 CPRT는 히스패닉계, 히스패닉계 이민자, 아프리카계 미국인, 북미 원주민, 중국계 이민자, 한국인, 한인 이민자, 이스라엘 사람을 포함한 소수 집단을 대상으로도 유익한 통제 결과를 보여 주었다. 다양한 참여자에 따라 CPRT 연구는 다양한 환경에서 실시되었다. 공립 및 사립 학교, 지역사회 기관, 병원, 헤드스타트 프로그램, 교회, 교도소, 보호소, 미국 원주민 특별보호소에서 실시되었다. 〈표 12-1〉은 CPRT 연구의 일부를 선택적으로 간략하게 요약한 것이다. 공간 제약으로 인해, CPRT 연구를 대표하는 20개의 결과 연구를 다음의 기준을 토대로 선정했다. 그 기준은 출간 또는 출간 예정, 실험적(n = 10) 또는 준실험적(n = 10) 연구 설계, 비치료, 활성대조군 또는 비교집단과 CPRT의 비교, 프로토콜을 사용한 치료 충실성의 보장이다.

〈표 12-1〉 부모-자녀 관계치료(CPRT) 통제 결과 연구: 일부 선별된 연구

저자	참여자/방법	결과
Baggerly & Landreth (2001)	• N=29 위험군 유치원생, 지료 집단에 무작위 배정 • C=14 처치 없이 대기 • E=15 CPRT • 아동이 CPRT 훈련을 받은 5학년 멘토와 10주 20분 놀이 회기 참여, 멘토는 놀이치료와 CPRT 코프로토콜 훈련을 받은 전문가에게 직접 슈퍼비전 받음.	통제집단에 비해 실험집단 아동의 부모는 시간 경과에 따라 유지하였거나 내재화 행동 문제가 통제적으로 유의미하게 감소됨을 보고했다. 통제적으로 유의미하지는 않지만, 통제집단에 비교하여 5학년 멘토와의 슈퍼비전을 놀이 멘토링 10회기 후에 교사와 부모는 CPRT를 받은 아동의 전반적인 행동문제 감소와 자존감이 향상을 보고했다.
Bratton & Landreth (1995)	• N=43 3~7세의 행동문제를 보이는 아동의 한 부모, 지료 집단에 무작위 배정 • C=21 처치 없이 대기 • E=22 CPRT • CPRT 집단은 10회기 CPRT 훈련(주1회, 2시간)을 받음, 자녀와 7번의 놀이회기를 실시함(주 1회, 30분).	시간 경과에 따라 집단 간 차이를 보였다. 독립적 평가자의 직접 관찰에 의하면, CPRT 집단의 부모는 자녀와의 공감적 상호작용에서 통제적으로 유의미한 증가를 보였다. 또한 CPRT는 부모의 수용에서 통제적으로 유의미한 이득을 보고했고, 시간 경과에 따라 통제집단과 비교하여 부모-자녀 관계의 스트레스와 아동의 행동문제에서 통제적으로 유의미한 감소를 보고했다.
Carnes-Holt & Bratton (2014)	• N=61 2~10세 아동의 입양 또는 위탁-입양 부모, 지료 집단에 무작위 배정 • C=29 처치 없이 대기 • E=32 CPRT • CPRT 집단은 10회기 CPRT 훈련(주1회, 2시간)을 받음, 자녀와 7번의 놀이회기를 실시함(주1회, 30분).	입양 부모는 시간 경과에 따라 비지료 통제집단 아동과 비교했을 때, CPRT아동이 총 행동문제와 외현화 행동문제에서 통제적으로 유의미한 더 큰 개선을 보고했다. 또한 CPRT 집단의 입양 부모는 비지료 통제 집단의 입양 부모와 비교해서 지료 전과 후의 부모-자녀 관계 스트레스에서 통제적으로 유의미한 더 큰 감소를 보고했다.

Ceballos & Bratton (2010)	• N=48 행동문제가 있는 헤드스타트 아동이 히스패닉 이민자 부모, 치료 집단에 무작위 배정 • C=24 처치 없이 대기 • E=24 CPRT • CPRT 집단은 문화적으로 조정된 11회기 CPRT 훈련(주1회, 2시간)을 받음, 자녀와 7번의 놀이회기를 실시함(주1회, 30분), CPRT 교육과정을 번역하고 회기는 스페인어로 진행됨.	시간 경과에 따라 통제 집단과 비교할 때 CPRT 훈련을 받은 부모는 아동의 외현화 및 내재화 행동문제와 부모-자녀 관계 스트레스에서 통계적으로 유의미한 개선을 보고했다. CPRT는 모든 종속변수에 큰 치료 효과를 보였다. CPRT 집단의 아동 85%는 임상 또는 경계선 수준의 행동문제에서 정상 수준으로 이동했음. 부모 62%는 임상 수준의 양육 스트레스에서 정상적 기능으로 감소했다. 문화적인 것과 관련된 것을 고려하여 결과를 논의했다.
Chau & Landreth (1997)	• N=34 2~10세 아동의 중국 이민자 부모, 부모는 무작위와 부모의 일정에 따라 치료 집단에 배정 • C=16 처치 없이 대기 • E=18 CPRT • CPRT 집단은 10회기 CPRT 훈련(주1회, 2시간)을 받음, 자녀와 7번의 놀이회기를 실시함(주1회, 30분).	시간 경과에 따라 통제 집단과 비교했을 때 독립적 평가자의 적격 관찰에 의하면, CPRT 집단의 부모는 자녀와 공감적 상호작용에서 통계적으로 유의미한 증가를 보였다. 또한 치료 전과 후, CPRT 집단의 부모는 통계적으로 통제집단과 비교하여 부모의 수용에서 통계적으로 유의미한 증가와 부모-자녀 관계 스트레스에서 통계적으로 유의미한 감소를 보고했다.
Costas & Landreth (1999)	• N=26 5~9세 성적 학대를 당한 아동의 비가해 부모, 무작위와 지역에 따라 치료 집단에 배정 • C=12 처치 없이 대기 • E=14 CPRT • CPRT 집단은 10회기 CPRT 훈련(주1회, 2시간)을 받음, 자녀와 7번의 놀이회기를 실시함(주1회, 30분).	시간 경과에 따라 집단 간 차이를 나타냈다. 재관적인 평가자의 평가에 의하면, CPRT를 받은 부모는 자녀와의 공감적 상호작용과 자녀 수용에서 통계적으로 유의미한 효과를 보였고, 부모-자녀 관계 스트레스의 개선을 보였다. 통계적으로 유의미하지는 않지만, CPRT 훈련을 받은 부모는 아동의 행동문제, 불안, 정서적 적응, 자아 개념에서 뚜렷한 개선을 보고했다.

Glover & Landreth (2000)	• N=21 미국 서부 보호구역에 거주하는 3~10세 아동이 미국 원주민 부모, 보호구역의 지역에 따라 부모를 치료 집단에 배정 • C=10 처치 없이 대기 • E=11 CPRT • CPRT 집단은 10회기 CPRT 훈련(주1회, 2시간)을 받음, 자녀와 7번의 놀이회기를 실시함(주1회, 30분).	시간 경과에 따라 통제집단과 비교했을 때 독립적인 평가자이 놀이하기 직접 관찰에 의하면, CPRT 집단의 부모는 자녀와의 공감적 상호작용에서 통제적으로 유의미한 증가를 나타냈고, 아동은 부모와의 바람직한 놀이행동에서 통제적으로 유의미한 증가를 보였다(독립적인 평가자). 또한 통제적으로 유의미한 절에는 아니지만, CPRT 훈련을 받은 부모의 수용증가가 부모-자녀 관계에서 스트레스 감소를 보고했고, 아동은 자아 개념의 증가를 보고했다.
Harris & Landreth (1997)	• N=22 3~10세 아동의 수감된 어머니. 모의 수감 일정에 따라 주기 내에서 교사를 치료집단에 무작위 배정 • C=10 처치 없이 대기 • E=12 CPRT • CPRT 집단은 10회기 CPRT 훈련(주2회, 2시간)을 받음, 교도소에서 방문시간 동안 자녀와 7번의 놀이회기를 실시함(주2회, 30분).	시간 경과에 따라 통제집단과 비교했을 때 독립적인 평가자이 직접 관찰에 의하면, CPRT 집단의 부모는 자녀와의 공감적 상호작용에서 통제적으로 유의미한 증가를 나타냈고, 부모 수용에서 통제적으로 유의미한 효과를 보고했으며, 자녀의 행동문제에서 통제적으로 유의미한 감소를 보고했다.
Helker & Ray (2009)	• N=24 행동문제가 있는 위험군 유치원생(n=32)이 헤드스타트 교사(12쌍의 교사-보조교사), 무자위로 교사와 교사의 일정에 따라 교사를 치료집단에 배정 • C=12 (6쌍) 활성 대조군 • E=12 (6쌍) CTRT • CTRT 집단은 교사-적용10회기 CPRT 프로토콜과 8주(주 3회, 15분) 교실 내 코칭을 받음.	시간 경과에 따라 집단 간 차이를 나타냈다. CPRT 훈련을 받은 교사/보조교사는 통제적으로 유의미하게 교실에서 관계 형성적 기술을 더 많이 사용했고, CTRT 훈련을 받은 교사/보조교사의 교실에서의 더 많은 관계 사용과 학생의 외현화 행동 감소 간에 통제적으로 유의미한 관계가 있었다. 실험집단 아동은 활성 대조군의 아동과 비교하여 치료 전, 중간, 후의 외현화 문제가 통제적으로 유의미하게 감소하였다.

연구	대상 및 방법	결과
Jones, Rhine, & Bratton (2002)	• N=31 1년 과정이 또래 멘토링 과목에 등록한 고등학교 2, 3학년 학생, 무작위로 1학급은 CPRT 프로토콜에 참여하도록 하고, 다른 학급은 PAL이라고 불리는 전통적인 또래 돕기와 리더십 강좌에 배정(아동을 무작위로 치료집단에 배정) • C=15 PAL 강좌 • E=16 조정된 CPRT(1년 강좌 구조에 맞춤) • 양쪽 집단의 멘토 모두 수업 시간에 훈련을 받고, 교사들에 의해 위험군으로 식별된 아동(4~6세)과 약 20번의 놀이회기를 실시함(주 1회, 20분).	PAL 강좌에 참여한 고등학생 멘토와 비교하여 조정된 CPRT 프로토콜을 훈련과 매주 놀이치료의 직접적인 수퍼비전을 받은 멘토는 개관적인 평가자에 의하면, 아동과의 공감적 상호작용이 통계적으로 유의미하게 증가되었다. 부모의 보고에 의하면, CPRT 집단의 아동은 PAL 집단의 아동과 비교하여 치료 전과 후의 내재화 맞 총 행동문제에서 통계적으로 유의미한 감소를 나타냈다. 또한 CPRT 집단 아동의 부모는 자녀의 외현화 행동문제가 크게 향상되었다고 보고 했으나 집단 간에 차이는 통계적으로 유의미하지 않았다.
Kale & Landreth (1999)	• N=22 학습에 어려움을 보이는 5~10세 아동의 부모, 치료집단에 무작위 배정 • C=11 비지료 대기자 명단 • E=11 CPRT • CPRT 집단은 10회기 CPRT 훈련(주1회, 2시간)을 받음, 자녀와 7번의 놀이회기를 실시함(주1회, 30분).	결과에 따르면, 비지료 통제집단과 비교하여 CPRT 훈련을 받은 집단은 치료 전과 후에 통계적으로 유의미하게 부모 수용이 향상되었고, 부모-자녀 관계 스트레스는 감소했다. 통계적으로 유의미하지는 않지만, CPRT 훈련을 받은 부모는 통제집단과 비교하여 아동의 행동문제가 크게 개선되었다고 보고했다.
Kidron & Landreth (2010)	• N=27 4~11세의 자녀를 두고 있는 이스라엘 부모, 부모의 일정에 따라 치료집단 배정 • C=13 비지료 대기자 명단 • E=14 CPRT • CPRT 집단은 10회기 CPRT 훈련(주1회, 2시간)을 받음, 자녀와 7번의 놀이회기를 실시함(주1회, 30분).	통제집단 부모와 비교하여, CPRT 집단의 연구 내용을 알지 못하는 관찰자의 평가에 의하면, 치료 전과 후에 자녀와의 공감적 상호작용이 통계적으로 유의미하게 증가되었고, 시간 경과에 따라 통제집단과 비교하여 부모-자녀 관계 스트레스가 통계적으로 유의미하게 감소하였다고 보고했다. CPRT 부모는 포한 아동의 외현화 행동문제가 통계적으로 유의미하게 감소되었다고 보고했다.

Landreth & Lobaugh (1998)	• N=32 4~9세 아동의 수감된 아버지, 치료집단에 무작위 배정 • C=16 처치 없이 대기 • E=16 CPRT • CPRT 집단은 10회기 CPRT 훈련(주1회, 1.5시간)을 받음, 교도소에서 가족 방문 시간 동안 자녀와 8~10번의 놀이회기를 실시함.	시간 경과에 따라 통제집단과 비교했을 때, CPRT 집단의 아버지는 자녀에 대한 부모의 수용이 통계적으로 유의미하게 증가하였고 부모-자녀 관계 스트레스는 통계적으로 유의미하게 감소했다고 보고했다. 또한 CPRT 집단에 참여한 아버지의 자녀들은 치료 전과 후에 자존감이 통계적으로 유의미하게 증가되었다고 보고했다.
Lee & Landreth (2003)	• N=32 2~10세 아동의 한국 이민자 부모; 치료집단에 무작위 배정 • C=15 처치 없이 대기 • E=17 CPRT • CPRT 집단은 10회기 CPRT 훈련(주1회, 2시간)을 받음, 자녀와 7번의 놀이회기를 실시함(주1회, 30분).	시간 경과에 따라 집단 간 차이가 나타났다. 독립적인 평가자의 관찰에 의하면, CPRT 집단의 부모는 자녀와의 공감적 상호작용이 통계적으로 유의미하게 증가되었음을 나타냈고, 자녀에 대한 부모의 수용이 통계적으로 유의미하게 증가되었으며, 부모-자녀 관계 스트레스는 유의미하게 감소되었다고 보고했다.
Morrison & Bratton (2010)	• N=24 주요한 행동문제가 있는 위험군 유치원생이 해드 스타트 교사(12명의 교사-보조교사), 무작위와 교사의 일정에 따라 교사를 치료집단에 배정, 교사의 집단 배정에 따라 아동(n=52)을 치료집단에 배정 • C=12 (6쌍) 활성 대조군 • E=12 (6쌍) CTRT • CTRT 집단은 교사-적용 10회기 CPRT 프로토콜과 8주(주 3회, 15분) 교실 내 코칭을 받음.	교사의 보고에 의하면, CTRT에 참여한 교사의 아동은 활성 대조군에 비해 3번의 측정치에서 외현화 및 총 행동문제가 통계적으로 유의미하게 감소되었음을 나타냈다. 치료 효과가 큰 것으로 나타났다. 또한 CTRT는 활성 대조군에 비해 아동의 내재화 문제 행동을 감소하는 데 중간 정도의 치료 효과가 있었다. CTRT를 받은 아동의 84%는 임상 경계 선 수준의 행동문제에서 정상 기능 수준으로 이동했다.

연구	방법	결과
Sheely & Bratton (2010)	• N=23 행동문제가 있다고 식별된 헤드스타트 아동의 저소득층 아프리카계 미국 부모, 치료집단에 무작위 배정 • C=10 처치 없이 대기 • E=13 CPRT • CPRT 집단은 10회기 CPRT 훈련(주1회, 2시간)을 받음, 자녀와 7번의 놀이회기를 실시함(주1회, 30분).	결과에 따르면, 비지도 통제집단과 비교하여 CPRT 집단은 시간 경과에 따라 아동의 전반적인 행동문제와 부모-자녀 관계 스트레스가 통계적으로 유의미하게 향상되었다. 치료 효과는 컸다. 결과에 비추어 문화적인 고려를 논의했다.
D. M. Smith & Landreth (2004)	• N=24 청각장애와 난청이 있는 2~6세 아동이 교사, 아동의 나이로 동등한 집단을 구성하기 위해 증화 무작위로 치료집단 배정 • C=12 처치 없이 대기 • E=12 CPRT • CTRT 교사는 10회기 훈련에 참여함(주 1회, 15분)했고, 식별된 아동과 7번의 놀이회기를 실시함(주 1회, 30분).	시간 경과에 따라 집단 간 차이를 보였다. CPRT 집단이 아동의 행동문제와 사회정서적 기능에서 유의미하게 통계적으로 유의미한 개선을 보였다. 통제집단 교사와 비교하여 CPRT 훈련을 받은 교사는 학생과의 공감적 상호작용에서 통계적으로 유의미한 이득을 보였고(연구 내용을 알지 못하는 평가자의 직접 관찰에 의하면), 학생을 수용하는 데 통계적으로 유의미한 증가를 보고했다.
N. Smith & Landreth (2003)	• N=44 4~10세 아동, 가정폭력 목격 • E1=11 아동의 모 CPRT 참여 • E2=11 아동 개별 놀이치료 참여 • E3=11 아동 형제자매 집단 놀이치료 참여 • C=11 비지도 비교집단(E2 & C, Kot, Landreth, & Giordano, 1998; E3, Tyndall-Lind, Landreth, & Giordano, 2001) • CPRT 집단은 12회기(1.5시간), 2~3주 동안 CPRT 훈련을 받음. 자녀와 평균 7번의 놀이회기를 실시함(30분).	시간 경과에 따라 비지도 통제집단과 비교하여 CPRT 훈련을 받은 부모는 자녀의 행동문제가 통계적으로 유의미하게 감소되었다고 보고했다. CPRT 집단의 아동은 자존감이 자존되었다. 또한 CPRT 집단의 부모는 치료 전과 후에서 자녀와의 공감적 상호작용이 통계적으로 유의미하게 증가되었음을 보였다(연구 내용을 알지 못하는 평가자의 직접 관찰에 의한다). 지도집단에 따른 결과는 개인간에 통계적으로 유의미한 차이를 보였다.

Tew, Landreth, Joiner, & Solt (2002)	• N=23 만성질환으로 입원한 3~10세 아동의 부모, 부모의 일정에 따라 치료집단에 배정 • C=11 처치 없이 대기 • E=12 CPRT • CPRT 집단은 10회기 CPRT 훈련(1주 2시간)을 받음, 자녀와 7번의 놀이회기를 실시함(1주 30분).	통제 집단과 비교하여 CPRT 훈련을 받은 부모는 부모-자녀 관계 스트레스와 아동의 행동문제가 통제적으로 유의미하게 감소되었다고 보고했다. CPRT 훈련을 받은 부모는 또한 시간 경과에 따라 통제집단 부모와 비교하여 부모의 수용이 통제적으로 유의미하게 증가되었다고 보고했다.
Yuen, Landreth, & Baggerly (2002)	• N=35 3~10세 아동의 중국 이민자 부모, 치료 집단에 무작위 배정 • C=17 처치 없이 대기 • E=18 CPRT • CPRT 집단은 10회기 CPRT 훈련(1주 2시간)을 받음, 자녀와 7번의 놀이회기를 실시함(1주 30분).	시간 경과에 따라 집단 간에 차이가 나타났다. CPRT 집단의 부모는 독립적인 평가자의 직접 관찰을 통하여 자녀와의 공감적 상호작용이 유의미적으로 유의미하게 증가되었음을 나타냈다. 통제적으로 유의미한 집단 간의 결과는 또한 CPRT가 부모의 수용 증가, 부모-자녀 관계 스트레스 감소, 아동 행동문제 감소시키는 것으로 나타냈다.

주: 치료집단은 C=통제 또는 비교집단, E=실험집단으로 표기됨.

재현, 시사점, 결론

CPRT의 효능을 입증하는 많은 통제 결과 연구는 다양한 정서와 행동 문제를 보이는 아동의 치료로서 CPRT가 효과가 있음을 지지한다. CPRT는 정신건강 전문가의 슈퍼비전 아래 부모를 치료적 요원으로 배치하는 컨설팅 모델이다. CPRT에 대한 강한 경험적 지지는 부모가 자녀를 위해 효과적인 변화를 가져오는 주도자가 될 수 있다는 것을 나타낸다. 또한 메타분석 결과는 전통적인 놀이치료보다 부모가 놀이 치료 과정에 전적으로 참여할 때 치료 효과가 더 크다는 것을 보여 준다(Bratton et al., 2005). Landreth와 Bratton(2006)은 CPRT의 전반적인 성공과 효과에 매우 중요한 핵심 훈련 요소를 다음과 같이 제안했다.

- 치료 제공자는 CPRT 원칙과 기술을 먼저 훈련받고, 그 후 10회기 CPRT 치료 프로토콜 훈련과 슈퍼비전을 필수로 받기
- 부모는 매주 자녀와의 놀이 회기를 비디오로 녹화하고, CPRT 훈련을 받은 치료사에게 철저한 슈퍼비전을 필수로 받기
- 비디오로 녹화된 놀이 회기와 역할놀이를 집단 내에서 슈퍼비전을 제공함으로써 부모의 CPRT 기술 사용에 대해 지지와 피드백을 하도록 구조화하기

CPRT에 대한 강력한 연구 증거들은 내담자에게 윤리적인 책임이 있는 아동 치료사에게 시사하는 바가 크다. 미국의 모든 주요 정신건강 전문가 기관은 회원들에게 경험적 지지가 확립된 개입을 사용할 것을 촉구한다. 그러나 임상가는 그들의 임상 환경과 대상에 적용할 수 있는 증거기반 개입을 파악하는 데 종종 어려움을 겪는다. CPRT의 매뉴얼화된 프로토콜은 임상가와 연구자가 쉽게 재현할 수 있도록 도와준다. 연구 결과는 다양한 대상, 환경, 호소 문제에 대한 효과를 지지하고 있다. 따라서 CPRT를 다른 환경에서 다양한 임상군에

성공적으로 적용할 수 있음이 입증되었다. CPRT를 다른 문화에 적용할 때, 여러 소수 집단을 대상으로 한 연구에서 압도적으로 긍정적인 효과가 나타났다. 가족과 각 개인의 독특함에 초점을 두고 있어 문화적인 변수에 적절히 대응할 수 있었기 때문이다.

CPRT에 대한 경험적 지지는 특히 단기 치료와 단기 개입의 현 추세를 고려할 때 관리의료(managed care) 제공자와 임상가에게 던지는 시사점이 있다. CPRT는 부모의 참여를 증가시키고 경제적·시간적 제약을 감소하도록 고안되었다. 단기 및 집단 형태로 제공할 수 있으므로 임상가가 효과적인 돌봄을 제공할 수 있으면서 관리의료 조항에도 부합한다. 또한 CPRT로 부모를 훈련하는 것은 부모가 기술을 갖추어 그 기술을 자녀와의 일상적인 상호작용에 녹아나게 하고, 치료가 종결된 후에도 오랫동안 부모–자녀 상호작용의 어려움에 대응할 수 있도록 돕기 때문에 부모 훈련이 예방적인 기능을 한다고 말할 수 있다. 증거에 기반하여 아동 치료사는 현장에서 임상적으로 적절한 대상에게 CPRT를 실시하는 것을 적극적으로 고려해야 한다. 호소 문제, 부모 또는 아동의 특성상 CPRT보다는 훈련된 전문가와 놀이치료를 실시하거나 이 장의 사례예시처럼 보완된 CPRT를 실행하는 것이 더 나은 경우도 있다. 치료사가 치료 계획상 임상적 판단을 해야 할 때, '아동의 치료에 부모를 포함시킬 것인지'가 아니라 '언제 그리고 어느 정도까지 포함시킬 것인가'를 질문해야 한다.

CPRT 연구는 비교적 짧은 역사를 가지고 있지만 명확하게 정의된 대상과 목표 행동을 조사하고, 적절한 표본 크기로 무작위 대조시험을 사용하는 엄격한 방법론을 적용해 왔다. 앞으로 CPRT를 증거기반 치료로 인정하기 위해서는 독립적인 연구자가 잘 설계된 연구를 통해 이를 재현해야 한다. 그럼에도 불구하고 다양한 문제와 대상에 대한 CPRT 효과의 탄탄한 결과가 아동과 부모 모두에게 적절하다면, CPRT를 치료로 선택하는 것을 적극적으로 고려해야 한다고 제안한다.

▉‖ 참고문헌

Andronico, M. P., Fidler, J., Guerney, B, Jr., & Guerney, L. F. (1967). The combination of didactic and dynamic elements in filial therapy. *International Journal of Group Psychotherapy, 17*, 10-17.

Baggerly, J., & Landreth, G. L. (2001). Training children to help children: A new dimension in play therapy. *Peer Facilitator Quarterly, 18*(1), 6-14.

Bratton, S. C., & Landreth, G. L. (1995). Filial therapy with single parents: Effects on parental acceptance, empathy, and stress. *International Journal of Play Therapy, 4*(1), 61-80.

Bratton, S. C., Landreth, G. L., Kellam, T. L. T., & Blackard, S. (2006). *Child-Parent Relationship Therapy (CPRT) treatment manual: A 10-session filial therapy model for training parents.* New York, NY: Brunner-Routledge.

Bratton, S. C., Landreth, G. L., & Lin, Y.-W. D. (2010). Child parent relationship therapy: A review of controlled-outcome research. In J. N. Baggerly, D. C. Ray, & S. C. Bratton (Eds.), *Child-centered play therapy research: The evidence base for effective practice* (pp. 267-294). New York, NY: Wiley.

Bratton, S. C., Ray, D. C., Rhine, T., & Jones, L. D. (2005). The efficacy of play therapy with children: A meta-analytic review of treatment outcomes. *Professional Psychology: Research and Practice, 36*, 376-390. http://dx.doi.org/10.1037/0735-7028.36.4.376

Carnes-Holt, K., & Bratton, S. C. (2014). The efficacy of child parent relationship therapy for adopted children with attachment disruptions. *Journal of Counseling & Development, 92*, 328-337.

Ceballos, P. L., & Bratton, S. C. (2010). Empowering Latino families: Effects of a culturally responsive intervention for low-income immigrant Latino parents on children's behaviors and parental stress. *Psychology in the Schools, 47*, 761-775.

Chau, I., & Landreth, G. L. (1997). Filial therapy with Chinese parents: Effects on parental empathic interactions, parental acceptance of child and parental stress. *International Journal of Play Therapy, 6*(2), 75-92.

Costas, M., & Landreth, G. (1999). Filial therapy with nonoffending parents of children who have been sexually abused. *International Journal of Play Therapy, 8*(1), 43–66.

Glover, G. J., & Landreth, G. L. (2000). Filial therapy with Native Americans on the Flathead Reservation. *International Journal of Play Therapy, 9*(2), 57–80.

Guerney, B., Jr. (1964). Filial therapy: Description and rationale. *Journal of Consulting Psychology, 28*, 304–310. http://dx.doi.org/10.1037/h0041340

Guerney, L. (2000). Filial therapy into the 21st century. *International Journal of Play Therapy, 9*(2), 1–17. http://dx.doi.org/10.1037/h0089433

Harris, Z. L., & Landreth, G. L. (1997). Filial therapy with incarcerated mothers: A five-week model. *International Journal of Play Therapy, 6*(2), 53–73.

Helker, W. P., & Ray, D. (2009). The impact of child teacher relationship training on teachers' and aides' use of relationship–building skills and the effect on student classroom behavior. *International Journal of Play Therapy, 18*(2), 70–83.

Jones, L., Rhine, T., & Bratton, S. (2002). High school students as therapeutic agents with young children experiencing school adjustment difficulties: The effectiveness of a filial therapy training model. *International Journal of Play Therapy, 11*(2), 43–62.

Kale, A. L., & Landreth, G. L. (1999). Filial therapy with parents of children experiencing learning difficulties. *International Journal of Play Therapy, 8*(2), 35–56.

Kidron, M., & Landreth, G. (2010). Intensive child parent relationship therapy with Israeli parents in Israel. *International Journal of Play Therapy, 19*(2), 64–78.

Kot, S., Landreth, G. L., & Giordano, M. (1998). Intensive child–centered play therapy with child witnesses of domestic violence. *International Journal of Play Therapy, 7*(2), 17–36.

Landreth, G. L. (2012). *Play therapy: The art of the relationship* (3rd ed.). New York, NY: Brunner-Routledge.

Landreth, G. L., & Bratton, S. C. (2006). *Child Parent Relationship Therapy (CPRT): A 10-session filial therapy model.* New York, NY: Routledge.

Landreth, G. L., & Lobaugh, A. (1998). Filial therapy with incarcerated fathers: Effects on parental acceptance of child, parental stress, and child adjustment. *Journal of Counseling & Development, 76*, 157–165.

Lee, M., & Landreth, G. L. (2003). Filial therapy with immigrant Korean parents in the

United States. *International Journal of Play Therapy, 12*(2), 67-85.

Morrison, M. O., & Bratton, S. C. (2010). Preliminary investigation of an early mental health intervention for Head Start programs: Effects of child teacher relationship training on children's behavior problems. *Psychology in the Schools, 47*, 1003-1017.

Sheely, A. I., & Bratton, S. C. (2010). A strengths-based parenting intervention with low-income African American families. *Professional School Counseling, 13,* 175-183.

Smith, D. M., & Landreth, G. L. (2004). Filial therapy with teachers of deaf and hard of hearing preschool children. *International Journal of Play Therapy, 13*(1), 13-33.

Smith, N., & Landreth, G. L. (2003). Intensive filial therapy with child witnesses of domestic violence: A comparison with individual and sibling group play therapy. *International Journal for Play Therapy, 12*(1), 67-88.

Tew, K., Landreth, G. L., Joiner, K. D., & Solt, M. D. (2002). Filial therapy with parents of chronically ill children. *International Journal of Play Therapy, 11*(1), 79-100.

Tyndall-Lind, A., Landreth, G. L., & Giordano, M. A. (2001). Intensive group play therapy with children witnesses of domestic violence. *International Journal of Play Therapy, 10*(1), 53-83.

Yuen, T. C., Landreth, G. L., & Baggerly, J. (2002). Filial therapy with immigrant Chinese parents in Canada. *International Journal for Play Therapy, 11*(2), 63-90.

제**5**부

최종 논평

제13장
경험적으로 지지된 놀이치료의 미래 방향

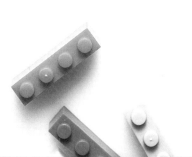

경험적으로 지지된 놀이치료의
미래 방향

Sue C. Bratton, Dee C. Ray

　　최근 아동 정신건강 관련 분야의 발전은 일차 의료기관(약물중독과 정신건강 서비스 관리, 2013)과 학교(전국학교심리학자협회, 2014)를 포함하여 일상 환경으로 서비스가 통합되어야 할 필요가 있음을 보여 준다. 통합적인 건강관리 서비스의 목적은 양질의 의료, 행동, 정신건강 서비스를 한 환경에서 제공하기 위함이다. 통합 건강관리 모델은 증거기반 평가와 치료를 활용하는 것을 포함하는 관리 책임의 절차에 초점을 맞추고 있다. 미국심리학회(American Psychological Association: APA), 미국상담학회(American Counseling Association: ACA), 전국사회복지사협회(National Association for Social Workers: NASW)를 포

http://dx.doi.org/10.1037/14730-014
Empirically Based Play Interventions for Children, Second Edition, L.A. Reddy, T. M. Files-Hall, and C. E. Schaefer (Editors)

함하여 미국의 주요 정신건강 전문 기관은 윤리적으로 연구 근거가 있는 치료를 사용하도록 회원들에게 요구해 왔다(ACA, 2014; APA, 2010; NASW, 2008). 건강 관리와 비용 통제의 분위기 속에서 아동 정신건강 영역은 치료 방법의 효과성을 보여 주는 경험적 근거가 필요조건임을 더욱 강조하고 있다. 결과적으로, 기관, 개별 임상가, 학교는 특정 아동장애에 개입할 때 그들의 치료를 지지해 줄 수 있는 증거기반 치료를 활용하라는 압박에 직면하고 있다.

놀이는 아동의 전체적인 발달에 중요하다고 알려졌고(Perry & Szalavitz, 2006; Russ & Niec, 2011), 아동들이 소통하고 그들의 세계를 이해할 수 있게 하는 수단(Landreth, 2012)임에도 불구하고, 현재의 치료 기준으로는 정신건강 개입에서 놀이를 사용하고자 하면 이를 지지할 증거가 입증되어야 한다. 1900년대 초반부터 정신건강 전문가들은 놀이의 발달, 치유적 특성 때문에 아동 치료에서 놀이의 가치를 인정해 왔다(Schaefer & Drewes, 2014). 1940년대 이래로 많은 연구 문헌이 놀이치료 개입의 효과성을 뒷받침해 주고 있다(Bratton & Ray, 2000; Bratton, Ray, Rhine, & Jones, 2005; Ray & Bratton, 2010). 놀이기반 개입에 관한 연구는 전통적인 놀이치료로부터 치료 과정에서 놀이가 필수적인 역할을 하는 개입으로까지 확장되어 왔다(Reddy, Files-Hall, & Schaefer, 2005; Russ & Niec, 2011). 지난 20년 동안, 아동 심리치료의 분야에서는 증거기반 치료(Evidence-Based Treatments: EBTs)와 실천을 강조하고(Chorpita et al., 2011; Kazdin & Weisz, 2003; Weisz & Kazdin, 2010), 아동 맞춤형 정신건강 서비스의 부족함에 초점을 맞춘[정신건강 대통령위원회(President's New Freedom Commission on Mental Health), 2003] 연구들이 급증했다. 아동 정신건강 서비스를 제공하는 중요한 문제에 대해 공적인 관심에도 불구하고, 치료를 받지 않는 아동의 수가 지속적으로 증가하고 있다[질병관리본부(Center for Disease Control: CDC), 2013; 미국 정신건강(Mental Health America: MHA), 2013]. 추정에 의하면, 최대 20%의 아동이 진단 가능한 정신건강 장애를 가지고 있으나(MHA, 2013) 이들 중 1/4 미만의 아동만이 적절한 도움을 받고 있는 것[전국빈곤아동지원센터(National Center for Children in Poverty: NCCP), 2014]으로 보고되었다. 이것은 아동의 발달적 요구에 상응하는 경험적으로 지지된 개입이 부족하다는 말로 설명할 수 있다(Bratton, 2010).

EBT는 연구에서 검증되고 유익한 효과의 증거가 있는 치료임을 나타내기 위해 폭넓게 사용되고 있는 반면(Weisz & Kazdin, 2010), 연구에서 지지된 놀이 개입은 구체적으로 **경험기반 놀이 개입**(Empirically Based Play Intervention: EBPI)이라고 부른다. 이 장의 목적은 이 분야의 연구, 실천, 옹호의 영역이 발전하도록 EBPI의 현재 상황에 대한 최신 정보와 권장사항을 제공하는 것이다.

현재 상황

이 책의 초판(Reddy et al., 2005)은 아동을 위한 경험적으로 지지된 놀이기반 개입에만 초점을 맞추었다. 이 획기적인 출판 이후, 많은 아동을 위한 EBT가 확인되고 전파되었지만, 그 개입들은 놀이기반 치료에는 거의 초점을 맞추지 않았다(Chorpita et al., 2011; Weisz & Kazdin, 2010). 정부 기관과 전문가 그룹은 아동기 장애를 위한 EBT 관련 정보를 보급하기 위해 웹사이트를 만들었는데[국립 교육 평가 지원센터(National Center for Education Evaluation: NCEE), 2014; 약물중독과 정신건강 서비스 관리(Substance Abuse and Mental Health Services Administration: SAMHSA), 2014; 아동 · 청소년 임상심리학회(Society of Clinical Child and Adolescent Psychology: SCCAP), 2014], 여전히 놀이기반 개입에 대한 정보는 잘 알려지지 않았다. Reddy 등(2005) 외에도 아동을 위한 EBT 관련 서적 중, 놀이 개입의 연구 근거에 대해 독점적으로 초점을 맞춘 서적은 단 두 권 뿐이다. Russ와 Niec(2011), 그리고 Baggerly, Ray와 Bratton(2010)의 책이 바로 그것이다. 지난 10년간, 저자들은 놀이치료 개입 연구를 논평하는 일에 헌신했다. 놀이치료는 제대로 된 과학적인 연구로 뒷받침되지 않는다는 비판(Baggerly & Bratton, 2010)에 대응하며, 다수의 메타분석 연구(Bratton et al., 2005; Lin & Bratton, 2015; Ray, Armstrong, Balkin, & Jayne, 2015)와 종합체계적 논평(Bratton, 2010; Bratton, Landreth, & Lin, 2010; Landreth, 2012; Ray, 2011; Ray & Bratton, 2010)을 내놓았다.

Bratton 등(2005)은 놀이치료 결과에 대해 가장 종합적인 메타분석을 실시했다. 여기에는 1953~2000년까지의 분석 목적에 따라 인본주의 및 비인본주의 (행동주의)로 구분된 93건의 연구가 포함된다. Bratton 등은 전반적인 효과크기(ES)를 .80 표준편차로 계산했는데, 치료 받은 아동이 통제그룹의 아동에 비해 표준편차의 2/3만큼의 개선을 보이는 것으로 나타났다. 연구자들은 내재화 (ES=.81), 외현화(ES=.79), 복합 문제(ES=.93)에 대해 중간부터 큰 수준의 효과 크기를 보고하였다. 또 인본주의 놀이치료(ES=.92)와 비인본주의 놀이치료 접근(ES=.71) 모두 효과적임이 나타났다. Lin과 Bratton(2015)은 아동중심 놀이치료(CCPT; 제3장 참조)를 사용한 52건의 통제 연구에 대한 종합적인 메타분석을 실시하였다. 계층적 선형 모델의 결과들은 CCPT 치료가 적절한 치료 효과가 있음을 드러내는 통계적으로 유의미한 효과크기(.47)를 보였다. Ray 등(2015)은 초등학교에서 실시된 CCPT의 효과성을 평가했던 23개의 통제 연구를 논평하였다. 메타분석 결과는 평균 차이 및 개선된 효과크기의 추정치에 대한 무작위 효과 모델을 활용하여 조사되었다. 그 결과, 외현화 문제(d=.34), 내재화 문제(d=.21), 전체 문제(d=.34), 자기 효율성(d=.29), 학습 발달(d=.36), 다른 행동(d=.38)에 통계적으로 유의미한 효과가 입증되었다.

우리는 2010년 이래로 출간된 놀이치료 연구에 대한 종합적인 리뷰 다섯 개를 찾아볼 수 있었다. Ray와 Bratton(2010)은 2000~2009년까지의 25건의 연구를 리뷰하였는데, 이 연구에서 놀이치료는 정신건강 전문가에 의해 실시되었으며, 실험 설계의 부분이 사용되었다. 저자들은 그들이 지난 60년간 놀이치료 연구에 대해 리뷰했던 이전의 연구(Bratton & Ray, 2000 참조)에 비해 21세기에는 방법론적인 엄격함과 연구의 생산성에서 상당한 이득이 있다고 밝혔다. Ray와 Bratton(2010)은 놀이치료 연구가 다양한 아동기 장애에 대한 개입을 지지하는 강력한 근거를 제시했다고 결론지었다. Bratton 등(2010)은 1995~2009년까지 진행된 부모-자녀 관계치료(CPRT; 12장 참조)의 통제 연구 32건을 종합적으로

리뷰했다. CPRT는 매뉴얼화된 10회기 부모-자녀 놀이치료(filial play therapy)의 모델이며, 양육자는 특별히 훈련된 놀이치료사의 직접적인 지도 아래 자녀와 매주 놀이 회기를 진행하게 된다. 대다수의 연구는 아동의 문제행동을 감소시키고, 부모-자녀 관계에서의 스트레스를 줄이며, 자녀에 대한 부모의 공감적인 행동을 증가시키는 데 통계적으로 유의미한 결과를 나타냈다.

Bratton(2010)은 1990~2009년까지 출간된 51건의 학교기반 놀이 개입의 결과 연구를 논평하였는데, 연구에서 정신건강 전문가들이나 특별히 훈련을 받거나 지도를 받은 보조 전문가들이 치료를 진행하였다. 조사연구의 대다수는 치료를 받지 않거나 대안치료를 받은 비교그룹에 비교하여 목표 행동이 통계적으로 유의미하게 개선되었음을 보고하였다. Bratton(2010)은 학교기반 놀이치료가 다양한 사회·정서·행동 문제로 고통스러워하는 아동을 치료하기 위한 효과적이고 접근이 용이한 초기 정신건강 개입을 제공하고 있다고 결론지었다.

Landreth(2012)와 Ray(2011)는 그들 각각의 CCPT 교과서에 종합적인 연구 논평을 포함하였다. Landreth는 CCPT나 CPRT 프로토콜, 통제그룹이나 비교그룹, 표준화된 측정도구를 사용한 1995~2010년까지 진행된 53건의 연구를 포함하였다. Ray는 1947~2010년까지 진행된 CCPT 프로토콜을 따르는 62건의 연구를 포함하였다. Landreth와 Ray는 각각 CCPT가 여러 가지 장애와 호소문제를 가진 다양한 아동을 위한 EBT로 고려될 수 있다고 판단하였다.

이 장의 목적에 따라 우리는 2000년 이래로 진행된 개별적인 통제 결과 연구를 리뷰하였는데, 놀이치료나 놀이에 근거한 치료 요소를 연구 변수로 포함한 111건의 연구를 찾아낼 수 있었다. 111건의 통제 결과 연구 중, 69건은 무작위 통제시험(Randomized Controlled Trials: RCTs)으로 분류되었다. 2000년 이후로 실시된 연구의 수는 인상적이었는데, 이는 지난 60년간의 총 연구 수를 초과하였다. 그리고 방법론적으로 엄격함이 상당히 증가하여서 근거의 신뢰성을 높였다. 게다가 실험연구 설계의 사용이 증가되었고, 프로토콜이 개발되었으며, 실행의 충실도 측정이 이루어졌고, 치료를 위한 훈련이 상세화되었다. 여러 가지

EBPI를 검토하면서 표준화된 평가와 객관적인 평가자, 다중정보 제공자 및 맹검 평가자의 활용은 엄격한 연구 절차 준수에 대한 추가적인 지표를 제공했다.

개별 연구와 메타분석, 체계적인 논평에서의 일관된 결과들은 여러 가지 다양한 사회 · 정서 · 행동 · 학습 문제를 호소하는 아동들, 특히 비놀이적 EBT에서 미미한 효과를 보이는 어린 아동들을 위한 치료적 놀이 개입의 효과성을 나타낸다(Weisz & Kazdin, 2010). 지난 10년간, 놀이 개입 연구자들은 놀이치료 연구(Bratton et al., 2005)와 놀이 개입(Files-Hall & Reddy, 2005)에 대한 비평가들의 도전에 대응해 왔는데, 여기에는 RCT와 치료 프로토콜 사용의 증가, 목표 행동에 대한 명확한 언급, 측정 가능한 결과에 대한 평가, 시간 제한적인 개입 초점, 다문화 대상군에 대한 적용, 변화의 매개자로서 부모의 참여, 실제 환경에서의 적용을 포함한다. 21세기에 EBPI의 지위는 분명히 높아졌다. 그러나 EBT의 기준을 충족하기 위해(아동 · 청소년임상심리학회, 2014) 이 장에서 언급한 여러 개입은 동료심사(peer review) 출간물에 게재하고 널리 보급할 수 있도록 잘 설계된 RCT를 증가시키는 것이 도움이 될 것이다. 현재의 경험기반 치료의 추가적인 한계점과 이 분야의 발전을 위한 제안을 다음에서 언급하고 있다.

미래 방향

놀이기반 치료의 분야는 연구, 실천, 옹호에 새로운 방향을 제시한다. 이 책과 출간된 연구들은 임상가와 대중에게 놀이 개입으로 도움을 받을 수 있는 아동과 아동기 장애의 어려움에 대한 깊이와 넓이를 인식하게 해 준다. 전반적으로, 드러난 결과들은 힘을 북돋아 준다. 그러나 논평들은 놀이치료의 연구자들과 옹호자들이 해결해야 할 과제가 있음을 알려 준다. 우리는 다음과 같은 권고를 제안한다.

• 증거기반 놀이치료를 확대하고 강화하기

- 치료에서 놀이의 역할을 정의하고 명시하기
- 놀이치료 결과의 매개자와 조절자를 검토하기
- 실천 환경에서 임상적으로 의미 있는 변화를 위해 근거를 확장하기
- 놀이치료의 요소로서 양육자 참여의 효과 검토하기
- 놀이 예방과 건강(wellness) 모델에 대한 연구 증가시키기
- 전문적이고 대중적인 인식을 위해 연구 결과 전파하기

증거기반 놀이치료를 확대하고 강화하기

연구자들은 치료적인 놀이 양식에 대한 증거의 기초를 계속해서 쌓아 나가야 한다. 운 좋게도 연구자들은 놀이치료가 증거기반 실천으로 인정받을 수 있는 데 필요한 철저한 연구설계와 방법론의 현재 기준을 설명하는 훌륭한 자료들을 접할 수 있다(Nathan & Gorman, 2007; Nezu & Nezu, 2008; Rubin & Ballamy, 2012; SCCAP, 2014). 연구의 엄격함을 평가하고 분류하는 다양한 체계가 있지만 Nathan과 Gorman(2007)은 심리사회적 연구에서 널리 사용되어 온 6단계 분류 체계를 제안했다. 유형 1 연구들은 가장 엄격하다고 여겨지는데, 무작위ㆍ전향적, 임상 실험(randomized, prospective, clinical trial)을 사용하며 엄격한 방법론을 고수한다(Nathan & Gorman, 2007). 이러한 연구들의 특징은 치료 프로토콜, 치료 성실성 확인표, 적극적인 통제와 비교 집단, 명확한 포함 및 제외 기준, 인정된 진단 방법, 맹검 측정, 적정한 표본 크기를 결정하기 위한 사전 검정력, 심리측정적으로 적절한 척도, 그리고 통계 방법의 명확한 서술을 사용한다.

RCT의 증가는 최근 놀이치료 연구에서 가장 두드러진 발전이다. 그러나 검토된 RCT의 대부분은 놀이치료의 효과를 대기자 통제 집단과 비교하였고, 치료를 진행하지 않은 것보다 치료를 시행할 때 효과가 월등하다고 결론지었다. 치료의 효과를 측정하기 위해 적극적 통제 또는 비교 집단 RCT를 설계하는 것은 주목 효과를 통제함으로써 EBPI의 근거를 확고하게 한다. 가장 강력한 설계는 EBPI와 확립된 아동 치료 프로토콜을 비교하는 것이다[Society of Clinical

Child and Adolescent Psychology(SCCAP), 2014]. 특히 교사나 부모들을 대상으로 측정할 때, 실험대상 치료와 비슷한 비교 치료 또는 위약(placebo) 실험과 비교하면 평가자들이 참여자들의 할당 집단에 대해 확실하게 모를 수 있다. 검토한 연구에서 맹검 측정을 활용한 EBPI가 소수인 것은 큰 약점이었다.

　프로토콜이나 매뉴얼을 사용하는 것은 임상가들과 연구자들이 치료를 그대로 재현하며 치료 성실성을 지키는 데 필수적인 요소이다. 놀이 개입 프로토콜의 개발이 눈에 띄게 증가하고 있다는 것은 좋은 소식이다. 하지만 프로토콜로 진행하게 되면 종종 치료에서의 놀이의 역할, 이론적 구조, 발달적 근거, 치료사의 훈련 요건 등과 같은 중요한 치료 요소들을 적절하게 설명하지 못하게 된다. 게다가 여러 치료를 검토할 때, 프로토콜을 잘 준수하고 있음을 보장하는 절차에 대한 설명이 없거나 확실하지 않다. 연구자들이 프로토콜 체크리스트를 사용하거나 프로토콜을 잘 알고 있는 객관적 평가자가 비디오 녹화 회기를 무작위로 검토하는 것 등과 같은 치료 과정을 성실하게 지킬 것을 권한다.

　지난 10여 년간, 놀이치료 연구에서 표준화된 측정도구를 사용하는 것은 개선되어 왔다. 그러나 결과에 대한 신뢰를 높이기 위해 연구자들이 심리측정적으로 적절한 측정도구를 일관성 있게 사용하는 것이 중요하다. 훌륭한 여러 자료는 아동 검사들이 다양한 표적 연구 결과에 적절하다고 설명한다(Files-Hall & Reddy, 2005; Gitlin-Weiner, Sandgrund, & Schaefer, 2000; Russ & Niec, 2011). 현재 EBPI 연구의 주요 한계점은 표적 연구 결과에 다양한 측정 자료를 사용하지 않는다는 것이다. 다양한 정보 제공원, 특히 잘 훈련된 맹검 평가자들을 활용하면 더 크게 결과를 신뢰할 수 있다. 하지만 목표 문제를 측정하는 데 신뢰할 수 있고 다양한 정보제공자(예: 부모, 교사, 독립적인 평가자의 직접 관찰, 아동의 자기보고) 양식을 포함하는 표준화된 측정도구의 사용 가능 여부에 따라 실제 수행에 한계가 있음을 아는 것이 중요하다.

　이 장에서 설명되었듯이, 개별적인 RCT는 다양한 표적 장애 및 결과에 대한 유익한 결과를 보여 준다. 그러나 재현 연구와 후속 연구가 눈에 띄게 적었다. 특정 대상에 대한 치료의 신뢰할 만한 증거를 제공하기 위해 연구자들은 잘 설계된 개입 연구를 가급적이면 독립적인 연구팀과 함께 재현해야 한다. 두 개의 유형 1 연구(Nathan & Gorman, 2007)에서 놀이치료의 유효한 효과를 입증하면, 그 치료는 목표하는 결과에 대한 증거기반 치료로 지명될 수 있다(Chorpita et al., 2011). 효과가 지속되는지 측정하기 위한 추적 연구들이 필요한데, 이는 참여자의 특성에 따른 적절한 치료 기간에 대한 유용한 정보를 제공할 수 있다. 장기 추적 연구를 통해 초기 놀이기반 개입이 장래에 발생할 문제를 예방할 수 있다는 전제를 시험해 볼 수도 있다.

전반적으로 놀이치료 연구는 학교 환경에서 풍성하게 진행되었고, 실제 상황에서 연구를 진행하는 증거기반 동향을 지지하는 사람들이 제시한 도전에 응답해 왔다(Kazdin & Weisz, 2003; Weisz & Kazdin, 2010). 하지만 보다 다양한 임상 환경에서 개입의 적용 가능성(transportability)을 탐구하기 위해 연구가 더 확대될 필요가 있다. 연구자들과 임상가들 간의 협력을 고무하는 것은 엄격한 연구를 실제 환경으로 확장하기 위한 한 가지 방법이다. 연구자들은 그들의 엄격한 방법론 경험을 나눌 수 있고, 임상가들은 내담자들의 임상적 필요와 실제 환경에서 연구를 진행하는 어려움에 대한 그들의 전문성을 나눌 수 있다.

놀이치료 실천과 연구는 다양한 분야의 전문가들(예: 아동 발달, 유아교육, 영유아 정신건강, 아동 심리학, 아동 상담, 소아 정신과, 부모 교육, 가족 연구, 신경과학, 아동 생활, 소아 약학, 아동 건강과 여가)이 서로 소통하고 협력하면서 유익을 얻는다. 여러 학문 간 협력을 통해 시도해 볼 수 있는 연구 방안은 무궁무진하다. 예를 들어, 심상기법이나 기능적 뇌 지도화를 사용하여 놀이 개입 연구자들과 의학 연구자들이 협력하여 아동, 특별히 초기 복합 외상후 스트레스 장애를 경험한 아동의 뇌에 놀이의 효과를 직접적으로 탐색할 수 있다(Gaskill & Perry, 2013). 아동 발달과 정신건강 훈련에서 놀이 연구자들은 양질의 놀이 행동과 치료 결과 사이의 다양한 유형 간의 관계를 탐색하는 연구를 설계하기 위해 협력할 수 있다. 또한 협력을 통해 단일 환경에서 건강 서비스를 통합하고, 아동에게 전체적인(holistic) 접근을 할 수 있게 해 준다.

치료에서 놀이의 역할을 정의하고 명시하기

아동의 인생과 아동 치료에서 놀이의 역할은 논란이 많다. 이 장에서는 다른 최근의 문헌들(Brown & Vaughn, 2009; Elkind, 2007; Gaskill & Perry, 2013; Russ & Niec, 2011)뿐만 아니라, 놀이의 중요성과 아동 발달과 정신건강 요인 간의 관계를 강조한다. 그러나 Smith(2010)는 "현재 문화는 '놀이의 기능적 중요성에 대해 강력하고 전폭적인 주장, 즉 적절한 (인간) 발달에 필수적'이라는 '놀이 정신(play ethos)' 하에서 운영된다"(p. 28)고 말했다. Smith는 정확성과 경험적 근거가 부족하다는 가정 때문에 놀이 정신을 수용하는 데 의문을 가졌지만, 다른 이들은 아동 놀이와 두뇌 발달 그리고 전반적인 기능(예: 자기통제, 정서 표현, 인지 발달, 대인관계) 간의 연관성을 지지하는 연구를 강조하였다.

아동 발달과 정신건강에서 놀이의 역할에 대한 연구는 결정적이지 않기 때문에 치료적 개입에서 놀이의 역할이 명확하지 않다는 주장 또한 타당하다. 치료에서 놀이의 기능을 논의하는 어떠한 시도를 할 때에는 '놀이란 무엇인가?'라는 필수적인 질문을 먼저 다루어야만 한다. 문헌들은 놀이가 자발적이고, 본질적으로 동기부여적이며, 만족스럽고, 유연하며, 목표 또는 즉각적인 목적이 없는 것이라는 사실에 전반적으로 동의한다(Gaskill & Perry, 2013; Krasnor & Pepler, 1980; Landreth, 2012). 치료에 놀이 재료를 포함한다고 해서 놀이의 주요 요소들이 존재하는지 확신할 수는 없다. Gaskill과 Perry(2013)에 따르면, 아동의 놀이 욕구와 치료사의 놀이 활동 선택이 잘 맞지 않았을 때 치료 과정은 훼손된다(예: 상호작용이 아동에게 자발적이거나 본질적으로 동기부여적이거나 만족스럽지 않을 수 있다.).

놀이에 대한 과거 문헌이나 현재의 문헌을 살펴보면, Ray(2011)는 치료로서의 놀이는 여섯 가지 기능이 있다고 말했다. 재미, 상징적 표현, 정화 효과, 사회성 발달, 기술 습득 그리고 에너지 분출이다. Ray는 아동이 치료 중에 그들의 독특한 필요에 따라 놀이를 다양한 목적을 위해 활용한다고 강조했다. 아동의 정신건강 치료는 종종 아동과 소통하기 위한 방식으로 놀이를 통합한다. 정신건강 영역에서 놀이는 아동들이 소통하는 자연스러운 방법이라는 사실에 동의하는 듯하지만, 많은 연구에서 치료에 활용된 놀이의 범위와 목적이 불명확하다. CCPT 문헌(Landreth, 2012; Ray, 2011)은 치료사와 아동이 관계를 형성하며 소통하기 위한 도구로 놀이를 설명한다. Knell(2009)에 따르면, 인지행동치료는 아동을 모델링 또는 교육하기 위해 발달적으로 적절한 도구로써 놀이를 사용한다. 전통적으로 놀이를 치료의 한 요소로 포함하고 있는 개입[에: 인크레더블 이어스(IY), 부모—아동 상호작용치료(PCIT); 제7, 8장 참조]에서는 놀이 기능의 특수성이 부족하다. 최근 개입들은 전통적으로 언어적인 의사소통 방식에 의존하고 있는 EBT에 놀이를 통합하고 있지만(트라우마중심 인지행동치료; 제5장 참조), 연구자들은 이러한 개입에서 놀이의 역할에 대해 더 명확하게 말하지 못하고 있다.

정신건강 치료에서 공통적인 요인 중 한 가지는 치료 결과에서 고립된 변수로 놀이를 연구하지 않는다는 것이다. Russ와 Niec(2011)는 임상기반 실천의 결과에서 놀이의 효과에 대한 인식 부족을 강조했다. 연구자들은 정서·행동적 변화에서의 놀이의 역할을 이해하기 위해 놀이를 치료의 구성 요소로서 분리하지 않고 있다. 연구자들이 이론적으로나 경험적으로 놀이의 사용을 지원하기를 권한다. 첫 번째로, 놀이치료, 놀이기반 치료 그리고 놀이 요소가 통합된 개입을 위해서는 놀이의 역할과 이유가 분명해야 한다. 치료를 온전하게 진행하기 위해 임상가들은 왜 놀이가 사용되고, 개입에서 어떤 역할을 하는지에 대해 이해하고 있어야 한다. 또한 이론은 연구 설계를 주도하는데, 이러한 이유로 통계적으로 변수를 탐색하기 위해서는 그 사용에 대한 합리적인 이유가 있어야 한다. 더 나아가, 놀이는 치료의 다른 요소와 연결 혹은 분리되어 연구될 필요가 있다. Jent, Niec와 Baker(2011)는 놀이를 치료에 포함시킬 때 다음의 사항을 고려하도록 장려했다. 치료 프로그램의 목적에는 놀이가 적절한지, 놀이가 프로그램의 대상 아동 연령에 맞는지, 치료에서 변화를 가져올 수 있는 기제(놀이의 치료적 힘; Schaefer & Drewes, 2014 참조), 그리고 그러한 기제와 놀이 간의 경험적 연관성(놀이가 결과에 어떤 영향을 주는가?)을 확인해야 한다.

놀이치료 결과의 매개자와 조절자를 검토하기

연구자들은 치료 결과의 강도에 영향을 미치는 변수를 조사해야 한다. 가능한 관련 변수에는 치료 관계, 치료사 훈련, 놀이의 양과 유형, 치료 강도와 기간, 부모의 참여를 포함한다. 놀이가 어떻게 변화의 기제로 작동하는지 탐색하는 예를 활용하기 위해 연구 설계는 먼저 타당하고 신뢰할 수 있는 방법으로 해당 구성 요소를 측정하는 치료 요소와 과정을 정의해야 한다. 일반적으로 매개와 조절 변수의 탐색과 인식을 통해 이 목표가 충족된다. 조절자(moderator)는 변화가 일어나는 정도에 영향을 미치는 특성을 가지며, 매개자(mediator)는 변화가 일어나는 과정을 의미한다(Kazdin & Nock, 2003). 조절과 매개 변수에 대해 연구하는 목적은 치료의 기초가 되는 이론을 시험하고 효과적인 치료 활동을 규명하기 위함이다(MacKinnon, Lockhart, Baraldi, & Gelfand, 2013). 놀이치료의 목적을 위해 상징 놀이에서의 연령과 참여 간의 상관 관계(조절) 또는 놀이 빈도가 결과에 미치는 영향(매개)과 같은 관계들을 이해하는 것은 치료에서 놀이의 역할을 이해하는 데 필수적이다.

이 점을 명확히 하기 위해 매개변수로서의 놀이를 연구하는 것이 놀이기반 중재의 미래에 어떻게 도움이 될 수 있는지에 대한 예는 다음과 같다. PCIT (McNeil & Hembree-Kigin, 2011)에는 부모에게 아동주도 상호작용과 부모주도 상호작용을 교육하고 코칭하는 여러 가지 치료 요소가 있다. 특정 놀이의 상호작용을 가능하게 하기 위한 부모 훈련은 교육 요소에 해당되고, 무전기를 활용하여, 놀이 상호작용 중 자녀에게 어떻게 반응해야 하는지를 지도하는 것은 코칭 요소에 해당된다. 매개 변수로서의 놀이를 연구하는 것은 아동의 파괴적 행동에 대해 놀이를 할 때와 하지 않을 때의 관계를 비교하는 것을 포함한다. 설계의 유형에 따라 연구자들은 치료에서의 치료적 요인으로 놀이 변수를 분리할 수 있다. 놀이 연구자들은 결과, 아동의 특성, 가족의 특성 및 치료적 관계에서의 놀이 및 기타 매개자를 탐구하는 연구를 설계할 것을 권장한다. 복잡한 연구 설계가 많아지면서 아동 치료에서 놀이에 대한 중요성을 지지하는 이론적이고 경험적인 근거를 쌓아 가는 데 도움이 될 것이다.

실천 환경에서 임상적으로 의미 있는 변화를 위해 근거를 확장하기

증거기반 운동과 같은 맥락으로 특정 증상이나 진단에 대해 어떤 개입을 연결해야 하는가를 학자들은 계속 강조해 오고 있다. 이런 실천은 임상가가 경험적으로 지지된 치료법을 사용하는 데 도움이 되지만, 문제는 여러 가지 내적·상황적인 장애물에 의해 어려움을 겪고 있는 아동들에게 EBT를 실제로 어떻게 적용하는지에 관한 것이다. 치료를 받는 아동들의 다수는 한 가지 문제나 진단만을 가지고 있지 않으며(Angold, Costello, Farmer, Burns, & Erkanli, 1999), 우울증과 품행장애를 동시에 진단받는 등 매우 다르게 보이는 증상들을 동시에 가지고 있는 경우가 있다(Weisz & Kazdin, 2010). 미취학 아동들의 장애를 살펴볼 때, Egger와 Angold(2006)는 2~5세까지의 아동들에게 정신장애의 동반장애 위험성이 매년 1.6배씩 증가하고 있다는 것을 알아냈다. 그들은 동반장애가 미취학 아동과 학령기 아동들의 정신장애의 주요 특징으로 보인다고 결론지었다. 복잡하고 다양한 상황과 행동 증상을 보이는 아동들을 위해 동반장애를 치료하기 위한 효과적인 개입을 연구할 필요가 있다. 또한 후속 및 다중 장애를 예방하기 위해 Copeland 등(2013)은 아동들을 위한 예방과 개입 프로그램들이 유전적인 위험과 환경 노출 등을 포함하는 다양한 요소에 초점을 맞추어야 한다고 제안했다.

모든 진단 장애의 주요 구성 요소인 손상(impairment)의 개념은 아동이 진단 받은 장애 또는 행동 증상이 그 아동 및 그 아동과 접촉한 사람들에게 미치는 영향을 나타낸다. 치료의 '실제 상황'에서 아동의 손상은 도움이 필요한 아동에게 성인들이 정신건강 서비스를 제공할 수 있는 중요한 시발점이 된다(Angold et al., 1999). Ray, Stulmaker, Lee와 Silverman(2013)은 CCPT의 초점으로써 손상의 구조를 연구했다. 그들은 손상이 특정 진단 연구보다는 놀이치료 개입 연구에서 더 생산적인 결과를 가질 수 있다고 주장했다. 우리는 놀이기반 치료의 연구자들이 실제 아동 치료의 복잡함을 망라하는 광범위한 결과의 정의에 치료와 연구 설계를 맞추는 것에서 도움을 받을 수 있을 것이라고 제안한다. 놀이 연구자들은 증거기반 실천의 기준을 충족시키면서 아동의 전체적인 기능에 대한 개입의 효과를 고려해야 한다.

놀이치료의 요소로서 양육자 참여의 효과 검토하기

신경생물학의 최근 문헌들은 안정적인 애착 관계를 조성하기 위해 아동의 체계 내에서 작업하는 것은 특히 어린 아동들에게는 치료 과정에서 필수적인 요소임을 강조한다(Gaskill & Perry, 2013; Siegel & Bryson, 2011). 아동 발달상 필요성의 본질과 그들이 살고 있는 부모나 환경에 대한 의존성을 감안할 때, 치료 결과를 향상시키기 위해 양육자(예: 부모, 교사)를 치료에 참여시키는 것은 합당해 보인다. 놀이치료 연구에 대한 메타분석과 체계적인 비평은 이런 관점을 지지한다. 즉, 부모나 다른 양육자가 참여할 때 치료는 더 나은 결과를 가져왔다. 가장 확실한 증거기반을 가진 다섯 가지 EBPI 중 네 가지(PCIT, CPRT, IY, 아동-부모 심리치료)는 변화 과정을 위한 주요 구성요소로 부모의 완전한 참여를 요구한다. 전반적으로 엄격한 연구를 통해 얻은 결과들은 양육자가 놀이 개입을 진행하는 것이 아동의 행동과 양육자와 아동의 관계, 그리고 양육자에게 긍정적인 변화를 촉진한다는 것을 보여 주었다. 그러나 어떤 경우에는 양육자가 주요 치료 대리자로 진행되는 치료에 아동과 양육자가 잘 맞지 않거나 양육자가 시간을 투자할 수 없는 상황에 있거나 내켜하지 않기도 한다.

치료 과정에 양육자가 참여하는 것에 대한 강력한 지지에도 불구하고, 놀이 개입에서 양육자의 참여가 치료 결과에 어떤 매개 역할을 하는지를 조사한 연구가 거의 없다. 이 장에서의 살펴본 몇몇 개입은 부모의 참여에 대해 언급했지만 치료에서 부모의 역할은 종종 불명확했다. 우리는 다양한 부모의 참여 정도를 명시하는 EBPI 프로토콜을 개발할 것을 제안한다. 그러면 연구자들은 부모가 참여할 때와 참여하지 않을 때 치료의 결과를 비교할 수 있을 것이다. 예를 들어, CCPT를 기반으로 EBPI의 구성요소로서 부모참여의 효과를 연구할 때, 부모가 참여하지 않는 CCPT를 매주 50분 진행하는 것과 30분간 CCPT를 진행하면서 20분간 부모 참여 요소(예: 자문, 기술 훈련, 정서 지지)를 진행한 사례를 비교하여 연구할 수 있을 것이다. 결과의 매개 요소로 부모 참여 유형을 연구하기 위해 연구자들은 구조화되지 않은 부모 지지 요소를 부모 요소와 비교할 수 있다. 부모 지지 요소는 부모가 놀이기반 기술을 배워 특별놀이 시간 동안 집에서 자녀와 연습하는 것을 의미한다. 프로토콜에는 양육자의 역할, 치료사의 역할(예: 코치, 교사, 훈련자, 감독), 부모 참여의 시기와 기간, 부모 요소에서의 놀이의 역할, 양육자와 치료사의 성실성 체크, 그리고 양육자 요소가 아동에게 전달되는 환경(클리닉, 집 또는 학교) 같은 것들을 명시해야만 한다. 결과에 대한 매개 요소로 훈련을 전달하는 방법(예: 무전기 활용, 영상녹화나 현장 슈퍼비전, 책이나 DVD 자료를 통한 과제, 집단 또는 개별 형식)은 연구가 필요한 또 다른 영역이다.

놀이 예방과 건강 모델에 대한 연구 증가시키기

EBT 운동은 연구들이 주로 부적응적인 행동과 아동기 장애에 초점을 맞추도록 영향을 미쳤다. 아동 발달과 신경생물학 분야의 연구는 놀이가 아동의 정상적인 발달과 전반적인 건강을 촉진하는 데 특별히 적합하다는 것을 보여 준다 (Gaskill & Perry, 2013; Perry & Szalavitz, 2006; Russ & Niec, 2011). 건강(wellness)과 예방적인 관점에서 놀이 개입이 아동의 전체적인 발달과 적응 기능에 긍정적으로 영향을 미치는지에 대한 연구가 필요하다. 이 장에서 검토된 몇몇 연구자는 예방에 초점을 맞추고 있지만, 건강중심 놀이 개입의 영향에 대한 연구는 아직 간과되고 있는 연구 분야이다. 많은 아동이 매일 접근하는 학교나 유치원, 여름 캠프와 같은 환경에서 예방적 모델을 연구할 것을 권장한다.

놀이기반 건강 모델을 연구할 때 어려운 점은 창의성, 문제 해결력, 자기조절력과 같은 아동의 적응적인 기능과 강점을 측정할 적절한 도구가 부족하다는 점이다. Files-Hall과 Reddy(2005)는 심리측정학적으로 적절한 아동 측정에 대한 종합적인 검토에서 몇몇 강점기반 검사들을 찾아냈으며, Gitlin-Weiner 등(2000), Russ와 Niec(2011)는 적응 기능에 초점을 둔 여러 가지 놀이기반 평가에 대한 설명을 제공했다.

예방 놀이 프로그램을 확대하는 데 또 다른 어려움은 자원의 부족인데, 특별히 아동의 정신건강의 필요에 대응하도록 훈련된 전문가의 수가 부족하다. 주요한 정신건강 문제를 가진 미국 아동의 4분의 1 미만만이 적절한 서비스를 받았다는 추정(MHA, 2013; NCCP, 2014)에 비추어 볼 때, 아동의 정신건강 증진을 위한 놀이치료의 사용을 확대하기 위해 창조적인 해결책이 필요하다. 한 가지 해결책은 훈련된 치료 대리자(비정신건강 전문가)를 활용하여 서비스를 제공하고 놀이를 아동의 일상 활동에 통합시키는 것이다. 이 접근의 효과성을 연구하는 연구자들은 아동의 정신건강의 필요와 대리자의 이전 경험에 따라 훈련 및 지속적인 슈퍼비전의 요건을 분명히 명시하고, 프로그램에 참여하는 아동의 선별 기준을 설명하는 프로토콜을 개발하도록 주의를 기울여야 한다. 놀이기반 건강 프로그램에 치료 대리자나 다른 보조 전문가를 활용하는 것은 과중한 부담을 안고 있는 국가의 아동 정신건강 관리 시스템에 상당한 영향을 줄 가능성이 있다. 특별한 훈련을 받은 아동 정신건강 전문가 한 명은 수많은 치료 대리자(예: 부모, 교사, 언어치료사, 보건교사, 작업치료사, 멘토)를 훈련시키고 감독할 수 있으며, 그로 인해 예방 서비스를 받는 아동들의 수가 증가될 수 있다. 다양한 치료 대리자를 포함하는 모델로 인해 더 많은 아동이 도움을 받는 것뿐만 아니라, 최전선에서 다른 서비스를 제공하는 사람들과 양육자들은 문제가 더 심각해지기 전에 전문적인 치료가 필요한 초기 증상의 정도를 파악할 수 있다. 조기에 적절한 의뢰가 이루어진다면 아동 정신건강 치료 분야가 겪고 있는 현재의 위기에서 격차를 줄일 수 있는 방법이 될 수도 있다.

전문적이고 대중적인 인식을 위해 연구 결과 전파하기

정신건강 치료를 현장에서 널리 사용하기 위해서는 내담자, 제3의 비용 지불인, 지역사회 기관에 자금을 제공하는 공공 및 민간 단체를 포함한 서비스 비용 지불인이나 실무자들이 이를 효과적이라고 인식해야 한다. 현재의 EBT 시대에는 강력한 경험적 기반은 흔히 치료가 널리 수용되고 사용되는 통로로 간주된다. 현실적으로, 특정 치료에서 임상가의 교육과 훈련, 그들이 내담자들에게 개입을 적용하여 임상적으로 성공하는 것 등을 포함하는 다른 요소들 또한 효과에 영향을 미친다.

EBPI에 대한 너른 인식과 관련된 또 다른 이슈는 기존의 연구 결과를 여러 학문 분야의 전문가들에게 배포할 필요가 있다는 것이다. 놀이치료(O'Connor & Braverman, 2009; Schaefer, 2011)와 놀이 개입(Reddy, 2012; Reddy et al., 2005)에만 초점을 맞춘 교과서 외에 이 책에서 검토한 대다수의 EBPI는 증거중심 아동 치료 관련 문헌에서 누락되어 있다는 점은 주목할 만하다. 예를 들어, 아동을 위한 EBT(Kazdin & Weisz, 2003; Weisz & Kazdin, 2010) 및 개입 전문가들(Russ & Niec, 2011)을 위해 당국이 작성한 근래의 문헌을 검토한 자료에서 우리는 인본주의 원칙에 입각한 놀이치료 개입의 경험적인 지지에 대한 언급이 없다는 것을 발견했다. Weisz와 Kazdin(2010)은 그들의 문헌 연구에서 특히 '정신역동, 내담자중심, 인본주의'(p. 560)로 특징짓는 비행동적인 치료 모델이 거의 없다고 언급했다. 그러나 CCPT(제3장 참조)와 CPRT(제12장 참조)에 대한 이 책의 이전 장을 보면 분명하게 알 수 있듯이, 두 치료는 모두 인간중심 이론의 원리에 근거하는데, 이러한 개입은 견고한 실험 연구의 기반에 의해 뒷받침된 것이다. 기존의 놀이치료와 놀이 개입 연구에 대한 인식의 부족은 이해하기 어려운 일이며, 이는 놀이 개입 연구자와 옹호자들에게 엄격한 연구물이 증가하는 것 이상의 도전이 있음을 의미한다.

이 어려움에 대응하기 위해 우리는 먼저 문제의 성격과 영역을 이해해야 한다. 한 가지 방법은 주요 정신건강 전문 협회의 구성원들을 조사하여 정보를

알아보는 것이다. 정보에는 실무자, 학자, 연구자들의 놀이 개입 사용 여부, 특
정 놀이치료 모델에 대한 기존의 경험적 증거에 기초한 지식, 대학원 과정과
졸업 후 훈련 과정에 EBPI에 대한 교육 및 훈련 등이 포함된다. 특히 응답자들
은 아동발달에서 놀이의 역할에 대한 지식, 놀이치료 개입 훈련과 슈퍼비전 하
에서의 임상 진행 경험에 대한 내용을 알아야 한다. 실제 또는 연구에서 놀이
개입의 사용은 소속 기관, 학위 프로그램 분야, 학위, 이론적 오리엔테이션, 훈
련 및 경험의 깊이에 따라 다른가? 이런 변수들과 응답자들이 놀이치료나 개입
의 경험적 근거에 대한 인식은 어떤 관계가 있는가? 위의 질문에 대한 대답은
우리에게 다음과 같은 활동을 제안해 준다.

연구자들과 학자들이 연구 결과물을 다른 학문 분야로 널리 알리기 위해서
학회 발표, 동료심사 학술지, 전문 학회지, 뉴스레터 등을 통해 공격적인 역할
을 하는 것이 중요하다. 특정한 기준을 충족하는 EBPI의 경우, 학자들은 약물
중독과 정신건강 서비스 관리, 아동·청소년 임상심리학회, 국립 교육 평가 지
원센터와 같은 단체에 문서화된 연구 결과물을 제출하여 해당 웹사이트에 증
거기반 치료 목록에 포함되도록 평가받을 수 있다. 이 글에 포함된 인상적인
데이터로 무장한 놀이 개입 옹호자들은 아동 치료에서 놀이 사용을 뒷받침하
는 견고한 연구 근거들에 대해 목소리를 내야 한다.

그다음으로 놀이와 놀이 개입의 지위를 향상시키려는 노력은 관련 학문 분
야(예: 아동 발달, 유아교육, 영유아 정신건강, 아동 심리학, 아동 상담, 소아 정신의
학, 부모교육, 가족학, 소아의학, 신경과학, 아동생활)의 학자들과 실무자들 간의
소통과 협력 증대를 통해 도움을 받을 수 있다. 놀이 개입 연구자들과 지도자
들, 옹호자들이 연구 결과들을 공유하고 협력하고 전파하기 위한 목적을 가지
고 다학문적 심포지엄을 개최하는 것도 한 가지 방법일 것이다. 이러한 활동들
은 다양한 학문 분야로부터의 연구 발표나, 다학문적 토론을 통해 EBPI에 대한
인식 증진을 도모하기 위한 아이디어를 나누거나, 문제를 고심하고 해결책을
제안하는 것을 포함한다. 이를 통해 아동의 전체적인 발달에서 놀이의 중요성
에 대한 다양한 관점을 요약한 학문 간 백서가 나올 수 있고, 아동의 건강과 웰

빙에 대한 놀이의 유익하고 예방적인 치료 효과의 다학문적 연구 근거를 얻을 수 있을 것이다. 이런 종류의 백서는 전문 기관의 소식지나 웹사이트에 배포되는 기사의 근거로 사용되거나 소비자나 언론, 미디어(예: 부모 잡지, TV광고, 방송 뉴스)나 아동 관련 서비스 및 연구기금을 제공하는 재단과 같은 다른 단체에 배포될 정보 전단의 기초로 사용될 수 있다.

놀이치료 옹호자들 간의 협력을 증진하기 위한 또 한 가지 전략은 주요 정신건강 관련 단체(예: 미국심리학회, 미국상담학회, 미국 사회복지사협회, 미국 부부·가족치료협회) 내에 인터넷 네트워크를 만드는 것이다. 이런 네트워크들은 연구를 공유하고 다학문 간 연합을 구축하는 데 좋은 기회를 제공할 것이다. 놀이치료 실천에만 독점적으로 초점을 맞추는 유일한 정신건강 전문 협회인 놀이치료 협회는 놀이와 놀이 개입 학자들을 함께 불러 모아 다학문 간 협력과 연구라는 장기적 목표를 가지고 놀이 옹호자들과 연구자들의 다양한 집단을 만드는 것을 통해 구성원의 범위를 확장시킬 수 있을 것이다.

개별 놀이치료사와 놀이기반 단체들이 놀이치료 실천과 놀이기반 개입에 대한 증거들을 알릴 필요가 있다. 간략한 설명, 정의, 연구 결과에 대한 일반적인 설명 등은 부모, 법원, 입법자 그리고 지원 기관들에 직접적으로 배포할 수 있다. 개별 놀이치료사가 임상 환경을 구축하기 위해 다른 이들과 소통하는 것과 같이, 그들의 지역사회에서 놀이의 활용을 위한 대중적인 지지 네트워크를 만들어 갈 수 있다.

결론
· · · · ·

정신건강 치료에서 놀이의 사용은 100년 훨씬 이전으로 거슬러 올라가지만 놀이치료 개입은 과학적 근거의 부족으로 비판을 받아 왔다(Baggerly & Bratton, 2010; Bratton et al., 2005; Russ & Niec, 2011). 이 책은 아동 정신건강 분야에서 가장 경험적으로 지지되는 놀이기반 개입들을 집대성하면서 이 신화를 반박했다. 아동의 정상 발달에 방해가 되는 다양한 아동기 장애를 치료하기 위한 놀이기반 접근의 유용성을 증명하기 위한 작업에 상당한 진전이 있었다. 특히 EBPI는 사회기술과 사회적응, 자기 개념, 언어 및 학업 성취, 외상 증상, 내재화 문제, 기능적 손상, 양육자-아동 관계 그리고 ADHD 증상, 공격성, 품행 문제, 파괴적 행동을 포함한 다양한 외현화 행동 문제에 유익한 결과를 보여 준다. 이 책은 놀이의 발달적이고 치유적인 특성을 옹호하는 아동 치료자, 교육자, 연구자, 그리고 학자에게 매우 필요하고 시기적절한 자원이 된다. 치료적인 놀이 개입은 초기 정신건강 서비스의 부족(MHA, 2013; NCCP, 2014)과 어린 아동들에게 적용할 수 있는 확립된 치료법의 결핍(SCCAP, 2014; Weisz & Kazdin, 2010)을 해소할 수 있는 실행 가능한 해결책을 제공한다. 놀이 개입에 대한 경험적 지지를 제공하는 데 헌신된 현재와 미래의 연구자들이 연구를 설계하고, 전파하고, 아동의 전체적인 발달을 돕기 위해 EBPI 실천을 확장하는 데 우리의 권고를 유용하게 사용하기를 바란다.

▚▎▏ 참고문헌

American Counseling Association. (2014). *American Counseling Association code of ethics*. Retrieved from http://www.counseling.org/docs/ethics/2014-aca-code-of-ethics.pdf

American Psychological Association. (2010). *Ethical principles of psychologists and code of conduct (2002, Amended June 1, 2010)*. Retrieved from http://www.apa.org/ethics/code/index.aspx

Angold, A., Costello, E. J., Farmer, E. M., Burns, B. J., & Erkanli, A. (1999). Impaired but undiagnosed. *Journal of the American Academy of Child & Adolescent Psychiatry, 38*, 129-137. http://dx.doi.org/10.1097/00004583-199902000-00011

Baggerly, J., & Bratton, S. (2010). Building a firm foundation in play therapy research: Response to Phillips (2010). *International Journal of Play Therapy, 19*(1), 26-38. http://dx.doi.org/10.1037/a0018310

Baggerly, J. N., Ray, D. C., & Bratton, S. C. (Eds.). (2010). *Child-centered play therapy research: The evidence base for effective practice.* Hoboken, NJ: Wiley. http://dx.doi.org/10.1002/9781118269626

Bratton, S., & Ray, D. (2000). What the research shows about play therapy. *International Journal of Play Therapy, 9*(1), 47-88. http://dx.doi.org/10.1037/h0089440

Bratton, S. C. (2010). Meeting the early mental health needs of children through school based play therapy: A review of outcome research. In A. A. Drewes & C. E. Schaefer (Eds.), *School-based play therapy* (2nd ed., pp. 17-58). New York, NY: Wiley. http://dx.doi.org/10.1002/9781118269701.ch2

Bratton, S. C., Landreth, G., & Lin, Y. (2010). Child Parent Relationship Therapy (CPRT): A review of controlled outcome research. In J. N. Baggerly, D. C. Ray, & S. C. Bratton (Eds.), *Child-centered play therapy research: The evidence base for effective practice* (pp. 267-294). Hoboken, NJ: Wiley.

Bratton, S. C., Ray, D., Rhine, T., & Jones, L. (2005). The efficacy of play therapy with children: A meta-analytic review of treatment outcome. *Professional Psychology: Research and Practice, 36*, 376-390. http://dx.doi.org/10.1037/0735-7028.36.4.376

Brown, S., & Vaughn, C. (2009). *Play: How it shapes the brain, opens the imagination, and invigorates the soul.* New York, NY: Penguin.

Centers for Disease Control. (2013). *Children's mental health-New report.* Retrieved from http://www.cdc.gov/Featrues/childrensmentalhealth/

Chorpita, B. F., Daleiden, E. L., Ebesutani, C., Young, J., Becker, K. D., Nakamura, B. J., ··· Starace, N. (2011). Evidence-based treatments for children and adolescents: An updated review of indicators of efficacy and effectiveness. *Clinical Psychology: Science and Practice, 18(2)*, 154-172. http://dx.doi.org/10.1111/j.1468-2850.2011.01247.x

Copeland, W. E., Adair, C. E., Smetanin, P., Stiff, D., Briante, C., Colman, I., ··· Angold, A. (2013). Diagnostic transitions from childhood to adolescence to early adulthood. *Journal of Child Psychology & Psychiatry, 54*, 791-799. http://dx.doi.org/10.1111/jcpp.12062

Egger, H. L., & Angold, A. (2006). Common emotional and behavioral disorders in preschool children: Presentation, nosology, and epidemiology. *Journal of Child Psychology & Psychiatry, 47,* 313–337. http://dx.doi.org/10.1111/j.1469-7610.2006.01618.x

Elkind, D. (2007). *The power of play: Learning what comes naturally.* Philadelphia, PA: Da Capo Press.

Files-Hall, T. M., & Reddy, L. A. (2005). Present status and future directions for empirically based play interventions for children. In L. A. Reddy, T. M. Files-Hall, & C. E. Schaefer (Eds.), *Empirically based play interventions for children* (pp. 267–279). Washington, DC: American Psychological Association. http://dx.doi.org/10.1037/11086-013

Gaskill, R. L., & Perry, B. D. (2013). The neurobiological power of play: Using the neurosequential model of therapeutics to guide play in the healing process. In C. A. Malchiodi & D. A. Crenshaw (Eds.), *Creative arts and play therapy for attachment problems* (pp. 178–194). New York, NY: Guilford Press.

Gitlin-Weiner, K., Sandgrund, A., & Schaefer, C. (Eds.). (2000). *Play diagnosis and assessment.* New York, NY: Wiley.

Jent, J. F., Niec, L. N., & Baker, S. E. (2011). Play and interpersonal processes. In S. W. Russ & L. N. Niec (Eds.), *Play in clinical practice: Evidence-based approaches* (pp. 23–50). New York: Guilford Press.

Kazdin, A. E., & Nock, M. K. (2003). Delineating mechanisms of change in child and adolescent therapy: Methodological issues and research recommendations. *Journal of Child Psychology & Psychiatry, 44,* 1116–1129. http://dx.doi.org/10.1111/1469-7610.00195

Kazdin, A. E., & Weisz, J. R. (Eds.). (2003). *Evidence-based psychotherapies for children and adolescents.* New York, NY: Guilford Press.

Knell, S. M. (2009). Cognitive-behavioral play therapy. In K. J. O'Connor & L. D. Braverman (Eds.), *Play therapy theory and practice: Comparing theories and techniques* (2nd ed., pp. 203–236). Hoboken, NJ: Wiley.

Krasnor, L. R., & Pepler, D. J. (1980). The study of children's play: Some suggested future directions. *New Directions for Child and Adolescent Development, 1980*(9),

85-95. http://dx.doi.org/10.1002/cd.23219800908

Landreth, G. L. (2012). *Play therapy: The art of the relationship* (3rd ed.). New York, NY: Routledge.

Lin, Y.-W., & Bratton, S. C. (2015). A meta-analytic review of child-centered play therapy approaches. *Journal of Counseling & Development, 93,* 45-58.

MacKinnon, D. P., Lockhart, G., Baraldi, A. N., & Gelfand, L. A. (2013). Evaluating treatment mediators and moderators. In J. S. Comer & P. C. Kendall (Eds.), *The Oxford handbook of research strategies for clinical psychology* (pp. 262-286). New York, NY: Oxford University Press.

McNeil, C. B., & Hembree-Kigin, T. L. (2011). *Parent-child interaction therapy* (2nd ed.). New York, NY: Springer.

Mental Health America. (2013). *Position statement 42: Services for children with mental health conditions and their families.* Retrieved from http://www.mentalhealthamerica.net/positions/childrens-services

Nathan, P. E., & Gorman, J. M. (Eds.). (2007). *A guide to treatments that work* (3rd ed.). New York, NY: Oxford University Press.

National Association of School Psychologists. (2014). *An overview of school-based mental health services.* Retrieved from http://www.nasponline.org/advocacy/overview_sbmh.pdf

National Association of Social Workers. (2008). *Code of ethics of the National Association of Social Workers.* Retrieved from https://www.socialworkers.org/pubs/code/code.asp

National Center for Children in Poverty. (2014). *Children's mental health.* Retrieved from http://nccp.org/publications/pub_929.html

National Center for Education Evaluation. (2014). *What works clearinghouse.* Retrieved from http://ies.ed.gov/ncee/wwc/

Nezu, A. M., & Nezu, C. M. (Eds.). (2008). *Evidence-based outcome research: A practical guide to conducting randomized controlled trials for psychosocial interventions.* New York, NY: Oxford University Press.

O'Connor, K. J., & Braverman, L. D. (Eds.). (2009). *Play therapy theory and practice:*

Comparing theories and techniques (2nd ed.). Hoboken, NJ: Wiley.

Perry, B. D., & Szalavitz, M. (2006). *The boy who was raised as a dog and other stories from a child psychiatrist's notebook: What traumatized children can teach us about loss, love, and healing.* New York, NY: Basic Books.

President's New Freedom Commission on Mental Health. (2003). *Achieving the promise: Transforming mental health care in America final report* (DHHS Publication No. SMA-03-3832). Rockville, MD: U.S. Department of Health and Human Services.

Ray, D. C. (2011). *Advanced play therapy: Essential conditions, knowledge, and skills for child practice.* New York, NY: Routledge.

Ray, D. C., Armstrong, S. A., Balkin, R. S., & Jayne, K. M. (2015). Child-centered play therapy in the schools: Review and meta-analysis. *Psychology in the Schools,* 107–123.

Ray, D. C., & Bratton, S. C. (2010). What the research shows about play therapy: Twenty-first century update. In J. N. Baggerly, D. C. Ray, & S. C. Bratton (Eds.), *Child-centered play therapy research: The evidence base for effective practice* (pp. 3-32). New York, NY: Wiley.

Ray, D. C., Stulmaker, H. L., Lee, K. R., & Silverman, W. K. (2013). Child centered play therapy and impairment: Exploring relationships and constructs. *International Journal of Play Therapy, 22*(1), 13-27. http://dx.doi.org/10.1037/a0030403

Reddy, L. A. (2012). *Group play interventions for children: Strategies for teaching prosocial skills.* Washington, DC: American Psychological Association. http://dx.doi.org/10.1037/13093-000

Reddy, L. A., Files-Hall, T. M., & Schaefer, C. E. (Eds.). (2005). *Empirically based play interventions for children.* Washington, DC: American Psychological Association. http://dx.doi.org/10.1037/11086-000

Rubin, A., & Bellamy, J. (2012). *Practitioner's guide to using research for evidence-based practice* (2nd ed.). Hoboken, NJ: Wiley.

Russ, S. W., & Niec, L. N. (Eds.). (2011). *Play in clinical practice: Evidence-based approaches.* New York, NY: Guilford Press.

Schaefer, C. E. (2011). *Foundations of play therapy.* Hoboken, NJ: Wiley.

Schaefer, C. E., & Drewes, A. A. (Eds.). (2014). *The therapeutic powers of play: 20 core agents of change* (2nd ed.). Hoboken, NJ: Wiley.

Siegel, D. J., & Bryson, T. P. (2011). *The whole-brain child: 12 revolutionary strategies to nurture your child's developing mind.* New York, NY: Delacorte Press.

Smith, P. K. (2010). *Children and play: Understanding children's worlds.* West Sussex, England: Wiley-Blackwell.

Society of Clinical Child and Adolescent Psychology. (2014). *Effective child therapy.* Retrieved from http://www.effectivechildtherapy.com/

Substance Abuse and Mental Health Services Administration. (2013). *Integrating behavioral health and primary care for children and youth.* Retrieved from http://www.integration.samhsa.gov/integrated-care-models/13_June_CIHS_Integrated_Care_System_for_Children_final.pdf

Substance Abuse and Mental Health Services Administration. (2014). *National registry of evidence-based programs and practices.* Retrieved from http://www.nrepp.samhsa.gov/

Weisz, J. R., & Kazdin, A. E. (Eds.). (2010). *Evidence-based psychotherapies for children and adolescents* (2nd ed.). New York, NY: Guilford Press.

■ 찾아보기

인명

내용

◈ 편저자 소개

Linda A. Reddy 박사는 럿거스대학교(Rutgers University)의 학교심리학 교수이다. 그녀는 애리조나대학교에서 심리학 박사학위를 받았다. Reddy 박사는 주의력결핍 과 잉행동장애(ADHD), 집단 놀이 개입, 학교 개입과 실험연구에 대해 70편 이상의 원고 와 책을 출판했다. 그녀는 미국심리학회(APA)의 회원이며, 2014년에 APA 16분과(학교 심리학)의 회장을 역임하였다. Reddy 박사는 『아동을 위한 집단 놀이치료: 친사회적 기 술 교육을 위한 전략』(2012)의 저자이고, 『정서행동장애 청년을 위한 신경심리학적 평 가와 개입: 통합적 단계별 증거기반 접근』(2013)의 대표 편집자이며, 『교실 전략 측정 (Classroom Strategies Scales)』의 대표 저자이다. 또한 그녀는 연구와 서비스 부문의 수 상자이며, 4천3백만 달러 이상의 연구비를 지원받았다. Reddy 박사는 미국 뉴저지주의 면허증을 가진 심리학자이며, 정서, 행동, 신경인지적 어려움을 경험하는 아동과 가족, 학교를 대상으로 광범위한 임상 경험을 가지고 있다.

Tara M. Files-Hall 박사는 아동 임상심리학자 면허와 학교심리학자 자격증 소지자 로, 미국 플로리다주에 등록된 놀이치료사이다. 그녀는 미국 페어레이디킨슨대학교 (Fairleigh Dickinson University)에서 임상심리학 박사학위를 받았다. Files-Hall 박사는 아동과 청소년을 평가하고 치료하는 일과 부모와 교사, 학교 체계를 컨설팅 하는 데 있 어서 광범위한 임상 경험을 가지고 있으며, 놀이치료협회(Association for Play Therapy, Inc.)에서 제공하는 놀이치료 상급훈련을 받았다. 그녀는 ADHD를 포함하는 아동의 정 서, 행동 문제를 위한 놀이기반 치료와 행동 치료의 효과성에 대해 수많은 출판물을 발 표하고 전문 프레젠테이션을 시행했다. Files-Hall 박사는 미국 플로리다주 새러소타 지 역에서 가족 C.O.P.E.(Center of Psychotherapy/Psychiatry and Evaluation)를 개인적 으로 운영하고 있고, 이곳에서 개인, 놀이, 가족 치료와 심리평가를 진행하며, 초 · 중 · 고등학교에 학교기반 컨설팅을 제공하고 있다.

Charles E. Schaefer 박사는 미국 페어레이디킨슨대학교(Fairleigh Dickinson University)의 심리학과 명예교수이며, 대학 심리서비스센터의 전 센터장이다. 그는 국제놀이치료협회(International Association for Play Therapy)의 공동창립자이자 명예 임원이며, 뉴저지 놀이치료훈련센터(Play Therapy Training Institute)의 창립자이다. 그는 포드햄대학교(Fordham University)에서 임상심리학으로 박사학위를 받았다. Schaefer 박사는 40년 이상의 아동, 가족과의 임상 경력이 있고, 아동발달 및 훈육, 놀이치료에 관한 그의 임상과 연구 업적으로 수많은 상을 받았다. 놀이기반 치료에 대한 60권 이상의 저서 등 다수의 논문과 책을 집필하였고, 여러 학술지의 편집 임원을 역임하고 있다. 그는 뉴욕 돕스페리 지역의 아동의 마을(Children's Village)에서 전 소장을 지냈으며, 현재는 미국 뉴저지 해컨색 지역에서 개인적으로 아동과 가족을 치료하고 있다.

Martha A. Askins, PhD.
휴스턴(Houston)에 위치한 텍사스대학교
(University of Texas) MD 앤더슨 암센터 소아
암병동 부교수

Sue C. Bratton, PhD.
놀이치료센터 소장이자 덴턴(Denton)에 위
치한 노스텍사스대학교(University of North
Texas) 상담과 고급교육학과 교수

Meena Dasari, PhD.
뉴욕대학교(New York University) 의학대학
벨뷰(Bellevue) 의학센터 정신과 조교수이자
뉴욕 지역에서 개인 치료를 하는 심리학자

Katherine S. Davlantis, LCSW, PhD.
노스캐롤라이나 더럼(Durham)에 위치한 듀크
대학교(Duke University) 의과대학 정신과의
자폐와 뇌발달을 위한 듀크센터 부연구원

Tara M. Files-Hall, PhD.
플로리다 새러소타 지역에서 가족 C.O.P.E.
(Center of Psychotherapy/ Psychiatry and
Evaluation) 운영

Eliana M. Gil, PhD.
버지니아 페어팩스 지역의 Gil 트라우마 회복
과 교육센터 공동 창립자

Amy D. Herschell, PhD.
모건타운(Morgantown)에 위치한 웨스트버지
니아대학교(West Virginia University) 심리학
과 및 펜실베이니아 피츠버그(Pittsburgh)에 위
치한 피츠버그대학교(University of Pittsburgh)
의과대학 웨스턴 정신의학연구소(Western
Psychiatric Institute and Clinic) 부교수

Deborah B. Johnson, EdD.
뉴욕 로체스터에 위치한 국립 아동센터장

Susan M. Jnell, PhD.
케이스웨스턴리저브대학교(Case Western
Reserve University) 심리과학과 임상 조교수
이자 오하이오 클리브랜드에서 개인 치료를
진행하고 있는 심리학자

Garry L. Landreth, EdD.
덴턴(Denton)에 위치한 노스텍사스대학교
(University of North Texas) 상담과 고등교육
학과 명예학생처장

Natalya A. Lindo, PhD.
덴턴(Denton)에 위치한 노스텍사스대학교
(University of North Texas) 상담과 고등교육
학과 조교수

Cheryl B. McNeil, PhD.
모건타운(Morgantown)에 위치한 웨스트버지
니아대학교(West Virginia University) 심리학
과 교수

Mary Anne Peabody, EdD.
루이스턴(Lewiston)에 위치한 서던메인대학교
(University of Southern Maine) 루이스턴-어
번 칼리지(Lewiston-Auburn College) 사회행
동과학 학과

JoAnne Pedro-Carrol, PhD.
뉴욕 로체스터(Rochester) 지역의 임상심리학
자이자 아동전문가

William A. Rae, PhD.
칼리지스테이션(College Station)에 위치한 텍
사스A&M대학교(Texas A&M University) 교육
심리학과 임상교수

Dee C. Ray, PhD.
덴턴(Denton)에 위치한 노스텍사스대학교
(University of North Texas) 아동가족자원 클
리닉의 디렉터이자 상담프로그램 교수

Linda A. Reddy, PhD.
뉴저지 피스카타웨이(Piscataway)에 위치한
럿거스대학교(Rutgers University) 응용전문심
리 대학원 교수

Sally J. Rogers, PhD.
새크라멘토(Sacramento)에 위치한 캘리포니
아대학교(University of Calofornia) 데이비스
의료센터(Davis Medical Center)의 마음센터
정신의학과 행동과학 교수

Charles E. Schaefer, PhD.
뉴저지 티넥(Teanaec)에 위치한 페어레이디킨
슨대학교(Fairleigh Dickinson University) 심
리학과 명예교수

Ashley T. Scudder, PhD.
펜실베이니아 피츠버그(Pittsburg)에 위치
한 피츠버그대학교 의과대학(University of
Pittsburgh School of Medicine) 서부 정신의학
센터 클리닉 정신의학과

Jerem R. Sullivan, PhD.
샌안토니오(San Antonio)에 위치한 텍사스대
학교(The University of Texas) 교육심리학과
부교수

Mariska Klein Velderman, PhD.
네덜란드 레이던(Leiden)에 위치한 네덜란드
응용과학연구소 아동건강부 선임연구원

Carolyn Webster-Stratton, MSN,
MPH, PhD.
시애틀(Seattle)에 위치한 워싱턴대학교(The
University of Washington) 가족아동양육 학과
명예교수

Pamela Wolfberg, PhD.
캘리포니아 샌프란시스코(San Francisco)
에 위치한 샌프란시스코주립대학교(San
Francisco State University) 특수교육 및 의사
소통장애 학과 자폐스펙트럼 연구교수

◆ 역자 소개

이유니(Rhee Eunnie R.)

미국 일리노이주립대학교 사회복지학 학사
미국 시카고대학교 사회복지학 석사
미국 휘턴대학교 임상심리학 박사
현) 햇불트리니티신학대학원대학교 기독교상담학과 교수
　　임상심리전문가, 상담심리전문가 1급
　　한국기독교상담심리치료학회 감독회원(놀이 · 아동상담)
　　한국아동심리치료학회 아동 심리상담사 전문가
　　부모-아동 상호작용치료 레벨 II 트레이너

〈저서 및 역서〉
인지행동치료의 사례공식화 접근(공역, 학지사, 2015)
부모-아동 상호작용치료(학지사, 2013)

이소영(Lee Soyoung)

햇불트리니티신학대학원대학교 기독교상담학 석사
햇불트리니티신학대학원대학교 기독교상담학 박사 수료
현) 햇불트리니티상담센터 전문상담사
　　부모-아동 상호작용 집단상담 프로그램 팀장
　　부모-아동 상호작용치료 국제공인 치료사
　　상담심리전문가 1급

〈학술지〉
「부모-아동 상호작용치료(PCIT) 효과에 대한 예비연구」(이소영 외, 2016, 영유아아동정
신건강연구)

Empirically Based Play Interventions For Children(Second Edition)

아동을 위한 경험기반 놀이치료

2019년 1월 20일 1판 1쇄 인쇄
2019년 1월 25일 1판 1쇄 발행

지은이 • Linda A. Reddy, Tara M. Files-Hall, Charles E. Schaefer
옮긴이 • 이유니 · 이소영
펴낸이 • 김진환
펴낸곳 • ㈜**학지사**

　　　　04031 서울특별시 마포구 양화로 15길 20 마인드월드빌딩
대표전화 • 02-330-5114　　팩스 • 02-324-2345
등록번호 • 제313-2006-000265호

홈페이지 • http://www.hakjisa.co.kr
페이스북 • https://www.facebook.com/hakjisabook

ISBN 978-89-997-1730-7　93180

정가 18,000원

이 도서의 국립중앙도서관 출판시도서목록(CIP)은 서지정보유통지
원시스템 홈페이지(http://seoji.nl.go.kr)와 국가자료공동목록시스템
(http://www.nl.go.kr/kolisnet)에서 이용하실 수 있습니다.
(CIP 제어번호: CIP2018042076)

교육문화출판미디어그룹 **학지사**

심리검사연구소 **인싸이트** www.inpsyt.co.kr
원격교육연수원 **카운피아** www.counpia.com
학술논문서비스 **뉴논문** www.newnonmun.com
간호보건의학출판 **학지사메디컬** www.hakjisamd.co.kr